W0016575

ullstein

Das Buch

Wolfgang Stoephasius ist der Großvater aller Traveller. Heute ist er der meistgereiste Deutsche, ein »Ländersammler«. Er war bei Voodoo-Priestern auf Haiti, hat in den Waffenschmieden der Taliban Tee getrunken und Unberührbaren am Ufer des Ganges die Hand gegeben. Er war Ende der 70er Jahre in Thailand, lange bevor die Backpacker dort aufschlugen, einer der ersten Touristen im noch jungen Wüstenstaat Südsudan – und hat immer wieder Länder besucht, die es heute gar nicht mehr gibt. Genug gesehen hat er nicht. Reisen macht süchtig.

In diesem Buch erzählt er von seinen stärksten Eindrücken und buntesten Erinnerungen aus einem langen und reichen Reiseleben.

»Wolfgang Stoephasius sammelt Einreisestempel wie andere Leute Facebook-Freunde.« *FOCUS*

Der Autor

Wolfgang Stoephasius, 74, war vor seiner Pensionierung Erster Kriminalhauptkommissar beim Bayerischen Landeskriminalamt und nutzte jeden Urlaubstag, um die Welt zu erkunden. Wenn er nicht gerade auf Reisen ist, lebt er mit seiner Frau in München.

WOLFGANG STOEPHASIUS

Der meistgereiste
Deutsche erzählt
seine größten Abenteuer

Ullstein

Besuchen Sie uns im Internet:
www.ullstein-taschenbuch.de

Zum Schutz der Personen wurden Namen und Biographien zum Teil verändert und Handlungen, Ereignisse und Situationen an manchen Stellen abgewandelt.

Originalausgabe im Ullstein Taschenbuch
1. Auflage Juni 2016
© Ullstein Buchverlage GmbH, Berlin 2016
Umschlaggestaltung: ZERO Werbeagentur, München
Titelabbildung: © Wolfgang Stoephasius; © FinePic®, München
Bilder im Innenteil: © Wolfgang Stoephasius
Satz: KompetenzCenter, Mönchengladbach
Gesetzt aus der Stempel Garamond
Druck und Bindearbeiten: CPI books GmbH, Leck
Printed in Germany
ISBN 978-3-548-37604-2

Inhalt

Prolog

Alles ist weiß, meine Hände, mein Haar, der Himmel, der steinige Pfad. Gegen Schneeböen kämpfe ich mich voran, bergwärts. Mein Atem geht schwer, alle zehn Meter bleibe ich stehen, versuche, zu Luft zu kommen. Die Kälte kriecht mir in die Knochen. Unser Führer und die beiden Belgier sind längst aus meinem Blickfeld verschwunden. Ich denke nur an den nächsten Schritt, und doch lässt mich dieses Gefühl nicht los: Verlorensein. Im Himalaya spüre ich eine Einsamkeit im Tosen des Windes, im Schnee, der alles zudeckt und verschwinden lässt.

Der Pass über den Kongmaru-La im indischen Ladakh liegt auf über 5000 Metern – und die Höhe macht mir zu schaffen. Als ich endlich am Ende des Schneefeldes das Lager erreiche, das meine Weggefährten in einer Senke aufgeschlagen haben, möchte ich nur noch schlafen. Die Natur ist mir fremd, in dieser Landschaft bin ich nicht zu Hause. Während unser Lager einschneit, falle ich in tiefen bewusstlosen Schlaf.

Als wir am nächsten Morgen durch ein Schneebrett (frischer Schnee auf dem Gestein) vorsichtig absteigen, ist der Himmel über dem Himalaya noch immer undurchsichtig weiß. Der Abstieg erfordert höchste Konzentration. Erst als wir einen Weg erreichen, wende ich den Blick nach oben. Es hat aufgehört zu schneien, die Sonne steht hoch am Himmel, vor hellem Blau zeichnet sich die Zanskar-Bergkette mit ihren weißen Gipfeln ab.

Plötzlich kommt Leben in die Szene, ein Ladakhi treibt seine Schafherde den Weg entlang, wir haben die Weidegründe erreicht. Nie hätte ich gedacht, dass ich mich über eine Herde Kaschmir-Ziegen freuen würde wie über das Wiedersehen mit einem lang vermissten Freund. Noch vor dem Abend werden wir das Tal erreichen.

Glück durchströmt mich. Das verschneite Lager auf der Passhöhe, die Kälte, der Stein, das Blau des aufgerissenen Himmels, das Gebirge, das wie ein Scherenschnitt am Himmel steht, die Tiere und das Lächeln im wettergegerbten Gesicht des Schäfers. Selten habe ich so deutlich gespürt, dass ich am Leben bin.

In diesem Augenblick weiß ich genau, warum ich seit über einem halben Jahrhundert mit schmalem Budget die entlegensten Orte der Welt bereise – mit Frau und Kind, Freunden, flüchtigen Bekannten, alleine und in Gruppen. Tage, Wochen oder Monate. In Buschtaxis und Langbooten, Planwagen und Intercitys. Auf Eseln, Kamelen und immer wieder Schusters Rappen. Ich war bei Voodoo-Priestern auf Haiti, habe in den Waffenschmieden der Taliban Tee getrunken und Unberührbaren am Ufer des Ganges die Hand gegeben. Genug gesehen habe ich nicht.

Reisen macht süchtig.

Heute bin ich der »meistgereiste Deutsche«, ein »Ländersammler« unter vielen anderen. Wie die meisten Traveller liebe ich nicht nur das Unterwegssein – ich mag auch den Moment des Heimkommens, wenn aus Eindrücken und Bildern Erinnerungen werden und meine Liebste mich bittet zu erzählen.

Bevor ich Sie mitnehme in die Welt des Reisens, gestatten Sie mir noch einen kleinen Abstecher, eine Zeitreise nach Landeshut, in eine niederschlesische Kleinstadt der vierziger Jahre.

»Auch die größte Reise beginnt mit dem ersten Schritt«, sagt ein chinesisches Sprichwort. Ich tat ihn in den Wirren der letzten Kriegsjahre, als alles im Umbruch war.

Als meine Mutter irgendwann keine Lust mehr hatte, mich zu tragen, stellte sie mich behutsam auf den Boden der kleinen Stadt am Fuße des Riesengebirges. Kaum hatte ich, festgeklammert an ihre Hand, den legendären ersten Schritt getan, riss ich mich los und stolperte hinein ins Wanderleben.

Von nun an sahen Mutter oder Großmutter meine weiße Bommelmütze immer wieder am Bahnhof in irgendeinem Zugabteil verschwinden, flink hinter einer Straßenecke abbiegen oder irgendwelche Stufen hinunterhüpfen.

Mein Vater war damals weit weg.

Als Kriegsgefangener war er auf die britischen Inseln gebracht worden. Er war fort, aber in meine niederschlesische Heimatstadt zogen verwegene Gestalten: »Der Russ« war da. Auf kleinen Holzwägen, Pferde davor gespannt, manchmal auch merkwürdige Kamele, nämlich mit zwei Höckern. Diese Soldaten fand ich wild und verwegen, viele hatten Schlitzaugen, so hatte ich mir immer Chinesen vorgestellt. Nach den Russen kamen Polen, viele Polen.

Bald hatte ich eines heraus, nämlich auf saublöde Vorurteile zu setzen. So verbrüderte ich mich mit den Russen mit den Worten: »Russen gut, Polen nix gut« – und mit den Polen: »Polen gut, Russen nix gut«. Als mich ein halbwüchsiger polnischer Bursche aus heiterem Himmel verprügelte, nutzte es wenig. Dass ich mit dem Leben davonkam, verdanke ich nur einer Polin, die couragiert einschritt und mich rettete. Nachts hieben manchmal besoffene russische Soldaten mit ihren Kalaschnikows an unsere mit dem Klavier verrammelte Tür, und irgendwann stand ein Kosak (ich sehe das rote, versoffene Gesicht unter der Pelzmütze noch vor mir) in unserer Küche und bedrohte meine Großmutter mit einem Dolch. Ob er wohl wieder abzog, weil ich »Russen gut, Polen nix gut« stammelte?

In meiner Jungenwelt war der Krieg ein Abenteuer, die Nachkriegszeit ein Tor, das sich ins Fremde öffnete und meine Phantasie beflügelte. Heute danke ich den Frauen in meiner Familie, Mutter und Großmutter, die alles Böse von mir abhielten, mich vor Hunger und Angst bewahrten und mich spielen ließen.

Mein Vater war in England. Ich hatte keine Ahnung, wo das war, aber dort wollte ich hin. Schon als ich fünf war, schlummerte ein gewisses Organisationstalent in mir – und so schmiedete ich einen Plan. Durch Zufall hatte ich entdeckt, dass auf dem Dachboden einer Nachbarsfamilie, die geflohen war, in einer Ecke allerhand Nützliches lag, u. a. einige Heiligenfiguren aus Keramik, eine Kinderraper (ein Schubkarren) aus Holz und ein Vogelkäfig. Diese Schätze schleppte ich die Treppe hinunter und machte mich auf den Weg in Richtung Bahnhof. Auf der Straße begegneten mir zwei russische Soldaten, welche ich mit der bereits bekannten Floskel begrüßte. Denen verkaufte ich die Porzellanfiguren, wobei ich das abgebrochene Ohr des Heiligen Joseph sorgsam verdeckte. Kleine Jungen trugen damals lange Strümpfe mit Strapsen, da gab es eine kleine Tasche – und darin verschwanden die schwer verdienten Zloty (Reichsmark waren out). Am Bahnhof erklärte ich irgendeinem Polen in Uniform, den ich wie oben geschildert begrüßte, meinen Reisewunsch – und er setzte mich tatsächlich in ein Zugabteil, in welchem viele nach Knoblauch riechende, polnisch sprechende Menschen saßen. Als der Zug anrollte, stand der Uniformierte vorm Fenster, Menschen hoben mich sanft von drinnen nach draußen in seine Arme. Damit endete meine erste Reise dort, wo sie begonnen hatte.

Meine erste große Reise begann im Sommer 1947 in einem Güterwagen. Niederschlesien war im Vertrag von Potsdam – wahrscheinlich durch ein Missverständnis der westlichen Alliierten, sie hatten wohl die Glatzer mit der Lausitzer Neiße verwechselt – Polen zugeschlagen worden. Mutter, Großmutter und ich knapp sechsjähriges Bürschchen fanden mit einigen Bündeln Wäsche in dem Wagen Platz. Mutter hatte etliche Alben (mein Großvater hatte ein fotografisches Atelier) und einen fast kompletten Satz WMF-Besteck zwischen den Laken verborgen. Es war der letzte Transport – Landeshut wurde endgültig zu Kamienna Góra und polnisch und ich vom Schlesier zum Bayern. Beim Ausfahren des Zuges erklang das Riesengebirgslied aus Hunderten von Kehlen. Vielleicht spürte ich in diesem Moment zum ersten Mal, was Heimat bedeutet.

Die Strecke von ehemals Landeshut nach Passau in Niederbayern könnte man mit dem Auto bequem an einem Tag bewältigen. Wir brauchten sechs Wochen. Stationen waren Sammellager in Hirschberg (heute Jelenia Góra), Bitterfeld und Gutenfürst.

In Passau, meiner neuen Heimat, sah ich am Bahnhof schließlich meinen Vater wieder. Ich erinnere mich noch an die Farbe seines kurzärmeligen Hemdes – es war hellblau – und an die kurze, khakifarbene Hose, die er trug. Fiel er meiner Mutter in die Arme? Hob er mich hoch und schleuderte mich in die Luft? Möglich ist beides, aber sagen kann ich es nicht – die Szene liegt im Dunkeln. Mein Vater war mir fremd geworden. In der ersten Zeit nach unserem Wiedersehen nannte ich ihn »Onkel Papa«, da fremde Männer eben für mich Onkel waren. »Fremdsein« ist nicht nur etwas, das ich mit meinem Vater verband – wenig später erlebte ich es am eigenen Leib.

Als Mutter, Vater und ich über die notdürftig reparierte Innbrücke gingen, kam uns eine dicke Frau mit wehenden Rockschößen entgegengerannt und schrie: »Was woids denn ihr do, schaugts doch, dass do hi zruck geht's, wo's herkemts!« Es war Frau Fischer, in deren Haus mein Vater, meine Mutter, meine Großmutter und ich in einem 16 Quadratmeter großen Zimmer unter dem Dach einquartiert wurden.

Vielleicht begann in dieser Stunde meine Karriere als Multi-Kulti: vom Schlesier zum Bayern, vom Bayern zum Deutschen, vom Deutschen zum Europäer und vom Europäer zum Weltbürger.

Meine Lehrerin hatte bald entdeckt, dass mein Abenteuerdrang schulischem Erfolg nicht gerade zuträglich war. Großzügig eröffnete sie mir die Welt der Bücher in der Stadtbücherei, und ich wurde durch Winnetou und Tecumseh zum Indianer. Immerhin lernte ich dabei Lesen und Schreiben.

Zwar schaffte ich den Übertritt ans Gymnasium nicht, aber dafür gelang es mir, die Buben in meiner Nachbarschaft für mein Indianertalent zu begeistern. Eines Tages brach ich mit einigen von ihnen (Seckl, Tschwinkl und zwei anderen) auf, um die Großen Seen des Mittleren Westens zu erkunden. Der größte dieser Seen hieß Chiemsee und war etwa 80 Meilen entfernt. Ausgestattet mit bei den Amis abgestaubten Zeltplanen machten wir uns mangels eigener Pferde per Anhalter auf den Weg. Das nötige Kleingeld hatten wir uns durch das Entkernen von Fundmunition und den Verkauf des daraus gewonnenen Kupfers verdient. Alois, einer aus unserer Clique, hatte es einige Tage vorher übertrieben. Als er den Zünder einer Tellermine zerlegen wollte, war der explodiert und ihm um die Ohren geflogen.

Nun konnte er nicht mit, weil ihm ein Auge und zwei Finger fehlten. Was heute undenkbar klingt, war für uns ein beinahe alltägliches Abenteuer. Drei Tage, nachdem Alois die Mine aus dem Inn gefischt (wo wir nachmittags nach Munition suchten, die Wehrmachtssoldaten in den Fluss geworfen hatten), sie nach Hause getragen und ihren Zünder im Keller zur Explosion gebracht hatte, erschien er wieder in der Schule. Einen Verband um die Stirn, einen an der Hand, ansonsten ganz der Alte. Auch wenn wir ihn nicht um sein Erlebnis beneideten, feierten wir ihn insgeheim als Helden. »A Hund is er scho«, dachte ich damals mit einer gewissen Ehrfurcht.

Während unser Freund verarztet wurde, erreichten wir anderen den See im Mittleren Westen und staunten, dass die Squaw des Zelt- und Campingplatzes, an dem bereits einige Tipis standen, Geld von uns wollte. Obwohl sie uns einen großzügigen Nachlass gewährte, reichte unser Schwerverdientes nicht aus. Die Freiheit war so nah – und wir mussten ihr den Rücken kehren. Niedergeschlagen machten wir uns auf den Rückweg. Zu Hause setzte es eine gehörige Tracht Prügel, weil wir »vergessen« hatten zu sagen, dass wir einige Tage unterwegs sein würden.

Damals steckte in jeder Margarinepackung ein Sammelbildchen. Eines Tages fiel mir ein Motiv in die Hände, das mich mein Globetrotterleben lang nicht mehr loslassen sollte. In Blau- und Brauntönen gehalten, zeigte es kamelreitende Männer mit Turbanen auf dem Kopf. Die Aufschrift lautete: »*Tombouctou 52 Jours* – 52 Tage nach Timbuktu«. Ich nahm meinen Schulatlas zur Hand und suchte diese geheimnisvolle Stadt. Sie lag irgendwo in Afrika. Mein Zeigefinger glitt über die Karte und sondierte den günstigsten Weg zum Schwarzen Kontinent – bei der Straße von Gibraltar verharrte er.

Es sollte noch lange dauern, bis meine Füße die Sandstraßen der Wüstenstadt betraten – aber viele Jahre später wurde mein Jungentraum Wirklichkeit.

Die Reise nach Timbuktu ist eine jener Geschichten, die ich Ihnen erzählen will – womit wir endlich beim eigentlichen Thema wären: der Welt des Reisens.

Gewidmet ist dieses Buch meiner Mutter. Als Agnostiker glaube ich nicht an ein Leben nach dem Tod, aber so widersprüchlich es auch klingen mag, ich würde mich freuen, wenn sie, die mit 96 Jahren immer noch den Atlas auf dem Tisch liegen hatte, um mich aus der Ferne auf meinen Reisen zu begleiten, dieses Buch lesen könnte. Ihr, die ihrem Buben vor einem Dreivierteljahrhundert in einer schlesischen Kleinstadt beibrachte, wie Geborgenheit sich anfühlt, gilt mein Dank. Ich glaube, nur wer sich zu Hause sicher fühlt, kann mutig und unbeschwert in die Welt ziehen.

Kürzlich wurde ich gefragt, ob es eine Art Leitfaden gebe, Tipps oder Ratschläge, die es beim Reisen zu beachten lohne.

»Du musst halt a bisserl offen sein, a bisserl mit dem Herzen denken«, gab ich zurück – auch das hat meine Mutter mir beigebracht.

TEIL I

EISERNER VORHANG

Chaos am Ku'damm
West- und Ostberlin, 1963

Für einen westdeutschen Polizeiwachtmeister scheint es im Jahre 1963 undenkbar, dass er die Mauer zwischen Ost und West überwindet. Das habe ich auch gar nicht vor, will eigentlich nur nach Westberlin und verabrede mich mit meinem Bereitschaftspolizei-Kumpel Richard in Hannover. Die Dienstvorschrift besagt, dass Straße und Schiene tabu sind – schließlich führen sie durch das »Feindesland« DDR –, und der Flug von München ist mir zu teuer. Von Hannover aus kostet der Hin- und Rückflug mit der Super Constellation nach Berlin-West nur 40 Mark, und die Anreise zum Flughafen ist kostenlos, fahre ich doch per Anhalter. Zum ersten Mal spüre ich die Faszination des Fliegens, als die riesige viermotorige Maschine mit ohrenbetäubendem Lärm die Landebahn entlangrast und gen Himmel steigt.

Richard und ich erkunden die damalige Frontstadt, die Mauer ist gerade mal zwei Jahre alt, und wir sind mehr oder weniger Tag und Nacht auf den Beinen. Während unseres Aufenthaltes, nämlich am 17. August, jährt sich der Todestag von Peter Fechter, dem jungen Mann, der, von etlichen Schüssen getroffen, im Todesstreifen verblutete. Eine Dreiviertelstunde rief er um Hilfe, aber weder die Volkspolizisten noch die am Checkpoint Charlie stationierten US-amerikanischen Offiziere und Mannschaften schritten ein. Die Mauer mag Berliner Realität geworden sein, abgefunden hat man sich nicht mit ihr.

Richard und ich werden Zeugen, wie sich vor der Kaiser-Wilhelm-Gedächtniskirche spontan eine Demonstration bildet. Die anfänglich kleine Gruppe schwillt stetig an. Schließlich ziehen einige hundert Menschen in Richtung Brandenburger Tor, begleitet von Polizisten mit den weißen Mützen der Verkehrspolizei. In etwa dreißig Metern Entfernung folgen wir dem Demonstrationszug. Die Sache wirkt harmlos. Aus einem Polizeifahrzeug dröhnen ein paar unverständliche Durchsagen. Dann geschieht das für uns junge Polizisten Unfassbare. Von Mannschaftswagen, die in Seitenstraßen bereitstehen, springen Horden von Bereitschaftspolizisten, den Tschako auf dem Kopf, und beginnen mit Gummiknüppeln auf alles einzuprügeln, was ihnen in den Weg kommt, einschließlich der Spaziergänger, die auf dem Ku'damm bummeln. Frauen, Kinder, alte Menschen werden mitgerissen, stürzen zu Boden. Schreie, Chaos, Fluchtbewegung. Eine alptraumhafte Szene. Richard und ich können nichts tun, ohnmächtig sehen wir zu, voller Scham für unsere Berliner Kollegen.

Bevor wir abends in der Kaserne der Berliner Bereitschaftspolizei auf unser Zimmer gehen, klopfen wir an die Bürotür. Der Wachhabende schaut uns fragend an.

»Sag a mal«, mache ich meinem Ärger Luft, »habt's ihr an Vogel, einfach wahllos auf die Menge einzuknüppeln?«

Unser Kollege, ein Berliner Hauptkommissar um die 50, kommt mir unsagbar alt vor. Müde winkt er ab.

»Nach dem Viermächteabkommen sind wir verpflichtet, für Sicherheit und Ordnung zu sorgen«, erklärt er langsam, »tun wir das nicht, haben die Sowjets das Recht, sich einzumischen.«

Dazu fällt mir nichts ein. Der Einsatz, den ich gesehen habe, war brutal und ungeordnet, Viermächteabkommen hin oder her. Jahre später gehen mir die Szenen durch den Kopf, als ich das Einschreiten der Berliner Polizei während der Schah-Demonstrationen am Fernsehbildschirm verfolge. Ich selbst war im Dienst nie in Demonstrationsgeschehen eingebunden. Einer meiner Ausbilder im oberbayerischen Seeon hatte uns aber für das Thema sensibilisiert. Noch heute erinnere ich mich wörtlich an seine kurze Ansprache in der Kaserne: »Die jungen Leute auf der Straße sind nicht unsere Gegner, merkt euch das«, erklärte er in einem Ton, der kein Widerwort duldete. »Sie wollen Antworten, sie wollen die Auseinandersetzung mit der Vergangenheit, und daran ist nichts Unrechtes. Hochachtung solltet ihr haben, vor Menschen, die ihren Widerstand auch unter Wasserwerfern nicht aufgeben.«

Aber zurück nach Westberlin, in den Sommer 1963. Irgendwann kommen Richard und ich auf die Idee, den Gang in den sogenannten Ostblock zu wagen – ohne die Genehmigung unserer Dienststelle, die wir ohnehin niemals bekommen hätten.

Wir machen uns also auf den Weg in Richtung Heinrich-Heine-Straße und tauschen fünf Westmark »Mautgebühr« gegen einen Tagespassierschein. Nun stehen wir auf der anderen Seite des Brandenburger Tors. Plötzlich sind wir es, die von Berlintouristen von den Aussichtstribünen im Westen begafft werden, freundlich winken wir zurück. Das würde sich ein Bürger der ersten sozialistischen Republik auf deutschem Boden sicher nicht trauen. Obwohl Ostberlin als Aushängeschild der DDR gilt, wirkt die Stadt marode. Daran ändern ein paar Prunkbauten wie das barocke Zeughaus »Unter den Linden« oder der mächtige Palast der Republik nichts. Auch die Menschen sehen anders aus. Im Westen blühen die Farben, alles ist Lollipop, bunt und hell, das Wirtschaftswunder lässt grüßen. Ostberlin ist grau geworden – oder geblieben, den Menschen steht die Ohnmacht ins Gesicht geschrieben.

Mit unseren paar Ostmark gehen wir in ein Kaffeehaus und werden erstmals mit der Gegebenheit des Platzierens vertraut gemacht. Wir lernen, dass der Filterkaffee hier grammweise berechnet wird, erfahren, dass es zum Broiler eine Sättigungsbeilage gibt und dass die Tagessuppe Solianka heißt. Abends müssen wir zurück in den Westen, wir haben ja nur einen Tagespassierschein.

Richard passiert die Kontrolle problemlos. Ich werde zu einem Offizier in ein Vernehmungszimmer beordert. Der Mann mustert mich einen Augenblick. Dann kommen die Fragen.

»Was hatten Sie hinter dem antifaschistischen Schutzwall zu suchen? Was sind Sie von Beruf?«

Tapfer behaupte ich, Großhandelskaufmann zu sein, diesen Beruf habe ich ja in der Tat einmal gelernt, und irgendwann glaubt er mir. Wahrscheinlich hatte die Anschrift in meinem Personalausweis seinen Verdacht genährt: Eichstätt, Jägerkaserne.

Käsebleich treffe ich mich nach der Befragung mit meinem Kumpel auf der Westseite des Grenzüberganges. Nicht auszudenken, was geschehen wäre, wenn der Stasi-Beamte erfahren hätte, dass ich Polizist bin. Er hätte mit Sicherheit versucht, mich über dienstliche Belange auszuquetschen oder – noch schlimmer – für seinen Dienst zu rekrutieren. Dann müsste ich auf meiner Dienststelle die Hosen herunterlassen. Als Beamter auf Widerruf wäre dies wahrscheinlich das frühzeitige Ende einer eben erst begonnenen Laufbahn. Das Wagnis bereue ich trotzdem nicht.

Niemandsland 1978

Mit zwei Kumpeln, beides Polizeikollegen, fahre ich Ende der 70er Jahre mit dem Auto nach Westberlin. Die Strecke führt durch die DDR – bei Rudolfstein passiert man die Grenze in den Osten, in »Drei Linden« ein zweites Mal, nach Westberlin. Seit dem Transitabkommen braucht man kein Visum, wenn man auf direktem Weg und ohne größere Unterbrechung nach Westberlin durchfährt. Rudolfstein liegt hinter uns, als mein Beifahrer blass wird. »Du«, er stammelt mehr, als er spricht: »I hob meine Pistole einstecken.« Meine Hände verkrampfen sich am Lenkrad, Schweiß tritt mir auf die Stirn. Nicht auszudenken, was passiert, wenn sie bei der Ausreise die Waffe finden.

Ich beruhige mich damit, dass das Transitabkommen vorsieht, dass Kontrollen nur bei offensichtlichen Verstößen durchgeführt werden dürfen. Und tatsächlich erreichen wir problemlos Westberlin.

Dafür hat die Rückfahrt einige Tage später es in sich. Meine zwei »Helden« merken kurz vor der Westberliner Kontrollstelle, dass ihre Papiere im Gepäck im Kofferraum verstaut sind. Ich stoppe auf dem Seitenstreifen, und die beiden kramen herum. Dann geht es weiter und wir sind im sogenannten Niemandsland, offiziell bereits DDR-Staatsgebiet. Sich hier auffällig zu verhalten kann lebensgefährlich sein. Jetzt eröffnet mir einer der beiden, er finde seinen Ausweis nicht.

»Ich muss ihn eben beim Umräumen auf dem Seitenstreifen liegen gelassen haben«, erklärt er schuldbewusst. Drei Jahre in Bautzen, schießt es mir durch den Kopf. Tod im Niemandsland. Es hilft alles nichts. Ich trete auf die Bremse, und die beiden spurten los.

Als grelle Scheinwerfer eingeschaltet werden und ein Kübelwagen auf uns zugeschossen kommt, steht mir der Angstschweiß auf der Stirn. Ruhe ist die erste Bürgerpflicht, denke ich und erwarte ergeben den NVA-Feldwebel. Er spricht Sächsisch, ist mir aber erstaunlicherweise gleich sympathisch. Ich erkläre ihm den Grund des Stopps und lasse mich dabei mit nicht gerade freundlichen Worten über meine Reisebegleiter aus. Glück gehabt, der Soldat glaubt meinen Ausführungen, setzt sich per Funk mit dem Grenzposten in Verbindung. Im selben Moment kommen die beiden Chaoten zurück, die Pässe steckten in einer Gesäßtasche. Die Pistole liegt im Handschuhfach. Wir können weiterfahren.

An ebendieser Stelle ist eine Woche zuvor in einer ähnlichen Situation ein italienischer LKW-Fahrer, pikanterweise Mitglied der KPI, erschossen worden.

Ein Ungar in München 1982

Anfang der 80er bringe ich Käthi und Jutta mit dem Hanomag-Reisemobil-Ungetüm auf einen Campingplatz an der Adria, wo sie ein paar Tage am Strand verbringen werden. Ein Linienbus bringt mich nach Venedig, zum Busbahnhof an der Piazza Roma. Bis zur Abfahrt des Zuges nach München bleibt mir ein wenig freie Zeit – und ich beschließe, nicht in den Touristenrummel rund um den Markusplatz einzutauchen. Stattdessen mache ich mich auf den Weg zum sogenannten »Ghetto Novo«. Im prallen Sonnenlicht folge ich dem Canal Grande, überquere die Scalzi-Brücke und erreiche die »Calle di Ghetto«. Im Ghetto Novo entstand einst das erste jüdische Getto rund um die alte Gießerei (ital. Getto). Das Viertel mit seinen maroden, teils achtstöckigen

Wohnhäusern strahlt eine merkwürdige Ruhe aus. In einem koscheren Restaurant werden »Gefilte Fish« und »Auberginen Ghetto Style« angeboten. Es gibt eine jüdische Bäckerei, Buchhandlungen und Galerien. Ein Mann mit schwarzem Hut und Gebetsschal eilt quer über den Platz, den Campo de Ghetto Novo.

Ich denke an die letzten 200 Juden aus Venedig, die im Jahr 1944, kurz vor Kriegsende, von der SS in die Vernichtungslager deportiert wurden. Nur sieben von ihnen haben überlebt.

Nachdenklich spaziere ich zum Bahnhof, der Stazione di Venezia Santa Lucia, die genau gegenüber von der Piazzale Roma liegt, und decke mich unterwegs für die nächtliche Bahnfahrt mit Wein, Oliven, Käse und Brot ein.

Als ich in das Liegewagenabteil einsteige, bin ich der erste Gast. Ich freue mich schon darauf, das Abteil für mich zu haben, als kurz vor Abfahrt des Zuges ein älteres Ehepaar schwitzend angeeilt kommt, einen noch älteren Herren in der Mitte untergehakt. In holprigem Italienisch sprechen sie mich an und erklären mir, dass der angeschleppte Herr ein Ungar sei und keiner Fremdsprache mächtig. Ob ich ihm behilflich sein könne, in Verona den Zug nach München zu finden. Sie applaudieren heftig, als ich meine Zustimmung signalisiere, winken meinem Mitfahrgenossen und dem abfahrenden Zug, und holterdiepolter setzt sich dieser in Richtung Mestre in Bewegung. Nachdem ich den ganzen Tag kaum etwas gegessen habe, krame ich meine Brotzeit aus der Tüte und biete auch meinem Schützling davon an. »Moment«, meint dieser, öffnet seine große lederne Aktentasche, sein einziges Gepäckstück, und zählt auf: »Salami, Paprika, Palinka.« Es wird eine kurzweilige Nacht. Mit Gesten, Mimik und Wortspielereien finde ich heraus, dass mein neuer Freund Mathias heißt, pensionierter Eisenbahner ist und aus Debrecin kommt. Vor seiner endgültigen Ausreise aus dem »Goldenen Westen« will er in München haltmachen, um sich dort ein gebrauchtes Hohner-Akkordeon zu kaufen. Beinahe verpassen wir das Umsteigen in Verona.

Auch wenn ich kein Wort verstehe, höre ich Mathias gern sprechen. In Gedanken sehe ich mich wieder mit meinen Freunden vor dem Radio sitzen und höre das »Tor-Tor-Tor!« aus dem Lautsprecher brüllen: Rahn hat das dritte Tor geschossen. Wir schreiben das Jahr 1954, und einige Tage später sehe ich in der *Wochenschau* die ersten Ungarn, unsere Endspielgegner. Zwei Jahre später begegne ich den ersten realen Magyaren. Es sind viele. Waggons spucken sie am Passauer Hauptbahnhof aus. Ich bin bei den Pfadfindern und wir kümmern uns um die Flüchtlinge, welche in der legendären Nibelungenhalle untergebracht sind, Opfer des Stalinismus. Bezugspunkt für die radebrechenden Gespräche ist Ferenc Puskás, der ungarische Fußballheld – und augenblicklich entwickele ich eine Vorliebe für den Klang, die besondere Betonung dieser Sprache. Später kommt der Satz »Kerem, Andi, mach Signal« von Piroschka alias Liselotte Pulver in dem Kinoklassiker »Ich denke oft an Piroschka« hinzu. Die Hilferufe des ungarischen Ministerpräsidenten Imre Nagy, die aus dem Radio klangen, als die russischen Panzerverbände in Budapest einrückten. Radio »Free Europe« verspricht Hilfe, aber der Westen hat anderes zu tun. Britische Fallschirmjäger landen nicht in Budapest, sondern am Suezkanal. Bei den Kämpfen kamen 2500 Ungarn ums Leben, Nagy selbst wird Jahre später wegen Landesverrats und »versuchten Sturzes der volksdemokratischen Ordnung« hingerichtet.

Nostalgie, Not und Schönheit. Mathias sprechen zu hören bringt etwas in mir zum Klingen. Spontan lade ich ihn ein, ein paar Tage bei mir zu verbringen, immerhin bin ich Strohwitwer. Es wird eine unvergessliche Zeit. Ich treibe für ihn das gute Stück auf, nach welchem er sich so sehnt, und verscherble für ihn einige bestickte Folklore-Blusen, Tauschware, in meinem Freundeskreis. Wie sich herausstellt, ist er ein begnadeter Ziehharmonika-Spieler. Auf der Terrasse meiner Eigentumswohnung im ehemaligen Olympischen Dorf wird nachts melancholische ungarische Musik gespielt, bis die Nachbarn mit der Polizei drohen. So leicht kann ost-westliche Verbrüderung sein, lange vor Gorbatschow und Perestroika.

Eintauchen in eine neue Welt
Moskau/Sowjetunion, 1967

Unverhofft stoße ich auf ein unglaubliches Angebot. Das Reisebüro QUELLE (Versandhandel und Travelshop sind viele Jahre später deutsche Geschichte) bietet eine ungemein preiswerte Reise nach Moskau an. Ich vergesse einen Augenblick, dass ich bei der Polizei bin und dass der Kalte Krieg seit 1962 in seiner besonders heißen Phase ist, und buche ohne lange zu überlegen. Anschließend fällt mir ein, dass meiner Reise schier unüberwindbare bürokratische Hindernisse im Weg stehen.

Es beginnt der Weg durch die Instanzen, unerwarteterweise ist das sowjetische Visum das kleinere Problem. Ich brauche eine Genehmigung von meiner Dienststelle, um in das »Reich des Bösen« reisen zu dürfen. Eigentlich ist es aussichtslos, so eine Bewilligung zu erhalten. Wild entschlossen spreche ich bei dem zuständigen Sachbearbeiter meiner vorgesetzten Behörde vor – und schwafle ihn so voll, dass er mir schließlich die ersehnte Genehmigung erteilt. Offenbar fürchtet er, ich würde sonst niemals mehr sein Büro verlassen. Aber vielleicht habe ich ihn auch einfach an einem guten Tag erwischt – und sicher hat mein Hundertschaftsführer ein gutes Wort für mich eingelegt. Polizeihauptkommissar Mailhammer, der Führer meiner Einheit, ist ein sogenannter Adenauerheimkehrer und kam 1955 mit zerschmetterten Handgelenken aus sibirischer Gefangenschaft in den berüchtigten Gulags zurück. Was auch immer er dort erlebt hat, es ist überstanden, und in Gedanken begleitet er meine Reise nach Russland. Ich verspreche ihm, nach meiner Rückkehr zu erzählen, wie es dort etwas mehr als zehn Jahre nach seiner Entlassung aussieht. Er gibt mir dafür einige Vokabeln mit auf den Weg: *doswidanja*, *spaciba*, *dobre utra*.

Das Abenteuer kann beginnen. Mit dem Transitvisum geht es während der Osterfeiertage im R4 nach Prag, noch Hauptstadt der CSSR. Dort gehe ich an Bord einer Turboprob-Maschine vom Typ Ilyushin und werde in Moskau wieder ausgespuckt. Mein Zimmer liegt im ehrwürdigen Hotel BUKAREST an der Moskwa, gleich gegenüber liegt auf der anderen Seite des Flusses der Kreml.

Abends schlendere ich über die Moskwa-Brücke. Es hat geschneit, die Luft ist klar, der blaue Himmel trübt sich im Licht der untergehenden Sonne. Vor mir liegt der Rote Platz. Weit und menschenleer, steinern, versiegelt. Kein Grün, so weit das Auge blickt. Drei, vier abgedunkelte Limousinen gleiten geräuschlos über das Pflaster, Parteifunktionäre auf dem Weg zum Kreml. Ein einsamer Polizist regelt mit einer Kelle den nicht vorhandenen Verkehr. Die Szene hat etwas Gespenstisches.

Da sind das riesige »Hotel RUSSIA«, grauer Botschafter der Breschnew-Ära, die Basilius-Kathedrale mit ihren bunten Zwiebeltürmen, das Kaufhaus »Gum« und das Lenin-Mausoleum, Ort eines zweifelhaften Totenkults. Dieser

Platz hat einen anderen Maßstab als alles, was ich bisher gesehen habe. Die Architektur nimmt mich auf wie eine fremde Landschaft.

Ich habe nie viel auf die antisowjetische Propaganda gegeben – immerhin sind wir mitten im Kalten Krieg –, aber in diesem Moment, auf dem Roten Platz, ist es, als nähme die russische Seele, der ich in den Erzählungen Dostojewskis und Tolstois begegnet bin, plötzlich Gestalt an. Am Kreml-Turm schlägt die Glocke mit dem unvergleichlichen Klang, den ich aus dem »Bericht aus Moskau« kenne. Ich bin wie verzaubert. Unverhofft halte ich einen Schlüssel zur Welt in Händen. Zu diesem Zeitpunkt ahne ich nicht, dass es in meinem Reiseleben noch viele solcher Glücksmomente geben wird.

Mich überrascht, wie einfach es ist, auf dem Schwarzmarkt Rubel gegen westliche Devisen zu tauschen, zu einem irre guten Kurs. Es hilft nichts, die meisten Dienstleistungen müssen für Touristen in Dollar oder West-Mark entrichtet werden. Übrigens ist der offizielle Kurs für einen Rubel 4,25 D-Mark – so viel geben dir junge Leute für einen Kugelschreiber. Eine Fahrt mit der U-Bahn kostet 5 Kopeken.

Mit Ende zwanzig entdecke ich Kultur für mich; bislang Terra incognita. Also sehe ich mir »Schwanensee« in einer Aufführung des weltberühmten Bolschoi-Balletts an – und bin hauptsächlich von der Präzision der Tänzer angetan. Ich bin inzwischen Ausbilder und weiß nur zu gut, wie schwierig es ist, Polizeianwärtern das Marschieren im Gleichschritt beizubringen – und nun das! In meiner Begeisterung besorge ich mir am nächsten Morgen Karten für eine Opernvorstellung.

Im Festsaal des Kreml führt das Bolschoi-Ensemble Bizets »Carmen« auf. Mein Sitznachbar ist Amerikaner, und ich wende meine in der Abendschule erworbenen Englischkenntnisse an. In der Pause fahren die Gäste auf Rolltreppen einen Stock höher. Dort ist ein Buffet mit unzähligen Häppchen angerichtet, Kanapees, belegt mit fremdartiger Kost. Mir ist es ein Rätsel, warum sich so viele Leute mit Johannisbeer-Brötchen versorgen. Woher soll ich wissen, dass es roten Kaviar gibt, kenne ich doch nur den schwarzen kleinkörnigen Seehasenrogen von Aldi.

Die Aufführung gefällt mir, und als der Vorhang nach dem dritten Akt fällt, verabschiede ich mich verwundert von »meinem« Ami, fehlt mir doch der Akt mit dem triumphalen Einzug des Toreros. Dass ich der einzige Garderobengast bin, kommt mir spanisch vor (kein Wunder, bei diesem Stück). Kurz entschlossen gebe ich meinen Mantel wieder ab und begrüße meinen Sitznachbarn wie einen alten Freund per Handschlag. Als der Torero einzieht und später Carmen gemeuchelt wird, bin ich um eine Erfahrung reicher: Es gibt auch Opern mit mehr als drei Akten.

Auf der Brücke über die Moskwa lerne ich einen Studenten aus der DDR kennen, ein netter Kerl, der das Privileg genießt, in Moskau studieren zu dürfen. Er hat einige russische Freunde, die in einem einfachen Seitentrakt des neu eröffneten Vorzeigehotels RUSSIA am Roten Platz wohnen. Dort feiern wir eine Party mit irre viel Wodka, der grundsätzlich aus Zahnputzgläsern getrunken wird. Als die Flaschen leer sind, kommt eine grüne 2-Liter-Flasche auf den Tisch. »*Spirit*«, lallt einer meiner neuen Freunde – reiner Alkohol. Wir beginnen das Zeug verdünnt mit Leitungswasser zu trinken, später schütten wir es pur hinunter – schauderhaft. Schauderhaft ist auch der Kater am nächsten Morgen, als ich völlig benommen mit einem Kopf, so groß wie ein Badezimmer, in der Tretjakow-Galerie hinter einer Galina, einer Fremdenführerin, hertrotte!

Viel zu schnell geht es wieder zum Flughafen, vorbei an

dem Kriegsdenkmal, welches an der Stelle steht, an welcher die »heldenhafte« Sowjetarmee die Deutsche Wehrmacht zum Rückzug gezwungen hat.

Endlich in Prag, komme ich in einem Studentenhotel unter. Die Stadt hat unter der kommunistischen Diktatur gelitten, alles wirkt verwahrlost, aber in den Straßen und auf den Plätzen, in Kneipen und Cafés herrscht Aufbruchsstimmung. Erst vor wenigen Jahren ist das mächtige Stalin-Denkmal im Letná-Park unter Ausschluss der Öffentlichkeit von der Armee gesprengt worden. Symbol einer Zeit, in der vieles möglich scheint, die antisowjetische Stimmung greift in der Hauptstadt um sich wie ein Lauffeuer.

Den Abend verbringe ich mit jungen Männern, die ich im Flugzeug kennengelernt habe, in Altprager Kneipen. Einer trägt stolz eine Leninplakette am Revers, die er bei einem Trödler in Moskau erworben hat. Plänkelei, für die unsere tschechischen Tischnachbarn wenig übrighaben. Nach einer Weile lässt er sie unauffällig in seiner Jackentasche verschwinden. Es wird eine lange, ausgelassene Nacht, mit tschechischem Bier und neuen tschechischen Freunden.

Der junge Mann, der sich durch diese Prager Nacht treiben ließ, von einer Kneipe zur anderen zog und in einem Studentenhotel nächtigte, hatte keinen blassen Dunst davon, dass er ein halbes Jahrhundert später der meistgereiste Deutsche sein würde. Und doch war diese Reise durch Osteuropa für mich wie eine Initialzündung, der Beginn einer langen Geschichte des Unterwegsseins. Vielleicht habe ich damals zum ersten Mal gespürt, dass die Welt es dir dankt, wenn du ihr ohne Vorurteile, offen begegnest.

Auf der Rollbahn
Sowjetunion, 1987

1987 begebe ich mich wieder einmal auf bürokratischen Hürdenlauf und besorge mir die Genehmigung meiner Behörde zu einer Reise mit dem VW-Bus durch die Sowjetunion, die ich inzwischen wieder brauche, weil ich nun als »geheim« verpflichtet bin. Als Kripobeamter habe ich Einsicht in brisante Informationen.

In München gibt es ein Reisebüro, das auf Reisen in die Sowjetunion spezialisiert ist, und ohne dessen Hilfe wäre ich den Irrwegen der anderen, nämlich der sowjetischen, Bürokratie hilflos ausgeliefert. Ich muss meinen Reiseplan ausführlich erläutern, jede Übernachtung sorgfältig planen und den entsprechenden Campingplatz reservieren. Keine Etappe darf mehr als 700 km betragen, folglich ist es unumgänglich, das eine oder andere Mal in einem Hotel zu übernachten. Mein Plan ist, durch Polen zu reisen, dann über Weißrussland auf der sogenannten Rollbahn nach Moskau weiter, von dort in die Ukraine und über die Slowakei, damals noch Teil der CSSR, nach Österreich. Bewaffnet mit dem erteilten Visum für die Sowjetunion und dem Transitvisum für Polen, beantrage ich mein Transitvisum für die CSSR, und der Antrag wird abgelehnt. Später erfahre ich, dass es dem Hausmeister in unserer Dienststelle genauso ergangen ist. Guter Rat ist aber gar nicht so teuer, denn im Dreiländerdreieck um das ukrainische Lwiw (Lemberg) gibt es auch den Weg über Ungarn – und dort bekommt man das Visum an der Grenze. Angeblich ist es kein Problem, die Reiseroute in Moskau umschreiben zu lassen. Die Reise kann losgehen.

Am deutsch-deutschen Übergang ist es das übliche Ritual: Grenzsoldat in fastrussischer Uniform stempelt aus dem Bauchladen: klack-klack. Rasch weiter zum Grenzübergang

Frankfurt-Oder, wieder Bauchladen: klack-klack. Der polnische Einreisebeamte begrüßt mich freundlich, betrachtet mein Transit-Visum, sagt, ungläubig die langen Haare begutachtend, die vom Kopf auf die Schultern eines 45-Jährigen mit wildem Schnauzbart fallen, »Oh, Hauptkommissar – Erster Kriminalhaupt«, Stempel – »Gute Reise«.

Wieder ein freundlicher polnischer Beamter bei der Ausreise Richtung Sowjetunion, hier Weißrussland. Bevor ich in das inzwischen nicht mehr ganz so böse Reich des Bösen einreise, muss ich den Wagen durch eine Chemie-Dusche steuern: Desinfizierung – wahrscheinlich muss das kapitalistisch dekadente Wesen absorbiert werden.

»Doswidania«, begrüßt mich der Sowjet-Braun-Uniformierte – rasch ist der Einreisestempel erteilt. Der Zollbeamte, wie in allen Staaten des Warschauer Paktes in grauer Uniform, wie ich weiß aller Wahrscheinlichkeit nach ein KGB-Mann, naht und deutet auf die graue Halle. Ich weiß, was das zu bedeuten hat: hochpeinliche Kontrolle. Ich habe schon gehört, dass Äpfel auseinandergeschnitten werden mussten, weil Unerlaubtes darin versteckt sein könnte. Da sitz ich sauber da mit meinen Rubeln in der Zahnpastatube. Es entsteht ein Wortgefecht zwischen dem Grenzbeamten und dem Geheimdienstmann. Beim Grenzer hat sich offensichtlich der Kollegialitätsgedanke durchgesetzt, und er gewinnt! Gelangweilt deutet der Graue geradeaus – vorbei an der Halle, freie Fahrt in die Sowjetunion!

Dieser Teil von Weißrussland gehörte vor dem Pakt der beiden Massenmörder Hitler und Stalin zu Polen. Übrigens sind Weißrussland und die Ukraine Ende der 80er Jahre neben der UdSSR Mitglied der UN. Nun bin ich also auf der Rollbahn. Dieser Name ist der Strecke von Weißrussland nach Moskau seit der Operation »Barbarossa« geblieben. Die Hinweisschilder auf der Schnellstraße, die zwar so heißt, aber den Namen mit ihren Millionen von Schlaglöchern nicht verdient, sind in lateinischen und kyrillischen Buchstaben. So fällt es mir leicht, mir im Laufe der Reise das russische Alphabet einzuprägen. Die Landschaft, die an den Wagenfenstern vorüberzieht, ist eintönig. Riesige Kolchosen, Korn- und Weizenfelder, weite Ebenen. Felder, Felder, Ebenen. Während des Fahrens wandern meine Gedanken zurück, in die Vergangenheit. Auf dieser Strecke zog in den vierziger Jahren die Wehrmacht gen Osten und hinterließ eine Schneise der Verwüstung. Ganze Dörfer wurden vernichtet, ihre Bewohner ermordet.

Bei Smolensk fahre ich den VW-Bus auf den Campingplatz und bin damit beschäftigt, meine Rubelscheine aus der Zahnpastatube zu fummeln, als es draußen klopft. »Verdammt«, schießt es mir durch den Kopf, die KGBler können offensichtlich durch das Autoblech hindurchschauen. Ich schiebe die Tür auf und blicke in ein gerötetes Gesicht. Der Mann bietet mir Rubel zum Schwarztausch an. Allmählich muss ich mir meine Paranoia abgewöhnen.

Neben mir campieren zwei junge Ostdeutsche. Von ihnen erfahre ich, wie junge Menschen aus der DDR ihre Reiselust ausleben. So haben die beiden sich in Berlin über Freunde einige Jeans besorgt und diese im Bekanntenkreis verkauft – das war ihr Startkapital. Ein Touristen-Visum für die UdSSR zu bekommen war so gut wie ausgeschlossen. So haben sie sich ein Transit-Visum für eine angebliche Reise über Polen und einen Zipfel der Ukraine nach Rumänien besorgt. Mit diesem Visum sind sie nun wochenlang unterwegs – natürlich unrechtmäßig.

Als er mein Erstaunen sieht, lächelt Klaus.

»Klar«, sagt er, »bei unserer Ausreise gibt's 'ne Ermahnung – aber die nehmen wir in Kauf. Schließlich müssen wir unser Fernweh stillen.«

Weiter geht es Richtung Osten, oft im Qualm desolater LKW. Nach einer Baustelle mit unverständlichen Umleitungszeichen lande ich auf einer Landstraße, folge dieser Richtung Osten. Es dauert nicht lange, bis ich von einem Milizionär (die Polizei heißt hier Miliz) angehalten werde und meine Papiere aushändigen muss. Ich bin nicht mehr auf der vorgeschriebenen Strecke. Mir werden die Leviten gelesen und der Weg gewiesen, und ich geselle mich wieder zu den stinkenden LKW-Kolonnen.

Schließlich passiere ich die Panzersperren, patriotische Denkmäler, die aufzeigen, wo im »Vaterländischen Krieg« kurz vor Moskau die Rollbahn für die Deutsche Wehrmacht endete.

Vor den Toren der Stadt liegt der Internationale Campingplatz, für Sowjetbürger verboten. Eines Morgens fährt ein Lada, ein Fiat-Nachbau, zwischen den Campingfahrzeugen und Zelten herum, und der Fahrer bietet lauthals Kaviar und Krimsekt an. Das Schlitzohr hat deutsche Kfz-Kennzeichen an seinem Wagen angebracht und so die Wächter überlistet. Irgendwo ist jetzt ein deutscher Tourist unterwegs und muss den Sowjetbürokraten erklären, wo seine Kennzeichen geblieben sind.

Auch mir bleibt ein bürokratischer Hürdenlauf nicht erspart. Ich muss von offizieller Stelle meine geänderte Fahrtroute bestätigen lassen, ist doch wegen des verweigerten CSSR-Visums meine Ausreise nach Ungarn, statt wie im Reiseplan angegeben in die Slowakei, geplant. Das Unternehmen kostet einiges an Geduld und etliches an Westmark.

Letzte Station in Russland ist die Stadt Orel. Mit dieser Stadt ist ein Stück Familiengeschichte verbunden. Im Rahmen der Operation »Zitadelle« war die Gegend im Sommer 1943 in die letzte Groß-Offensive der Wehrmacht eingebunden. Und mein Vater war als Gefreiter dabei.

Mein Vater hat nicht viel vom Krieg erzählt. Zu Hause, am Küchen- oder Wohnzimmertisch, sprach er nie davon. Nur im Freien, bei unseren Wanderungen in den Vorbergen des Bayerischen Waldes, fing er an zu reden.

»Die Landschaft ...«, sagte er dann nachdenklich, »das erinnert mich an Orel ...«, und ich spitzte die Ohren.

»Stell dir vor«, er deutete auf eine Lichtung oder eine Wiese, »dort drüben war die Frontlinie, dahinter stand der Russe. Und hier waren wir.«

Die liebliche Landschaft weckte in ihm Erinnerungen an eine Schlacht, die ihn fast das Leben gekostet hätte. Nach dem Befehl zum Sturmangriff waren er und seine Kameraden langsam vorgerückt. Im feindlichen Beschuss lichteten sich die Reihen, links und rechts von meinem Vater fielen die Männer und starben wie Fliegen. Als eine Handvoll Überlebender Deckung gefunden hatte, befahl der Zugführer ihm umzukehren, zum Kompaniegefechtsstand.

»Melde, dass der erste Zug die feindliche Stellung genommen hat.«

Mein Vater war kein Held. Der erste Zug verdiente seinen Namen nicht mehr, und der Weg zurück führte durch Maschinengewehrfeuer.

»Das ist Irrsinn«, wehrte er ab, »das mach ich nicht.«

Schweigend zog der Feldwebel eine Pistole aus dem Halfter und richtete sie auf seinen Untergebenen.

»Dann stirbst du jetzt.«

Mein Vater lief los, und die erste Salve streckte ihn nieder. Lungendurchschuss. Den ganzen Tag lag er auf freiem Feld, zwischen Verletzten und Sterbenden. Es wurde Abend, es wurde Nacht, und erst in der Dunkelheit durchkämmten Sanitäter das Feld nach Verwundeten.

Wie durch ein Wunder hat mein Vater überlebt.

Ich finde die hügelige Landschaft um die Stadt Orel genau

so vor, wie er sie mir bei unseren Wanderungen geschildert hat. Nur liegt sie nun friedlich da. Herbstlicher Laubwald, Kornfelder, hier und da schlanke Birken. Bauern bringen ihr Getreide heim, Sonnenblumenfelder wiegen sich im Wind. Der Krieg ist lang vorbei.

Wenige Tage später verfahre ich mich in der ukrainischen Hauptstadt Kiew. Es ist wie verhext. Immer wieder lande ich im Innenhof einer Sozialwohnungsanlage. Als ich den Hof zum dritten Mal passiere, lehnt sich ein älterer Mann aus dem Fenster und ruft mir in gebrochenem Deutsch zu: »Ich hab dich schon gesehen. Kann ich dir helfen?«

Freundlich weist er mir den Weg. Die Antwort auf meine Frage, wo er sein Deutsch herhabe, macht mich betroffen. »Aus dem Konzentrationslager«, sagt er ruhig.

Ich höre keine Spur von Vorwurf, keine Verbitterung aus seiner Stimme. Ebenso gut hätte er sagen können: »Von einem Studentenausflug nach Rosenheim.«

Eine Feststellung, nichts weiter. Insgeheim verneige ich mich vor dem Mann, der mir wie einem Menschen begegnet, obwohl ich aus dem Land der Täter stamme. Wenn dir echte Größe begegnet, das vergisst du nicht – egal, ob es im Hof eines Wohnblocks geschieht oder an der Kasse einer Kantine in Jerusalem.

»Kapitalist!«
Sarajevo/Jugoslawien, 1968

Der Weg nach Griechenland führt zunächst über den sogenannten Autoput. In der Teilrepublik Bosnien fahre ich auf steinigen Nebenstraßen in Richtung Sarajevo. Ende der 60er

Jahre scheint sich in Jugoslawien ein Umbruch abzuzeichnen, die Achtundsechziger-Stimmung hat auch die Jugend dieses Vielvölkerstaates erreicht. Allerdings hat die Flasche, in der es gärt, noch einen festen Pfropfen namens Tito.

Ich muss irgendeine verdammte Absperrung übersehen haben, und meine damalige Frau Käthi und ich fahren in Sarajevo auf der Suche nach dem Campingplatz mit unserem R4 plötzlich mutterseelenallein auf einer breiten Straße. Als ich um eine Kurve biege, erblicken wir einen riesigen Demonstrationszug, der direkt auf uns zumarschiert, keine Chance mehr zum Umkehren. Die Menschenmenge bildet eine schmale Gasse und walzt um unser Auto herum, sie schließt sich wieder, Regenschirme prasseln auf das Autodach: »Kapitalist«, rufen unzählige Münder.

Nur gut, dass ich keinen Mercedes fahre! Bei nächster Gelegenheit biege ich in eine Seitengasse ab, stelle das Auto im Parkverbot ab, und wir retten uns in ein Café. Minuten später fliehen Menschen durch die Straßen, verfolgt von Polizisten mit Schlagstöcken. Von Feuerwehrautos wird auf die Demonstranten Wasser gespritzt, was die Schläuche halten. Ein Polizeiauto brennt, und ein Pulk Flüchtender rennt auf unser Lokal zu. Die Frontscheibe splittert, ein Körper fliegt durch das Glas, reflexartig suchen wir Schutz unter den Tischen. Käthi kauert neben mir, wachsam, aber nicht panisch. Es sind unruhige Jahre, Gewalt herrscht auf den Straßen und in den Köpfen der Menschen, die außerparlamentarische Opposition erstarkt. Wir sind jung, und alles ist in Bewegung.

Nach einigen Stunden ist der Spuk auf den Straßen vorbei. Unser Wagen erwartet uns – von ein paar Beulen im Wagendach abgesehen – unbeschadet. Monate später werden in Ost und West die Anzeichen einer Annäherung zwischen Sozialismus und Kapitalismus durch Waffengewalt brutal beendet sein. In Chile wird Allende ermordet und eine schreckliche Militärherrschaft installiert. In Prag marschieren die Truppen des Warschauer Pakts ein, und in Jugoslawien wird für einige Jahre Grabesstille herrschen.

Einziger Hoffnungsschimmer ist, dass die Stunden der Militärdiktatur in Griechenland gezählt sind. Als junger Mann weiß ich noch gar nicht viel über die politischen Systeme auf dieser Welt. Jugoslawien ist für mich ein Staat wie jeder andere. Mir ist nicht bewusst, dass sich das Land in viele Ethnien und Religionsgruppen unterteilt. Auf dem Weg durch Bosnien, auf staubigen Straßen durch verwunschene Täler, fällt mir nur auf, welch archaische Zustände ich hier antreffe. Frauen haben ihre Haarpracht mit Kopftüchern verhüllt, holen in Tonkrügen Wasser von einem Brunnen. Männer sitzen auf Eseln, die von ihren Frauen geführt werden.

Die schlechten Straßen zeigen ihre Wirkung. Eine Reifenpanne jagt die andere. In kleinen ölverschmierten Werkstätten am Straßenrand werden die Schläuche geflickt. Als ich irgendwann die griechische Grenze überquere, zähle ich den sechsten platten Reifen. Im ersten Ort finde ich eine moderne Reparaturwerkstatt und lasse mir auf allen Reifen neue Schläuche aufziehen. Das geht mächtig auf die ohnehin klamme Reisekasse, und wir bleiben kürzer als geplant in Griechenland. Athen nehmen wir aber natürlich mit und stehen ehrfurchtsvoll auf der Akropolis und blicken auf die in der Hitze flimmernde Stadt.

Feindbilder
Ex-Jugoslawien, 2005

Mile hat mich an der Bushaltestelle aufgegabelt. Die alte Frau vermietet ein Zimmer in ihrer kleinen Wohnung in Dubrovnik. Ich fühle mich bei ihr bald wie zu Hause, und sie bemuttert mich wie ihren eigenen Sohn, einen Bayern von 64 Jahren. Wir schreiben das Jahr 2005, und die Altstadt erstrahlt nach den Zerstörungen im Bruderkrieg wieder in neuem Glanz.

Mein nächstes Ziel ist Mostar. Das nach dem Krieg in verschiedene Länder aufgespaltene Jugoslawien bietet ein eigenartiges Bild auf der Landkarte, Kroatien schiebt sich wie eine Lanze an der Küste entlang in Richtung Ost-Süd-Ost, welche durch einen kleinen Zipfel von Bosnien und Herzegowina durchbrochen wird.

Am Straßenrand tauchen immer wieder zerstörte Häuser auf. Gegen Mittag fahren wir im Busbahnhof von Mostar ein, wo ich bereits erwartet werde. Mile hat eine Bekannte angerufen, die ebenfalls Privatzimmer vermietet. Fatima ist eine Muslima Ende vierzig, empfängt mich aber im trägerlosen Hemdchen und Jeans. Nachdem sie mir das schöne Zimmer gezeigt hat, setzen wir uns in den Garten. Ihr Haus ist noch mehr oder weniger im Rohbau, es wurde im Krieg zerstört. Sie spricht gar nicht schlecht Deutsch, weil sie etliche Jahre in Gelsenkirchen gearbeitet hat. Ihr Mann ist im Krieg von Serben getötet worden. Ihr Hass auf die Serben ist ungebrochen.

»Hitler war ein guter Mann«, erklärt sie nach der zweiten Tasse Tee im Brustton der Überzeugung, »der hat mit den serbischen Partisanen kurzen Prozess gemacht.« Ihre Bemerkung fällt in den hellen Frühlingstag wie ein Stein. Natürlich verpuffen meine Gegenargumente ungehört. Aus arabischen Ländern sind mir solche Situationen durchaus vertraut.

Immer wieder kommt so abstruses Zeug aus dem Mund durchaus sympathisch wirkender Menschen. Krieg ist Krieg – er lebt auch in den Köpfen der Menschen –, und wer einen Todfeind hat, ist in der Wahl seiner Verbündeten offenbar wenig zimperlich.

Mostar ist eine malerische Stadt, auch wenn ihr Wahrzeichen zerstört wurde und sein Gesicht verlor: Die sogenannte Türkenbrücke über die Neretva ist nun eine Betonkonstruktion.

Als ich hinübergehe und auf die bunten Häuschen blicke, die beiderseits des Flüsschens Neretva den Hang hinunter wachsen, fühle ich mich wie in einer osmanischen Stadt. Ich habe das Gefühl, als wären die Uhren vor hundert Jahren stehen geblieben und ich einer der abenteuerlichen Reisenden aus Alemania.

Viel zu schnell holt mich die Wirklichkeit ein. Deutlich spürbar trennt die Bürger eine unsichtbare, unüberwindbare Grenze. Kroaten und Bosniaken leben fremd nebeneinander. Die muslimischen Mädels sind genauso modisch gekleidet wie ihre Schwestern aus dem kroatischen Teil, aber ich spüre ihr Verschiedensein. Kaum wende ich mich von den touristischen Stätten ab und spaziere durch gar nicht weit abgelegene Straßen und Gässchen, sehe ich die Folgen des Krieges wie klaffende Wunden im Körper der Stadt – zerschossene Häuser, Ruinen, die von vergangenen Grausamkeiten künden. Es ist noch gar nicht lange her, als die muslimischen Bosniaken mit ihren Nachbarn, den katholischen Kroaten, Schulter an Schulter gegen die serbischen Aggressoren gekämpft und ihre Gefallenen sogar auf einem gemeinsamen Friedhof bestattet haben. Kaum war der gemeinsame Feind besiegt, bekämpfte man sich gegenseitig mit der gleichen Brutalität, mit der man zuvor gegen den serbischen Gegner vorging.

Ein Ausflug führt mich in das katholische Mejugore, angeblich ein Ort des Gebetes und der Versöhnung. Hier haben im Juni des Jahres 1981 sechs junge Leute eine Marienerscheinung gehabt. Dreien von ihnen erscheint die Mutter Gottes nach wie vor jeden Tag, den anderen dreien zu bestimmten Terminen im Jahr, beispielsweise zu Weihnachten. Auffällig, wie genau sich die Heilige Jungfrau an die Daten des gregorianischen Kalenders hält.

Abertausende von Pilgern glauben an dieses Wunder und kommen hierher, ein Massenauflauf wie in Fatima oder Lourdes. Unter ihnen sind erstaunlich viele Italiener. Unwillkürlich kommt mir bei ihrem Anblick der Kult um Pater Pio in den Sinn, und ich muss darüber nachdenken, wie es sein kann, dass es innerhalb von wenigen Tagen Tausende nach Messina getrieben hat, wo aus den Augen der Statue des Heiligen blutige Tränen traten und sich später herausstellte, dass es sich dabei um einen Lausbubenstreich – oder vielleicht doch arglistige Täuschung – gehandelt hatte. Ich sehe alte gebrechliche Menschen, die barfuß den steinigen Weg zum Kreuzberg hinaufschlurfen und sich dabei blutige Füße holen. Von einer Botschaft in Richtung Verständigung mit den bosnischen muslimischen Nachbarn vernehme ich nichts.

Vom Städtchen Blagaj wandere ich zur Tekija Blagaj. Bei den romantischen Buna-Quellen liegt angelehnt an einen riesigen Felsen die Tekke, ein Derwisch-Kloster nach dem Vorbild der türkischen Sufis. In dem zweistöckigen Gebäude im anatolischen Baustil (Säulen, Rundbögen, farbenfrohe Mosaike) lebten einst die Derwische und strebten unter der Obhut ihres Meisters nach spiritueller Reife. Bedauerlicherweise ist diese moderate Form des Islam, welche dem Motto »Alle Wege führen zu Gott« folgt, weltweit auf dem Rückzug.

Auf traumhaft schöner Route entlang des Neretwa-Canyons bringt mich der Bus nach Sarajevo. Hier werde ich von der geschäftstüchtigen Yasmina empfangen. Die Buschtrommeln zwischen den Zimmervermieterinnen funktionieren. Mein Zimmer, welches ich mir mit einem US-Amerikaner teile, liegt in einem zentral gelegenen Plattenbau und macht einen vernünftigen Eindruck. Mein Zimmernachbar ist die ganze Nacht unterwegs, taucht gegen vier Uhr auf, und ab sechs Uhr schrillt unentwegt sein Wecker, den er beharrlich ignoriert. So mache ich mich frühmorgens auf Erkundungstour.

In Gedanken erlebe ich noch einmal die Stunden, als Käthi und ich vor vielen Jahren in der damals jugoslawischen Stadt während einer Demonstration vor der schwerbewaffneten Polizei in ein Café flohen. Trotz aller Aufregung war es für uns mehr ein Abenteuer, Aufbruchsstimmung, eine Situation, wie wir sie von deutschen Straßen kannten. Zwanzig Jahre später flackerten die Bilder der belagerten Stadt über den Bildschirm. Schreckliche Bilder voll Blut und Gewalt.

Neun Jahre nach dem Krieg sieht es aus, als hätte die Stadt sich bereits erholt. Eine der Hauptstraßen wurde damals in der internationalen Presse als »Sniper Alley« bekannt; auf den Dächern der Häuser lauerten Heckenschützen. Im Vorübergehen zähle ich Einschusslöcher in den Fassaden.

Das berühmte »Holiday Inn« ist grundsaniert worden. Von hier aus schossen am 5. April 1992 Heckenschützen auf Demonstranten. Während der Kampfhandlungen wurde das Hotel Basis westlicher Berichterstattung. Dann wurde es von Granaten in Trümmer gebombt.

Jetzt hat es einen leuchtend gelben Anstrich. Ein Lichtpunkt. In der historischen Altstadt pulsiert das Leben. Junge Menschen, meist Burschen und Mädels getrennt, flanieren durch die Gassen und sitzen auf den Terrassen der Kaffeehäuser, nur wenige Mädchen tragen Kopftuch. Ihr Selbstbewusstsein macht mich froh. »Heute braucht sich in dieser Stadt niemand mehr zu verstecken«, besagen ihre Blicke.

Was ist Heimat
Polen, 1973

»Was ist Heimat?«, frage ich mich manchmal. Es geht auch um diese Frage, als ich mich im Frühjahr 1973 aufmache, um meine Geburtsstadt in Schlesien zu besuchen. Sie heißt jetzt nicht mehr Landeshut, sondern Kamienna Góra und gehört zu Polen, auf der anderen Seite des sogenannten »Eisernen Vorhangs«. Es sind einige bürokratische Hindernisse zu überwinden, bis es so weit ist und ich meine Familie mit der achtjährigen Jutta ins Auto packe. Westler dürfen nur in bestimmten Hotels absteigen, in meiner alten Heimatstadt gibt es kein solches, also reservieren wir im 30 Kilometer entfernten Waldenburg, besser gesagt Wałbrzych. Es ist Dienstag nach Ostern, als wir mit dem Ford Capri den Ortsrand von Kamienna Góra erreichen und der Beschilderung zum Bahnhof folgen. Dort parke ich den Wagen, und wir gehen zu Fuß. Obwohl es schon 26 Jahre her ist und ich damals nicht mal sechs Jahre alt war, als ich mit Mutter und Großmutter den Ort verlassen musste, habe ich keine Orientierungsprobleme. Als wir über die Brücke gehen, die den Bober überspannt, bin ich überrascht. In meiner Erinnerung ein reißender Strom, erscheint er mir nun wie ein harmloser Bachlauf.

In Kamienna Góra entzündet sich meine Erinnerung an jeder Straßenecke. Ich begegne dem kleinen polnischen Buben, der mir am Flussufer mein Lieblingsspielzeug abgenommen hat. Als wir eine Straßenkreuzung passieren, taucht vor meinem inneren Auge der letzte deutsche Panzer auf. »Morgen ist der Russe da«, höre ich wieder die müde Stimme eines geschlagenen Soldaten der Wehrmacht. Während unserer Streifzüge erzähle ich Frau und Tochter von meinen Erlebnissen. Mein Blick auf die ehemalige Heimatstadt ist ungetrübt. Es ist schön, hier zu sein, aber zu Hause bin ich anderswo.

An einem sonnenhellen Vormittag stehen wir vor dem Haus, in dem ich geboren wurde, ein graues vierstöckiges Mietshaus. Leute laufen vorbei, ich nehme mir ein Herz und spreche eine Frau an. Sie kann natürlich kein Deutsch, aber wir haben Glück. Sie meint, im Nachbarhaus lebe ein Mann, der meine Sprache spreche, und läutet dort. Ein älterer Herr öffnet, und ich erkläre ihm, dass ich vor vielen Jahren hier gewohnt habe. Er spricht zu meiner Freude recht gut Deutsch und bittet um kurze Wartezeit, um sich Schuhe und eine Jacke anzuziehen. Dann ziehen wir los und steigen in dem Haus meiner Kindheit die Treppen hinauf in den ersten Stock. Eine Frau, die Schürze um den Bauch, öffnet die Tür und schaut neugierig. Behutsam lasse ich meinen »Dolmetscher« erklären, dass ich vor vielen Jahren in dieser Wohnung geboren wurde, und versuche ihr das Gefühl zu geben, dass ich alles andere als Besitzansprüche hege. Es herrscht für einige Augenblicke Stille, dann bittet sie uns ins Wohnzimmer. Den Kachelofen aus meiner Erinnerung gibt es nicht mehr, die Stube ist gemütlich eingerichtet. Aufgeregt spricht sie mit ihrem achtzehnjährigen Sohn, und er eilt zur Tür hinaus. Wenige Minuten später ist er mit seinem Vater wieder zurück. Dieser arbeitet in der Nähe in einer Schuhmacherwerkstatt, begrüßt uns herzlich und zieht aus der weiten Hosentasche eine Flasche Wodka. Die Hausfrau kommt aus der Küche mit einer Platte mit kalten Speisen zurück. Es ist der erste Werktag nach Ostern, und von der Feier ist viel übriggeblieben – nun sollen wir zugreifen.

»Na zdrowje!«

»Prost!«

Ein Toast nach dem anderen wird gesprochen, und es gibt viel zu erzählen.

Die Familie ist, genau wie wir, aus ihrer Heimat vertrieben worden. Ursprünglich stammt sie aus Ostpolen, welches als Folge des Hitler-Stalin-Paktes der sowjetischen Teilrepublik Ukraine zugeschlagen wurde. Schade, dass ich noch Auto fahren muss, so halte ich mich beim Wodka zurück. Trotzdem wird es ein unvergesslicher Nachmittag. Heimatvertriebene unter sich ... ganz ohne Bitterkeit.

Hoffnungsschimmer
Bulgarien, 1975

Wir schreiben das Jahr 1975. Willy Brandt hat endlich die Jahre der Entspannungspolitik eingeleitet, und auch für einen Polizisten wird der Eiserne Vorhang durchlässiger. Wieder einmal bin ich mit meiner Familie mit unserem R4, das Zelt auf dem Dach, unterwegs: Marschrichtung Türkei. Wir fahren auf dem sogenannten Autoput durch das Land, welches noch Jugoslawien heißt, und erreichen schließlich Bulgarien. Dort jage ich die Kiste über kurvenreiche bergige Straßen, und wir begegnen in den Rila-Klöstern altchristlicher Kultur. Jutta ist zehn Jahre alt, und ihr wird beim Autofahren oft schlecht. Also nehmen wir es nicht so tragisch, als sie brechen muss. Erst als die Kotzerei am nächsten Morgen immer noch nicht aufhören will, machen wir uns Sorgen und fahren in eine Klinik. Die Ärztin meint, es sehe nicht nach etwas

Ernstem aus, schickt uns aber sicherheitshalber zur Generaluntersuchung in die Uni-Klinik von Plovdiv, dem ehemaligen Philippopolis. Der untersuchende Arzt äußert den Verdacht auf Meningitis, und die Lumbalpunktion bringt an den Tag, dass Jutta sich tatsächlich infiziert hat. So eine Flüssigkeitsentnahme aus dem Rückenmark ohne Betäubung ist äußerst schmerzhaft, und unsere Tochter tut mir furchtbar leid. Aber die Krankheit ist im Anfangsstadium, und der Professor der Neurologie, der die Behandlung persönlich im Auge behält, macht uns Hoffnung, dass alles gut ausgehen wird.

Unser Töchterchen wird in einem Einzelzimmer untergebracht und auch verpflegt. Allein, das Essen schmeckt ihr nicht. Mittags und abends sitzt sie auf dem Schoß einer resoluten älteren Schwester, die ihr Löffel für Löffel Joghurt einflößt – einen Ausdruck zwischen Grauen und Ergebenheit im Gesicht.

Erst später wird uns bewusst, dass die anderen Patienten in riesigen Sälen liegen und von ihren Familien versorgt werden.

Die zweite Lumbalpunktion ergibt zu unserer großen Freude ein negatives, also für uns positives Ergebnis. Als Dolmetscher steht uns eine DDR-Bürgerin zur Verfügung – eine stramme Kommunistin, wie sich bald herausstellt.

Wir verbringen etliche Stunden am Krankenbett unserer Tochter – nur während sie schläft, erkunden wir die historische Altstadt. Wir kletterten durch die Ruinen des römischen Stadions und des antiken Theaters. Zum Teil waren Reste der alten Stadtmauer erhalten. Arbeiter waren mit der Renovierung beschäftigt und saßen am Straßenrand zur Mittagspause, Kanten trockenen Brotes in den schwieligen Händen. Einer von ihnen trank genussvoll aus einer Flasche mit schön verziertem Etikett. Ich merkte mir den Aufdruck und erstand im nächsten Krämerladen gleich eine Flasche desselben Getränks. Als ich den ersten Schluck nahm, verzog ich das Gesicht, es war Essig. Wahrscheinlich hatte der Mann zu Hause Tee in die leere Flasche abgefüllt.

Mir wurde die Zeit zur Zugehörigkeit zum osmanischen Reich bewusst, als ich die Alte Moschee mit byzantinischem Mauerwerk sah. Die orthodoxe Sveti-Konstantin-i-Elena-Kirche zeugte von der christlichen Geschichte des Landes. Es war noch die Zeit des Kommunismus, und wir hatten keine Chance, diese sakralen Bauwerke von innen zu besichtigen – ja, ich weiß nicht mal zu sagen, ob dort überhaupt Gottesdienste abgehalten wurden.

Als Juttas Entlassung ansteht, erfahren wir, dass keinerlei Kosten auf uns zukommen. Im Gegenteil, man entschuldigt sich auch noch, dass die Antibiotika, die wir mitnehmen sollen, in der Klinikapotheke gekauft und bezahlt werden müssen (ein Pfennigbetrag!).

Als ich mich bei der Kommunistin erkundige, wie ich mich für die hervorragende ärztliche Versorgung und stationäre Unterbringung erkenntlich zeigen könne, hält sie mir eine moralische Standpauke. Ich lasse mich davon nicht beeindrucken und kaufe im Intershop (ein Laden, in dem gegen Devisen Westprodukte erworben werden können) für 300 Mark Zigaretten, Kosmetika etc. und stelle es der Stationsgemeinschaft zur Verfügung. So kommen wir in den Genuss einer rührenden Abschiedsparty durch das Pflegepersonal, bei der auch der Professor erscheint. Mit glänzenden Augen wendet er sich an unsere Kommunistin, sie möge übersetzen.

»Heute ist nicht nur in unserer kleinen Welt ein großer Tag«, sagt er ernst, »sondern für uns alle, in ganz Europa. Eben wurde der Vertrag von Helsinki unterzeichnet – mit dieser Schlussakte der KSZE (Konferenz für Sicherheit und Zusammenarbeit in Europa) ist der Weg für ein geeinigtes Europa vorgezeichnet.«

Käthi und ich sehen uns an. Ein glücklicher Moment – in einem »feindlichen Staat« fühlen wir uns aufgehoben, man hat unserem Kind geholfen, und jetzt dürfen wir einen großen Gedanken mit unseren neuen Freunden teilen. Die Hoffnung auf Freiheit.

30 Jahre später ist Bulgarien Mitglied der Europäischen Union.

Bärenland
Rumänien, 2004

2004 treibe ich mich in Moldawien und Rumänien herum. In Braşov, zu Deutsch Kronstadt, wohne ich im Hostel »Elvis«. Es dunkelt schon, als ich spätnachmittags von einer Wanderung auf den Hausberg Tampa zurückkomme und durch die Straßen in Richtung meiner Unterkunft laufe. Auf der Höhe einiger riesiger Mülltonnen lässt mich ein merkwürdiges Geräusch innehalten. Plötzlich schaut mich ein mächtiger Schwarzbär an, im Begriff, aus einer Tonne zu klettern. Als ich mich umdrehe, trottet ein anderer Meister Petz mit einem Karton im Maul heran. Vorsichtig gehe ich rückwärts, langsam, Schritt für Schritt, in eine sichere Entfernung. Dann sehe ich Scheinwerfer und höre Motorengeräusche, zwei Taxis kommen angefahren, und Urlauber steigen aus, die Bären auf Futtersuche scheinen eine Touristenattraktion zu sein. Ceausescu ließ die Bären in den umliegenden Wäldern füttern, um sie mit anderen Parteifunktionären zu jagen. Das »Zusammenleben« von Mensch und Raubtier auf engstem Raum ist eine Folge der Diktatur – etwas Unnatürliches, Bedrohliches.

Unwillkürlich muss ich an meinen Vater denken, der

Anfang der dreißiger Jahre des letzten Jahrhunderts einige Monate durch die Karpaten gewandert war und oft erzählte, wie ihm im tiefen Wald ein mächtiger Bär begegnete. Beide nahmen fluchtartig Reißaus.

Jetzt kann ich sein Jugendabenteuer in einer Landschaft verorten; hier, wo die Wälder unendlich scheinen, dicht und urwüchsig, wo Schäfer ihre Herden durch weite Täler treiben und mit großen Hunden vor den Angriffen marodierender Wölfe schützen.

Einige Tage später bin ich in Bukarest und verbringe die letzte Nacht vor der Weiterreise nach Bulgarien in der dortigen Jugendherberge im Mehrbettzimmer. Zwei junge Amerikaner überreden mich, mit in eine Disco zu kommen. Wir nehmen also ein Taxi. Als wir das Ziel nahezu erreicht haben, bittet uns der Fahrer, zu Fuß weiterzugehen. Die Zufahrt ist von sündteuren Pkws aller Nobelmarken vom Porsche bis zum Maserati zugeparkt. Das »Buffalo« liegt an einem kleinen See, und wir kommen problemlos an den beiden bulligen Türstehern vorbei, in München wäre ich da wohl chancenlos. Wir sitzen im Freien, trinken einige Bierchen und hören der guten Musik zu. Hübsche Mädels tanzen mit Typen, die schwere Goldketten um den Hals tragen. Ein Corona kostet 4 Euro. Rumänische Rentner haben im Durchschnitt im Monat weniger als 30 Euro zur Verfügung. Rumänien, Land der Mythen und Märchen, Blutsauger und Bärenfänger. Land der Gegensätze.

Himmel und Hölle
Rumänien, 2010

Die Frau verkauft Brombeeren in kleinen Plastikbechern. Natürlich greifen meine zweite Frau Renate und ich zu. Die Früchte sind fett und schwarz, sie schmecken zuckersüß. Ein Bub hält verstohlen die Hand auf, und ich schütte ihm einige Beeren hinein. Er schaut mich verständnislos an.

Vor uns liegt die mächtige Befestigungsmauer von Sucevita, einem der schönsten Moldauklöster im Nordosten Rumäniens. Wir lassen uns vom Strom der Menschen, die durch das Eingangstor drängen, mitreißen. Inmitten eines blumenbestandenen Rasens liegt die Klosterkirche mit den farbenreichen Außenfresken, das Wort Gottes, bunt in einfacher Darstellung. Früher war den Dorfbewohnern das Betreten der Gotteshäuser verboten, so konnten sie von außen die kirchliche Botschaft verfolgen. Fasziniert betrachten wir die »Stufenleiter der Tugenden«, eine Leiter zum Himmelstor, die Menschen zu erklimmen versuchen. Teufel sind bemüht, sie hinunter in die Höllenschlucht zu ziehen. Über der Leiter schweben Engel.

Das Kirchenschiff ist schwarz vor Menschen. Der dunkle Bass des Popen, des orthodoxen Priesters, darüber die hellen Stimmen des Frauenchores. Alle Frauen tragen Kopftücher, häufig liebevoll gehäkelt. Unentwegt werden Ikonen geküsst, ausschließlich Madonnenbildnisse. Da fällt es uns abrupt ein: es ist ›Mariä Himmelfahrt‹. Benebelt vom Geruch des Weihrauchs und beeindruckt von der tiefen Gläubigkeit, gehen wir zum Ausgang – und mir fällt es wie Schuppen von den Augen. Uns wird klar, warum der Bub sich vorhin über die geschenkten Brombeeren nicht freuen konnte. Er ist der Sohn der Verkäuferin und soll durch Betteln für ein kleines Zubrot sorgen.

Nach dem Besuch anderer wunderschöner Moldauklöster geht es weiter in die Maramureş mit den prächtigen Holzkirchen. Auf elendiglich schlechter Straße erreichen wir den Ort Sapânta im Nordwesten Rumäniens, unmittelbar an der ukrainischen Grenze, mit seinem »lustigen« Friedhof, wo Hunderte bunt bemalte Holzkreuze in lebendigen Bildern und derben Sprüchen vom Leben der Verstorbenen berichten.

Im Jahre 1932 kam Patras, von Beruf Zimmermann, auf die Idee, für einen Verwandten ein Kreuz mit einem fröhlichen Nachruf zu schnitzen. Plötzlich wollte jeder Dorfbewohner für seinen verstorbenen Angehörigen ein solches Kreuz haben. Von jetzt an baute der Zimmermann keine Holzhäuschen mehr. Als Patras im Jahre 1977 starb, trat sein ehemaliger Lehrling Dumitru Pop in seine Fußstapfen. Inzwischen, wir schreiben das Jahr 2010, werden es an die 800 dieser blauen Holzkreuze geworden sein. Dem Künstler redet bei der Gestaltung niemand drein, nicht einmal der orthodoxe Priester. Erst bei der Beerdigung wird das Geheimnis gelüftet. Unter dem Spitzdach des Holzkreuzes ist jeweils eine typische Szene aus dem Leben des Dahingegangenen geschnitzt und in der Ausdrucksweise naiver Bildkunst bunt bemalt.

»Ich werde euch erzählen, wie gut ich lebte. Ich habe gearbeitet, wie ich konnte, und natürlich auch mal ein Gläschen getrunken. So verging mein Leben in der Kneipe, und ich lebte, bis der Tod mich 1978 fand«, heißt es über einen Verblichenen.

»Ich liebte es, in der Kneipe mit den Frauen anderer zu sitzen. Ich bedaure sehr die Welt, denn ich bin zu früh gestorben«, über einen anderen.

Das Bild auf einem dritten Kreuz zeigt, wie eine Schlange einen Mann am Fuß erwischt: »Der Schnaps ist eine Schlange, die uns Trauer und Mühsal bringt. Wem der Schnaps gut schmeckt, dem wird es so ergehen wie mir.«

Und zur Zeit der Schreckensherrschaft von Ceausescu, wo jegliche Regimekritik unweigerlich im Arbeitslager endete, reimte der Künstler für ein Ehepaar folgenden Spruch: »Solange wir auf der Welt waren, pflanzten wir schöne Obstbäume. Die Alte hat immer den Faden gesponnen, und ich erntete die Äpfel. Ich habe viel geerntet, aber viele Äpfel haben wir nicht gegessen, weil wir sie der LPG liefern mussten.«

An diesem Ort treffe ich auf das exakte Gegenteil der Teufelsleiter in Sucevita und sehe, dass Glauben durchaus Augenzwinkern zulassen kann. Vielleicht nimmt man auch den Tod in einem Land, wo das Leben ein solcher Kampf ist, schlicht weniger ernst.

Die reine Lehre
Peking und Pjöngjang/China und Nordkorea, 2007

In der globalisierten Welt haben die zwei großen Reiche, die ehemalige Sowjetunion und China, jedes nach seiner Fasson, eine Sonderform gefunden. Die Sowjetunion ist Geschichte und ist neben dem immer noch mächtigen Russland in verschiedene Staaten zerfallen. Die Volksrepublik China versteht es besonders gut, den Spagat zwischen Kapitalismus und Kommunismus zu bewältigen, eine Art Raubtierkapitalismus paart sich mit einer Kaderpartei, die bis in die intimste Privathemisphäre hinein agiert.

Natürlich will ich als Ländersammler nach Nordkorea, nach Auffassung mancher westlicher Politiker die Inkarnation des Bösen schlechthin, neben Kuba wohl das einzige Land der »reinen« Lehre. Im Jahr 2007 setze ich mein Vorhaben in die Tat um. In Nordkorea ist Alleinereisen kaum möglich: Nur in Begleitung (und unter ständiger Beobachtung) eines Fahrers und zweier Reiseleiter darfst du dich dort bewegen. Bist du kein Millionär, bleibt dir nichts anderes übrig, als dich einer Reisegruppe anzuschließen. Nach einigen Wochen in Japan und China werde ich in Peking zu meinen Mitreisenden stoßen.

Im japanischen Shimonosheki geht es auf das Fährschiff nach Qingdao, ehemals das deutsche »Schutzgebiet« Tsingtau – eine der wenigen deutschen Kolonien. Im Wartesaal am Hafen wartet eine größere Gruppe junger Chinesinnen ruhig und diszipliniert darauf, bis unsere Passage aufgerufen wird. Einer kleinen japanischen Reisegruppe bin ich schon am Morgen beim Frühstück in der Fischauktionshalle begegnet. Als der Aufruf für das Ausschiffen kommt, geht plötzlich alles irre schnell, und ehe ich mich versehe, bin ich der Letzte in der Schlange direkt hinter einem älteren Chinesen, der über und über mit Köfferchen und Taschen beladen ist. Bei der Ausreisekontrolle fällt ihm das gesamte Gepäck auf den Boden, und er sucht aufgeregt seine Habe zusammen. Mit einem Oldtimerbus geht es einige Hundert Meter zum riesigen Fährschiff, der »Utopia«.

Der »Gaijin«, der einzige Fremde, bin ich. Zu meinem Erstaunen mustert mich keiner von meinen Mitreisenden neugierig. Bei den Japanern wundert mich das nicht, ihre Höflichkeit würde ihnen das Gaffen verbieten, von Chinesen bin ich allerding von früheren Reisen anderes gewöhnt.

Außer mir nächtigt nur ein junges chinesisches Ehepaar in der Zehn-Bett-Kabine. Die beiden liegen auf der anderen Seite des langen Ganges, wenn ich den Vorhang vor meinem Bett zuziehe, habe ich praktisch ein Einzelzimmer. Ich mache es mir in einem Sessel im Nichtrauchersalon am Bug des Schiffes bequem und schmökere in japanischen Zeitschriften beziehungsweise schaue mir die Bilder an. Die See unter mir ist spiegelglatt, das Grau des Himmels geht allmählich in Nachtschwarz über. Sterne sind nicht zu sehen.

Ich begebe mich auf Erkundungstour und befinde mich plötzlich im Bereich der Erste-Klasse-Passagiere. Dort gibt es ein richtig großes japanisches Bad mit zwei Schwimmbecken. Nachdem ich mich vergewissert habe, dass ich alleine bin, gebe ich mich spontan dem Luxus eines Sentō (eines japanischen Bades) hin. Ich streife meine Flip-Flops ab, lege meine Wäsche ab und schlüpfe in einen der bereitliegenden Kimonos. An der Wand hängt eine Tafel, auf der die Prozedur mit Piktogrammen wunderbar erklärt ist. Handtuch, Seife und Shampoo liegen bereit. Der Kimono landet bei meiner Kleidung am Beckenrand, und ich stehe splitternackt im Baderaum. Das Wasser in den Becken ist verdammt heiß, wohl an die 40 Grad. Ich lasse mich hineingleiten, der Körper gewöhnt sich an die Wärme, und vollkommene Entspannung überkommt mich.

Das Frühstück besteht unter anderem aus köstlichem fangfrischem Sashimi (rohem Fisch). Den Vormittag verbringe ich bei immer noch absolut ruhiger See in der Nichtraucherlounge, zum Mittagessen gehe ich in den Speisesaal. Ein älterer Herr aus der japanischen Reisegruppe spricht recht passabel Englisch. Während ich mir mit den Stäbchen panierte Entenstücke in den Mund schiebe, komme ich mit ihm ins Gespräch. Die Gruppe kommt aus Kobe und will Qingdao besichtigen. Für eine Deutschlandreise reicht die bescheidene Rente der Menschen nicht, so hoffen sie hier ein kleines Stück Deutschland zu sehen. Aus dem Dunst über dem Meer zeigt sich die Silhouette der Stadt, die Wolkenkratzer könnten genauso gut in den USA stehen.

Nach 27-stündiger absolut ruhiger Seefahrt geht unser Schiff vor Anker. Es dauert noch eine Weile, bis wir an Land gehen dürfen. Ein moderner Bus bringt uns zum Fährterminal. Dieses Mal bin ich, nachdem ich den kurzen militärischen Ordern einer uniformierten Matrone gefolgt bin, der Erste bei der Immigration und werde im Eiltempo von der freundlichen Beamtin abgefertigt. 1978 war ich das erste Mal im Reich der Mitte, kam in Abständen von jeweils mehreren Jahren immer wieder in das riesige Land und betrete nun zum siebenten Mal chinesischen Boden. Ich kann mich gut an so manche bürokratische Einreiseformalität durch unfreundliche Beamte erinnern.

Auf den ersten Blick scheint China ein offenes Land geworden zu sein. Bei den Händlern in der Ankunftshalle tausche ich meine restlichen japanischen Yen zu einem fairen Kurs in chinesische Yuan. Und schon sitze ich im Taxi, und es geht für umgerechnet 70 Cent zum drei Kilometer entfernten Hotel. Der Fahrer ist total erstaunt, als ich von den 10 Yuan, etwa ein Euro, kein Wechselgeld zurück will. Wie in China seit jeher üblich, ist das Einchecken im Hotel etwas kompliziert, zumal am Empfang niemand Englisch spricht. Aufgrund meiner Erfahrung ist mir der Ablauf bekannt, und mit Ruhe und Höflichkeit geht alles seinen Gang. Mit viel Lächeln und She, She (Danke) bin ich schließlich in meinem wirklich schön sauberen Zimmer, obwohl das Hotel eigentlich eine Art Baustelle ist. Qingdao ist Austragungsort der Segelwettbewerbe bei den Olympischen Spielen im kommenden Jahr, so bekommen viele Beherbergungsbetriebe noch einen letzten Schliff. Im Hotel bin ich wieder mal der einzige *Farang*, so heißen die Europäer hier.

Ich besitze kein Handy, zur Heimat halte ich per E-Mail Kontakt, folglich mache ich mich auf die Suche nach einem Internet-Café. Die Suche danach gestaltet sich mangels Chinesisch-Kenntnissen nicht ganz einfach. Aber es gibt immer wieder hilfsbereite Geister, und schließlich halte ich einen Zettel mit chinesischen Schriftzeichen in der Hand, ein

Sesam-Öffne-Dich. Sesam-Öffne-Dich bringt mich in ein riesiges Lokal mit wohl hundert Computern. Ein junger Mann hilft mir beim Eingeben des PIN-Codes. Es ist trotz der vielen Leute angenehm ruhig, nur Zigarettenqualm hängt in der Luft.

Liegt es daran, dass das Volk im Hinblick auf die Olympischen Spiele umerzogen wurde? Mit einem Anflug von Grauen erinnere ich mich an die brusthohen Spucknäpfe, die während meiner Aufenthalte in den siebziger und achtziger Jahren an allen öffentlichen Plätzen standen. An das Abendessen mit einem chinesischen Kollegen – ein hochkultivierter Mann, Professor an der Polizeihochschule Peking –, der während des (übrigens hervorragenden) Essens permanent rauchte und rülpste. Als wir beim Dessert ankamen, stapelten sich unter dem Tisch abgenagte Hühnerknochen und leere Bierdosen, die Mr Chang achtlos auf den Boden geworfen hatte.

Diesmal ist es anders. Niemand spuckt oder rülpst, die Leute sind höflich und hilfsbereit, der Straßenverkehr verläuft geregelt. Dennoch gestalten sich oft einfach erscheinende Dinge nicht nur wegen der Sprachbarriere, sondern auch wegen der abweichenden Art zu denken nicht ganz einfach.

So will ich beispielsweise zur Fluggesellschaft »China Eastern«, um meinen Flug nach Peking zu bestätigen, und latsche zu dem Hotel, in dem das Büro laut meinem Reisehandbuch sein soll. Dort ist es aber schon lange nicht mehr. So wende ich mich an den freundlich dreinblickenden Mann an der Rezeption des 5-Sterne-Hotels und handle mir gleich mein erstes »Meo« ein. Meo heißt eigentlich so etwas wie »Nein, das haben wir nicht«, oft bedeutet es aber auch so viel wie »Ich habe keine Ahnung wovon du sprichst«. Augenscheinlich hat der arme Kerl keinen blassen Schimmer. Zum Glück schickt dich ein Chinese in der Regel nicht einfach irgendwo hin, bloß um nicht das Gesicht zu verlieren, also um zu verbergen, dass er keine Ahnung hat. So etwas passiert manchmal in Japan.

Endlich scheint er verstanden zu haben, was ich suche, und notiert mir die Adresse für den Taxifahrer.

Eine Fahrerin bringt mich zur Airline im riesigen Geschäftsviertel der Stadt. Übrigens sind hier viele Taxi-, aber auch Busfahrer Frauen. Langsam bin ich frustriert, das Firmenschild signalisiert, dass die Fluggesellschaft die falsche ist, nämlich CAAC (einst spöttisch »China Airlines Always Canceled« genannt). Ich vermute, dass »China Eastern« in der Nähe sein muss, und bitte die leidlich Englisch sprechende Dame in Uniform, mir den Fußweg dorthin zu beschreiben. Erfolglos, wie sich bald herausstellt. Also gebe ich auf, lasse mir den obligatorischen handgeschriebenen Taxizettel aushändigen und werde diesmal tatsächlich zur richtigen Adresse gebracht.

Ich habe es geahnt, hier hätte ich leicht zu Fuß hingehen können, das Büro ist nämlich nur 400 Meter von meinem Hotel entfernt. Als ausgesprochener Taximuffel sollte ich mich eigentlich ärgern, aber die günstigen Fahrpreise stimmen mich milde. Außerdem hat die Rumfahrerei einen Vorteil: Ich komme in den hochmodernen Teil der Stadt mit imposanten Hochhäusern, den ich sonst nie gesehen hätte.

Nach einem Stadtrundgang mache ich mich auf den Weg in den Nationalpark im Lao-Shan-Gebirge. Was über die Anreise im Führer steht, ist mal wieder Schnee von vorvorgestern. So beginnt das Prozedere des Sich-nach-dem-Weg-Erkundigens von vorne. Der Park ist wunderschön mit seinen pastellfarbenen Hügeln, eine Landschaft wie aus einem chinesischen Rollbild. Nach einem steilen Abstieg in ein Tal komme ich zu einem riesigen taoistischen Kloster. Zu meiner Überraschung treffe ich auf Scharen von Chinesen, die hierher kommen, um sich ihren Segen zu holen. Sie zünden Räucherstäbchen an, lassen sich von den Mönchen mit Worten salben und senken ihre Häupter vor der taoistischen Götterwelt. Wieder einmal bin ich unter den vielen Wochenendausflüglern im Kloster der einzige Nicht-Chinese.

Auf der Rückfahrt habe ich Glück und kann ohne umzusteigen durchfahren, muss mir allerdings den Platz im Bus hart erkämpfen. Beim Sitzergattern gibt es kein Pardon, es ist ein Kampf Mann gegen Mann, Frau gegen Frau, die sprichwörtliche konfuzianische Höflichkeit scheint vergessen.

Am nächsten Tag treffe ich in einem Hotel in Peking auf die anderen Nordkorea-Reisenden. Insgesamt sind wir elf Teilnehmer aus verschiedenen deutschen Landesteilen. Das Abenteuer Nordkorea kann beginnen.

Ein Bus bringt uns zum nicht weit entfernten Hauptbahnhof von Peking. Manfred, ein Herr mittleren Alters im roten Pullover (Der Osten ist rot!), wird zu unserem Delegationsleiter ernannt. Im Gänsemarsch marschieren wir vom Wartesaal zu unserem Waggon. Es erfolgt die Einweisung in Vier-Bett-Abteile. Wir vier Neuen fremdeln noch ein wenig. Nun sind wir auf uns alleine gestellt. Das Abteil ist ordentlich, zwei Betten unten, zwei oben. Ich teile es mit Günter, einem ehemaligen Banker, der 84-jährigen Gudrun und Cai Hua, einem jungen Chinesen, der recht ordentlich Englisch spricht. Er ist Konsularbeamter. Sein erster Auslandsaufenthalt führt ihn für zwei Jahre an die Botschaft in Pjöngjang. Einen besonders glücklichen Eindruck macht er nicht.

Uns steht eine 25-stündige Reise bevor, knapp 1400 km von Peking in die nordkoreanische Hauptstadt. Günter und ich verleben einen lustigen Abend im Speisewagen unter Chinesen und einigen Nordkoreanern, erkennbar am Kim-Il-Sung-Abzeichen, welches jeder »anständige« Bürger des

Landes zu tragen hat. Wir geben einige Runden Bier aus, und die Stimmung steigt. Zum Dank bindet uns der Souvenirverkäufer eine Glasperlenkette ans Handgelenk.

Am Morgen erreichen wir den Grenzübergang Dandong. Unsere Pässe werden von den chinesischen Grenzbeamten eingesammelt und ohne weitere Fragen wieder ausgehändigt. Die bei der Einreise ausgefüllte Zollerklärung bleibt unbeachtet. Nach zwei Stunden werden die beiden Wagen, in dem auch unsere Reisegruppe untergebracht ist, abgekoppelt und auf die nordkoreanische Seite rangiert, wo sie an den nordkoreanischen Zug gehängt werden. Chinesische Händler mit riesigen Gepäckbündeln steigen zu. Die Nordkoreaner sind bei der Kontrolle um einiges genauer, sie schauen auch ins Handgepäck, ob kulturschädliche Literatur dabei ist. Aber sie bleiben höflich und sind sogar zu dem einen oder anderen Scherz aufgelegt. Die Handys werden eingesammelt, es wird versichert, dass sie bei der Ausreise zurückgegeben werden. Nur unser chinesischer Mitreisender wird sein Mobiltelefon zwei Jahre nicht mehr sehen und in seiner Botschaft mehr oder weniger eingesperrt sein.

Nach weiteren vier Stunden Aufenthalt setzt sich unser Zug in Bewegung.

Erst bei unserer Ankunft in Pjöngjang treffen wir unsere koreanischen Reiseleiter – zweifellos Geheimdienstmitarbeiter. Frau Kim und Herr Re werden die nächsten Tage bei uns sein. Natürlich sind sie zu zweit, einer muss schließlich auf den anderen aufpassen. Während sie sehr gut deutsch spricht, versteht er kaum ein Wort – oder aber er tut so. Wer sich schon einmal in einer Diktatur bewegt hat, kennt vielleicht dieses merkwürdige Gefühl: Plötzlich weißt du nicht mehr, was wahr ist und was falsch, wo Vorsicht geboten ist und wo deine Phantasie dir einen Streich spielt. Wem du trauen kannst und wem nicht. Das ist, als wärst du eine Figur in einem Spiel, dessen Regeln du nur erraten kannst. Misstrauen wird auf dieser Reise mein ständiger Begleiter sein.

Der Bus bringt uns ins *Yanggako*, ein mondänes Hochhaus-Hotel auf einer Insel am Rande der Stadt, in dem kaum mehr als drei Handvoll Gäste Quartier bezogen haben. Von hier aus werden wegen des weitläufigen Blickes auf die Stadt häufig Ansagen des staatlichen Fernsehens ausgestrahlt. Zum Abendessen treffen wir uns in einem der Restaurants mit weiß gedecktem Tisch. Am anderen Ende sitzt Herbert, ein dicklicher Augenarzt, der die ganze Reise über dasselbe etwas zu enge Sakko und denselben zerknautschten Hut tragen wird. Während der erste Gang serviert wird, zündet er sich eine Zigarette an. Ich erhebe Einspruch.

»Ach komm«, erwidert er großspurig, »immerhin sind wir hier in einem freien Land, wo nicht alles reglementiert wird.« Ein Blick in sein gerötetes Gesicht verrät mir, dass er es ernst meint. Als seine Sitznachbarin, eine zierliche ältere Dame, ihm einen gezielten Ellbogenstoß verpasst, drückt er den Glimmstängel aber doch aus. Später sitze ich mit ihm in der Lobby bei einigen Gläsern erstaunlich guten Fassbiers. Typen wie er interessieren mich. Tatsächlich wartet er mit einer spannenden Story auf. Nachdem das Bier seine Zunge gelockert hat, erzählt Herbert, 1990 habe er für 109 Tage in Orlando/Florida in Untersuchungshaft eingesessen. Verdeckte Ermittler hatten herausgefunden, dass er zusammen mit einem spanischen Freund Kriegsmaterial an Libyen, Irak und Iran verkaufen wollte. Unter den Waffen waren Panzerabwehr-Raketen, Granaten, Giftgas, Mörser, Artillerie-Munition und Gewehre.

»Zum Glück konnten die mir nicht nachweisen, dass ich tatsächlich die Absicht hatte zu verkaufen«, erklärt er mit einem breiten Grinsen. »Die mussten die Anklage fallenlassen.«

Ich halte diese Story für ein Märchen, kann mich später aber bei Internetrecherchen davon überzeugen, dass sie tatsächlich stimmt. Der Mann kann von Glück sagen, dass die Sache nicht nach »9/11« gelaufen ist.

Als die Rechnung kommt, muss ich meinen abenteuerlichen Reisegefährten auslösen, obwohl das Bier spottbillig ist. Plötzlich kleinlaut, gesteht er mir, er sei mit seiner Mutter unterwegs, die Dame mit dem Rippenstoß, und sie habe ihm die Reise finanziert. Damit er nicht auf die Idee komme, einfach abzuhauen und sie alleine zu lassen, habe sie vorausschauend alle seine Papiere, Kreditkarten und Bargeld konfisziert. Der Mann, der nach eigenen Aussagen einmal Gaddafis Augenlicht gerettet hat, steht offenbar voll unter dem Pantoffel seiner Mutter.

Am nächsten Morgen beginnt unser einwöchiger Besichtigungsmarathon. Die Hauptstadt protzt mit mächtigen Bauwerken und einem riesigen Denkmal für den »großen Führer« Kim Il Sung – dennoch wird die Armut überall sichtbar, wenn man genau hinschaut.

Ein Besuch in Kims Geburtshaus gehört selbstverständlich zum Pflichtprogramm. Wir bewegen uns dort mitten unter in Reih und Glied aufmarschierenden Schulklassen. Gudrun, unsere 84-jährige Mitreisende, entpuppt sich als lupenreine Kommunistin und kann gar nicht aufhören, Frau Kim zu versichern, welch vorbildliches Land sie uns hier präsentiere und wie brav die Kinder hier seien, im Gegensatz zu den Lümmeln in unserer Heimat, die meistens Schule schwänzten und zu nichts zu gebrauchen wären.

Pflichtprogramm ist natürlich ein Besuch beim riesigen Denkmal für den Großen Führer Kim Il Sung, der hier noch alleine steht. Es wird erwartet, dass jeder Besucher einen Blumenstrauß erwirbt und mit tiefer Verbeugung niederlegt. Aus unserer Gruppe lassen sich allerdings nur zwei Mitreisende, nämlich unsere Kommunistin Gudrun und mehr oder weniger zwangsweise unser »Delegationsleiter« zum Kauf des Blumenstraußes überreden. Ich komme durch einen gut getimten Toilettenbesuch um die Verbeugung herum, habe keine Lust, mich zum Deppen zu machen, Höflichkeit hin, Höflichkeit her.

Zweifelsohne führen die Bewohner der Hauptstadt ein etwas besseres Leben als die Menschen vom Lande, die ab und zu unter den Fahrgästen in der Metro zu finden sind, erkennbar an ihrer dürftigen Kleidung und schweren Gepäckbündeln. Sie dürfen nur mit Sondergenehmigung in die Metropole.

Auch ein Besuch beim alles überragenden Juche-Turm mit einer lodernden Flamme an der Spitze gehört zum Standardprogramm für Touristen aus dem Westen. Er ist Symbol für die besondere Staatsphilosophie Kim Il Sungs, einer Verschmelzung aus Kommunismus und koreanischem Nationalismus. Auf der ganzen Welt gibt es Narren, die sich von der Propaganda des Staates blenden lassen und hier so etwas Ähnliches wie Votivtafeln anbringen lassen. Übrigens gehörte auch die österreichische Schriftstellerin Luise Rinser zu den Bewunderern des Systems. Eine Zeitlang war es für sogenannte Linke durchaus schick, dem System Anerkennung zu zollen.

Am Taedong-Fluss liegt ein Schiff, das nie mehr in See sticht. Es ist die »Pueblo«, ein US-amerikanisches Spionageboot, das 1968 vor der Küste aufgebracht, unter Beschuss genommen und gekapert wurde. Ein amerikanischer Marinesoldat kam bei dem Beschuss ums Leben. Die gefangengenommenen und gedemütigten amerikanischen Seeleute wurden später nach einem Entschuldigungsbrief der US-Regierung freigelassen. Auf diese Episode ist man hier besonders stolz; man schleppte die »Pueblo« von der offenen

See auf den Taedong, und das Kriegsschiff wurde zu einer Touristen- und Propagandaattraktion. Als sie gekapert wurde, bestand die Besatzung aus 82 Mann. Ich kann mir kaum vorstellen, wie sie in dieser Enge Platz fand. Während der Führung schalte ich auf Durchzug. Mich interessiert die Technik; der Antrieb, das Navigationssystem – nicht das Propagandamärchen der Nordkoreaner.

Während einer Stadtrundfahrt taucht im grauen Häusermeer von Pjöngjang-City eine riesige Pyramide auf, unwirklich, ein Wüstentraum aus Glas und Beton. Das »Ryugyang-Hotel« sollte einst ein Prestige-Objekt werden. Seit dem Zerfall der Sowjetunion gammelt es unvollendet vor sich hin, ein Geisterhaus. Unseren Begleitern ist es gar nicht recht, dass wir um einen Fotostopp bitten, um dieses »Denkmal der Schande«, wie es im Volksmund heißt, abzulichten.

Die breiten Autobahnen über Land sind leer und werden vor allem von Fußgängern und Radfahrern genutzt. Wir fahren nach Kaesong, unter anderem Zentrum des Ginseng-Anbaus, zum Grab des Koryo-Königs Wang Kon aus dem 9. Jahrhundert und in das Kaesong-Korean-Traditional-Hotel, wo die Gruppe für eine Nacht untergebracht ist. Die Anlage an sich ist malerisch. Wohneinheiten gruppieren sich um einen schattigen Innenhof. Geschlafen wird auf dem Boden. Zu meiner angenehmen Überraschung gibt es sogar eine Fußbodenheizung; ich bin nämlich ziemlich verfroren und sollte mich als Globetrotter dafür eigentlich ein wenig schämen. Mit etwas Phantasie kann man sich vorstellen, tatsächlich in einem traditionellen koreanischen Dorf zu wohnen. Die hier tätigen Angestellten sind mit Sicherheit x-mal überprüft und als absolut linientreu eingestuft worden.

Abends ist ein spezielles Dinner angesagt, da zahlen wir in dem bitterarmen Land für eine Ginseng-Hühnersuppe stolze 15 Euro, ohne eine nachweisliche Wirkung, sprich schlagartige Verjüngung, festzustellen. Unsere Begleiter essen in der Regel unter sich, in einem separaten Raum. An diesem Abend gesellen sie sich zu uns und trinken so manches Schnäpschen mit. Als die Stimmung auf ihrem Höhepunkt ist, hebt unsere »Betreuerin« mit glockenklarer Stimme an, koreanische Volkslieder zu singen – und setzt mit »Am Brunnen vor dem Tore« noch eins drauf. Wir trauen unseren Ohren nicht. Herbert ist völlig besoffen und grölt irgendein kommunistisches Propagandalied. Seine Mutter muss das Elend nicht mit ansehen, sie ist bereits zu Bett gegangen. Ein merkwürdiger Moment: In einem Land, in dem jeder ein Geheimnis zu haben scheint, lassen für ein paar Stunden alle die Masken fallen.

Am nächsten Morgen besuchen wir die Demarkationslinie von Panmunjeom. Es ist ein trüber, wolkenverhangener Tag, grau, wie der Ort, an dem sich noch immer zwei Systeme unversöhnlich gegenüberstehen. Der große Feind ist natürlich Amerika – von der südkoreanischen Armee wird in der Propaganda gar nicht gesprochen. Auch haben nach offizieller Darstellung 1953 die Nordkoreaner die Amerikaner allein besiegt, die Unterstützung durch 200 000 chinesische Soldaten bleibt unerwähnt. Der Waffenstillstand wurde am 27. Juli 1953 am 38. Breitengrad geschlossen. Damit war der erste Stellvertreterkrieg zwischen der Sowjetunion und den USA beendet. Er hatte an die zwei Millionen Tote gekostet – und keiner Seite ein Quäntchen Vorteil gebracht.

In einer Baracke auf nordkoreanischem Gebiet wurde der Waffenstillstand unterzeichnet, der die Teilung Koreas bis heute manifestiert. Ein Offizier erläutert uns anhand einer Karte den Verlauf der Kampfhandlungen, natürlich aus seiner – offiziellen – Sicht der Dinge.

Schließlich werden wir zur eigentlichen Demarkationslinie gebracht. Die Grenze zieht sich mitten durch die Häuschen, in denen die Fachdelegationen den Waffenstillstand vorbereiteten. Eine dieser Baracken wird abwechselnd von Besuchern aus Nord- und Südkorea besucht. So stehen wir zeitweilig auf südkoreanischem Boden. Steinchen auf dem Verhandlungstisch und Mauerwerk auf dem Kies davor kennzeichnen die Grenze. Wir warten, bis die Touristengruppe aus Südkorea abgezogen ist, und werden dann hineingeführt.

Von den jungen nordkoreanischen Soldaten, die vor den Baracken stehen, wird sich jeder hüten, in den Süden zu fliehen, obwohl es so einfach aussieht. Doch seine gesamte Familie dient als Geisel in den Händen des gnadenlosen Systems.

Merkwürdig, trotz allen Wissens um die Umstände wirkt der südkoreanische Soldat auf der anderen Seite der Grenze in diesem Augenblick unsympathisch auf mich. Er trägt eine Sonnenbrille, und seine Uniform unterscheidet sich von der seiner feindlichen Brüder. Das ist auch schon alles. Gegen meinen Willen habe ich die Perspektive der Seite, auf der ich (buchstäblich) stehe, eingenommen. Sind wir Menschen nicht eigenartig?

Bei einem Ausflug in den Norden zum Gebirge Myohyang San haben wir die »Ehre«, das Freundschaftsmuseum zu besichtigen, in welchem über 200 000 Geschenke für Kim Il Sung ausgestellt sind, vom Kugelschreiber bis zum Eisenbahnsalonwagen. Um den ewigen Präsidenten Kim Il Sung wird ein irrer Personenkult betrieben, und der Verstorbene scheint noch immer sehr beliebt zu sein. So steht in der riesigen in den Fels gehauenen Anlage eine Wachsfigur von ihm, ein Geschenk von den chinesischen Freunden, die wirklich lebensecht wirkt. Da machen die Einheimischen doch tatsächlich eine tiefe Verneigung, selbstredend auch unsere Gudrun. Frau Kim hätte es gerne gesehen, wenn wir Übrigen uns ein Bespiel genommen hätten. Hört man übrigens genau hin, merkt man, dass sie mit ihrem Staatschef, seinem Sohn Kim Jong Il (der inzwischen auch das Zeitliche gesegnet hat), nicht sonderlich zufrieden ist.

Eine angenehme Abwechslung sind Wanderungen im Gebirge, zu reißenden Wasserfällen. Unter freiem Himmel löst sich die Anspannung – und unerwartet kommt Herr Re etwas aus der Deckung. So berichtet er, wie er einmal in Russland auf »Dienstreise« war und mit den dortigen Kollegen in die Sauna gehen musste. Lächelnd gesteht er mir, dass er sich wegen seines kleinen Gliedes im Kreise der slawischen Hünen arg geschämt habe.

Zum Abschluss besuchen wir eine gigantische Theateraufführung im Palast der jungen Pioniere; da sieht man, wie die jungen Menschen ab frühester Kindheit gedrillt werden: Nachwuchs für die bewaffneten Kräfte. Von den 23 Millionen Einwohnern stehen vier Millionen unter Waffen, darunter 1,2 Millionen in der regulären Armee, die fünftgrößte der Welt. Ja, dieses Land verfügt ganz offensichtlich über Atomwaffen.

Schließlich sitzen wir wieder im Zug Richtung China und schauen aus dem Fenster. Sieht man die Bauern auf dem Felde, die ohne technische Hilfsmittel schwer schuften, die Fußgänger, die sich mit riesigem Gepäck zig Kilometer dahinschleppen, die maroden Fabriken, die verrottenden Fenster an den Wohnhäusern, so merkt man, dass das Regime eigentlich am Ende ist. Die russische Hilfe gibt es nicht mehr, die Chinesen wollen auch nicht mehr viel von den Brüdern im Norden wissen. Sie sind also ziemlich auf sich gestellt. Ohne die Unterstützung durch verschiedene NGOs wäre die Bevölkerung einer permanenten Hungersnot ausgesetzt.

Nach einem Abschiedsessen, natürlich Peking-Ente, gehen wir in der chinesischen Hauptstadt auseinander. Ich bleibe noch einige Tage, um zu sehen, was sich seit meinem letzten Aufenthalt in Peking im Jahr 1995 verändert hat. Es herrscht eine unangenehme Hitze, nahezu unerträglicher Smog liegt über der Stadt. Ein Spaziergang führt mich durch eines der wenigen noch erhaltenen historischen Hutong-Viertel mit katastrophalen hygienischen Verhältnissen, auf den Tiananmen-Platz und in den kleinen Sun-Yatsen-Park hinter der Verbotenen Stadt. Den riesigen Palast habe ich bereits mehrmals besucht und habe keine Lust, mich mit Touristenhorden durch das Areal treiben zu lassen. Im angrenzenden Park habe ich noch ein Erlebnis der besonderen Art. In einem Souvenirladen wird ein Video von einer Parade der bewaffneten Kräfte gezeigt. Bei der Präzision der defilierenden Einheiten läuft es mir trotz der Hitze kalt den Rücken hinunter: das andere China, eine waffenstarrende Macht mit einer äußerst disziplinierten, zu allem entschlossenen Armee.

TEIL II

AFRIKA

Afrika, *Wiege der Menschheit*. Kein anderer Kontinent ist so sehr Projektionsfläche für Träume, Ängste und Sehnsüchte. Auch ich habe von Wüste und Urwald geträumt, lange bevor ich sie endlich mit eigenen Augen sah. Als Schulbub verehrte ich Kara Ben Nemsi, Karl Mays großen Reisenden. Vielleicht habe ich mir tatsächlich vorgestellt, eines Tages würde ich wie er mit Henrystutzen und Bärentöter in der Satteltasche des Pferdes Ri durch die sengende Hitze galoppieren, bereit für neue Abenteuer.

Als ich Jahrzehnte später mit einem Riesenrucksack nach Afrika reiste, hatte sich mein Bild des schwarzen Kontinents verändert. Meine innere Landkarte hatte sich vergrößert. Sie verzeichnete Zentralafrika mit seinem tropischen Regenwald, das Kongobecken, eine Landschaft, die ich nach der Lektüre von Joseph Conrads *Heart of Darkness* mit einem Trommelschlag verband, der die Erde erbeben ließ wie ein rätselhafter Pulsschlag. Die Sahara im Norden, vom Nil durchzogen wie von einer grünen Ader. Namib, die Nebelwüste, und die Trockensavanne Kalahari.

Ich wusste, dass der Kontinent kaum etwas mit meinen kindlichen Phantasien gemein hatte. Und trotzdem brannte ich darauf, endlich das Land meiner Träume zu sehen.

Gefährliches Missverständnis
Westafrika, 1982

1982 ist in Afrika vieles im Umbruch.

Karl, ein Kollege von meiner Dienststelle, begleitet mich auf dieser Reise in den schwarzen Kontinent. Es gibt noch den bei Rucksacktouristen beliebten französischen Travel-Club Le Point, der über einen eigenen Flieger, eine uralte Boeing 707, verfügt.

Als ich die Gangway hinaufsteige, stellt sich dieses spezielle Gefühl ein, das später bei jeder meiner Reisen in den schwarzen Kontinent wiederkehrt: eine Mischung aus Bangigkeit und Erwartung. Was wird mich in Afrika erwarten? Habe ich Grund zur Sorge, auch wenn unser Ziel kein Krisengebiet ist? Als ich Stunden später aussteige, schlägt mir trocken-heiße Luft entgegen. Meine Unsicherheit ist vergessen. Ich bin in Afrika, und an keinem anderen Ort der Welt wäre ich in diesem Augenblick lieber.

Die Frage, ob ich nicht um mein Leben besorgt sei, wird mir im Zusammenhang mit meinen Afrikareisen immer wieder gestellt. Als ehemaliger Kriminaler will ich nicht waghalsig erscheinen, auch wenn etwas Wagemut nicht schaden kann. Während ich meine Reisen plane, bedenke ich durchaus die Risiken – aber in dem Moment, wo ich fremden Boden betrete, verfliegt jede Besorgnis.

Und da ist noch etwas, das mir auf meinen Reisen Mut gibt – oder besser: jemand.

Renate und ich sind inzwischen seit fünfundzwanzig Jahren ein Paar. Wir haben Hunderte Reisen zusammen unternommen, und ebenso oft war ich alleine in der Welt. Freilich war ich nicht ganz allein. Vor jedem Aufbruch schreibt meine Frau mir ein Briefchen und versteckt ein »Engerl« in meinem Rucksack, ein kleines Figürchen oder Bild. Kaum habe ich nach den Reisestrapazen mein Zimmer – oder auch meine Hütte/mein Zelt – in einem fernen Land bezogen, mache ich mich auf die Suche: Wo ist der Liebesgruß von zu Hause? Wenn ich ihn gefunden habe, ist es, als würde meine Frau mich anlächeln. Dann fühl ich mich geborgen. Wenn ich Renate und die Angst in einem Atemzug nenne, heißt das nicht, sie ist eine furchtsame Frau – im Gegenteil; sie ist ziemlich unerschrocken, und sie würde mich nie zurückhalten, wenn ich eine Reise in ein Krisengebiet plane. Aber würde ich mich ohne ihre Liebe ebenso sicher fühlen? Ich wage es zu bezweifeln.

Und nun zurück nach Afrika.

Karl und ich sind in Wagadugu gelandet, der Hauptstadt des Landes, das zu dieser Zeit noch Obervolta heißt. Nach einigen Tagen in dieser Stadt, die trotz einiger weniger Wolkenkratzer wie ein großes afrikanisches Dorf wirkt, machen wir uns auf den Weg in Richtung Republik Niger. Es ist noch Nacht, als wir am Busbahnhof auf freier Fläche ankommen. Als der Morgen graut, sehen wir geduckte Gestalten im Gras kauern, sie verrichten ihre Morgentoilette. Wir finden einen hilfsbereiten Geist, der uns zeigt, wo das Buschtaxi nach Niamey abfährt. Ein Pick-up mit festem Aufbau. Auf dem Dach des Führerhauses wird das Gepäck festgebunden. Wir suchen uns einen Sitzplatz auf den Holzbrettern, die über der Ladefläche verlegt sind. Immer mehr Menschen steigen zu, das Fahrzeug wird voll und voller. Irgendwann am späten Vormittag, die Sonne steht schon relativ hoch am Himmel, sitzen wir so eng, wie ich es in meinem Leben noch nicht erlebt habe, und der Wagen rollt hinaus auf die staubige unbefestigte Straße. Unsere Reise geht durch Trockensavanne.

Zum Glück bläst alle paar Stunden ein Uniformierter, der im Schatten einer Akazie am Wegesrand sitzt, in seine Trillerpfeife, und der Fahrer hält den Wagen an. Das geschieht immer kurz vor knapp, bevor unsere Beine für alle Ewigkeit einschlafen, als hätte der Polizist ein geheimes Zeichen erhalten. In der Regel steckt der Fahrer dem sogenannten Gesetzeshüter einen Schein zu, während wir uns ein paar Minuten die Beine vertreten, und dann können wir weiterfahren. Ab und zu werden aber auch unsere Ausweise kontrolliert, allerdings nur die der Männer. Frauen werden in der Öffentlichkeit oft einfach übergangen – es ist beinahe, als wären sie unsichtbar.

Als wir endlich an der Grenze ankommen, ist sie bereits geschlossen. Es ist stockdunkle Nacht. Autoscheinwerfer erhellen einen Grenzort im Nirgendwo: ein paar Lehmhütten, Wüste. Die meisten Mitreisenden verschwinden in den Hütten. Wir versuchen mit den übrigen auf der Ladefläche ein Plätzchen zum Schlafen zu finden. Mitten in der Nacht beginnt es wie aus Kübeln zu schütten. Das Baby eines jungen afrikanischen Ehepaars weint. Es ist das erste Mal, dass das Kind einen Laut von sich gibt. Wir sind froh, als es Morgen wird. Der Regen hat nachgelassen, aber wir frieren in unseren feuchten Klamotten. Vor einer Hütte wird ein offenes Feuer angefacht, und wir versammeln uns um die wärmenden Flammen. Vor einem Holzverschlag werden Stangenbrote aufgebaut, schwarze Hände rühren gezuckerte dicke Kondensmilch in Tassen mit Nescafé – Frühstückszeit. Der Blick in den Himmel hat etwas Befreiendes. Ich beginne zu ahnen, dass Tag und Nacht in Afrika eine andere Bedeutung haben als in Europa. Du spürst sie am eigenen Leib – und du musst dich ihren Gesetzen beugen.

Irgendwann wird die Grenzbaracke geöffnet und wir bekommen unseren Ausreisestempel. Das junge Elternpaar hat Schwierigkeiten. Sie müssen ihr Gepäck holen, und der Pickup rollt ohne sie in Richtung Grenzposten der Republik

Niger. Weinend stehen sie wie ein Häufchen Elend am Straßenrand, das Baby in den Armen der Mutter.

Wir benötigen für die ehemaligen französischen Gebiete kein Visum. Dennoch fragt der Grenzbeamte danach. Nach längerer Diskussion gibt er sich zufrieden und händigt uns das Einreiseformular aus. Nun machen wir einen Fehler. Wir schreiben nämlich bei der Berufsbezeichnung das französische Wort für »Polizeibeamter« hinein. Das scheint dem Grenzer gar nicht zu gefallen. Es herrscht auf dem gesamten Kontinent – nahezu alle Länder haben erst vor kurzem ihre Unabhängigkeit errungen – eine Art Paranoia vor weißen Söldnern, die in diesen Ländern einen Putsch planen könnten. Offensichtlich werden wir dieser Kategorie zugeordnet. Es beginnt eine neue Diskussion, und schließlich steckt der Offizielle unsere Pässe in ein Kuvert und händigt dieses unserem Fahrer aus. Die Entscheidung, ob wir endgültig einreisen dürfen, soll die Kriminalpolizei in der Landeshauptstadt treffen.

Kurz bevor wir nach Niamey kommen, müssen wir an einem gut gesicherten Kontrollposten halten. Soldaten fordern uns grob auf, den Inhalt unserer Rucksäcke auf die Straße zu entleeren. Dabei haben wir es noch gut getroffen. Wir sehen Lastautos, die das gesamte geladene Holz abladen müssen. Auf der Weiterfahrt begegnen wir einer großen Kamelkarawane, die Wüstenschiffe trotten schwer beladen im Passgang dahin. Schließlich hält unser Auto vor einem grauen Gebäude. Wir sind bei der Kriminalpolizei, der Sûreté. Der Fahrer übergibt das Kuvert einem Uniformierten, und der führt uns zu einem Kriminalbeamten, der uns freundlich begrüßt. Er schaut etwas unschlüssig. Aber unsere Aufregung ist unbegründet, der Beamte sucht nur den richtigen Stempel.

Nur wenige Tage später geraten wir ganz unerwartet in

echte Schwierigkeiten. Als eine Kamelkarawane durch die Straßen Niameys zieht, fasse ich mir ein Herz und frage den Führer gestikulierend, ob ich ein Foto von ihm und den Tieren schießen dürfe. Er hat einen Turban lose um den Kopf geschlungen, trägt die weite helle Kleidung der Wüstenmänner. Es sieht aus, als heiße er mein Vorhaben gut, und ich zücke das Monstrum von Polaroid-Kamera. Unter seinem wachsamen Blick kriecht das Produkt aus dem Kasten, ich wedele verheißungsvoll damit in der Luft herum, bevor ich es ihm lächelnd überreiche. Eine blöde Idee.

Dem Burschen wird erst beim Betrachten des Bildes klar, dass er fotografiert worden ist, und er zückt seinen Dolch, statt sich über sein Konterfei zu freuen. Vielleicht will er auch einfach an unsere Brieftasche? Oder ist es nackter Wahnsinn? Ich weiß es nicht. Das Aufblitzen des Dolchs aber ist eine Tatsache, wie die Hitze, der Staub und die Wut in den Augen des Fremden.

In einer Entfernung von vielleicht 20 Metern steht an einer Straßenkreuzung eine Polizeistreife. In diese Richtung bewegen Karl und ich uns vorsichtig rückwärts, beschwichtigende Worte murmelnd. Puh, noch mal gutgegangen ...

Wenig später sehen wir vor dem Nationalmuseum zwei bildschöne Frauen, offensichtlich Mutter und Tochter, in der traditionellen Tracht der Songhai, die sich von einem professionellen Fotografen ablichten lassen. Auch er arbeitet mit einer Sofortbildkamera. Als uns klarwird, dass die beiden Damen überhaupt nicht zufrieden mit dem gelieferten Material sind, bitte ich sie für mich zu posieren. Dieses Mal sind sie von dem Ergebnis ausgesprochen angetan. Nur der Fotograf wirft uns einige unmissverständliche, nicht eben freundlich gemeinte Blicke zu.

Schade, dass es keine Abzüge der beiden auf so unterschiedliche Art und Weise zustande gekommenen Bilder gibt. Ich werde weder die Freude im Gesicht der beiden schwarzen Schönheiten noch das Aufblitzen des Dolchs im grellen Sonnenlicht vergessen. Auch die Erinnerung arbeitet ja mit Schlaglichtern, Momentaufnahmen.

Unser nächstes Ziel ist die Republik Benin, das ehemalige Königreich Dahomey, zu dieser Zeit ein sozialistischer Staat. Nach einer etwas beschwerlichen Grenzüberquerung erreichen wir das Städtchen Malanville. Am nächsten Morgen geht es weiter in die Hafenstadt Cotonou. Ein Abstecher führt uns mit dem Sammeltaxi in die chaotische nigerianische Metropole Lagos. Bei der Einfahrt in die City passieren wir ein kilometerlanges Spalier von Elendshütten, auf den Grundstücken türmt sich Unrat. Die Busfahrer sitzen in Gitterkäfigen, ein Schutz vor Angriffen. Dies ist wirklich kein Ort, an dem man leben möchte.

Nachdem wir diese Grenze zweimal passiert haben, steht eine weitere Grenze an, nämlich die zu Togo. Zu dieser Zeit ist dieses Land noch ein Vorzeigestaat in Afrika und der Präsident ein enger Freund von Franz Josef Strauß, dem schlitzohrigen ungekrönten König von Bayern. So ist es kein Wunder, dass wir in Lomé, der Landeshauptstadt, in der Metzgerei des Rosenheimer Großkonzerns Marox Leberkäs und Weißwurst bekommen. Dort erfahren wir, dass unser in Bonn besorgtes Visum für Ghana für die Katz ist. Der Fliegerleutnant JJ Rawlings hat im vergangenen Jahr zum zweiten Mal geputscht, und die Situation ist nun etwas unübersichtlich, so wurde die Grenze vor einigen Tagen geschlossen. Wir überlegen uns eine Strategie für die Weiterreise und verbringen einige Tage in Lomé. Durch zeitweiliges Trampen haben wir Kontakt zur Autoschieberszene bekommen und machen mit diesem bunten Völkchen ein wenig Party. So bleibt es nicht aus, dass wir uns eines Abends in einer Runde wiederfinden, in der fleißig Marihuana geraucht wird. Die

Neugier siegt, und wir ziehen das eine oder andere Mal an dem umlaufenden Joint. Für mich ist es das erste Mal – und für Karl, meinen stockkonservativen und ernsthaften Reisegefährten, ganz offensichtlich auch. Der Mann erfährt eine totale Wesensänderung. Als wir zum Nachtmarkt gehen, der sich unmittelbar an der Grenze zu Ghana befindet, um dort noch eine Kleinigkeit zu essen, wird er zum Gastronomen. Mit einer angedeuteten Verbeugung wendet Karl sich an eine rundliche Marktfrau, die auf dem Boden sitzt und für hungrige Mäuler Spiegeleier brutzelt.

»Liebe Frau, jetzt ruhn sie sich mal aus und lassen mich arbeiten«, lautet sein freundliches Angebot. Ein skeptischer Blick, Musterung aus wachen Augen, die Neugier siegt. Die Afrikanerin steht auf, und Karl lässt sich auf dem Boden nieder. Dort bleibt er bis in die frühen Morgenstunden, unermüdlich brät und wendet er Eier, gibt Wechselgeld heraus und steckt Geldscheine in einen der Blechtöpfe. Der Laden brummt, die Marktfrau verlässt uns und kehrt irgendwann mit einer Palette frischer Eier zurück. Beim Abschied strahlt sie Karl an. Der Beamte aus Deutschland hat ihr Geschäft beflügelt. Ich kann das gut verstehen. Welcher arme Schwarze würde sich nicht einmal gern von einem »Msungo« bekochen lassen.

Unvergesslich, wie Karl auf einem afrikanischen Nachtmarkt auf dem Boden hockte und Eier briet. Reisen verändert die Menschen eben … oder war es doch nur das Marihuana?

Nacht in Bethlehem
Südafrika, 1992

Im Jahre 1990 ist Nelson Mandela nach 27-jähriger Haft aus dem Gefängnis entlassen worden, das Ende des Apartheidregimes deutet sich an. Grund genug für Renate und mich, 1992 auf große Südafrikareise zu gehen. Mit dem Leihwagen fahren wir von Johannesburg über Pretoria in das Homeland Venda, in den Krüger-Nationalpark, durch Kwa Zulu nach Swasiland und an die Küste nach Durban. Am Heiligen Abend erreichen wir das Städtchen Bethlehem in der Nähe der Grenze von Lesotho, ein ziemlich verschlafenes Nest. An der Bar unseres kleinen Hotels kommen wir mit zwei Farmern ins Gespräch. Große kräftige Burschen, derbe Gesichter, die Lederhüte in den Nacken geschoben. Sie sind Buren und offenbar schon ziemlich angetrunken. »Ach, du bist Deutscher!«, ruft der ältere der beiden. In seiner Stimme schwingt etwas wie Anerkennung. »Schade, dass Adolf Hitler den Krieg verloren hat«, tönt er weiter. »Das war einer von den Guten.« Ohne eine Erwiderung abzuwarten, fährt er mit schwerer Zunge fort: »Jetzt kommt eine schlimme Zeit für uns weiße Afrikaner, jetzt haben die Bimbos das Sagen.« Dabei klopft er dem schwarzen Barkeeper jovial auf die Schulter, eine Geste, die mir Übelkeit bereitet. »Yes Sir«, murmelt der Schwarze. Angewidert ziehen wir uns auf unser Zimmer zurück. Es ist der 24. Dezember, 19 Uhr. Zeit, meine Eltern anzurufen und ihnen frohe Weihnachten zu wünschen. Meine Mutter nimmt ab, ihre Stimme klingt schwach. Mein Vater ist am 11. Dezember, also am Tag unserer Abreise, ganz plötzlich und unerwartet verstorben. Mit ihren 88 Jahren hat sie sich ganz allein um die Beerdigung kümmern müssen. Zwei Tage später sitzen wir in Johannesburg im Flieger nach Deutschland.

»Dein Vater hätte sicher auch gern Südafrika gesehen«, sagt sie zur Begrüßung und schließt mich fest in die Arme.

Paviane als Busfahrer
Südafrika, 1996

Wir verlassen den größten Nationalpark Südafrikas durch das Krüger-Tor. Die Route unserer Reisegruppe, deren Führer ich bin, folgt einer geraden Straße durch eine ärmliche Gegend in Richtung der Kleinstadt Hazyview. Hazyview ist landwirtschaftliches Zentrum der Region, und der gut bestückte Obstmarkt ist ein Augenschmaus. Vorbei an Warnschildern »Achtung Flusspferde« führt der Weg durch gepflegte Waldkulturen und riesige Obstplantagen, die in voller Blüte stehen. In der alten Goldgräberstadt Pilgrims Rest, die wir auf nun kurvenreicher Straße erreichen, nehmen wir einen Drink zum Frühschoppen in der historischen Wellblechbar, die noch aus der Pionierzeit stammt und erst vor einigen Jahren das Blechdach verpasst bekommen hat, so viele Gäste auf einmal werden hier selten bedient.

Gegen Mittag hält der Bus in »God's Window«, das Tor zum Blyde River Canyon. Sotho-Frauen räumen ihre Verkaufsstände, damit wir unser Picknick aufbauen können, und freuen sich, dass einige aus der Gruppe ihnen das eine oder andere Souvenir abkaufen. Nebel wabert aus dem Tal, aber als wir bei den Berlin Falls ankommen, ist der Himmel über uns weit und makellos blau. Die mächtigen Wasserfälle, die in 80 Metern Höhe aus einer roten Felswand herabdonnern, haben ihren Namen deutschen Minenarbeitern während der Zeit des Goldrauschs zu verdanken. Tief fällt das Wasser wie ein schmaler Vorhang in einen nahezu kreisrunden

Pool. Höhepunkt der Panoramafahrt ist der Blick auf die »Drei Roundavels«, einer Felsformation, die wie gigantische afrikanische Rundhütten aussehen. Der Blyde River Canyon liegt in der eindrucksvollen Landschaft der Drakensberge und ist wohl die spektakulärste Naturerscheinung Südafrikas. Die Schlucht ist 26 Kilometer lang, und der Blyde River hat sich bis zu 800 Meter tief in den roten Sandstein des Canyons gegraben, es ist sozusagen der Grand Canyon Afrikas. Übernachtet wird in Bungalows einer Lodge, wo wir von einer Herde Baboons, also von mächtigen Pavianen, erwartet werden. Am nächsten Morgen sitzen wir beim Frühstück, und eine Mitreisende erzählt mir eine seltsame Geschichte.

»Wolfgang, du glaubst es nicht!«, eröffnet sie, »Heute früh, ich kam gerade aus unserem Bungalow, saß ein Pavian in der Fahrerkabine des Busses.«

Unwillkürlich setze ich meinen Polizeiausbilderblick auf. »Sag mal, hast du irgendwas genommen? Ich hab selbst gesehen, wie der Fahrer gestern unseren Bus abgesperrt hat.«

Natürlich ist meine Neugier geweckt. Zusammen mit unserem Fahrer gehe ich zum Bus. Die Tür steht halb offen, und am Armaturenbrett sind einwandfrei die Abdrücke von Affenpfoten zu sehen. Es gibt nur eine Erklärung. Die Paviane beobachten die Busfahrer, wie sie die Türen ihrer Fahrzeuge schließen und öffnen. Sie tun dies nämlich meistens nicht mit einem Schlüssel, sondern drücken mit einem Kugelschreiber auf das Loch für die Druckluft, die das Öffnen und Schließen der Tür regelt. Offenbar hat der Pavian-Busfahrer diesen Trick gelernt und mit einem Stöckchen die Tür geöffnet.

Der Weg nach Timbuktu
Von Marokko nach Mali, 2001

Manche Bilder lassen dich ein Leben lang nicht los. So ist es mit jenem Motiv, einem Sammelbildchen, das ich als kleiner Bub in der Margarineschachtel fand, die meine Mutter nach Hause brachte. Ein Wegweiser inmitten der Wüste, Kamele, fremdländische Reisende. »Timbuktu in 52 Tagen« – der Stoff, aus dem unsere Kinderträume sind. Eines Tages wollte, musste ich den Spuren der Karawanen in die geheimnisumwitterte Wüstenstadt folgen.

Als ich im Herbst 2001 meinen Hut nehme und in den Polizeiruhestand trete, ist der Zeitpunkt endlich gekommen.

Längst habe ich herausgefunden, dass das wunderliche Schild irgendwo in Marokko steht und dass dem Reisenden der Weg nach Timbuktu auf der klassischen Reiseroute über Algerien verwehrt ist.

Das Gebiet jenseits der Grenze ist Rückzugsgebiet der Frente Polisario, der Kämpfer für die Unabhängigkeit der Westsahara. Fixpunkte meiner Reise sind: der Wegweiser in der Ortschaft Zagora, südlich des Atlasgebirges, Timbuktu und Nianing im Senegal, wo ich an Weihnachten Renate treffe.

Am 24. Oktober bringt mich der Flieger nach Casablanca, ehemals französisches Protektorat und Schauplatz des berühmten gleichnamigen Hollywoodfilms aus den Vierzigern. Noch immer ist mir unbegreiflich, wie schnell dank moderner Technik der Körper von einem Kulturkreis in den anderen transportiert wird.

Weiter geht es mit dem Zug nach Marrakesch, der geheimnisumwitterten Stadt im Maghreb.

Als die »Lunge der Stadt« bezeichnen die Bewohner den »Place Djeema El Fna« am Rande der Altstadt – ein zunächst irreführender Begriff. Düfte, Dünste, Rauch und Qualm von Grillfeuern. Trommeln und Lauten, der durchdringende Klang der Mizmar, einem Holzblasinstrument, begleiten das Spiel von Gauklern und Schaustellern. Schlangenbeschwörer locken Kobras aus Bastkörben, schlafwandlerisch drehen sich die Tiere zum Klang der Flöten. Erzähler lassen die Märchen des Maghreb lebendig werden. Dies ist genau der richtige Ort, um dem Neuankömmling die ersten Eindrücke vom Zauber Afrikas zu vermitteln. War ich wirklich vor zwei Tagen noch im Münchner Hofbräuhaus?

Mein Ziel aber sind die Wüsten Afrikas. Mit dem Bus geht es auf kurvenreicher Straße über den Atlas, hinüber nach Quarzazate, ein Dreh- und Angelpunkt im Land der Oasen, dem Draa-Tal. Etwa 25 Kilometer entfernt liegt ein befestigtes Wehrdorf aus Lehm, die Kasbah Ait Benhaddou, welche vielen berühmten Filmen, so auch »Lawrence von Arabien«, als Kulisse gedient hat. Um dorthin zu kommen, muss ich mir ein Taxi mieten. Diese großen Mercedes-Limousinen verkehren normalerweise als Sammeltaxis. So ist es kein Wunder, dass ein älterer Berber an einer Straßenkreuzung versucht, den Wagen anzuhalten. Der Fahrer macht Anstalten, weiterzufahren, da ich den vollen Preis bezahle. Ich bitte ihn, anzuhalten, und der Mann nimmt dankbar auf der Rückbank Platz, einen runden Bastkorb auf den Knien. Ich meine, ein Geräusch zu hören, eine Bewegung, ein Rascheln, und wende mich um. Der Taxifahrer übersetzt meine Frage: ob ich wissen dürfe, was sich in dem Korb befinde. Das Lächeln des Berbers hat etwas Schelmisches.

»Eine Kobra«, übersetzt der Fahrer seine Erwiderung. »Dieser Mann hier ist Schlangenbeschwörer.« Als der Alte sich anschickt, den Deckel anzuheben, bedeute ich höflich, das sei nicht nötig.

Gegenüber der Kasbah, einer mächtigen Burganlage, steigen wir aus – und der freundliche Alte gibt mir als Geste der Dankbarkeit eine Privatvorstellung. Er lässt die mächtige Kobra aus ihrem Korb gleiten, und diese bewegt sich tänzelnd zum Klang der Flöte. Ich genieße das Schauspiel und vertreibe mir so die Zeit, bis die letzte Touristengruppe aus der Lehmstadt heruntergestiegen ist. Im Licht der untergehenden Sonne spaziere ich alleine durch die engen Gassen, plaudere mit Händlern, trinke mit ihnen Tee. Nun ist auch meine Seele in Afrika angekommen.

Erst viel später lese ich, anders als in Indien und Asien gelte es in Nordafrika bis heute als verfemt, Kobras den Giftzahn zu entfernen. Dort gehöre es zum Berufsethos vieler Beduinen, mit dem Tod in Händen zu leben. Ich denke an das wettergegerbte, von tiefen Falten durchzogene Gesicht des Beduinen. Man sagt, der Tod habe viele Gesichter. Dieses hat mir gefallen.

Schließlich bringt mich der Bus zum ersten Fixpunkt meiner Reise. Es ist noch gar nicht so lange her, dass ich dank Internet herausgefunden habe, wo der geheimnisvolle Wegweiser zu finden ist. Der Ort heißt Zagora. Als ich in der Oasenstadt aus dem Bus steige, sehe ich am Ende der Straße schon von weitem »mein« Schild: »Tombouctou – 52 Jours«. Es steht vor der Polizeistation. »Wow«, denke ich, »jetzt beginnt ein Traum Wirklichkeit zu werden.«

Mit einem geliehenen Fahrrad erkunde ich die Oase. Immergrüne Dattelpalmen und verfallene Lehmbauten. Ist es mir auch verwehrt, mit einer Karawane nach Timbuktu zu ziehen, so möchte ich hier am »Tor zur Wüste« dem Mysterium Sahara wenigstens etwas näher kommen. In der etwa 100 km entfernten Ortschaft M'hammid will ich mir Kamel und Führer suchen. Dort beginnt die ursprüngliche Sahara.

In einem Berbercamp, einer Ansammlung großer Stoffzelte am Rande der Kleinstadt, treffe ich Barik, einen 23-Jährigen im Outfit der »Blauen Männer der Wüste«. Er ist bereit, mit mir einen dreitägigen Wüstentrip zu unternehmen. So trotten wir gemeinsam mit dem Dromedarbullen Hassan hinaus in die Dünenlandschaft einer der größten Sandwüsten der Welt.

Diese Tage unter der glühenden Sonne Afrikas werden mir immer im Gedächtnis bleiben. Barik, Hassan und ich begegnen tagelang keinem einzigen Menschen. Wir sprechen nicht viel. Mittags rasten wir im Schatten einer Düne, nachts ruhen wir in einer Stille, die so tief ist wie der Himmel weit. Die silberne Mondscheibe, das Funkeln der Sterne. Schritt für Schritt ziehen wir in die Unendlichkeit, und doch sind wir ganz bei uns.

Viel zu schnell ist die Exkursion beendet, neue Ziele warten. Kreuz und quer fahre ich mit Sammeltaxis und Bussen durch das Draa-Tal und seine Nebenschluchten, radle durch die üppige Oase von Tinerhir, klettere durch die Felslandschaft von Dades, staune über die gigantischen Felswände der Todra-Schlucht und erlebe einen spektakulären Sonnenuntergang vor den mächtigen Sanddünen von Merzouga.

Monatelang könnte ich in der Oasenlandschaft um Erfud mit ihrer liebenswerten Berberbevölkerung verbringen. Aber ich habe noch zwei Ziele vor mir, und meine Zeit ist nicht unbegrenzt. So breche ich schweren Herzens auf und mache mich auf den Weg in Richtung Süden. Erste Station ist Taroudant, Zentrum in der Sous-Ebene, dem Gemüsegarten Marokkos.

Abends habe ich mich in der verwinkelten Medina, der Altstadt, total verirrt, als plötzlich leise Musik ertönt. Ich folge den Klängen und treffe auf eine eigenartige Prozession. Weißgekleidete Männer blasen auf Holzinstrumenten, Trommeln geben den Rhythmus vor, gefolgt von Tänzern in ihren bis zum Boden reichenden Gewändern, den Djellabas.

Der Führer der Gruppe fordert mich mit einer Handbewegung auf, dem Zug zu folgen. Auf einem Platz kommt die Gruppe zum Stehen. Jemand bietet mir einen Stuhl an, ein Junge bringt mir Tee, ein Logenplatz. Bald wird mir bewusst, dass ich Zeuge eines Beschwörungstanzes einer geheimen Muslimgemeinschaft werde. Der Takt der Trommeln wird schneller, genau wie die Bewegungen der Tänzer, bis die ersten ekstatisch zu zucken beginnen. Wie wahnsinnig wirbeln sie herum, Helfer halten sie in Zaum, und ich spüre, wie mein Herz sich vom rasenden Rhythmus mitreißen lässt. Ein unvergessliches Gefühl.

In Agadir erreiche ich schließlich die Atlantikküste und arbeite mich mit Sammeltaxi und Bus Stück für Stück in Richtung Süden vor. In Sidi Ifni bewundere ich spanischen Art-déco-Stil, amüsiere mich über die geschickten Betrugsversuche der selbsternannten Reiseführer in Guelmin, die mit dem auf Agadir-Pauschaltouristen-Tagesausflügler ausgerichteten Kamelmarkt eine ideale Klientel vorfinden.

Bei Tan-Tan erreiche ich schließlich das Gebiet der Westsahara, das nach dem Abzug der Spanier von Marokko annektiert wurde. Hier gibt es permanent Spannungen mit dem großen Nachbarn Algerien. Über die Retorten-Hauptstadt der Provinz Laayoune komme ich in die Grenz- und Garnisonsstadt Dakhla. Dort muss ich mich um eine Mitfahrgelegenheit bemühen. Das Grenzgebiet zu Mauretanien ist vollkommen vermint, deshalb gibt es in diese Richtung keine öffentlichen Verkehrsmittel. Eine Gruppe von Holländern, die Gebrauchtwagen nach Westafrika exportiert, erklärt sich bereit, mich mitzunehmen.

Zweimal in der Woche wird ein Konvoi zusammengestellt, der unter Militärbegleitung durch das minenverseuchte Gebiet geleitet wird. Nachdem eine Fülle von Formalitäten in diversen Büros erledigt ist, setzt sich die riesige Kolonne von etwa 160 Fahrzeugen, darunter viele nagelneue Luxuslimousinen aus Italien und Deutschland, Schmuggelware, spätnachmittags in Bewegung. Bei einem von vielen Stopps im Niemandsland fällt mir ein deutsches Paar mit drei kleinen Kindern auf. Die junge Frau trägt eine lange schwarze Lederhose im Biker-Style, unwillkürlich stelle ich mir vor, wie sie in der Hitze schwitzen muss. Was treibt die Deutschen mit ihrem Nachwuchs an diesen gottverlassenen Ort? Meine Neugier ist geweckt, und ich nutze die erste Gelegenheit, mit ihnen ins Gespräch zu kommen.

»Nein, wir sind nicht zum Urlauben hier«, die Frau schaut mich an wie einen begriffsstutzigen Pennäler – freundlich, mit einer Spur Ungeduld. »Nach Nine-Eleven ist es uns in Europa zu gefährlich. Bald kommt der Krieg nach Deutschland. Wir bauen uns in Ghana ein neues Leben auf.«

Mein Blick geht in die uns umgebende verminte Wüstenlandschaft. Dazu fällt mir nichts ein. Manche Aussteiger haben so etwas an sich – du spürst, dass sie überall verloren sind.

Gegen Mitternacht erreichen wir ein Camp in Grenznähe, wo wir im Freien übernachten. Kaum hat sich der Himmel verdunkelt, bricht bittere Kälte über uns herein. Unbedacht habe ich meine warmen Sachen bereits mit der Post nach Hause geschickt. Meine neuen holländischen Gefährten helfen mir zum Glück mit einem Schlafsack aus. Ich bin von der langen Fahrerei so müde, dass ich den funkelnden Sternenhimmel kaum genießen kann.

Am nächsten Morgen spricht sich herum, dass sich ein Fahrzeug aus unserem Gefolge überschlagen hat. Bei den Verunglückten handelt es sich um die Aussteigerfamilie aus Deutschland. Außer Schnittwunden gab es zum Glück keine ernsthaften Verletzungen. Der Schrottwagen wird an Ort und Stelle an Beduinen verkauft. Ein Holländer berichtet, auch ihm seien die Leute schon aufgefallen. Eins der Kinder, ein kleiner Bub, habe um Essen gebettelt. Auf die Frage, ob seine Eltern ihm nicht genug geben würden, erwiderte der Kleine ernst: »Mein Papa sagt, es kommen schwere Zeiten. Deshalb essen wir nur noch zwei Mal am Tag. Damit wir vorbereitet sind.«

Noch Jahre später werde ich an diese Familie zurückdenken. Was mag aus den beiden geworden sein? Aus ihren Kindern? Ich fürchte, ihren Frieden haben sie nicht gefunden.

Bald nach Sonnenaufgang geht es weiter. Im Niemandsland verlässt uns die Militärbegleitung, und wir legen die letzten 25 km zum mauretanischen Grenzposten ohne Eskorte zurück. Die Luxuslimousinen fehlen, die Schmuggler haben ihre eigene Piste, vorbei an den Grenzposten. Am Wegesrand erinnert das Wrack eines Fahrzeugs daran, dass es nicht ratsam ist, von der vorgezeichneten Spur abzuweichen.

Die mauretanischen Grenzer erwarten uns in einem Beduinenzelt: einem grob behauenen, von schwerem Tuch bedeckten Holzgestell. Mein Visum habe ich bereits, der Pass ist rasch gestempelt.

Die Reise durch das Minengebiet zwischen der Südsahara und Mauretanien liegt hinter uns. In der Grenzstadt Nouadhibou verbringe ich auf dem Campingplatz die letzte Nacht mit meinen neugewonnenen Freunden. Rosa Luna, eine quirlige Sizilianerin Anfang 30, die ebenfalls in einem Fahrzeug im Konvoi hierhergekommen ist, schließt sich mir an. Wir werden mit einem ganz besonderen Zug fahren, dem längsten der Welt. Der sogenannte Bahnhof besteht aus einem Puffer und einer einsamen Holzhütte in der maurischen Wüste. Imam, ein junger Mauretanier, sieht uns hilflos herumstehen und nimmt sich unserer an. Blind verlassen wir uns auf seine Weisungen, erstehen bei einem Fahrkartenverkäufer ein spottbilliges Ticket in das etwa 600 Kilometer entfernte Choum und harren der Dinge, die da kommen mögen. Fauchend fährt die Diesellok ein, schiebt eine Wagenschlange von etwa einem Kilometer Länge in Richtung Puffer. Imam hat in Erfahrung gebracht, wo der einzige Passagierwaggon in etwa halten wird. Als der Zug stoppt, bricht der Sturm los. Die etwa 50 Wartenden drängen zeitgleich durch die einzige Türe in der Mitte des Waggons. Rosa Luna und ich folgen Imams Rat, werfen unser Gepäck über die Puffer, zwängen uns auf die andere Seite und steigen dort in Ruhe ein, sichern uns Plätze auf einer der beiden Holzbänke an den Längsseiten des Wagens. Als der Zug anrollt, sind nicht nur die Sitzplätze belegt, auch auf dem Boden sitzen dicht gedrängt Frauen, Männer und Kinder. Die vorangegangene Hektik ist vergessen, und es beginnt ein entspanntes Miteinander. Einer kocht Tee auf einem Gasbrenner und reicht die Tasse herum, Brot, Erdnüsse und Datteln werden geteilt. Ich beteilige mich mit einer Packung Kekse. Ein besonders netter Kerl spricht recht gut Englisch, er ist Französischlehrer und kennt neben Beckenbauer auch Goethe. Ich zeige Fotos herum, und der Lehrer erklärt gut gelaunt, für 102 Kamele würde er mir meine Tochter gerne abkaufen. Irgendwie schafft es ein junger Mann, in dem Getümmel seinen kleinen Gebetsteppich auszubreiten. Daran ist ein Mekka-Kompass angebracht, so dass er an jedem Ort der Welt die richtige Gebetsrichtung kennt. Als die Sonne am Horizont zum blutroten Ball wird, bleibt der Zug stehen. Aus den Eisenwaggons klettern an die 50 Soldaten in Kampfanzügen, Fahrgäste aus unserem Waggon gesellen sich dazu, und die Gläubigen verbeugen sich zum Abendgebet. Im flimmernden, allmählich nachlassenden Licht werden die Schatten der Betenden im Wüstensand lang und länger. Die Dünenlandschaft verfärbt sich rötlich, gräulich, das archaische Bild verliert sich in der anbrechenden Dunkelheit.

Der nächste Stopp weckt mich aus einem leichten Dämmerschlaf, es muss schon nach Mitternacht sein. Unser Zug hält mitten im Nirgendwo. Einige Passagiere steigen aus, ein Pick-up rollt heran. Säcke werden aus den Güterwaggons gehoben und in das Fahrzeug verladen. Die circa 20 Übriggebliebenen werfen ihr Gepäck dazu, und im Nu sitzen alle oben, auf einem Berg von Taschen und Koffern. Imam fiebert, offensichtlich hat er sich erkältet. Ohne seine Hilfe haben Rosa Luna und ich lange unschlüssig herumgestanden und steigen als Letzte auf. Alle Plätze auf dem Gepäckberg sind belegt. Es bleibt uns nichts anderes übrig, als uns auf das Dach des Führerhauses zu setzen. Die Weiterreise wird zu einer echten Herausforderung. Eiskalter Fahrtwind bläst unter die Kleidung, der Jugendherbergsschlafsack, den ich dabeihabe, bietet kaum Schutz, meine dünne Decke habe ich in der Hektik des Aussteigens im Zug liegen lassen. Immer wieder drohen wir bei der holprigen Fahrt über die Piste den Halt zu verlieren. Nach etwa zweistündiger Fahrt stoppt der Wagen.

Ein in eine dicke Decke gehüllter Mann zeigt uns den Weg zu einer Hütte und deutet freundlich auf den Lehmboden: Bis zum Morgengrauen sollen wir uns dort ausstrecken. Kaum bin ich in erschöpften Schlaf gefallen, weckt mich lautes Hupen. Grau kündigt sich ein neuer Tag an. Bei der Weiterfahrt durch die beeindruckende Landschaft des Adrar-Gebirges wird mir klar, warum wir die Zwangspause einlegen mussten. Die Piste führt an steilen Abhängen entlang, in der Tiefe zeugen Autowracks von der Gefährlichkeit der Strecke. Elektrische Straßenbeleuchtung gibt es hier im Nirgendwo nicht. Die Sonne steht schon hoch am Himmel, als wir Atar, unser Ziel, erreichen. Ich komme in einem Beduinenzelt im Bab-Sahara-Camp unter. Es wird von einem Holländer mit seiner deutschen Frau geführt. Unglaublich, wohin es Menschen auf dieser Erde verschlägt.

Rosa Luna will weiter zu den Ruinen von Chinguetti, einer uralten Handelsstadt. Unser Abschied ist herzlich und ein bisschen melancholisch – Abenteuer verbinden, und wir werden einander wahrscheinlich nie wiedersehen.

Nach kurzem Aufenthalt führen mich 600 km Wüstenstraße schnurgerade in die Landeshauptstadt Nouakchott, meine nächste Etappe. Es ist der erste Tag von Ramadan, der Tag, der Fastenden am meisten zusetzt. Nach etwa 200 Kilometern bittet mich der Fahrer des Sammeltaxis nach Rücksprache mit meinen Mitreisenden in ihren weiten blauen, maurischen Gewändern, das Lenkrad zu übernehmen. So komme ich in den »Genuss«, einen betagten Mercedes-300-Turbo-Diesel durch die karge Landschaft zu steuern: Taxifahrer in der maurischen Wüste.

Schon bald steht die nächste Grenzüberquerung an. Von Nouakchott mache ich mich in einem vollbesetzten Sammeltaxi auf den Weg an die Grenze am Senegal-Fluss. Dort lässt der Grenzgendarm erst von meinem Gepäck ab, als ich ihm ein Ärmelabzeichen der bayerischen Polizei an die Brust hefte. Mit der Fähre geht es hinüber auf die andere Seite des Stromes. Ich habe einen jungen Mann mit dem Transport meines eigentlich leichten Gepäcks beauftragt – so kann er sich ein bisschen was dazuverdienen. Auch bei den Senegalesen verläuft die Einreise zunächst reibungslos. Dann passiert aber etwas, das ich nicht erwartet habe. Der Grenzer verlangt von dem jungen Afrikaner in meiner Begleitung eine sogenannte »Einreisegebühr«. Ich erkläre mich bereit, sie zu begleichen, gebe ihm die Scheine im Gegenwert von vielleicht 3 Euro, verlange aber eine Quittung. Nun wird der Einreisebeamte grantig – und ich werde es auch.

»Ich war auch Polizeibeamter«, erkläre ich ihm aufgebracht, »und ich finde es ungehörig, dass Sie den jungen Leuten in die Tasche greifen.«

Nach einigem Hin und Her will er mir das Geld wieder zurückgeben. Mir tut das alles inzwischen leid. Schließlich werden die Beamten in diesen Ländern so schlecht bezahlt, dass ihnen gar nichts anderes übrigbleibt, als Schmiergeld zu verlangen. Im Grunde hat mich nur geärgert, dass er die Summe nicht von mir, sondern von seinem jungen Landsmann verlangt hat. Vielleicht ging es hier um das Gebot der Gastfreundschaft? Nun sieht mein afrikanischer Kollege sich in seinem Stolz verletzt – er weigert sich strikt, das Geld zu behalten.

Wir verabschieden uns mit freundlichen Gesten.

In St.-Louis, einer gepflegten Stadt, Station der berühmten Postflieger, einer von ihnen war Antoine de Saint-Exupéry, genieße ich erst einmal den Segen der Zivilisation, bevor ich mich wieder auf den Weg mache. Mit Buschtaxis, meist uralte Peugeot 507 oder Mercedes-Kleinbusse, geht es entlang des Senegal-Stroms in mehreren Etappen in südöstlicher Richtung bis an die Grenze von Mali.

Kayes war einmal die Landeshauptstadt. Inzwischen ist Bamako Regierungssitz und Kayes ein von der Welt vergessenes, heruntergekommenes und schwer erreichbares Städtchen. Von anderen Travellern habe ich erfahren, dass du mit tagelangen Wartezeiten rechnen musst, wenn du mit Bussen und Buschtaxis unterwegs bist. Ich entscheide mich für den Zug, schließlich will ich auf dem Landweg nach Timbuktu, und erreiche gegen Mitternacht die Landeshauptstadt, wo ich im dunklen Eisenbahnwaggon von Dieben in die Mitte genommen und meines am Rucksack befestigten Moskitozeltes entledigt werde. Die Burschen haben wie wild an mir gerissen, an meine am Körper verstauten Wertgegenstände sind sie nicht herangekommen.

Von Bamako fahre ich in einem Mercedes-Bus in tadellosem Zustand durch die Savanne mit riesigen Affenbrotbäumen in Richtung Mopti. Diese Stadt mit ihren Kanälen und bunten Booten schlägt mich sofort in ihren Bann – Afrika pur. Ich ergattere eine Erste-Klasse-Passage auf dem Linienschiff »Tombouctou«. Die Stopps bei kleinen Ortschaften am Rande des Niger werden von den Frauen an Bord genutzt, um sofort einen Obst- und Gemüsemarkt am Ufer zu eröffnen. Auf der dreitägigen Fahrt nach Kabara, dem Hafen von Timbuktu, offenbaren sich dem Reisenden Szenen von unglaublicher Schönheit: schwarze Matronen in ihren bunten Kleidern, Fulbe-Beduinen-Frauen mit gewaltigem Goldschmuck, Tuaregs in ihren blauen Gewändern, das alles vor einer gigantischen Flusslandschaft, in der sich riesige Rinderherden zur Tränke drängen.

Ich wohne in Timbuktu ganz in der Nähe der großen Moschee bei einer Familie und bekomme so das uns völlig fremde Leben in einer afrikanischen Großfamilie mit. Privatsphäre gibt es nicht. Die Kinder folgen mir sogar auf die Toilette, ein Loch in einem Lehmhaufen.

Die Stadt mit ihren Lehmhäusern hat heute noch etwa 20 000 Einwohner. Wenig erinnert an den ehemaligen Glanz. Im 13. Jahrhundert, als München vielleicht 5 000 Bürger zählte, lebten hier über 100 000 Menschen. Es war ein religiöses und wissenschaftliches Zentrum von außerordentlicher Bedeutung. König Kanga Moussa verteilte auf seiner Reise nach Mekka so viel Gold, dass der Edelmetallpreis sich 12 Jahre nicht mehr erholte.

Timbuktu ist eine im Verschwinden begriffene Stadt, es ist, als wollte sich die Wüste diesen entlegenen Ort endlich einverleiben. In Europa galt sie jahrhundertelang als Sehnsuchtsort, Traumstadt, deren Existenz noch zu beweisen war. Wenn Carl Barks Donald Duck am Ende einer Reihe von Missgeschicken im gleichnamigen Comic nach Timbuktu emigrieren ließ, begriff der Leser gleich, worauf er abzielte: Donald würde der verdienten Strafe bzw. dem Zorn seines Onkels oder seiner Gläubiger nicht entgehen – die Wüstenstadt würde er nie erreichen.

Ich bin dort – und wie verzaubert, nicht von der staubigen gesichtslosen Stadt, sondern von dem überwältigenden Gefühl, angekommen zu sein in der Welt meiner Träume.

Mein Traum ist in Erfüllung gegangen, meine Reise aber ist nicht zu Ende. Ich möchte nochmals den Zauber der Wüste spüren. Zusammen mit anderen Travellern – einem Italiener, einem Polen, einer Französin und einem Kanadier – vereinbare ich mit Tuaregs einen dreitägigen Wüstentrip auf Kamelen. Die stolzen Wüstenbewohner ziehen noch immer mit ihren Karawanen 800 km in die Sahara, um von dort schwer beladen mit riesigen Salzplatten zurückzukehren, die anschließend auf dem Niger verschifft werden. Am Tage brennt die Sonne unbarmherzig auf unsere kleine Karawane herab. Stundenlang reiten wir schweigend im Schneidersitz durch die Wüstenlandschaft. Nachts wird es bitterkalt, über uns leuchten Millionen von Sternen. Die Helligkeit des Tages, die Dunkelheit und auch die Stille der Nacht haben in der Wüste eine ganz andere Intensität. Die Wüste habe ich wie eine eigene Welt erlebt.

Zurück in Timbuktu setze ich meine abenteuerliche Reise fort. Sie führt in einem Geländewagen durch von Banditen gefährdetes Gebiet. Es gibt unzählige Reifenpannen, die schweren Räder graben sich immer wieder in den sumpfigen Boden ein, und wir müssen sie ausschaufeln. Als wir wieder einmal damit beschäftigt sind, rast in einer riesigen Staubwolke ein Pick-up heran, auf der Ladefläche verwegene Typen mit um den Kopf geschlungenen Turbanen, das Gesicht von einem Tuch bedeckt, welches nur die Augen frei lässt, Kalaschnikows in den Händen. Jetzt hat also dein letztes Stündchen geschlagen, geht es mir durch den Kopf, als der Wagen neben unserem zum Stehen kommt. Aus der Mitte der Männer schält sich ein Uniformierter im Tarnanzug, die Schulterklappen weisen ihn als Oberleutnant aus.

»You need a helping hand?« Die Jungs gehören zu einer Militärpatrouille, und mit ihrer Hilfe ist unser Geländefahrzeug im Nu wieder fahrtüchtig.

Als wir endlich Mopti erreichen, mache ich drei Kreuze. Erst vor wenigen Tagen sind auf dieser Strecke Touristen ausgeraubt, der Fahrer und ein einheimischer Führer umgebracht worden.

Ich wandere noch eine Woche mit einem Führer durch die beeindruckende Felslandschaft, die Falaise, mit den pittoresken Dörfern der Dogon, eines geheimnisvollen schwarzafrikanischen Stammes, und bewundere die riesige Lehmmoschee von Djenne.

Schließlich verbringe ich unbeschwerte Tage mit Renate, die mit dem Flugzeug aus Deutschland angereist ist, in der Nähe von Nianing an den Traumständen des Indischen Ozeans. Nach den Strapazen der Reise genieße ich den Luxus im Aldiana-Club. Am Heiligen Abend wird eine lebendige Krippe mit Esel, Ochs und Schafen aufgebaut. Beinah ein bisschen wie daheim.

Über Casablanca, wo ich noch einige Tage Gelegenheit habe, von Afrika Abschied zu nehmen, kehre ich heim.

10 000 Kilometer Fahrstrecke, zurückgelegt mit öffentlichen Verkehrsmitteln, oft völlig eingeengt zwischen dicken Mamis, riesigen Gepäckstücken, Hühnern und Ziegen, eingepudert vom roten Sand der Savanne, liegen hinter mir. Aber das war es allemal wert.

Die Reise hat mir gezeigt, dass ich mental und körperlich noch gut drauf bin und ich kaum Probleme habe, mich in fremder Umgebung zu bewegen. Diese Erkenntnis möchte ich gerne an jeden frischgebackenen Ruheständler weitergeben. Es gibt wohl keinen besseren Grundstein für den neuen Lebensabschnitt, als seine eigenen Grenzen zu testen.

Libretti in Libyen
Nordafrika, 2004

Es ist nicht so einfach, in Muammar al-Gaddafis Libyen einzureisen. So schließen Renate und ich uns im Frühjahr nach einer längeren Reise durch Tunesien einer Gruppentour mit dem sogenannten »Rollenden Hotel« an. Eine Gruppe junger Leute kommt Renate und mir entgegen, die Mädels haben die Kopftücher locker um den Kopf gebunden. Einer der Burschen trommelt, es wird viel gelacht, alle wiegen sich im Takt. Vor uns baut sich eine gigantische Kulisse auf, die Ruinenlandschaft der einstigen phönizischen Handelsstadt Sabratha. Sie wurde um die Zeitenwende von den Römern zu einem blühenden Zentrum ausgebaut und erreichte ihren Zenit um das Jahr 200 n. Chr., als dort über 20 000 Menschen lebten. Die Stadt ist hervorragend restauriert und gehört zum Weltkulturerbe. Als wir die Bauwerke im Jahre 2004 besuchen, ist von den Umbrüchen, die Libyen einige Jahre später völlig verändern werden, noch nichts zu spüren. 2016 wird das Gebiet voll im Einflussbereich des IS liegen.

Der am besten erhaltene Teil ist der Scena, das Theater, mit Original-Fragmenten wieder zusammengesetzt und auf drei Ebenen unterteilt. Die wiederaufgebaute Fassade des Bühnenhauses gilt als die schönste der römischen Welt. Aus den Marmorkapitellen der weißen Säulen im Mittelgeschoss lugen zwischen den Arkantusblättern Gesichter hervor. Das

Theater hatte einst eine Kapazität von 5 000 Sitzplätzen. Renate und ich stehen staunend vor der Fassade und hören im Inneren ganz andere Stimmen. Wir treten durch einen Seiteneingang in das Innere und sehen auf der Bühnenplattform eine wunderschöne Frau. Sie steht dort im schwarzen Kleid, umhüllt von einem langen roten Tuch, eine filigrane Kette um den Hals, lange Ohrringe berühren die Schultern, und singt aus voller Kehle die Leonore aus Verdis »Troubador«. Am Eingang steht ein Herr im dunklen Anzug und erzählt uns, dass wir das Glück haben, hier eine italienische Operndiva zu erleben. Es sei geplant, in dieser einzigartigen Kulisse Opernfestspiele abzuhalten, und die Dame sei dabei, die Akustik zu testen. Größer könnte der Kontrast nicht sein, am Eingang junge Araber, die sich fröhlich im Rhythmus der Trommel bewegen, und hier ein Höhepunkt europäischer Oper. Ergriffen nehmen wir auf den Steinstufen der Zuschauertribüne Platz. Trotz der Temperaturen über 30 Grad unter der nordafrikanischen Sonne kommt bei uns Gänsehautfeeling auf.

Mein Sohn in Uganda und Abenteuer in Ostafrika 2004 und 2011

Ivan ist für seine 15 Jahre ein wenig klein geraten und nähert sich mir nur schüchtern. »Hi Wolfgang«, sagt er und legt mutig nach: »Nice to meet you.«

Er ist schwarz, hat kurzgeschnittenes krauses Haar und braune Augen. Ich kenne ihn seit seiner Einschulung, aber nur aus der Ferne.

Kritzeleien von Kinderhand in seinen Briefen wurden im Laufe der Jahre zu interessanter Lektüre. Ivan ist mein Patensohn. Seine Mutter und sein Vater sind an Aids gestorben, als er noch ein Baby war, und seine Großmutter hat sich während der ersten Lebensjahre um ihn gekümmert. Die Verbindung zu ihm wurde durch die »Kindernothilfe« hergestellt, und mit monatlichen Spenden habe ich ihm die Schulausbildung ermöglicht. Mittlerweile hat er die Elementarschule mit passablen Noten abgeschlossen und besucht eine Bildungsstätte, die Grundkenntnisse der Elektrotechnik vermittelt.

Mein Kumpel Walter – im Folgenden auch Msungo, ein Name, den er sich auf unseren Reisen verdiente und der auf Suaheli so viel wie »fauler weißer Mann« bedeutet – und ich sind in Zentralafrika unterwegs und nutzen die Gelegenheit, den Jungen persönlich kennenzulernen. Reverend Erasmus Nsamba, ein quirliger anglikanischer Pastor, der sich neben etlichen Dorfprojekten auch um Ivans Schule kümmert, holt uns mit einem klapprigen Renault, den er sich von einem Freund geliehen hat, in unserer kleinen Pension in der Kleinstadt Masaka ab und bringt uns zu dem Internat, einer sogenannten Boarding School, in welcher Ivan wohnt und unterrichtet wird. Es ist eine Art Berufsschule, und er absolviert eine Lehre als Elektriker. Der Schlafsaal mit den dicht nebeneinanderstehenden Stockbetten wirkt trist, aber ordentlich und sauber. In der Lehrwerkstatt kann Ivan sein Talent unter Beweis stellen und führt uns fachkundig vor, wie ein Schaltkreis zusammengesteckt wird.

Von Erasmus erfahren wir eine ganze Menge über den traurigen Hintergrund von Ivans Familie, aber auch, was so alles versucht wird, um den Leuten auf dem Land ein besseres Leben zu ermöglichen.

Vor einer Hütte erwartet uns Alice, eine hagere Frau, in den Fünfzigern, es ist Ivans Großmutter, die viel getan hat, um ihrem Enkel Chancen für eine bessere Zukunft zu ermöglichen. Zu Ehren unseres Besuchs trägt sie ihr bestes

Gewand, ein weites gelbes Kleid mit bauschigen Puffärmeln. Ihr Gesicht ist dank der harten Feldarbeit von tiefen Falten überzogen, die Hände sind derb, aber sie blickt uns fest und freundlich an.

Alice zeigt uns ihre kleine Holzhütte – zum Schlafen bleibt ihr nur eine schmale Matratze –, aber die ist ihr Eigentum. Mit Änderungsschneiderei hat sie so viel Geld auf die Seite gelegt, dass sie sich ein kleines Grundstück kaufen konnte, auf dem sie Gemüse für den täglichen Gebrauch anbaut. Sie hatte nur einen Sohn. Er und seine Frau sind an Aids gestorben. Ivans älterer Bruder hat es nicht so gut getroffen wie unser Pflegesohn. Er hatte keine Möglichkeit, die Schule zu besuchen, und schlägt sich mit Gelegenheitsjobs durch. Noch schlimmer ist es Ivans Schwester ergangen. Ihre Tochter und ihr Sohn waren an Kinderlähmung erkrankt und leiden an Spastik. Ich hätte nicht gedacht, dass es heutzutage noch Länder gibt, welche keine umfassende Polio-Prophylaxe anbieten.

Erasmus hat die Bauern eines Dorfes in Eigeninitiative eine Maismühle bauen lassen. Dorthin bringen die Farmer ihren Mais, der hier gemahlen und kollektiv vermarktet wird. Es gibt einen größeren landwirtschaftlichen Betrieb, mit Ackerbau und Gemüsegärten, der nach ökologischem Prinzip betrieben wird. Bauern aus weit entfernten Dörfern werden hier im Bioanbau unterwiesen.

Wir müssen schmunzeln, als uns Erasmus sein Lieblingsprojekt vorstellt. Dem Kollektiv, das Legehennen hält, gehören 18 Frauen und ein Mann an, der unter den Matronen ziemlich verloren wirkt.

In diesen Tagen habe ich wieder viel über Afrika gelernt, insbesondere hat sich bestätigt, dass die beste Investition »Hilfe zur Selbsthilfe« ist.

Als die Fähre zu den Sese-Inseln ablegt, sehe ich Ivan am

Ufer immer kleiner werden. Er sieht etwas verloren aus, wie er dort steht, mit hängenden Armen. Ein Teenager. Mir entgeht nicht, wie sein Mentor ihn in die Seite stupst. Jetzt hebt er die Arme. Er winkt uns lange nach, mit großen Bewegungen. Ein Anblick, der zu Herzen geht.

Im Jahr 2011, also sieben Jahre später, führt mich nochmals eine Reise nach Uganda. Am 9. Juli dieses Jahres wird ein neuer Staat gegründet: der Südsudan, das 193. Mitglied der UN. Wenige Wochen später komme ich mit dem Flieger von Ugandas Hauptstadt Kampala nach Juba, der Hauptstadt des jungen Staates. An einem Nachmittag trinke ich in einem Gartenrestaurant ein Bier, um mich viele Männer im Anzug, etliche betrunken, aber freundlich. Offenbar sind sie Regierungsbeamte oder sonstige Offizielle. Einer zieht zur Gaudi seinem Spezi die Pistole aus dem Hosenbund.

Abends sitze ich in einem chinesischen Restaurant mit einigen Männern vom Religionsministerium an einem Tisch, und wir unterhalten uns recht angenehm auf Englisch. Mit einem der Kellner führe ich ein langes Gespräch. Er kommt aus Kenia. Seine Chefs sind Chinesen, die Kollegen stammen wie er aus Kenia, Uganda und Äthiopien. Das Problem ist, dass vor der Selbständigkeit im Südsudan die Amtssprache Arabisch war, nun ist es Englisch, eine Sprache, die hier kaum jemand beherrscht. Natürlich ist sie eine Grundvoraussetzung für die Arbeit in einem Restaurant mit internationalem Publikum. Während meines Aufenthalts sind neben Hilfsorganisationen und Diplomaten viele Geschäftsleute in der Stadt, die das Ölgeschäft riechen.

Bei der Ausreise mit dem Bus nach Uganda stehen viele Menschen Schlange, mich winkt ein Uniformierter vor. Ich glaube, die arbeiten auch schon für die Amis, denn mir werden die elektronischen Fingerabdrücke abgenommen. Mein

Nachbar, ein schlanker Zweimetermann, wird nach dem Zeigefingerabdruck der rechten Hand gebeten, die Finger der linken Hand auf das Gerät zu legen. Allgemeines Gelächter, einschließlich ihm selbst, er hat nämlich nur einen Arm.

Ich treibe mich noch eine Weile im Norden Ugandas herum und komme schließlich wieder zurück nach Kampala. Von dort aus breche ich im gecharterten Geländewagen mit Fahrer zu einer langen Tagesreise zu einem von der Dorfbevölkerung betriebenen Camp im Bwindi-Nationalpark auf. Dort bin ich in einem mitten im Regenwald gelegenen komfortablen großen Zelt mit Toilette und heißer Dusche untergebracht. Früh morgens laufe ich hinüber zum nahegelegenen Park-Headquarter. Dort werden die Gäste von einem Ranger im grünen Overall verschiedenen Führern zugeteilt.

Im Park leben circa 340 Berggorillas, fast die Hälfte der Gesamtpopulation auf der Welt, in kleinen Gruppen zusammen. Die übrigen dieser Menschenaffen findet man im Virungagebirge, im Dreieck von Kongo, Ruanda und Uganda. Vom Hauptquartier sind vier dieser Gruppen relativ leicht erreichbar, zu weiteren drei sind lange Anfahrtswege in Kauf zu nehmen. Normalerweise dürfen höchstens acht Personen einmal täglich eine Gruppe für maximal eine Stunde besuchen. Wir sind nur zu sechst, außer mir drei Österreicher und ein Ehepaar aus England, alle nicht mehr jung und anders als ich in den teuren Lodges untergebracht, wo eine Nacht pro Kopf um die 400 Dollar kostet. Ich werde von ihnen herzlich aufgenommen. Es geht zunächst auf holpriger Piste mit einem geländegängigen Fahrzeug zu einem Dorf. Dort beginnt der Fußmarsch. Nur ich trage meinen Rucksack mit Regenkleidung und viel Wasser selbst, die anderen heuern Träger an. Neben Steve, dem Führer, sind zwei Gewehrträger und natürlich die Porter mit von der Partie. Zunächst marschieren wir durch intensiv landwirtschaftlich genutztes Gelände steil bergauf. Wir passieren kleine Gehöfte, von denen Menschen freundlich winken. Einige von ihnen bieten Schnitzereien, Kinder Strohpuppen zum Kauf an.

Durch den vielen Regen in den vorangegangenen Tagen ist der Boden stellenweise ziemlich aufgeweicht, ohne Stöcke ist der Aufstieg mühsam. Allerdings haben wir Glück, das Wetter hält an diesem wichtigen Tag. Schließlich erreichen wir dichten Regenwald, und es geht weit hinunter in ein tiefes Tal. Sumpfgebiete, Bäche sind zu durchqueren. Pfadfinder haben die Spuren vom letzten Aufenthaltsort der Gorillas am Tag vorher aufgenommen und die Gruppe geortet. Sie sind mit Steve in Funkkontakt und warten bereits in der Nähe der Tiere auf uns. Nach knapp zwei Stunden anstrengendem Fußmarsch sind wir endlich dort. Steve erzählt uns, dass es immer wieder vorkommt, dass verzweifelte Wanderer unterwegs erschöpft aufgeben und mit einem Führer den Rückweg antreten. Die 500 Dollar für das Permit haben sie dann umsonst bezahlt. Man könnte sich auch für 300 Dollar tragen lassen, schwereren Personen werden 350 Dollar abgeknöpft. Plötzlich verspüre ich einen unscheinbaren Ruck am Gürtel. Wer zupft mich da? Instinktiv greife ich nach meinem Fotofutteral. Es ist leer. Hat mich ein diebischer Affe bestohlen? Ausgeschlossen, dass einer der Begleiter der Täter ist! Ich schaue mich um und stutze. Die kleine Digitalkamera hängt in einem Strauch. Einer der Äste hat sie an der Schlaufe aus dem Behälter gezogen. Steve zeigt in die Baumwipfel, und wir sehen einen mächtigen Silberrücken in der Krone sitzen, andere Gorillas liegen auf Ästen faul herum. Nun heißt es Daumen drücken, dass sie herunterkommen. Und tatsächlich, nach ca. 15 Minuten beginnt der Silberrücken gemächlich hinabzusteigen, andere folgen. In wenigen Minuten tummelt sich die gesamte Familie um uns.

Außer dem »Chef«, dem mächtigen Silberrücken, sind es 18 Individuen, darunter ein drei Monate altes Baby, das tollpatschig herumturnt und Faxen macht. Selbst mit meiner kleinen Digi-Schnackerlkamera gelingen mir brauchbare Fotos. Nach exakt einer Stunde müssen wir wieder abrücken.

Am Tag darauf geht es im gecharterten Geländewagen mit Fahrer in anstrengender Fahrt und auf einem langwierigen Umweg, weil eine Brücke abgerutscht ist, zurück in die Hauptstadt Kampala. Dabei passieren wir Masaka, wo ich vor einigen Jahren unser Patenkind Ivan besucht habe. Als ich einige Tage später daheim ankomme, erzählt mir Renate, Ivan habe nach sieben Jahren Schweigen angerufen – und zwar genau zu der Zeit, als ich Masaka durchfahren habe. Das Wunder der afrikanischen Buschtrommeln?

Herz der Finsternis
Ostafrika, 2004

Als ich 2004 mit meinem Freund Walter, genannt Msungo, Ostafrika bereise, geht mir die berühmte Novelle von Joseph Conrad durch den Kopf: *Heart of Darkness – Herz der Finsternis*.

Ich denke an Marlow, einen einfachen Seemann, den das Begehren, dem Kontinent seine Geheimnisse zu entreißen und auch die letzten weißen Flecken von der Landkarte zu tilgen, aufs Meer hinaus treibt. Unterwegs in den Kongo, verliert er alle Gewissheiten – er muss erkennen, was die Begegnung mit dem Fremden mit den Kolonialisten macht und dass Grausamkeit nicht bei den sogenannten »Wilden«, sondern in den Herzen der »Zivilisierten« lebt.

Als ich die Novelle las, war ich ein junger Mann, vielleicht

Anfang zwanzig. Damals war ich wie gebannt, ich roch förmlich die schwüle Luft, die über dem Wasser stand, und hörte in der Ferne den Klang der Trommeln.

Als wir dreißig Jahre später durch die Region reisen, erscheint alles friedlich. Selbstverständlich trügt der Schein ... Vor 24 Jahren wurde Idi Amin, der Schlächter von Afrika, von tansanischen Truppen aus Uganda hinausgejagt und ließ eine völlig demoralisierte Bevölkerung zurück. In Ruanda hat vor zehn Jahren der Mob gewütet, und binnen weniger Monate wurde eine Million Menschen umgebracht. In Burundi hat man UNO-Blauhelme ins Land geholt, damit sie für Ruhe sorgen. Im Norden Ugandas treiben die Rebellen der Lord's Resistance Army, der »Widerstandsarmee des Herrn«, ihr Unwesen. Der Osten der Demokratischen Republik Kongo, des ehemaligen Zaire, ist Spielball von Rebellen, die man genauso gut als Verbrecher bezeichnen könnte, Milizionären aus dem eigenen Land und aus den Nachbarregionen.

Eines Morgens ist es Zeit für Msungo und mich, unser einfaches, aber malerisch auf der Insel Banda im Viktoriasee gelegenes Resort zu verlassen. Nach dem Überqueren des Sees mit einer Fähre erfolgt die Weiterfahrt durch den Süden Ugandas etappenweise mit Buschtaxis. An einer Kreuzung vor dem Dorf Nyendo nehmen wir ein Sammeltaxi zum Busstopp in Masaka, dort wartet bereits ein fast voller Mikrobus. Die Reise geht auf kerzengerader Straße durch liebliches Hügelland. Als wir in der Kleinstadt Mbara ankommen, bringt uns ein Taxi für umgerechnet einen Euro zum nur 500 Meter entfernten Hotel Pelikan. Am nächsten Morgen nehmen wir die Reise durch Uganda Richtung Gatuna wieder auf. Wir passieren eine Bananenplantage um die andere, Radfahrer haben ihre Drahtesel mit Bananenstauden völlig überladen, strampeln zum nächsten Markt. Als drei hochgewachsene Tutsi aussteigen, entspannt sich eine wortreiche Streiterei mit dem Fahrer. Erst der Anblick eines mächtigen Holzprügels, den dieser schließlich hervorholt, entscheidet die Situation. Einer der Tutsi zieht einige Geldscheine aus der Hosentasche, bezahlt, und die Gestalten verschwinden im Morgendunst.

Nach der Grenzüberquerung bei Gatuna betreten wir den Boden von Ruanda. Irgendwann erreichen wir schließlich die Landeshauptstadt Kigali. Ganz in der Nähe unseres Hotels gibt es einen deutschen Bäcker, der zugleich Metzger ist. Hier kaufen nicht nur Europäer ein, die in der Hauptstadt Ruandas arbeiten, sondern insbesondere der afrikanische Mittelstand. Der deutsche Abenteurer Michael Fietzek hat diesen Laden noch vor dem Völkermord gegründet, und das Angebot an deutschen Wurst- und Backwaren ist überwältigend. Wir unterhalten uns mit ihm und hören gespannt zu, wie er von den fürchterlichen Ereignissen erzählt, als Hutus über die Tutsi-Bevölkerung herfielen.

Unser nächstes Ziel ist die Kleinstadt Gysenie am Kivu-See. Im kleinen Garten vor unserem Hotel spricht ein Mann uns auf Deutsch an. Er hat in unserer Heimat eine Lehre als Schreiner absolviert. Ein Freund von ihm gesellt sich dazu. Draußen zieht laut hupend eine Autokolonne vorbei, auf einem LKW wird wild getrommelt, aus einem schwarzen Mercedes winkt ein Hochzeitspaar.

Als wir unsere Gesprächspartner fragen, ob sie Tutsi oder Hutu seien, tritt ein Moment Stille ein.

»Was bedeutet das schon?«, erklärt schließlich ein junger Mann in gebrochenem Englisch. »Heute sind wir alle Bürger Ruandas.«

Unser Gespräch über die Völkerverständigung wird plötzlich von einer lauten Explosion zerrissen. Am nächsten Tag erfahren wir, dass auf dem nahegelegenen Flughafen auf

Kongoseite ein Flugzeug abgestürzt ist, und beschließen, den Landweg nach Burundi zu nehmen.

Diese Reise hat jedoch noch Zeit, wir wollen erst noch nach Goma im Osten der Demokratischen Republik Kongo. Eines Morgens schultern wir unsere Rucksäcke und marschieren zur Grenze. Das Visum für den Kongo ist rasch in unsere Pässe gestempelt. Schon nach wenigen hundert Metern erreichen wir den Stadtrand von Goma. Dicke Wolken hängen über dem Vulkankegel des Nyiragongo, zwei Jahre vorher hat sich nach einer Eruption ein riesiger Lavastrom aus seinem Schlund ergossen und die Stadt nahezu völlig zerstört. Mittlerweile stehen behelfsmäßig errichtete Hütten auf dem erkalteten Vulkanschmelz. Zerlumpte Gestalten ziehen durch die Straßen, auf Lastkraftwagen stehen dicht gedrängt Menschen. Goma war und ist Becken für Gestrandete. Während des Völkermordes in Uganda kamen Hunderttausende von Flüchtlingen aus Ruanda, darunter auch Mittäter des Genozids. Cholera brach aus und forderte Tausende von Opfern. Nach dem Sturz von Mobutu drangen Regierungstruppen aus Ruanda ein und machten Jagd auf Hutus, viele Unschuldige starben. Nun sind die Flüchtlinge Kindersoldaten und Frauen aus der vom Bürgerkrieg heimgesuchten Provinz Bukavu, die dort vergewaltigt wurden.

Das Dröhnen von Trommeln dringt aus der katholischen Kirche. Wir gesellen uns zu den Gläubigen in der brechend vollen Kirche. Der Gesang der Menschen, die ihre weit geöffneten Arme gen Himmel recken, dringt tief in unsere Herzen. Als wir nach der Heiligen Kommunion, an der auch Msungo teilnimmt, die Kirche verlassen, hören wir aus der Ferne schon wieder Trommeln. Auch in der evangelischen Kirche ist Gottesdienst. Wie ein Magnet zieht uns ihr Klang in diesen Betsaal. Für mich haben Trommeln schon immer etwas Magisches. In Afrika sind sie wie ein Herzschlag, der

Klang des Lebens, der sich noch in den Elendsvierteln und Kriegsgebieten behauptet.

Ein Taxifahrer bietet auf Vermittlung des Pastors seine Dienste an, wir gehen dankbar auf sein Angebot ein. Der Peugeot ist eine Rostlaube, die Beifahrertür ist mit Draht am Rahmen befestigt. Benzin wird aus Flaschen in den Tank gefüllt. Er bringt uns an den Fuß des Vulkans. Kinder laufen schreiend davon, als wir Fremden aus dem Auto steigen. Ein zerlumpter Soldat steht am Straßenrand, mit einem Arm hat er sich auf seine Kalaschnikow gestützt, eine Hand reckt sich uns bittend entgegen. Vor Glück strahlend, nimmt der Mann den Ein-Dollar-Schein. Drohend taucht der Vulkan vor uns aus dem Dunst auf, Rauchwolken umhüllen, was nach der Eruption vom Gipfel übrigblieb. Uns dämmert, dieser Ort ist die Vorhölle – und die Gesänge der Gläubigen sind ihre Gebete um Rettung.

Zurück in Gisenyi, marschiert eine große Kolonne von Menschen in pinkfarbenen Gewändern an unserer Unterkunft vorbei, darunter einige Frauen. Eine von ihnen trägt im um die Hüften gebundenen Tuch ein Baby auf dem Rücken. Nur ein Uniformierter mit Kalaschnikow bewacht die Gefangenen, Täter während des Völkermordes.

Am Busbahnhof bekommen wir die Einreiseformulare für Burundi. Uns ist etwas mulmig zumute, weil das Grenzgebiet als unsicher gilt, immer wieder werden Überfälle gemeldet. Msungo verschreibt sich mehrmals, erst das vierte Formular ist korrekt ausgefüllt. Unser Sitznachbar Alexander, ein russischer Soldat im Dienst der UNO, ist ein lustiger Bursche, und die Zeit vergeht wie im Flug. Auch hier ist die Gegend hügelig, so wie in Ruanda, aber nur spärlich bewirtschaftet, auf ehemaligem Ackerboden macht sich Erosion bemerkbar, die Teeplantagen wirken kümmerlich. Die Armut lässt sich mit Händen greifen. Zerlumpte Kinder betteln am Straßenrand, die Boda-Bodas (robuste indische Fahrräder als Taxi) haben keine gepolsterten Sitze für den Sozius. Der Fahrgast sitzt auf dem metallenen Gepäckträger. In Kenia sind diese wenigstens gepolstert. Mich berührt der Anblick der Frauen in ihren bunten Kleidern, die trotz der Armut eine unfassbare Würde ausstrahlen.

Die Straße mit erstaunlich gutem Belag verläuft hoch über der Terrassenlandschaft auf einem Kamm. Uns kommt ein Konvoi mit UN-Fahrzeugen entgegen, schwere Maschinengewehre auf Geländewagen. Am Straßenrand haben sich Soldaten in Stellungen eingegraben, wir befinden uns im Kriegsgebiet. Am Stadtrand von Bujumbura ist eine Straßensperre errichtet. Wir müssen alle aussteigen, die Uniformierten belassen es bei einer oberflächlichen Besichtigung des Kofferraums.

Burundi ist durch den Bürgerkrieg, der seit 1993 tobt, wirtschaftlich extrem geschwächt. Laut Welthungerindex ist es nach wie vor das am stärksten von Hunger betroffene Land der Welt. Heutzutage, 2016, versinkt das Land im Chaos.

Der Wirt der Kneipe »Kapa« ist ein echter weißer Afrikaner, eigentlich zypriotischer Grieche und geboren im Sudan, ein Sprachtalent mit Deutschkenntnissen. Hier genießen wir ein exzellentes Frühstück mit Croissants und Käsesandwich zum Kaffee. Es ist nicht weit zum Markt, dahinter liegt die völlig verrammelte US-Botschaft. In Burundi herrscht immer noch Bürgerkrieg. Das Land hängt voll am Tropf der UN. Die »Opération des Nations Unies au Burundi« soll hier für Frieden sorgen. Der Hof um das Hauptquartier der UNO steht voller nagelneuer Fahrzeuge. Sind chromverzierte Geländewagen wirklich nötig, wenn das Geld dafür an anderen Stellen dringend gebraucht wird?

Auf dem Weg zum Ufer des Tanganjika-Sees hören wir wieder einmal Trommeln.

In Conrads *Herz der Finsternis* kündigen Trommeln einen Angriff an, ein andermal klingen sie aus der Dunkelheit der Nacht zu den Reisenden hinüber, »unheimlich, packend und wild«. Hier dröhnen sie aus einer kleinen Anlage. Msungo und ich schauen durch einen Spalt des halb geschlossenen Blechtores in den Hof. Eine junge Frau winkt uns heran. Gut zwanzig Teenager dreschen wie wild auf ihre Trommeln ein, Tänzer drehen sich im Takt. Ein Heim für Straßenkinder, die hier eine Bleibe gefunden haben.

Die jungen Leute sind stolz, uns Europäern eine Privatvorstellung geben zu können. Eine Stunde später sind wir am versumpften Strand des Tanganjika-Sees. Der Rhythmus der Trommeln klingt uns noch in den Ohren.

Nachbarshexe
Kapverden, 2005

»Im Nachbarhaus wohnt eine Hexe«, meint Sabine, »sie hat den bösen Blick, und es ist ratsam, sich mit ihr gutzustellen.« Die gebürtige Berlinerin betreibt eine kleine Pension in Eito auf der kapverdischen Insel Santo Antão. Sie trägt bunte, fließende Kleider, ihr blondes Haar ist lose hochgesteckt und ihr Häuschen voller Leben. Rührend kümmert sie sich um fünf Kinder von verschiedenen Männern – der schöne Junge, um dessentwillen sie vor über 20 Jahren auf die Kapverden kam, ist Vergangenheit, aber ihre Liebe ist offenbar auf Afrika übergesprungen. »Hier bin ich zu Hause«, erklärt sie, während sie Renate und mir am runden Holztisch in der Küche Tee nachschenkt. »Hier geh ich nicht mehr weg.«

Die Kapverden liegen südlich der Kanaren und ungefähr 500 km vor dem westafrikanischen Senegal im Atlantischen

Ozean. Bis 1975 waren sie portugiesische Kolonie und sind seitdem selbständig. Die Inseln sind eigentlich alles andere als grün, wie es der Name vermuten lassen würde. Ein Teil ist vulkanischen Ursprungs, der andere besteht aus flachen Sandinseln. Der internationale Flughafen liegt auf der Insel Sal. Die gleicht einem großen Sandspielkasten und hat einige recht schöne Strände. Die stürmische See ohne vorgelagerte Riffe ist aber eigentlich nur für Extremsportler, zum Beispiel Surfer, geeignet. Es gibt hier jede Menge Häuser zu kaufen, offensichtlich kündigt sich eine ähnliche Immobilienblase wie in Spanien an. Unser eigentliches Reiseziel ist aber die Insel Santo Antão. Um dorthin zu kommen, muss man erst einmal auf die Insel Sao Vicente fliegen. Von dort geht es mit dem Schiff auf die Vulkaninsel, die ein Traum für Bergwanderer ist. Renate und ich erobern uns einen großen Teil der Insel auf Schusters Rappen. Sie besticht durch grandiose Landschaften, die man auf uralten Maultierwegen durchwandert. Täler zwischen steil aufragenden Bergen. Oft geht es in schwindelerregende Höhen hinauf, dann wieder tief hinunter. Wir überqueren fruchtbare Terrassenanlagen, begegnen Bauern mit Eseln, die ihr Trinkwasser von weit her transportieren, eine ungemein spannende, archaische Welt.

Die Bevölkerung ist kreolisch, Nachkommen von Sklaven, Portugiesen, Juden, Indern, Chinesen, Mauren und noch so manch anderen Ethnien, und hat eine ganz individuelle Musikszene hervorgebracht. Die Musik der Inseln hat ihren ganz eigenen Klang. Holz, Muscheln, getrocknete Kürbisse und diverse Materialien aus Eisen und Plastik, aber auch Glasflaschen und Blechdosen dienen als Instrumente. Es gibt verschiedene Stilrichtungen. Die Sängerin Cesária Évora, die den Stil des Morna praktiziert, der an den portugiesischen Fado erinnert, hat es zu Weltruhm gebracht.

Wir sind fast durchweg sehr gut in kleinen Pensionen untergebracht, häufig bei Exilkapverdern, die jahrzehntelang im Ausland gelebt haben und sich für ihr schwer erarbeitetes Geld Häuser gebaut haben. Das Essen ist durchweg top, überall gibt es fangfrischen Fisch. In Ponta do Sol, dem nördlichsten Ort des Archipels, bekommen wir sogar ein klein wenig vom kreolischen Fasching mit. Von rhythmischen Trommeln begleitet, zieht ein kleiner Zug durch den Ort. Die Menschen wirken auf mich wie eine lebendige Verkörperung des Insellebens: dunkelhäutige Frauen in hellblauen Blusen mit weiten Röcken, Perlenketten um den Hals. Die weißen, nach hinten gebundenen Kopftücher der Kreolinnen erinnern an ihre afrikanischen Wurzeln. Hellhäutige Mädchen mit goldfarbenen Tops und roten Pappkrönchen sind Nachkommen der Portugiesen. Ein kleiner Bub im gelben T-Shirt hat ein grünes Kopftuch wie einen Turban um den Kopf gebunden, womöglich sind seine Eltern aus Afrika zugewandert.

Es ist Faschingsdienstag, und unsere Reise neigt sich dem Ende zu.

Botschafter in Badehose
Ostafrika, 2005

Mein Freund Walter (Msungo) und ich sind diesmal am Horn von Afrika unterwegs: von Karthum nach Äthiopien, Djibouti und Eritrea.

Wir starten mit einer Bootsfahrt von Djibouti auf die vorgelagerte Insel Musha. Es ist Freitag, also islamischer Wochenfeiertag, eine willkommene Gelegenheit, einen ruhigen Tag zu genießen. Das Eiland ist bekannt für seine vielfältige Unterwasserwelt und seinen herrlichen Sandstrand. An diesem Tag herrscht Ausnahmezustand, der Präsident verbringt nämlich seinen freien Tag auf Musha.

Wir sehen in einiger Entfernung eine Gruppe von Tänzern, die das Staatsoberhaupt erfreuen, fragen nach dem Badestrand und lassen uns ins glasklare Wasser gleiten. Msungo hat seine Badehose vergessen. Man muss wissen, dass mein Freund ein relativ kleiner rundlicher Mann im fortgeschrittenen Alter ist. Mit seinen grauen Liebestötern (halblange Männerunterhose) sieht er zum Knuddeln aus. Als wir aus dem Wasser kommen, naht ein Herr im dunklen Anzug und stellt sich als Referent des Präsidenten vor. Dieser habe gehört, dass wir Deutsche seien, und würde uns gerne begrüßen. Ich bitte um Gelegenheit, uns wieder anzuziehen. Das hochgewachsene Mannsbild vor uns besteht aber darauf, dass wir sofort mitkommen.

Wir folgen gehorsam und werden von ihm zu Präsident Ismail Omar Guelleh geleitet. Ein echter Gentleman, in Äthiopien geboren. Es gibt gleich einen gemeinsamen Bezugspunkt, das Staatsoberhaupt war nämlich während der französischen Kolonialzeit Polizeiinspektor. Irgendwann wird uns bewusst, dass wir hier gewissermaßen als deutsche Delegation auftreten, die Vertretung von Johannes Rau in Badehose und Liebestötern am Horn von Afrika. Der deutsche Bundespräsident hat nämlich während seiner Amtszeit ein Jahr vorher seine Afrikareise abgebrochen und ist nicht, wie ursprünglich geplant, nach Djibouti gereist, weil ernstzunehmende Anschlagsdrohungen von Al-Qaida vorlagen. Seit 2002 nimmt die Bundesmarine an der Operation »Enduring Freedom« teil und hat in Djibouti eine Marinebasis eingerichtet. Durch die Nähe zum »faled State« Somalia mit islamischen Milizen, die Al-Qaida nahestehen, besteht auch während unseres Aufenthaltes erhebliche Terrorgefahr. Die Situation wird sich bis 2016 noch verschlechtern, weil die somalische al-Shabaab-Miliz sich als Teil des IS sieht und ständig mit Entführungen und Terroranschlägen zu rechnen ist.

An dem Tag auf Musha fühlen wir uns nicht bedroht, im Gegenteil. Der Präsident lädt uns ein, uns am üppigen Buffet auf einer Wiese vor dem einzigen Restaurant der Insel zu bedienen, vorher dürfen wir uns aber umziehen.

Der Schamane mit dem Krebs
Zentralafrika und Kamerun, 2006

Nach der Übernachtung in einer Rundhütte in der Provinzstadt Maroua breche ich in Richtung Mandara-Berge auf, unternehme von dem Ort Rhumsiki aus Wanderungen durch kleine Dörfer entlang der nigerianischen Grenze. Bedrohlich zeigen mächtige Basaltschlote in einer bizarren Landschaft himmelwärts, ein Waran schreckt auf und verschwindet im Gebüsch, ein Hirte treibt eine Zebu-Herde vorbei, die Tiere sind mager, schlaff hängen ihre Höcker zur Seite. Ich komme zu einem kleinen Gehöft, eine Lehmmauer befriedet strohgedeckte, runde Hütten. Hier lebt ein Schamane, der mit Hilfe eines Flusskrebses Orakel spielt. Er ist in ganz Kamerun eine Berühmtheit, und natürlich will ich ihn kennenlernen.

Als vielleicht zehnjährigen Buben brachte mich Voodoo nächtelang um den Schlaf – beziehungsweise Erzählungen des alten Pfarrers Hartnig, die er uns im Religionsunterricht auftischte, anstatt uns etwas Vernünftiges beizubringen: Hartnig berichtete von den haarsträubenden Erlebnissen eines mutigen Missionars, der in Schwarzafrika gegen Voodoo kämpfte (natürlich ein Blutsverwandter unseres wackeren Kirchenmannes). Verhexte Häuser, Verwünschungen, ein im Lehmboden einer Strohhütte vergrabenes Huhn mit durchgeschnittener Kehle. Spukgeschichten im Namen des Herrn. Zum Glück ist es dem Kirchenmann nicht gelungen, mir die Neugier auszutreiben. Heute werde ich einem echten Schamanen begegnen.

Fatma, ein junger Mann, der passabel Englisch spricht, begleitet mich, der Zauberpriester kennt nur die Sprache der Bergbewohner. Unterwegs klären wir die Details. Preis-Leistung, Angebot und so weiter. Der Besucher darf Fragen stellen – und jede Antwort kostet einen relativ geringen Betrag.

Neugierig blickende Augen funkeln aus einem faltigen Gesicht. Das Alter des Schamanen ist schwer zu schätzen, angeblich ist er hundert Jahre alt.

Ich beschließe, nur eine Frage zu stellen. Ich möchte wissen, wo ich am 30. November sein werde. Es ist der Tag meiner voraussichtlichen Rückkehr nach München, aber das bleibt mein Geheimnis. Vor meinen nächsten Reisezielen, dem Tschad und der Zentralafrikanischen Republik, habe ich ziemlich Respekt, wohl, weil ich kaum aktuelle Informationen über diese Länder habe, Mitreisende im Zug von Yaoundé Richtung Norden haben mir von Raub und Totschlag berichtet.

Fatma übersetzt meine knappe Frage: »Wo bin ich am 30. November?«

Und nun kommt das Unfassbare. Der Mann drapiert Steinchen auf einer Tonschale, die mit Sand gefüllt ist – eines für mich, eines für Kamerun, eines für Afrika und eines für Europa. In der Mitte liegt allerhand Undefinierbares. Flugs holt er die Krabbe aus einem Krug mit Wasser, setzt sie auf den Sand, deckt das Ganze mit einem Tondeckel ab – und lässt das Tier im Verborgenen werkeln.

Nach einer Weile hebt er den Deckel – und das Tier hat den ganzen Schrott mit seinen Scheren nach »Europa« befördert. Der Seher lässt mir ausrichten, dass ich ohne Probleme in Kamerun und anderen afrikanischen Staaten herumreisen und am 30. November glücklich in Europa ankommen werde. Und er fügt noch hinzu, dass ich bald wieder nach Kamerun zurückkommen werde. Das Tonscherbchen für Unglück zeigt er mir auch – es ist ganz unter den anderen verschwunden. Woher kennt er meine Ängste, woher weiß er, dass ich vorhabe, am 30. November in Europa zu sein? Ist es tatsächlich die Gabe, in die Zukunft zu schauen, oder aber ein unglaubliches Talent, Gedanken zu lesen, Gedanken eines Menschen, dessen Sprache ihm fremd ist? Zufall – ein Glücksgriff?

Auf der Rückfahrt nach Maurua muss sich das Buschtaxi, in dem ich sitze, einem Konvoi anschließen, denn in Mokolo, einem Ort, den wir durchfahren müssen, ist Markttag. Wegen Überfallgefahr darf nur unter bewaffneter Begleitung gefahren werden. Die drei Soldaten mit ihren vorsintflutlichen Karabinern wirken allerdings nicht sonderlich sicherheitsfördernd. Wir erreichen trotzdem ohne Zwischenfälle unser Ziel. Und am 30. November werde ich wohlbehalten in Europa ankommen und endlich Renate wieder in meine Arme schließen. Tschad und Zentralafrikanische Republik habe ich heil überstanden, und zwei Jahre später komme ich tatsächlich wieder nach Kamerun, weil mich notgedrungen und ungeplant die Reise nach Äquatorialguinea dorthin führt.

Der Sultan von Bamileke
Zentralafrika, 2006

»Only one question, Mister.« Der junge Mann hat nur eine Frage. Wie fast immer in Afrika ist es die Eröffnung eines Verkaufsgespräches. Ich will nicht unhöflich sein, obwohl mir ein solches Gespräch am Vorabend eine alberne Maske beschert hat, die ich eigentlich gar nicht haben wollte, und ich mir das abgelegene Lokal ursprünglich ausgesucht habe, um in Ruhe meine Reisenotizen zu schreiben, und schaue dem Fragensteller in die munteren Augen. Der junge Mann gehört zum Volk der Bamoun, und wir sind in Foumban im Westen von Kamerun. Zu meiner Verwunderung spricht er richtig gutes Deutsch. Er hat viel Freude am Dialog, und es wird eine lange Unterhaltung, die sich um alles Mögliche dreht, nur nicht um Handel. Gespräche dieser Art sind, obwohl man es anfangs ganz und gar nicht vermutet, unwahrscheinlich aufschlussreich. Wie üblich geht es auch um die Familie. Mein Gegenüber will wissen, wie viele Kinder ich habe. Wahrheitsgemäß antworte ich mit zwei. Andreas ist der Sohn von Renate, meiner zweiten Frau, und ich habe eine leibliche Tochter. Als er mich nach dem Alter fragt, sitze ich in der Falle. Beide sind nämlich nur ein gutes Jahr auseinander. Prompt folgt die Frage, ob der Jüngere kränkeln würde. Es sei nicht gut, Kinder im Abstand von einem Jahr zu haben, in seiner Heimat würde das nächste Kind erst gezeugt, nachdem das ältere von der Brust der Mutter genommen sei. Ich fühle mich als Sittenstrolch ertappt und gelobe mir, in Zukunft bei ähnlichen Fragen besser zu flunkern.

Foumban ist eine Stadt mit einem reichen kulturellen Erbe. Der Sultanspalast wurde nach dem Vorbild deutscher Kolonialarchitektur erbaut. Ein langgesteckter Ziegelbau mit halbrunden Fenstern, einem in die Fassade eingelassenen

Rundturm und einem hölzernen Balkon. Ich kann den Fon, den Sultan, mit seinem Gefolge auf dem Marsch zum Freitagsgebet in die Moschee beobachten. Ein mächtiger Mann, einer seiner Vorfahren soll 2,60 Meter groß gewesen sein. Er ist ziemlich füllig und trägt einen weiten Kaftan, seine Augen sind hinter den Gläsern einer dunklen Sonnenbrille verborgen. Begleitet wird er von seinen Ministern, alle in bunten, wallenden Gewändern. Er regiert in der Tradition seiner Vorväter und hat viele Frauen und Kinder – wie viele es sind, wird sein Geheimnis bleiben. Seinem Großvater werden bis zu 600 Frauen nachgesagt.

Nächste Station ist das Gebiet der Bamileke. Hier treffe ich auf viele Chefferien, Sultanspaläste, die im Gegensatz zum mächtigen Palast in Foumban im traditionellen afrikanischen Stil erbaut wurden. Die meisten sind strohgedeckt, oft sind die Dächer auch aus Blech, kleine Türmchen sind Zeichen der Macht.

In den Palästen lebt man die Vielehe: Manche Fons bringen es auf 60 Frauen und über 300 Kinder. Die Chefferie von Bangra besteht aus modernen Ziegelbauten und ist von außen nicht als Sultanspalast zu erkennen. Ich bitte den Wächter um Audienz, und der Fon des kleinen Staates mit einigen hundert Einwohnern begrüßt mich tatsächlich persönlich. Er ist so um die 40 und sitzt auf einer Couch, wie sie in jedem deutschen Wohnzimmer stehen könnte, seinen Kopf ziert kein Turban aus wertvollem Stoff, sondern eine Basketballmütze mit dem Schweizer Wappen. Wie viele Frauen und Kinder er hat, will er mir nicht verraten, schon gar nicht, wie viele von ihnen von derselben Mutter sind. Auch über die Altersunterschiede wahrt er Schweigen. Tatsächlich – ein kluger Mann, der Sultan von Bamileke.

Ein Problem in Kamerun ist die Kinderarbeit. Zehnjährige Buben zerren schwer beladene Karren, schleppen Ziegel, verkaufen allerhand Krimskrams. Das Leben spielt sich überwiegend auf der Straße ab. Fotokopierer stehen bereit, Schreibmaschinenschreiber bieten Analphabeten ihre Dienste an, man kann von Telefonen, die auf Hockern an der Hauswand stehen, ins Ausland telefonieren. Bemerkenswert ist, wie viele Menschen, auch ärmlich gekleidete, ein Handy haben. Bedauernswert sind die vielen Albinos, Menschen mit Pigmentstörungen, die unter der tropischen Sonne enorm leiden.

Und natürlich wird überall Fußball gespielt. Hier werden sogar Bundesligaspiele im Fernsehen übertragen. Mich beeindruckt die Höflichkeit der Menschen – auch untereinander, man spricht sich mit Monsieur und Madame an. Ich werde häufig ehrerbietig mit Mon Pere angesprochen. Viel zu viel der Ehre denke ich mir, der Traveller in der zerbeulten Hose und im verschwitzten Hemd.

Exodus aus Afrika
Marokko, 2007

Renate und ich sind in Fes, der sogenannten »Königsstadt«. Vor uns ragt das Bab Ftoub auf, hinter diesem Stadttor liegt das Viertel, das einst von den Bewohnern der Stadt gemieden wurde. Hierher hatte man die Leprösen, Diebe und Geisteskranken verbannt. Eine unheimliche Vorstellung. Ein Nachfolger der Langfinger hat es offensichtlich auf meinen Fotoapparat abgesehen, doch ich bin schneller.

Wir laufen hinauf zum Friedhof mit den weißen Grabsteinen, in deren Mitte das Grabmal des »Heiligen der Irren und Studenten« steht. Umgeben von einer Schar von Kindern, schauen wir in den von der untergehenden Sonne blutrot gefärbten Himmel. Einen Augenblick verdunkeln Schwärme von Küstenseeschwalben den Horizont – sie sind unterwegs von der Antarktis in den arktischen Sommer.

Unsere Reise führt über die Hafenstadt Tanger, das malerische Städtchen Chefchaouen, vor einigen Jahren noch eine verbotene Stadt für Nichtmuslime, und die Drogenmetropole Tetuan weiter nach Ceuta, in die spanische Enklave Afrikas. Vor uns erhebt sich der sechs Meter hohe, stacheldrahtbewehrte Grenzzaun. Wir ziehen unsere Trolleys durch den engen Korridor zur Grenze. Die Marokkaner drücken den Ausreisestempel in unseren Pass, bei den Spaniern wird das Gepäck durchleuchtet. Dann haben wir einen Flecken Europa auf dem afrikanischen Kontinent erreicht. Täglich machen sich Tausende von Menschen irgendwo in Afrika auf den Weg und landen schließlich hier im Norden Afrikas, dem Ende der Schlepperrouten durch die Sahara. Agadez im Niger ist Startpunkt für die Menschen aus Nigeria, Kamerun, Kongo und der Zentralafrikanischen Republik. Im malischen Gao beginnen die Menschen aus Senegal, Sierra Leone, Liberia, Elfenbeinküste, Burkino Faso und Mali ihren entbehrungsreichen Marsch. Hier in Marokko oder Algerien kommen sie nach unvorstellbaren Strapazen an und versuchen in der Dunkelheit mit Nussschalen von Booten Europa zu erreichen oder in Melilla oder Ceuta den Grenzzaun zu überwinden. Tausende verlieren ihr Leben in den absaufenden Seelenverkäufern. Tausende erreichen Europa, werden aber ohne Gnade wieder abgeschoben. Nur einigen wenigen ist es vergönnt, fern der Heimat ihr Glück zu finden. In der Silvesternacht von 2015 auf 2016, als Köln Schauplatz von Übergriffen und Gewalt in einer bis dahin unbekannten Dimension wird, fällt der Verdacht auf Flüchtlinge aus Nordafrika. Heftige Debatten entbrennen in öffentlichen Netzwerken, in Politsendungen und an deutschen

Stammtischen. Bleibt zu hoffen, dass Menschen, die schon genug gelitten haben, nicht unter Generalverdacht gestellt werden.

Von Ghana durch Rebellengebiet nach Liberia und weiter in den Senegal Westafrika, 2007

Meine Reise mit öffentlichen Verkehrsmitteln führt von Accra in Ghana durch die Länder am Golf von Guinea, für welche die höchste Warnstufe des Auswärtigen Amtes gilt, in den Senegal. Im Westen der Elfenbeinküste komme ich in das von der Rebellenarmee kontrollierte Gebiet. Die Straße ist geteert und in einwandfreiem Zustand, aber es gibt ermüdend viele Kontrollposten, jedes Mal wird eine kleine Gebühr verlangt. Die Grenzstadt Man liegt im Gebiet der Achtzehn Berge, eine der schönsten Landschaften der Elfenbeinküste. Von dort aus geht es am nächsten Morgen in Richtung Grenze, zunächst mit dem Buschtaxi (Bush Taxi oder Taxi Brousse nennen die Afrikaner die typischen Sammeltaxis). In der Ortschaft Donane werde ich mit einem Motorrad zur Rebellenpolizei gebracht und bekomme dort von einem Offizier im Kampfanzug für eine größere Summe eine Reisegenehmigung ausgestellt, geschrieben auf einer Schreibmaschine aus dem mittleren Tertiär. Mich trifft fast der Schlag, als ich auf dem Sozius der Maschine des Uniformierten zum Ausgangspunkt zurückkomme. Das Sammeltaxi ist nämlich weg – und mit ihm mein Gepäck –, da rutscht mir das Herz erst mal in die Hose. Mit dem Motorrad-Rebellen-Milizionär geht es auf die Suche, und tatsächlich entdecken wir am anderen Ende des Städtchens mit seinen

Wellblechhütten den abfahrbereiten Wagen, aber ohne mein Gepäck.

Ich springe in den Minibus, und dieser fährt mit mir quer durch den Ort, und vor einer wackeligen Verkaufsbude sehe ich schon von weitem den giftgrünen Regenschutz meines Rucksacktrolleys leuchten. Auch mein Tagesrucksack wartet dort.

Nachdem ich die Grenze von Liberia überquert habe, liegen 50 km Motorradfahrt als Sozius auf einem engen Feldweg durch Savannenlandschaft vor mir. Der Weg scheint nur aus Schlaglöchern zu bestehen. Der Junge könnte Motocross-Weltmeister sein – er kurvt wie ein Wilder durch die Landschaft. Ich bin auf dem Sozius fest eingeklemmt zwischen dem Fahrer und meinem festgeschnallten Rucksack, kann mich so gut wie gar nicht rühren, die permanenten Erschütterungen fahren mir in die Knochen, und ich fühle, wie mein Rücken sich versteift. Als wir so etwas wie eine Hauptstraße erreichen, ist die Höllenfahrt zu Ende. Vorsichtig tue ich ein paar Schritte – und stelle erleichtert fest, dass meine Bandscheiben das Abenteuer überstanden haben.

Eine Woche später komme ich mit dem Kleinbus in Freetown, der Hauptstadt von Sierra Leone, an. Als wir in der Nähe des »Place Guesthouse« sind, bitte ich den Fahrer anzuhalten. Ein Junge mit Schubkarren verlädt mein Gepäck und bringt mich zu meiner Unterkunft. Für gut 8 Euro habe ich ein Zimmer mit eigenem Bad – allerdings ersetzt ein Eimer Wasser die Dusche. Auf dem Gang begegnet mir Jan, ein Tscheche, der in Tasmanien lebt. Er ist erst vor unglaublich kurzer Zeit in Marokko gestartet und auf einem Turbotrip mit öffentlichen Verkehrsmitteln in Richtung Südafrika unterwegs. Der sympathische Siebzigjährige muss verdammt gutes Sitzfleisch haben …

Am Abend erzählt er mir bei einigen Gläsern kühlen

lokalen Bieres einen Teil seiner Lebensgeschichte. Vor dreißig Jahren ist Jan nach Australien ausgewandert, aber nicht etwa mit Schiff oder Flugzeug. Nein, er ist auf dem Landweg und natürlich mit einigen Seepassagen dorthin gereist. Er will unbedingt die Exkursion von zwei seiner Landsleute nachvollziehen, deren Reiseberichte er als Bub fasziniert im Radio verfolgt hatte. Die Abenteurer Hanzelka & Zikmund unternahmen 1947 mit dem Tatra T87 eine spektakuläre Weltreise. Der schnittige Tatra war technisch seiner Zeit um Jahre voraus. Ein Exemplar dieses futuristisch anmutenden silberfarbenen PKW steht in der Designer-Abteilung der Pinakothek der Moderne in München. In Zusammenhang mit diesem Fahrzeug gab es in diesem Haus vor einigen Jahren eine faszinierende Ausstellung mit Fotos der beiden Abenteurer. Sie konnten allerdings ihren Traum nicht in Gänze verwirklichen, weil die Tschechoslowakei während ihrer Reise kommunistisch wurde und den Weltreisenden in vielen Ländern das Visum verweigert wurde.

In Australien hat Jan in seinem Beruf als Textilingenieur gearbeitet. Nach seiner Pensionierung begann er die Route der beiden Abenteurer mit öffentlichen Verkehrsmitteln nachzufahren. Er bereiste auch jene Erdteile, die seinen Vorbildern unerreichbar blieben.

Als er am nächsten Morgen in Richtung Nordosten aufbricht, verabschieden wir uns herzlich – zwei Brüder im Geiste. Auch ich habe in Afrika einen alten Traum verwirklicht und jenen Ort bereist, dessen Bild mir ein halbes Jahrhundert zuvor auf einem Sammelbildchen verheißen wurde.

Begegnung mit Albert Schweizer, die Suche nach einer Wunderdroge und der Weg über eine schwierige Grenze
Zentralafrika, 2008

Mit einem Schnellboot geht es von Cogo im äußersten Süden von Äquatorialguinea über den breiten Grenzfluss hinüber nach Coco Beach in Gabun. Die Einreise verläuft völlig problemlos. Ich nehme mir in dem kleinen Grenz-Hotel ein Zimmer, esse abends köstlichen Fisch mit Reis, den die Wirtin nur für mich zubereitet hat. Wie so oft bin ich in einem afrikanischen Hotel der einzige Gast.

Am nächsten Morgen schultere ich gleich nach Sonnenaufgang meinen Rucksack und laufe in den Ort. Keine Menschenseele ist zu sehen, weit und breit keine Transportmöglichkeit. Es bleibt mir wohl nichts anderes übrig, als mir ein Taxi für die knapp 100 km nach Libreville zu suchen, und ich werde tatsächlich irgendwann fündig. Der Preis, den ich aushandle, ist in Ordnung. An einer Straßenkreuzung am Ende der unheimlich schmierigen Piste lässt der Fahrer an einer Tankstelle sein Auto waschen, und ich sehe auf der Karte, dass hier die Kreuzung mit der Straße in Richtung Lambarene ist. Tatsächlich bleibt ein Minibus aus Libreville stehen, einige Fahrgäste steigen aus, und ich bekomme einen Firstclass-Platz in der ersten Reihe. Auf hervorragend geteerter Straße geht es in knapp drei Stunden die 200 km in die Stadt, welche die Handschrift von Albert Schweitzer trägt.

Ich wohne bei den katholischen Schwestern direkt am breiten Fluss. Hier hat Peter, ein Globetrotterfreund, bei seiner Radtour von München nach Kapstadt auch übernachtet. Die Fremdenzimmer sind eigentlich ausgebucht, aber die netten Schwestern machen einen Unterrichtsraum für mich frei, er ist sauber, und gleich daneben gibt es eine Dusche und ein WC. Obwohl sich die Frauen hier »Schwestern der unbefleckten Empfängnis« nennen, sind sie sehr weltoffen und tragen keine Ordenstracht. An der Wand des kleinen Büros hängt ein Bild vom deutschen Papst. Hier sehe ich nach langer Zeit das erste Mal Touristen: ein spanisches Paar – Susanna spricht sogar Deutsch – sowie eine größere Gruppe quirliger Franzosen, mit denen ich eine Bootstour unternehmen werde. Lambarene hat mich seit meiner Volksschulzeit nicht mehr losgelassen, seit wir im Religionsunterricht das Biopic »Es ist Mitternacht, Doktor Schweitzer« sahen. Damals dachte ich, Lambarene läge im Kongo. Während der ersten Periode der französischen Kolonialzeit bildeten Gabun und der »kleine« Kongo tatsächlich Französisch-Äquatorialafrika.

Am nächsten Morgen geht es mit dem Sammeltaxi zum ziemlich weit entfernten Krankenhaus von Dr. Schweitzer. In dem leicht angestaubten, kaum besuchten Museum beschäftige ich mich in aller Ruhe mit der Lebensgeschichte des elsässischen Weltbürgers. Ich bin richtig gerührt. Hier harren wunderbare Dokumente der wenigen Besucher – darunter ein Originalbriefwechsel mit Albert Einstein.

Am Fluss unterhalb der Klinik steht ein einfaches Steinkreuz – hier, im Schatten der Bäume, saß Albert Schweitzer nach langen Arbeitstagen und blickte aufs Wasser, hier war sein Zuhause, und hier hat man ihn begraben. Die Luft hier am Wasser ist frisch, und obwohl ich immer schon ein Mann gewesen bin, der mit beiden Füßen fest auf dem Boden der Realität steht, passiert hier etwas mit mir. Es ist wie eine Begegnung, Jenseits, Diesseits, Himmel, Erde und Wasser, das Fremde und das Vertraute. Es ist, als stünde dieser Mann, der sich ganz der »Ehrfurcht vor dem Leben« unterworfen hat, plötzlich neben mir.

An diesem Ort wird mir bewusst, was Religion bewirken kann, wenn sie im Sinne der Nächstenliebe gelebt wird. Dann ist es vollkommen gleich, ob dein Glaube christlich, hinduistisch oder auch muslimisch ist.

Eine besondere Herausforderung für einen Traveller ohne Auto ist die Reise von Gabun in den »kleinen« Kongo. Ich habe mich für die Variante von Franceville im Südosten von Gabun nach Oyo in der Republik Kongo entschieden. Meine Französischkenntnisse sind nicht berauschend, so dass ich froh bin, als ich in einem Videoladen Mike kennenlerne. Der junge Nigerianer spricht fließend Englisch und zeigt sich äußerst hilfsbereit. Er macht mich mit dem Apotheker bekannt, angeblich managt er Transportmöglichkeiten in den Kongo.

Rasch sind wir handelseinig, und mir wird zugesagt, dass man mich noch am selben Abend in meiner Pension abholt. Nachmittags schaue ich mich noch ein wenig in der weitläufig auf rollenden Hügeln gelegenen Stadt um. Warten ist eine Tugend, die du in Afrika zwangsläufig erlernst. Als gegen 22 Uhr immer noch kein Fahrzeug aufgetaucht ist, marschiere ich trotzdem missgestimmt zum Markt, wo die letzten Händler ihre Waren aufräumen. Die Apotheke ist schon längst geschlossen. Zum Glück ist mein Zimmer noch nicht vergeben. Mit einer leichten Wut im Bauch marschiere ich am nächsten Morgen wiederum mit Mike zum Markt. Der Apotheker gibt sich gelassen und erklärt mir, dass das vorgesehene Fahrzeug wegen Benzinmangels in der Provinzhauptstadt Moanda hängen geblieben sei. Er strahlt mich an, der Inbegriff von Zuversicht: »Heute Abend klappt es mit Sicherheit. Halte dich einfach um 18 Uhr bereit!«

So bleibt mir ein weiterer Tag in Franceville, und ich will versuchen, für einen Bekannten das sagenumwobene Iboga, ein Narkotikum, zu besorgen. Dieses Naturprodukt ist Bestandteil des Bwiti, dem Ahnenkult in Gabun. Mit Hilfe des Extraktes der Iboga-Wurzel versetzen sich die Menschen in Trance und nehmen Kontakt zu ihren Ahnen auf. Mike hilft mir, einen Medizinmann ausfindig zu machen. Wir klopfen an der Tür einer klapprigen Hütte, ein etwa Vierzigjähriger in Jeans und T-Shirt öffnet. Das Gesicht des Schamanen zieren Initiationsnarben. Zwischen Tür und Angel gibt er mir eine Art Mini-Audienz – sein Misstrauen ist nicht zu übersehen. Ich versuche ein wenig über diesen Kult aus ihm herauszukitzeln und erkundige mich, ob es möglich sei, eine kleinere Menge Iboga zu besorgen – beides ohne großen Erfolg.

»Ein Schamane wird sich hüten, einem Fremden sein Geheimnis anzuvertrauen«, erklärt er schlicht. »Im Übrigen ist es ein Riesenaufwand, an den Extrakt der Zauberwurzel zu gelangen. Vergiss das besser.«

Ich nicke ergeben. Das Thema Iboga ist damit erledigt.

Auch meine Weiterreisebemühungen sind nicht gerade von Erfolg gekrönt. Am Abend warte ich wieder vergeblich auf meine Fahrgelegenheit. Gegen 21 Uhr mache ich mich auf den Weg zum Markt. Der Apotheker-Autovermittler ist tatsächlich noch da und bietet an, der Sache auf den Grund zu gehen. Wir klingeln bei der Familie des Fahrers – und erfahren, er sei nicht zu Hause.

Irgendwann scheint seine Mutter ihn erreicht zu haben. Sie nickt mir freundlich zu: Noch heute Nacht würde ich abgeholt. Zurück im Hotel, wird mir mitgeteilt, dass das Fahrzeug inzwischen da gewesen sei und gleich wiederkäme. Ein Salzburger Pärchen ist gerade eingetroffen und wartet auf das Zimmer, das ich sicherheitshalber reserviert habe. Wir wechseln gerade ein paar Worte, als ein Auto mit qietschenden Reifen vor der Herberge hält: Der Apotheker holt mich mit einem Taxi ab. Mein Gepäck wird in den Kofferraum geschmissen, und wir fahren wieder zu dem Fahrer-Haus. Dort steige ich zu einem jungen Mann in einen PKW, auf dem Beifahrersitz sitzt eine blutjunge Frau, wahrscheinlich seine Freundin. Außer meinen Habseligkeiten ist kein Gepäck im Wagen. Kaum haben wir den Ort verlassen und sind auf der unbeleuchteten Ausfahrtstraße, bleibt der Bursche stehen, schaltet das Licht aus, holt mein Gepäck aus dem Kofferraum und bedeutet mir auszusteigen. Mir schwant Schreckliches: ein Überfall! Wie konnte ich so dumm sein. Ich stehe in stockdunkler Nacht neben dem Auto, mein Herz klopft mir bis zum Hals. Plötzlich kommt ein anderes Auto ohne Licht angefahren, ein Toyota-Allrad-Pick-up. Mein Rucksack wird unter der Plane verstaut, aus dem Inneren höre ich Geräusche von Kindern. Ich werde in die Fahrerkabine geschoben und muss über das Lenkrad klettern, weil die Beifahrertür klemmt. Das Fernlicht wird eingeschaltet – und es geht wieder los.

Jetzt begreife ich: Der Bursche im PKW hat nur als Untervermittler gearbeitet und inzwischen eine Fahrgelegenheit aufgetan. Deswegen hat es auch am Vortag nicht geklappt. Mir fällt ein Stein vom Herzen. Nach einer guten halben Stunde erreichen wir einen Polizeikontrollposten. Dort wird erst mal die Einspritzpumpe repariert, bis es – hoffentlich – endgültig losgeht. Bald liegt die Teerstraße hinter uns, und der Wagen rollt über sandige Piste. Ich sitze neben dem Fahrer, neben mir der Beifahrer – und abwechselnd halten wir ein kleines Mädchen auf dem Schoß. Kurz nachdem blutrot die Sonne aufgegangen ist, halten wir an einer Straßenkreuzung. Von der Ladefläche quält sich eine wohl Dreißigjährige mit vier halbwüchsigen Kindern, das Baby auf dem Arm. Das also waren meine Mitfahrer. Sie bleiben mit kleinem Gepäck am Straßenrand stehen, und die Reise geht für mich weiter zum gabunesischen Grenzposten, die Ausreise verläuft ohne Probleme. Die Piste wird zum Feldweg – und der Fahrer, inzwischen haben sie sich abgewechselt, rast wie ein Motocross-Fahrer über die staubige Piste, ab und zu wird der Allradantrieb eingeschaltet. Nach weiteren zweieinhalb Stunden sind wir im Kongo – und müssen von Kontrollposten zu Kontrollposten, ständig wird irgendetwas aufgeschrieben, Pass und Visum überprüft – und ich werde permanent zur Kasse gebeten. Während meiner gesamten Afrikareisen habe ich nicht so viel Schmiergeld abdrücken müssen wie an diesem Morgen. Schließlich kommen wir an die Einfahrt zu einer kleinen Stadt. Es ist Mittag, und wir sind offensichtlich am Ziel.

Bei der hiesigen Polizeibehörde muss ich trotz heftiger Proteste nochmals die Geldbörse öffnen. Mein Appell an die Kollegialität verhallt ungehört. Als ich die Scheine gezückt habe und mich wütend abwende, salutieren die beiden Schlitzohren. Der Gruß gilt dem ehemaligen Kollegen aus Deutschland – na bravo! Meine Laune wird nicht besser, als mir klarwird, dass ich gar nicht am ersehnten Ziel bin. Wir sind nämlich in Ewo, einem Nest ganz weit nördlich von Oyo, dem Fahrtziel, das der Apotheker mir bestätigt hat. Aber was will man machen – Afrika hat eben eine eigene Zeit! Ich suche mir eine Bleibe – und bin froh, dass ein Eimer mit Wasser zur Verfügung steht, den ich mir über den Körper schütten kann. In dieser Nacht schlafe ich tief und traumlos.

»Meine« Fahrer hatten mir bedeutet, dass ich am nächsten Morgen problemlos eine Fahrmöglichkeit nach Oyo finden würde, ich solle nur um acht Uhr am Dorfplatz sein. Ich bin schon um sieben da, aber die beiden Plätze in der Kabine des Pick-ups sind vergeben. Ich habe keine Lust, mich auf die Ladefläche zu quetschen, und meine, ich würde schon eine andere Fahrgelegenheit finden. Als um neun immer noch kein brauchbares Transportmittel in Sicht ist, kaufe ich mir zähneknirschend den Fahrschein für die Pritsche. Zusammengedrängt wie in einer Sardinendose hocken ein Dutzend Fahrgäste plus drei kleine Kinder auf und zwischen dem Gepäck, und es beginnt zu schütten wie aus Kübeln.

Als der Wolkenbruch etwas nachlässt, schraubt der Fahrer noch ewig an der Hinterachse herum. Um 12 Uhr geht es endlich los. Die ganze Unbill wird nun wettgemacht durch die Fröhlichkeit und Freundlichkeit der anderen Fahrgäste. Wir verstehen uns auf der sechseinhalbstündigen Fahrt blendend.

Endlich in Oyo, schickt ein Mitreisender einen Jungen mit mir zu einer billigen Pension, die ich alleine nie gefunden hätte. Auch hier gibt es einen Eimer Wasser zum Abduschen. Für das Schweinekotelett mit Reis und Bier im einzigen Nobelhotel am Ort zahle ich um einiges mehr als für die Übernachtung in meiner Herberge.

Am nächsten Morgen geht es mit einem mächtigen Mercedes-Bus auf hervorragender Straße in fünfeinhalb Stunden nach Brazzaville – endlich am Ziel!

Ethnien im Lower Omo Valley
Ostafrika, 2008

Die Straße schraubt sich weit nach oben, es eröffnen sich phantastische Ausblicke auf die Rift-Valley-Seen im südlichen Äthiopien. Das Gebiet ist nur schwer mit öffentlichen Verkehrsmitteln zu erreichen, und ich habe ausnahmsweise einen Wagen, einen Toyota Landcruiser, mit Fahrer gemietet. Schwer bepackte Frauen kommen uns entgegen, sie sind unterwegs zum Wochenmarkt in Arba Minch, 30 Kilometer müssen sie hin und zurück laufen. Weiß gekleidete Männer stehen am Straßenrand, sie warten auf Touristen, die vorbeikommen und ihre Tanzvorführungen mit einem Trinkgeld honorieren. Sie sind Meister des Eskista, des Schütteltanzes, wobei wellenförmige Bewegungen den Körper in hohem Tempo durchlaufen, die Füße bleiben unbewegt, die Männer schütteln sich im Stehen, in der Hocke und auf den Fußsohlen. Unser Ziel ist ein Dorf der Dorze, einer winzigen ethnischen Gruppe von insgesamt nicht mehr als 28 000 Mitgliedern. Die Menschen leben hier in großen Hütten, die aus Bambusstangen und deren Blättern gefertigt werden. Aus dem Stamm der Quasibanane, die keine Früchte trägt, wird ein Saft gewonnen, der zu einem Teig gerührt wird und mindestens drei Monate fermentiert. Daraus entsteht ein schmackhaftes Brot, aber auch Hochprozentiges wird aus dem Gegorenen produziert. Die Frauen spinnen Baumwolle, die Männer weben. Selbstverständlich probiere ich das Brot und trinke ein Glas von dem Schnaps. Er brennt enorm in der Kehle, schließlich hat er 75 Volumenprozent Alkohol. Gegen Abend bringt mich der Fahrer zum Flugplatz von Abar Minch, wir holen drei Ärzte ab, Wilma vom Bodensee, Adi aus der Schweiz und den Italiener Alessandro, der gerade von einem einjährigen Einsatz in einer HIV-Klinik in Tansania kommt. Auf meine Initiative haben wir uns über ein Traveller-Forum im Internet verabredet und werden in den nächsten Tagen gemeinsam zu verschiedenen Stämmen im Grenzgebiet zu Kenia unterwegs sein.

Die Fahrt führt durch grüne kultivierte Landschaft vor hohen Bergen, der Toyota bahnt sich seinen Weg durch große Rinderherden, darunter viele gut genährte Zebus. Am Straßenrand blühen weiße Büsche. In der Ortschaft Key Afer ist Markt, hier leben die Banna-People. Die Frauen tragen halbe Kalebassen, ausgehöhlte getrocknete Flaschenkürbisse, als Kopfbedeckung. Die Männer sind mit farbigen Bändern und Federn geschmückt.

In der Kleinstadt Jinka beziehen wir Quartier. Ein junger Mann hat augenscheinlich noch nie einen Weißen gesehen und lacht sich bei unserem Anblick halb tot. Für den nächsten Morgen bestellen wir uns einen Führer und starten sehr zeitig, damit wir vor den anderen Touristen, die hier in kleinen Reisegruppen unterwegs sind, an unser Ziel kommen. Die Fahrt führt durch den Mago-Nationalpark, ein Rudel Wildhunde stellt die Ohren auf und verschwindet im Busch, Baboons überqueren vor uns den Weg, Perlhühner flattern auf. Ein Scout mit Karabiner setzt sich zu uns ins Fahrzeug. Schon von weitem erkennen wir eine Gruppe von Männern mit Kalaschnikows. Sie gehören zum Volk der Mursi, einer Minderheit von ungefähr 10 000 Menschen. Die Frauen sind bekannt für ihre Lippenteller. Einer der Gewehrträger stellt sich vor unser Auto. Unser Guide beginnt zu diskutieren, schließlich können wir weiterfahren und erreichen ein Dorf dieses Volkes. Kaum sind wir aus dem Auto gestiegen, werden wir förmlich überfallen. Wir werden aufgefordert zu fotografieren, jedes Foto kostet 2 Birr, eine relativ geringe Summe. Natürlich mussten wir vorher bereits beim Dorfältesten einen größeren Betrag berappen. Die Leute sind ziemlich körpernah, wir werden permanent angefasst. Die Frauen tragen zum Teil riesige Dhebi, Lippenteller, manchmal hängen die aufgeschnittenen Lippen wie dünne Lappen herab. Am Ende der Pubertät werden den Mädchen die Lippen aufgeschnitten und die vorderen unteren Schneidezähne ausgeschlagen, Tonteller eingesetzt, die im Laufe der Jahre immer größer werden, um die Unterlippe zu dehnen. Häufig sind die Ohrläppchen auf die gleiche Art und Weise verziert. Angeblich entspricht dieser Körperschmuck einem Schönheitsideal. Tatsächlich wurde er aber einst erfunden, um die

Frauen für Sklavenjäger unattraktiv zu machen. Die Körper von Männern und Frauen sind skarifiziert, also mit angebrachten breiten Narben verziert. Einige Männer sind weiß angemalt, nahezu alle tragen Kalaschnikows. Irgendwie beschleicht mich ein schlechtes Gewissen. Was habe ich hier verloren? Will ich Menschen anschauen wie Tiere in einem Freilichtzoo? Was wir hier sehen, hat nicht mehr viel mit dem ursprünglichen Leben der Mursi zu tun, die einst als freie nomadisierende Hirten durch das Land zogen.

In Jinka werden wir später in dem kleinen vom Goethe-Institut gesponserten Museum erfahren, dass sie inzwischen ihre alte Gewohnheit, als Nomadenvolk zu leben, ganz aufgegeben haben. Die Mursi warten in ihren Dörfern auf Touristen, um sich den nächsten Schnaps, eine neue Kalaschnikow kaufen zu können. Eine traurige Vorstellung.

Der Hyänenmann von Harar und eine riskante Fahrt nach Somalia
Ostafrika, 2008

»Do you need a guide?«, fragt der junge Mann im grünen T-Shirt. Auf dem Weg nach Somalia im Jahre 2008 bleibe ich für einige Tage in der den Muslimen heiligen äthiopischen Stadt Harar, die auf einer Höhe von 1850 Metern liegt. Nicht nur der Junge, sondern viele Guides wollen mir ihre Dienste anbieten. Da ich viel Zeit habe und es bevorzuge, alleine durch die Gassen zu schlendern, erkläre ich ihnen, ich wäre am Tag vorher mit einem Führer unterwegs gewesen und würde den Ort mittlerweile ganz gut kennen. Das ist zwar eine Notlüge, wirkt aber Wunder. Schmale Gassen winden sich durch ein Gewirr von flachen Lehmhäusern mit Wellblechdächern. Menschen drängen durch das Chaos, Frauen in bunten Gewändern verkaufen Qat, Blätter einer Pflanze, die wirkt wie Amphetamin. Wer die Blätter kaut, wird angeblich euphorisiert, glücklich. Als ich 1993 im Jemen war, habe ich mir so ein »Grasbüschel« gekauft, die Blätter zerkaut und in die rechte Backe geschoben, um sie dort fermentieren zu lassen, so wie ich es bei den einheimischen Männern gesehen habe. Außer einem tauben Gefühl im Mund habe ich nichts gespürt, von Glück keine Spur.

Männer liegen mit dicken Backen träge vor den Häusern, Blinde werden von Kindern geführt, Krüppel und Leprakranke recken ihre Hände, oder was davon übrig ist, bittend in meine Richtung. Schulmädchen mit Kopftuch reden fröhlich auf mich ein, Jungs fragen höflich: »What is your name?« Medressen (Koranschulen) und Moscheen künden davon, dass ich in einer heiligen Stadt des Islam bin.

In Harar verbrachte der französische Poet Arthur Rimbaud seine letzten Lebensjahre, bevor er krank wurde und mit 37 Jahren starb. Hier, in der tausendjährigen abessinischen Stadt, schrieb er nicht mehr, er handelte, unter anderem mit Waffen. Heute erinnert ein großes Kaufmannshaus mit Holzfassade an den Dichter.

»Ich liebte die Wüste, die versengten Obstgärten, die verblichenen Kramläden, die lauwarm gewordenen Getränke. Ich schleppte mich durch die stinkenden Gassen, und bot mich mit geschlossenen Augen der Sonne dar, dem Gott des Feuers«*, hatte er vor seinem Abschied aus Europa geschrieben – als wüsste er bereits, dass seine Reise ihn bis nach Afrika führen würde.

---

* Arthur Rimboud: Ein Aufenthalt in der Hölle. In: Ders.: Sämtliche Dichtungen. Aus dem Franz. übersetzt und mit Anm. und einem Nachwort hrsg. v. Thomas Eichhorn. München: dtv 1997, S.295.

In einem kleinen versteckten Restaurant esse ich eine riesige Portion Eintopf mit Ziegenfleisch, bevor ich mich auf den Weg zur Stadtmauer mache. Ich kratze die letzten Reste aus dem Teller, es hat köstlich geschmeckt.

Die Dämmerung ist in stockdunkle Nacht übergegangen. Spärliches Licht dringt aus verstaubten Fenstern, am Firmament funkeln die Sterne. Ich mache mich gestärkt auf den Weg zur Stadtmauer. Der Hyänenmann ist ein schmächtiger Bursche von vielleicht 18 Jahren. Abbas hat den Brauch des Hyänenfütterns von seinem Vater erlernt und der von seinem, so geht es seit Generationen. Er setzt sich mit einem Blecheimer voll Esel- und Kamelfleisch auf einen Stein.

»Nur wenn sie hinkt, beißt die Hyäne«, besagt ein äthiopisches Sprichwort. Scheu nähert sich die erste Hyäne, sie hinkt nicht, ein ganzes Rudel folgt. Abbas spießt ein Stück Fleisch auf einen Stock, nimmt diesen zwischen die Zähne. Die erste Hyäne schleicht heran, kommt seinem Gesicht mit ihrer Schnauze so nahe, dass Zuschauer die Luft anhalten, und schnappt sich den Happen.

Zögerlich folgen die anderen Tiere, das Prozedere wiederholt sich. So geht es eine Weile, bis er mir urplötzlich den Stab mit einem Stück Fleisch reicht. Zwischen die Zähne stecke ich ihn nicht, aber ich nehme ihn vorsichtig in die Hand. Eines der großen Tiere schleicht zu mir herüber, hinkt es? Offensichtlich nicht, denn es schnappt nur nach dem Fleischhappen und verschwindet lautlos. Die Tiere schleichen sich so leise davon, wie sie gekommen sind. Das Klappern des leeren Eimers ist das erste Geräusch, das ich höre, seit der Hyänenmann uns mit einem knappen »Salam« begrüßt hat.

Das Füttern der eigentlich äußerst scheuen Hyänen geht auf eine uralte Tradition zurück. Laut der Legende schloss Emir Nur im 16. Jahrhundert einen Pakt mit dem Hyänenkönig, um sein Volk vor den Raubtieren zu schützen. Seitdem wurde in Harar kein Mensch mehr von einer Hyäne gefressen.

Von Harar aus mache ich mich auf, um Somaliland, die als relativ sicher eingestufte Provinz in Somalia, zu erkunden. Allerdings hat es wenige Wochen zuvor auch hier eine Bomben-Anschlagserie gegeben, die sich insbesondere gegen Äthiopien richtete. Es gab 24 Tote und viele Verletzte. Alle NGOs und UN-Mitarbeiter wurden abgezogen, das äthiopische Konsulat geschlossen. Nach Überquerung der Grenze, die völlig problemlos verlaufen ist, steckt mich der Fahrer des Sammeltaxis mit drei anderen Leuten in den Kofferraum des Kombis. Es ist so eng, dass ich mich kaum gegen das Gefühl von Klaustrophobie wehren kann. Beim ersten Kontrollposten bietet mir zum Glück ein junger Mann seinen Platz neben dem Fahrer an und klettert nach hinten in den Kofferraum. Das Sammeltaxi bringt mich in der Provinzhauptstadt Hargaisa zu einem ordentlichen Hotel im westlichen Stil. Omar, der Manager des Hotels, ist ein hilfsbereiter Mensch. Auf dem Kamelmarkt stehle ich als Europäer den Tieren beinahe die Schau, bin ständig umringt von einer großen Kinderschar. Auch die Erwachsenen, ob Männer oder Frauen, alle mit Kopftuch, manche ganz und gar verhüllt, sind neugierig und freundlich. Kriminalität im klassischen Sinne scheint es kaum zu geben. Die Geldwechsler haben ihre Stapel von Scheinen auf dem Boden gestapelt, der größte Somali-Shilling-Schein ist gerade mal 8 Euro-Cent wert.

Am Abend meiner Abreise gibt es noch eine riesige Überraschung. Der Hotelmanager arrangiert ein Dinner zu meinen Ehren, lädt wichtige Persönlichkeiten aus Hargaisa, die lokale Presse und einen Franzosen namens Pascal ein, der einen sehr bescheidenen und höflichen Eindruck macht.

Wieder daheim fällt es mir wie Schuppen von den Augen. Dieser Mann war der *National Geographic*-Journalist Pascal Maitre, einer der großartigsten Fotografen weltweit und ein Mensch, der ungemein stark mit dem afrikanischen Kontinent verbunden ist. Der Manager hat eine Torte mit dem Abbild Afrikas fertigen lassen, und mir wird gratuliert, weil ich mit Somalia nunmehr alle 53 afrikanischen Länder bereist habe. Der Südsudan wird erst drei Jahre später als 54ster Staat in die UN aufgenommen werden.

Der Kampf des Bürokraten gegen den König der Lüfte
Ostafrika, 2010

Es ist Sommer, wie bei uns daheim. Allmählich taucht die untergehende Sonne die Savanne in lange Schatten. Renate und ich sind schon fast am Ausgang des Tsavo-Ost-Tierparks in Kenia, als Ken, der Fahrer des Toyota Landcruiser, nach links deutet und den Wagen zum Stehen bringt. Ein junger Adler stürzt sich auf einen Sekretär, einen bunten Storchenvogel. Ken weiß sofort, was hier gespielt wird. Der Sekretär, der nicht umsonst seinen Namen hat, weil er normalerweise so steif herumstakst wie ein Kontorist, hat offensichtlich eine Schlange attackiert. Sein Abendessen. Diese Mahlzeit will ihm der Greifvogel streitig machen. Wie es aussieht, ein ungleicher Kampf.

Aber der Raubvogel hat die Rechnung ohne den Wirt gemacht. Wer hätte geglaubt, dass ein verknöcherter Kanzleischreiber derart in Rage geraten kann? Den Schnabel weit aufgerissen, hüpft er wild entschlossen dem Widersacher entgegen, hackt nach ihm. Der König der Lüfte scheint es nicht fassen zu können und tritt den Rückzug an, zieht sich auf den Wipfel eines kahlen Baumes zurück. Von dort beobachtet er, wie sein Gegner im Kreis stolziert, nach seiner Beute pickt, immer wieder das Gefieder spreizt.

Ken klärt uns auf: Der Vogel lenkt die Aufmerksamkeit der Schlange auf sein Gefieder, dort kann ihr Giftbiss keinen Schaden anrichten. Schließlich packt er das Reptil hinterm Kopf. Eine wohl einen Meter lange Natter verschwindet allmählich in seinem Schlund. Dem Adler bleibt nichts anderes übrig, als Zaungast beim Dinner zu bleiben. Einmal mehr begreife ich, wie sehr der erste Eindruck täuschen kann.

Lois aus Puerto Rico
Komoren, 2010

Der Taxifahrer hält vor dem »Les Arcades«, dem Hotel, das ich mir in Moroni ausgesucht habe, und es kommt, wie es kommen musste. Seine Fahrpreisforderungen sind utopisch, sie treiben mir die Zornesröte ins Gesicht. Ein Inder, er stellt sich als Sam vor, und ein ehrwürdiger Herr in wallendem weißem Kaftan, einen Turban um den Kopf geschlungen, reden beruhigend auf mich ein: »Cool down« – pass auf deinen Blutdruck auf! Der Weißgekleidete ist Abdullah aus Dubai. Beide sind geschäftlich hier. Allmählich beruhige ich mich und händige dem Taxifahrer 20 Euro aus (einen Euro hatten wir am Flughafen vereinbart, den Preis für das Ramassage, das Sammeltaxi, fünf wollte ich ihm geben, weil ich der einzige Fahrgast war). Abdullah fragt ihn, bevor er von dannen zieht, ob er Muslim sei. Als der Mann bejaht, prophezeit er ihm, dass er im Ort der Verdammnis schmoren werde. Damit liegt er ganz auf meiner Linie.

Meine freundlichen Bekannten schlagen vor, im anliegenden Terrassenlokal gemeinsam etwas zu trinken. Abdullah gibt Sam und mir ein Bier aus, trinkt selbst Kaffee. Es wird ein langes Gespräch. Abdullah knüpft an die Auseinandersetzung von vorhin an und verweist auf die göttlichen Gebote des Zusammenlebens, wir reden also über Religion. Der gläubige Muslim erklärt uns den friedlichen Weg des Islam. Für ihn steht völlig außer Frage, dass wir einen gemeinsamen Gott haben – und dass er die Erde so erschaffen hat, wie es in der Bibel beziehungsweise im Koran steht. Diskussionsbeiträge meinerseits zum Darwinismus weist er ruhig, aber entschieden von sich. Ich hüte mich, meine wahre Grundhaltung, nämlich die eines Agnostikers, bekanntzugeben, ich würde sicher erfahren, dass ich in der Hölle landen würde, wenn ich mich nicht noch rechtzeitig zur Umkehr entschließen könnte. Das freundschaftliche Gespräch entgleitet, als ich den islamistischen Terrorismus anspreche. Schon sind wir bei der Verschwörungstheorie, dass in Wirklichkeit die Juden die Wurzel allen Übels seien und sie gemeinsam mit den Amerikanern in der Welt die Fäden zögen. Dabei will ich es belassen, wissend, dass ich keine Chancen habe, dieses Weltbild zu verändern. Ich habe eine gute Ausrede und ziehe mich in mein Zimmer zurück, um mir im Fernsehen das Spiel Deutschland – Argentinien anzusehen. Das Spiel endet 4:0.

Zum Abendessen gehe ich wieder zu dem Lokal mit dem sprechenden Namen »Jardin de la Paix« (Garten des Friedens), in dem ich am Nachmittag mit den beiden Männern gesessen habe. Es ist geschlossen, und eine Englisch sprechende Dame erklärt mir, dass vor einigen Stunden der Besitzer gestorben ist. Als wir vor wenigen Stunden über Religionsfragen gesprochen haben, war der Tod unser Nachbar.

In den nächsten Tagen streife ich durch die Stadt. Die Armut fällt dich an wie ein räudiger Hund, hier in Moroni, der Hauptstadt der Komoren. Abfall bedeckt die Straßen. Keines der vielen Straßenkinder bettelt. Einheimische spenden an Krüppel, keiner von ihnen spricht mich an, ich gebe gerne.

An einer Lehmmauer entlang der Altstadt wird auf dem Markt auf notdürftig zusammengezimmerten Holztischen von Obst und Gemüse über Gebrauchsmaterial alles Mögliche angeboten. Zivilisationsschrott, der hier doch noch etwas wert ist. Enge Gassen führen ans Meer. Ich fühle mich an Stonetown in Sansibar erinnert. Moroni ist ebenfalls eine arabische Gründung auf einer afrikanischen Insel, und hier wie dort zeigt sich in vielen Gesichtern ein leichter arabischer Einschlag.

Die ersten Siedler kamen wohl vor 2000 Jahren aus den malaiischen Ländern hierher, Araber, vornehmlich aus dem Oman und dem Jemen, folgten. Sie brachten afrikanische Sklaven auf die Inseln. Als Portugiesen und später Franzosen hierher kamen, wurden immer mehr Sklaven eingeschifft. Sie wurden in der Landwirtschaft ausgebeutet. Ylang Ylang, Blätter, aus deren Extrakt edle Körperpflegeprodukte hergestellt werden, gibt es neben Madagaskar nur auf den Komoren. Edle Gewürze, insbesondere Vanille, werden hier angebaut. Man hat das Gefühl, in einem schwarzafrikanischen Land zu sein, obwohl sich die Bevölkerung als eigenständiges Volk versteht. Das Land ist streng islamisch, aber als Fremder ist man herzlich willkommen. Immer wieder werde ich gegrüßt, Männer verwickeln mich auf der Straße in Gespräche. Die meisten Frauen sind verschleiert, manche gehen aber auch ohne Kopftuch aus dem Haus. Ihnen dient eine weiße Paste als Sonnenschutz. Die Männer tragen in der Regel kegelförmige Mützen.

Beim Mittagessen ist es mir unmöglich, die riesige Portion Biryani (Reis mit Hammelgulasch) aufzuessen. Am Nachbartisch im »Nassil«, einem einfachen Terrassenlokal, sitzt ein Mittdreißiger, sein T-Shirt ist genauso verschwitzt wie das meine. Es ist Lois aus Puerto Rico, Professor für Europäische Geschichte an der Uni in San Juan und ein richtiger Globetrotter. Jeden freien Tag nutzt er für das Reisen. Dieses Mal ist er im Indischen Ozean und in Frankreich unterwegs. Schade, dass ich ihn nicht eher getroffen habe. Ich erfahre, dass er in derselben Unterkunft wie ich wohnt, aber morgen für eine Nacht ins sauteure Hotel »Le Moroni« wechseln wird, um den Komfort zu genießen und sich für seine Reise nach Europa fit zu machen. Er hat schon 160 Staaten bereist, hält von »Länderstempelsammlern« – Frauen und Männern, die Ein- und Ausreisestempel sammeln wie europäische Großwildjäger ihre afrikanischen Trophäen – aber ebenso wenig wie ich.

Am Tag meiner Abreise höre ich beim Frühstück auf der Terrasse in der Ferne Militärmusik. Die Küstenstraße ist gesperrt. Das Land feiert 35 Jahre Unabhängigkeit. Drei der vier großen Komoreninseln hatten sich damals von Frankreich getrennt. Die Insel Mayotte ist Teil Frankreichs geblieben, und dort zahlt man nun auch mit dem Euro. Zwei der drei Aussteiger wären gerne wieder in den Schoß der Grande Nation zurückgekehrt, als sie sahen, dass es den Menschen auf Mayotte erheblich besser ging. »Non, merci«, meinte die ehemalige Kolonialmacht – und so werden viele Einheimische den heutigen Tag wohl mit gemischten Gefühlen feiern. Auf dem Platz vor den Regierungsgebäuden defilieren Militäreinheiten, Polizeikader, Arbeitsbrigaden und Schulklassen. Ich nehme meinen Rucksack und laufe hin, komme gerade noch zum Ende der Parade dort an. Mit den abrückenden Zuschauern wandere ich Richtung Neuen Markt und nehme dort ein Sammeltaxi zum Flughafen. Am Airport treffe ich Lois wieder. Beinahe hätte ich ihn nicht erkannt. Er trägt einen grauen Maßanzug und sieht aus wie ein Geschäftsmann – ganz anders als der junge Globetrotter, mit dem ich wenige Tage vorher im »Nassil« über einer Schale Hammelfleisch ins Gespräch kam. Vielleicht habe auch ich eine andere Ausstrahlung – jetzt, wo ich die bunte Welt Afrikas verlasse und wieder nach Hause fliege.

TEIL III

NAHER UND MITTLERER OSTEN

Reisen hat immer auch etwas mit Suchen zu tun. In Afrika spürte ich Kinderträumen nach, die mit den Jahren zwar verblasst waren, ihren Reiz aber nicht verloren hatten. Israel bereiste ich aus einem anderen, drängenden Gefühl heraus. Die Geschichte des israelischen Staates ist mit unserer eigenen untrennbar verknüpft. Meine Reisen nach Israel und in das besetzte Palästina führten nicht nur in den Staat der Juden – sondern auch in die arabisch-muslimische Welt. Auch sie machte mich neugierig.

In Nachkriegsdeutschland wurde das Thema der Judenverfolgung in Deutschland und des millionenfachen Mordes an den Juden Europas großräumig umgangen. Heute erscheint es mir befremdlich, wie selbstverständlich wir Schulkinder hinnahmen, dass der Geschichtsunterricht mit dem Ende des Ersten Weltkriegs abbrach. Wir lebten mit dem Schweigen unserer Eltern und Lehrer über das »Dritte Reich« wie mit einem Naturgesetz – mit dem Frühlingsbeginn im März und den Launen des Aprilwetters.

Erst als junger Mann begann ich nachzufragen. Jetzt erfuhr ich von meiner Mutter, dass die mechanischen Webereien in Landeshut bis in die dreißiger Jahre hinein von jüdischen Geschäftsleuten betrieben worden waren, und bei meinen Recherchen stieß ich auf eine Außenstelle des Konzentrationslagers Groß-Rosen am Stadtrand von Landeshut – ein paar hundert Meter Luftlinie von der Stadt meiner Kindheit, dort wo ich als kleiner Bub meine ersten Schritte in die Welt des Reisens gewagt habe.

Je mehr ich mich mit der Vergangenheit auseinandersetzte, desto stärker wurde mein Wunsch, Israel zu bereisen. Wie könnte ich, ein begeisterter Traveller, ein Land aussparen, in dem heute Opfer der Nazis und ihre Kinder lebten? Ich wollte kein Schweigen mehr – und keine blinden Flecke auf meiner inneren Weltkarte. Über die International Police Association knüpfte ich Kontakte zur israelischen Polizei und begann im Kollegenkreis Gruppenreisen nach Israel zu organisieren. Daraus entwickelte sich ein reger Austausch, wir reisten nach Israel, israelische Kollegen kamen zu uns nach München, und wir unternahmen gemeinsame Reisen innerhalb Deutschlands und Europas.

Nie werde ich vergessen, wie ich mit einem Kollegen aus Tel Aviv durch München schlenderte. Levin Feuersteins Akzent gefiel mir. Manche seiner Worte waren dem Jiddischen entlehnt, einer Sprache, die angenehm vertraut in meinen Ohren klang.

»Ich wundere mich«, gestand Levin mir, »wie leicht mir das Deutsche über die Lippen kommt. Nach vierzig Jahren.«

Die Eltern meines Kollegen waren rechtzeitig aus Berlin geflohen, und in seinen ersten Lebensjahren wurde zu Hause Deutsch gesprochen. Genau so lange, bis seine Mutter und sein Vater sich im Hebräischen zurechtfanden. Ab diesem Moment wurde daheim nur noch Hebräisch gesprochen, eine Sprache, die ihnen noch immer fremd sein musste. Vielleicht war es gar keine bewusste Entscheidung, sondern eine Notwendigkeit. Die Worte der Täter im Mund zu führen, muss sie gequält haben. Hitler hatte ihnen nicht nur ihre Heimat geraubt, sondern auch ihre Muttersprache.

Levin aber entdeckte im Alter von fünfzig Jahren an der Seite eines Münchner Hauptkommissars das Deutsche wieder.

Kumsitz mit Salome
Eilat/Israel, 1986

Im Herbst 1986 bin ich wieder einmal mit einer Gruppe Münchner Polizisten in Israel, und wir sind für einige Tage in Eilat. Zu dieser Zeit steht die ägyptische Enklave Taba noch unter israelischer Verwaltung. Beim Besuch des Grenzpostens klopft mir der diensthabende Sergeant erfreut auf die Schulter. Jakov und ich haben uns vor zwei Jahren in Ashdot bei einem Austausch kennengelernt. Spontan bietet er an, am nächsten Abend einen »Kumsitz« für unsere Reisegruppe zu organisieren. Viele jiddische Worte haben Eingang in das Neuhebräische gefunden, und »Kumsitz« heißt ganz einfach »Komm und sitz«, wir würden sagen »gemütliches Beisammensein«.

Als wir am nächsten Abend an der Grenze eintreffen, hat Jakov alles vorbereitet. Mitten in der Wüste markiert ein unbefestigter Zaun die Grenzlinie zwischen Israel und Ägypten. Es brennt ein offenes Feuer, Scheite werden nachgelegt, Rauch steigt in den sich langsam verfärbenden Abendhimmel. Nicht nur Israelis feiern mit uns, sondern auch ägyptische Kollegen – und für diese Nacht im Grenzland haben sie sich etwas Besonderes ausgedacht. Plötzlich ertönt arabische Musik aus Lautsprechern, und aus der Dunkelheit taucht eine Bauchtänzerin im lasziven blauen Kostüm auf.

Es wird ein rauschendes Fest mit viel Rotwein und temperamentvollen Auftritten der Salome. So leicht kann Völkerverständigung sein.

Scham
Jerusalem/Israel, 1988

Es ist Mittagszeit. Mein Freund Max Rubinstein hat seine Verbindungen zur Armee spielen lassen, und ich darf mit meiner Reisegruppe in der Kantine des Headquarters in Jerusalem zu Mittag essen. Wir sind relativ spät dran, der Speisesaal ist fast leer, nur einige Nachzügler beugen sich noch über ihre Teller. An der Essenstheke füllen wir unsere Tabletts, stellen uns zum Zahlen an. Die Dame an der Kasse, sie wird so um die 60 Jahre alt sein, tippt den zu zahlenden Schekel-Betrag ein. Sie tut dies mit der linken Hand, hält die Rechte über den linken Unterarm. Es dauert eine Weile, bis ich begreife, was diese Geste zu bedeuten hat. Diese Frau will uns nicht beschämen. Sie hat erkannt, dass wir Deutsche sind, und verdeckt die KZ-Nummer, die ihr in Auschwitz in den Unterarm gebrannt wurde, wie einem Tier.

Mir ist der Hunger vergangen. In einem solchen Moment gibt es nichts, was du sagen oder tun könntest, also bezahle ich schweigend und suche mir einen Sitzplatz. Ich bin um die ganze Welt gereist, und manches, was ich gesehen und erlebt habe, verblasst mit der Zeit unter immer neuen Eindrücken. Das Gesicht dieser Frau gehört nicht dazu. Ich werde es nie vergessen.

Gartenwirtschaft am See Genezareth
Tiberias/Israel, 1989

Allerhand Delikatessen sind auf einem großen Teller angerichtet. Die Mezze, die orientalische Vorspeise, besteht aus Peperoni in Essig und Öl, Tahina (ein Avocado-Sesam-Dip), Gurkensalat mit Frischkäse, Kartoffeln mit Koriander, Karottenpüree (Ras el Hanout), fein geschnittenem Petersiliensalat (Taboulé), Kichererbsenmus (Hummus) und scharfem Karottensalat mit Kräutern. Dazu wird Fladenbrot gereicht. Ich sitze wieder einmal auf der Terrasse des Hotels des Kibbuz von Ein Gev. Hier hat sich in den vergangenen sieben Jahren viel verändert. Als ich das erste Mal hier war, war noch alles überschaubar, eine Art Gartenwirtschaft am See Genezareth. Nun zählt das Restaurant zu den größten in ganz Israel. Es ist ein ständiges Kommen und Gehen. Busse spucken Touristenladungen aus, nehmen neue auf. Der Blick auf den See ist zwar derselbe, es fehlt aber die Ruhe. Drüben liegt Tiberias, die dritte heilige jüdische Stadt. Hier waren einst der Sanhedrin, der jüdische Gerichtshof, sowie eine berühmte Talmudschule ansässig. Der Talmud, also die »Belehrung«, ist neben der Heiligen Schrift, dem Tanach, das bedeutendste religiöse Werk der Juden. In Tiberias wurde der erste Teil, die Mischna, fertiggestellt und das Gesamtwerk, der Jerusalemer Talmud, vollendet, und hier wurde auch der Tanach, den wir Altes Testament nennen, nach alten Überlieferungen neu geschrieben. Hier in Galiläa liegen die Wurzeln unserer abendländischen Kultur und Religion.

Nach dem Essen wandere ich durch Tiberias' Altstadt und betrachte die wenigen noch erhaltenen steinernen Mauern. Einst haben hier Juden und Araber friedlich zusammengelebt. Nun ist es eine rein jüdische Stadt. Nachdenklich kehre ich in mein Hotel zurück. Der rundliche Hotelbesitzer, die Kippa auf dem Hinterkopf, bittet mich, an der Bar die Cocktails für die Gäste, die meisten von ihnen Touristen, zu mixen. Es ist Sabbat.

Auf Jesus Christus' Spuren
Jerusalem/Israel, 1999

Nirgends auf der Welt ist man Jesus Christus' Leben und Wirken so nahe wie in Israel und Palästina. Auf meinen Reisen in den Nahen Osten zieht es mich als Agnostiker immer wieder an die Orte, welche der Überlieferung nach Stationen im Leben des Heilands waren – natürlich auch nach Jerusalem. »*Nach diesen Worten ging Jesus mit seinen Jüngern hinaus, auf die andere Seite des Baches Kidron. Dort war ein Garten; in den ging er mit seinen Jüngern hinein …*« – so heißt es in Johannes 18.1.

Von den Prophetengräbern kommend, betreten Renate und ich an einem Freitag im Frühjahr ebenjenen Garten am Fuße des Ölbergs. Es ist ein eigenartiges Gefühl, als wir uns zwischen die acht knorrigen Ölbäume setzen, womöglich stumme Zeugen der Nacht, als Jesus verleugnet und verraten wurde.

Auf der Via Dolorosa verweilen wir an jeder Station seines Leidens. Es ist, als würden unsere Schritte immer schwerer. Vielleicht haben Orte ja doch ein Gedächtnis, und Jesu Leiden hat sich gleichsam dem Boden eingeschrieben. In der Grabeskirche holt uns die Gegenwart wieder ein. An diesem heiligen Ort ist eine Art Revierkampf zwischen verschiedenen christlichen Glaubensgemeinschaften entbrannt. Ein junger Kopte erzählt uns, es sei schon vorgekommen, dass ein Bischof während der Karfreitagsprozession einem seiner

Glaubensbrüder mit seinem Pastoralstab auf die Zehen geschlagen habe, um ihn aus dem katholischen Bereich zu verjagen. Kein Wunder, dass der Schlüssel zur Kirche seit vielen Generationen von einer muslimischen Familie verwahrt wird, um Neutralität zu gewährleisten.

Im Jahre 1999 gibt es noch keine Mauer, die das Land teilt. So gelangen wir problemlos mit dem Bus von Jerusalem nach Bethlehem.

Die Altstadt erscheint uns mit ihren engen, verwinkelten Gässchen wie ein einziger riesiger Marktplatz. Der Duft exotischer Gewürze kitzelt unsere Nasen, die schmeichelnden Stimmen der Obstverkäufer preisen Datteln und Zitrusfrüchte an.

Die Geburtskirche ist von byzantinischen Mosaiken bedeckt. Über schmale Treppen gelangen wir in die Geburtsgrotte. Eine amerikanische Gruppe versperrt uns den Weg, und wir müssen eine Weile warten, bis wir zu der durch einen Silberstern gekennzeichneten Geburtsstelle kommen. Andächtig knien die Amis nieder und küssen den Stern. Wo Ochse und Esel gestanden haben, ist nicht mehr auszumachen.

Nazareth liegt im Staatsgebiet von Israel, dem historischen Galiläa. Der deutsche Franziskanerpater begrüßt uns freundlich am Eingang der mächtigen modernen Verkündigungskirche, inmitten eines Gartens, dessen blühende Farben sich von den tristen grauen Bauten der verschachtelten Stadt abheben. Die Basilika steht heute dort, wo sich der Überlieferung nach die Höhle befand, in der Maria der Erzengel Gabriel erschien. Hier in Nazareth ist Jesus Christus aufgewachsen, was ihm den Namen »Der Nazarener« eintrug. Später schlendern wir über den Marktplatz. Ein christlicher Araber fragt mich, woher wir kämen – und beantwortet mein freundliches »Salem Alaikum« mit einem fröhlichen

»Heil Hitler« – offenbar in dem festen Glauben, er würde mir eine Freude machen.

Im nördlichen Teil der Golanhöhen liegt der Banyas, einer der Quellflüsse des Jordan. Hier wurde Jesus von Johannes getauft. Wir stehen inmitten von Pilgern, die hergekommen sind, um ihre Wiedertaufe zu feiern. Es ist schwül, der Boden dampft noch nach dem heftigen Wolkenbruch, der vor wenigen Minuten niedergegangen ist. Der Jordan ist hier kaum breiter als ein Bachlauf, darin spiegelt sich das Grün der Laubbäume. Besonders eifrig ist eine amerikanische freikirchliche Gruppe am Werk. Die Frauen tragen durchsichtige Plastikhauben, die wir in Bayern »Wederhex« nennen, um ihre Haarpracht zu schützen. Der Priester hält einem Täufling nach dem anderen die Nase zu und taucht ihn unter. Prustend tauchen sie wieder auf, die Haare nass, trotz Wederhex. Unwillkürlich muss ich an ein Erlebnis in Südafrika denken, als ich über dem Strand von Durban auf dem Balkon im achten Stock unseres Hotels neben Renate stand und sie mir plötzlich aufgeregt den Ellbogen in die Rippen stieß.

»Da ertränken sie Menschen«, rief sie und wusste nicht, dass wir Zeugen einer Taufe wurden.

Tod eines Friedensnobelpreisträgers
Tel Aviv/Israel, 1999

An einem Frühlingsabend stehe ich in Tel Aviv zwischen Polizeikolleginnen und -kollegen aus München auf dem riesigen, betonversiegelten Rabin-Platz, der vor einigen Jahren noch »Platz der Könige Israels« hieß. Mit dabei ist unser Dolmetscher Eddy Kaiser, ehemaliger Captain der Fallschirmjäger, mein Freund Avi, Inspektor bei der israelischen

Kriminalpolizei, und General Shaval, heute Kommandeur der Verkehrspolizei. Der untersetzte, kahlköpfige Mann in der blauen Uniform war am 4. November 1995 Einsatzleiter bei der großen Kundgebung, die unter dem Motto »Ja zum Frieden, Nein zur Gewalt« stand. Als Jitzchak Rabin, Hauptredner des Abends, unter frenetischem Beifall zu seinem Auto ging, wurde er von dem jüdischen Fanatiker Jigal Amir angeschossen. Wenige Stunden später erlag er den Folgen der Schusswunde. Ein großer Verlust und ein verheerendes Zeichen für den Nahostkonflikt.

Wir stehen schweigend am Denkmal für den Friedensnobelpreisträger, als der General leise zu sprechen beginnt.

»Es war ein milder Tag, wie heute«, sagt er, den Blick gesenkt. »Ich habe Lea, die Frau unseres Premierministers, am Arm diese breite Treppe hier hinuntergeführt, um sie zu ihrem Wagen zu begleiten. Jitzchak Rabin ging mit seinen Personenschützern einige Meter vor uns. Plötzlich war da dieser Mann, fast noch ein Junge. Ich weiß noch, dass er eine Kippa trug. Er zielte auf Rabin und schoss.« Einen Augenblick verstummt er, als müsste er Kraft für die nächsten Worte finden. »Wir konnten nichts tun.«

Avi tippt mich an: »Das ist das erste Mal, dass er in der Öffentlichkeit darüber redet«, flüstert er mir zu. Ich bin tief bewegt. Für ihn sind wir seinesgleichen, dieser Mann fühlt sich verstanden – egal, aus welchem Land wir kommen.

»Der Weg des Friedens ist dem Weg des Krieges vorzuziehen«, sagte Rabin während seines letzten öffentlichen Auftritts am »Platz der Könige Israels«, der ihn das Leben kosten sollte.

Noch immer gibt es in Israel Menschen, die seinen Mörder für einen Helden halten.

Wasserpfeifen in Hebron
Westjordanland, 1999

Die Sicherheitsbeamtin am Ben-Gurion-Airport in Tel Aviv blickt uns fragend an: »Habt ihr eure Taschen selbst gepackt? Habt ihr sie immer im Auge behalten? Von niemandem etwas angenommen?« Treuherzig beantworte ich alle Fragen mit Ja, Renate nickt zustimmend. Als wir wenig später im Flieger nach München sitzen, fällt es uns wie Schuppen von den Augen. Wir haben der Dame die Unwahrheit gesagt, unabsichtlich zwar – aber auch eine unbeabsichtigte Lüge bleibt eine solche. Was ist passiert?

Wir befinden uns auf der Rückreise eines mehrwöchigen Trips durch den Nahen Osten: Libanon, Zypern, Israel, Palästina. Der Schock nach der Ermordung von Jitzchak Rabin sitzt noch tief, Ehud Barak von der Arbeiterpartei ist Präsident. Es keimt ein Fünkchen Hoffnung, dass der Entspannungsprozess zwischen Juden und Arabern wieder Fahrt aufnimmt. Noch gibt es keine Mauer. Relativ unbeschwert sind wir zwischen jüdischen und palästinensischen Gebieten hin- und hergependelt.

Die Geschichte mit der Wasserpfeife trug sich an einem strahlend blauen Sommertag in Hebron zu.

Schon im großräumigen Sammeltaxi zeichnete sich ab, welches Grundthema unseren Ausflug bestimmen würde. Die Westbank, eigentlich das Land der Palästinenser, wirkte aus dem Blickwinkel des Durchfahrenden wie ein Leopardenfell: Von kargen grauen Bergkuppen blickten Gruppen weiß getünchter Häuser mit roten Ziegeldächern auf uns herab. »Jewish Settlements«, zischte unser Sitznachbar im weißen Kaftan, der unsere Blicke bemerkt hatte.

Am Stadtrand von Hebron stiegen wir aus und durchquerten einen der orientalischen Märkte der Stadt. Der Geruch von rohem Fleisch mischte sich mit dem Duft von Kardamom und Nelken, neben gehäuteten Hammeln und Lämmern hatten Händler Kamelfohlen an Eisenhaken aufgehängt. Renate wog unentschlossen ein Tütchen Sternanis in der Hand, als sich ein junger Araber auf Hochdeutsch an uns wandte. Rashid studierte in Aachen Medizin und verbrachte die Semesterferien in seiner Heimat. Gemeinsam mit ihm schlenderten wir in Richtung Machpela-Grab, wo Abraham mit seiner Frau Sara und dem gemeinsamen Sohn Isaak begraben ist. Unser Weg führte zwischen Wohnkomplexen hindurch, die an Festungen erinnerten. Stacheldraht, Armeepräsenz. Unter 150 000 Palästinensern lebten in Hebron 500 militante orthodoxe jüdische Siedler. Ein paar tausend bewaffnete Männer und Frauen der israelischen Armee sorgten für ihre Sicherheit. Ich spürte, wie ich unwillkürlich den Kopf einzog. Hier gab es kein Miteinander. Hebron war im Kriegszustand. In der vierten Heiligen Stadt des Judentums war der Konflikt auf Schritt und Tritt spürbar.

Rashid aber gelang es kaum, seine Wut zu verbergen.

»Manchmal spucken sie einem Araber von oben auf den Kopf«, erzählte er aufgebracht, »oder sie schütten einen Eimer Exkremente vom Balkon herunter.«

Renate berührte mich sachte am Arm. Ein etwa zehnjähriges jüdisches Schulmädchen wurde von einem bewaffneten Soldaten in den Gebäudekomplex begleitet. Kein schönes Bild.

Über dem Grab des Patriarchen erhob sich ein mächtiges Gebäude aus Stein – darin eine Moschee und eine Synagoge –, Symbol der gemeinsamen Wurzeln von Juden, Christen und Muslimen. Am Eingang der Gebetsstätte wurden wir von einem israelischen Soldaten abgewiesen.

»Wir haben hier verschiedene Gebetszeiten«, erklärte er freundlich. »Erst beten die Juden, dann die Araber, und ab und an auch die Christen. Versucht es in einer halben Stunde noch mal!«

Wieder im Ort, wurden wir bald mit einem Händler über den Kauf einer Shisha einig. Er lud uns zu Tee und einem köstlichen Joghurt-Gericht ein und erbot sich, auf unsere Rucksäcke aufzupassen, während wir noch einmal zur Gebetsstelle pilgerten. Wieder wurden wir abgewiesen, kehrten zurück zu dem freundlichen Araber und erstanden eine zweite Shisha. So verbrachten wir einige Stunden in dem Shisha-Laden, nachdem uns immer wieder verboten wurde, das Grab des Patriarchen zu besuchen, weil entweder Juden oder Muslime beteten. Als wir endlich eine Gebetspause abpassten, begrüßte uns der Imam persönlich. Noch bevor er uns zu den Grabmälern von Sara und Abraham im Inneren der »Höhle Machpela« führte, deutete er auf die Wände des Gebetssaals. Unzählige Einschusslöcher erinnerten an eine grausame Bluttat. Am 25. Februar 1994 war der Siedler Baruch Goldstein, ein aus Amerika eingewanderter jüdischer Fanatiker, mit einem Sturmgewehr hier eingedrungen, hatte 29 muslimische Betende getötet und Hunderte verletzt.

Schockiert verließen wir diesen unheiligen heiligen Ort, verabschiedeten uns bei dem freundlichen Händler und fuhren nachdenklich zurück nach Jerusalem. Unsere Rucksäcke waren bestimmt drei Stunden unbeaufsichtigt im Laden eines Palästinensers gewesen – und völlig zu Recht hatten wir uns gar nichts dabei gedacht.

Abraham und Hiob
Türkei, 2009

Zurück aus dem Irak, bin ich in Südostanatolien unterwegs. Von der Burg des sagenumwobenen Königs Nemrud habe ich einen trefflichen Blick auf die Stadt mit ihren zahlreichen Moscheen. Ich bin in Urfa, heute nennen es die Türken »Sanliurfa« (das ruhmreiche Urfa), mit über 12 000 Jahren eine der ältesten Städte der Menschheitsgeschichte. Den Muslimen ist es eine heilige Prophetenstadt. Hier soll Ibrahim (Abraham) geboren worden sein und Ijob (Hiob) sieben Jahre in einer Höhle gehaust haben. Die Stadt liegt im Südosten Anatoliens, nur 45 Kilometer von der syrischen Grenze entfernt. Einst lebten hier viele Christen, heute ist es eine rein muslimische Stadt, deren Bevölkerung sich aus Kurden, Türken und Arabern zusammensetzt. Für mich schließt sich der Kreis, war ich doch in Hebron am Grab von Abraham, und hier liegt seine Geburtshöhle. Ich steige zu einem Komplex diverser Moscheen hinunter. Im Innenhof der großen kuppelbedeckten Mevlid-i-Halil-Moschee drängen sich Frauen mit Kopftüchern in der schwarzen Abaya, dem mantelartigen traditionellen islamischen Gewand, neben Kurdinnen in langen Samtkutten und bunten Kopftüchern. Geduldig warten Buben mit weißen Hemden, die Taqiya, das weiße runde Käppchen, auf dem Kopf, an der Seite ihrer Mütter. Langsam geht es vorwärts, und ich schiebe mich unter Frauen und Buben als einziger Mann einige Stufen hinunter, finde mich in einer vielleicht drei Meter hohen, drei Meter breiten und acht Meter langen Höhle wieder. In die Felswand ist ein Schrein aus Zedernholz eingefügt, daneben ein kleines Marmorbecken mit einem versilberten Wasserhahn. Der Legende nach soll das Wasser hier heilende Kräfte haben und zu Kindersegen verhelfen.

Als ich wieder aus der Dunkelheit hinaustrete, stoße ich auf den Balıklı Göl, einen künstlich angelegten Teich mit Tausenden von Karpfen. Das Gewässer ist heilig. Nach der Überlieferung des Islam sollte Abraham auf Befehl Nemruds verbrannt werden – aber Gott verwandelte das Feuer zu Wasser und die Kohlen zu Karpfen, und Abraham wurde in ein Rosenbeet geschleudert. Wo einst Rosen blühten, erhebt sich heute eine langgestreckte Moschee aus braunen Steinquadern. Die heiligen Fische werden von Touristen und Gläubigen gefüttert. Statt mir ein Päckchen Trockenfutter anzubieten, lädt mich ein Verkäufer zum Tee ein.

Später geht es mit dem Dolmuş (Sammeltaxi) zur außerhalb gelegenen Grotte des Ijob (Hiob), wo er sieben Jahre meditiert hat, bis Gott ihm seine Gesundheit und sein Vermögen zurückgab. Hier ist auch die Quelle (Sifali Su), die Gott zum Sprudeln gebracht hat, heiliges Wasser. Ein Bad darin, so heißt es, hat Ijob gesund gemacht.

Alle drei Buchreligionen kennen seine Geschichte. Für mich, den Agnostiker, handelt sie von Schicksal und von Demut dem Leben gegenüber. Ijob verliert seinen gesamten Besitz, alle zehn Kinder sterben unvermittelt, er erkrankt an einem fürchterlichen Geschwür, das seinen ganzen Körper bedeckt. Ijob bleibt stark und gottesfürchtig: »Nehmen wir das Gute an von Gott, sollen wir dann nicht auch das Böse annehmen?«, fragt er (Ijob 2,10).

Nach dem Besuch der Höhle und nachdem ich vom heiligen Wasser getrunken habe, mache ich wieder einmal eine meiner oft seltsamen Fotografier-Erfahrungen. Frauen im traditionellen Gewand haben sich von einem Berufsfotografen ablichten lassen. Offensichtlich sind sie nicht besorgt, dass ihnen die Kamera die Seele rauben könnte. Für mich Grund genug, eine Frau aus dieser Gruppe, die mit einem Rosensträußlein vor der Brust besonders hübsch aussieht, zu fragen, ob ich sie fotografieren dürfe. Sie verneint mit der Begründung, dass ihr Mann es ihr verbiete, sich von Fremden fotografieren zu lassen. Als Übersetzerin hilft mir eine Türkin in flüssigem Deutsch. Sie hat lange Zeit in Nürnberg gelebt. Es mischt sich auch noch einer der Sicherheitsbeamten ein und drängt mich unwirsch, den Ort zu verlassen. Mir wird wieder einmal bewusst, wie wenig Rechte die Frauen in diesem Teil der Welt haben und welche Kluft zwischen Gastfreundschaft und rückständiger Tradition besteht. In dieser Gegend kommt es immer noch zu sogenannten Ehrenmorden, und junge Frauen werden in den Selbstmord getrieben, wenn sie sich der Zwangsverheiratung widersetzen. Gegen Abend setze ich mich in ein Café gegenüber dem Burgberg, das rote Licht der untergehenden Sonne geht übergangslos in die mystische künstliche Beleuchtung der Moscheen rund um den Teich über, das Wasser glitzert wie von Goldlametta durchzogen.

Auf den Spuren des achten Imam
Iran, 2005

»Ich bin noch Iranerin«, sagt die junge Frau in perfektem Deutsch. Sie ist eine der Rezeptionistinnen im Imam-Reza-Schrein von Maschhad. Ihre Nase ist ganz offensichtlich begradigt worden und soll ihrem Gesicht ein westliches Aussehen verleihen, ihre großen dunklen Augen blitzen unter einem Schador hervor. Es ist nicht das erste Mal auf der Reise durch den Iran, dass ich vorsichtig verpackte abfällige Bemerkungen über das menschenverachtende Regime höre. Aber ausgerechnet hier, an einem der heiligsten Orte des Landes, hätte ich sie am wenigsten erwartet. In dem riesigen

Gebäudekomplex liegt in einem goldenen Schrein das Grab von Imam Reza. Er, der achte Imam, ist der einzige der zwölf schiitischen Imame, dessen Grabmal sich auf iranischem Boden befindet. Er lebte von etwa 770 bis 818 und wurde vermutlich vergiftet. Jedes Jahr pilgern an die zwanzig Millionen Pilger hierher.

In dem modern ausgestatteten Besucherzentrum werden Broschüren in diversen Sprachen verteilt. Wieder einmal bin ich mit einer von mir organisierten Gruppe unterwegs. Unsere Frauen wurden im Hotel in Mantel und Schador gehüllt, einige maulen vor sich hin. Während unserer bisherigen Reise durch den Iran war für sie nur das Kopftuch vorgeschrieben, das durchaus locker getragen werden durfte, so wie es auch von vielen jungen Iranerinnen gehandhabt wird. Nun aber sind wir in einer der heiligen Stätten des schiitischen Islam, da sind »Zucht und Ordnung« Gesetz. Die Religionswächter wachen über die Einhaltung der religiösen Vorschriften und gehen manchmal äußerst brutal gegen Abweichler, insbesondere Frauen, vor. Bei Ausländern halten sie sich in der Regel zurück. So konnten wir einen von ihnen unter einer der romantischen Brücken von Isfahan sogar dazu übereden, dass wir gemeinsam mit unseren Frauen eine Wasserpfeife rauchen durften.

Der riesige Gebäudekomplex beherbergt nicht nur das Grabmal von Reza, sondern auch die Goharshaad-Moschee, ein Museum, eine Bibliothek, vier Seminare, einen Friedhof, die Razavi-Universität für Islamische Wissenschaften, einen Speisesaal für Pilger, große Gebetshallen sowie weitere Gebäude und hat eine Gesamtfläche von nahezu 600 000 qm.

Vor dem Abschied ist Toilettenbesuch angesagt. Unsere Frauen unterhalten sich im abgeschotteten Bereich mit den einheimischen Pilgerinnen, die sich dort erst mal frei machen, Gesicht, Arme und Beine waschen und über die Hitze klagen. Als wir das gewaltige Gebäude-Ensemble verlassen, blicken wir uns nochmals um. Im Schein der untergehenden Sonne erstrahlt die riesige goldene Kuppel kupferrot. Der Muezzin ruft zum Gebet. In der Regel beten die Schiiten nicht fünfmal am Tag, so wie es die Sunniten tun, sondern legen die beiden Gebete am Morgen und die beiden am Abend zusammen, so dass ihr Ruf nur dreimal erschallt.

Strenggläubige Sunniten halten die Schiiten, welche in den zwölf Imamen die rechtmäßigen religiösen Nachfolger des Propheten Mohammed sehen, für Abtrünnige vom rechten Weg. Es kommt immer wieder zu Angriffen sunnitischer Terroristen auf schiitische Heiligtümer, so gab es auch am 20. Juni 1994 einen Bombenanschlag auf dieses Gelände. 26 Menschen fielen ihm zum Opfer. Heutzutage sind alle Schiiten im Fadenkreuz der IS-Dschihadisten mit ihrer radikalen salafistischen Auslegung des Koran. Die verbrecherischen, selbsternannten Gotteskrieger bedrohen sie alle mit dem Tod.

Frauen in Saudi-Arabien
Al Ula, 2009

Einer von tausend Prinzen aus dem saudischen Herrscherhaus begleitet eine UNESCO-Delegation. In dem kleinen Städtchen Al Ula wartet man gespannt auf das Eintreffen der Gäste. Männer in Weiß schreiten auf der staubigen Dorfstraße auf und ab. Die Frauen, alle in Schwarz, das Gesicht vom Niqab, dem Gesichtsschleier, verhüllt, sitzen auf dem Boden. Renate und ich nähern uns behutsam der Gruppe, durch Gesten wird uns bedeutet, dass sie nichts dagegen haben, dass ich einige Szenen mit der Videokamera aufnehme. Drei dem Anschein nach junge Mädchen erheben sich, bedeuten

Renate, mit ihnen zu kommen. Begleitet von drei schwarz verhüllten Gestalten zieht eine blonde Europäerin von dannen. In gebrochenem Englisch weisen die jungen Frauen ihr den Weg, verschwinden mit ihr in einem baufälligen Haus.

Was hinter geschlossenen Türen geschieht, erfahre ich erst später, aus zweiter Hand:

Im Schutz des Hauses reißen sich die Mädchen – drei bildhübsche Teenager – den Niqab vom Gesicht, nehmen Renate in ihre Mitte und schießen Selfies. Als von draußen Männerstimmen hereindringen, legt eine von ihnen den Finger an die Lippen: »Pssscht. Quiet!«, bittet sie flüsternd.

Einige Minuten später ist die kleine Gruppe zurück, Renates Begleiterinnen setzen sich zu den anderen Frauen auf den Boden. Eine der Frauen wiegt ein Baby in ihren Armen. Ich winke dem Kind zu, und sie bemerkt es. Ihr Gesicht ist hinter dem schwarzen Gesichtsschleier verborgen, nur die runden dunklen Augen blicken mich an, sie strahlen. Mit der rechten Hand deutet sie ein scheues Winken an. Ich deute mit einem Blick in Richtung der Gruppe auf meine Videokamera. Zwei, drei, vier Frauen nicken. Ich filme. Plötzlich lässt mich ein Schlag auf den Rücken zusammenfahren, eine gebückte schwarze Gestalt steht hinter mir, die Hand noch erhoben. Dem alten Weib ist der Austausch zwischen uns Europäern und den arabischen Frauen zuwider. Augenblicke entspannter Freundlichkeit sind abrupt beendet worden.

Der kleine Hadsch – auf verbotenen Wegen
Saudi-Arabien, 2009

In Jeddah besteigt unsere bunt zusammengewürfelte Reisegruppe den neuen Mercedes-Bus mit einem somalischen

Fahrer: Zielrichtung Südosten. Ein langer Weg nach Taif liegt vor uns. Bei der Abreise hat uns die Polizeieskorte verfehlt, die uns bis hierher begleitet hat, und weder unser saudischer Reisebegleiter Doui noch der Busfahrer kennen sich in der Gegend aus. Irgendeine Abzweigung wird übersehen, und schon durchfahren wir das für Nichtmuslime gesperrte Gebiet. »Wow«, flüstere ich Renate zu, »jetzt wird es spannend, wir sind auf dem Hadsch.« Wir blicken aus dem Fenster auf riesige weiße Zeltstädte mit unzähligen Toilettenanlagen. Wir befinden uns in der Gegend um die heiligen Stätten Muzdalifa und Mina sowie dem Berg Arafat, der schemenhaft aus dem Dunst aufragt, der über der Wüstenlandschaft liegt.

Während des »Hadsch« wandern die Pilger zum etwa 25 Kilometer von Mekka entfernten Arafat. Nach Sonnenuntergang sucht jeder von ihnen in Muzdalifa eine durch sieben teilbare Anzahl Steinchen. Nach kurzem Aufenthalt geht es weiter durch die Nacht. Wenn die Sonne schon am Himmel steht, erreichen sie Mina. Dort wird symbolisch der Satan gesteinigt, indem jeder der Pilger sieben Steinchen auf eine Säule wirft, die Dschamarah al-Aqba genannt wird.

Für uns Touristen ist die unerwartete Fahrt vorbei an den heiligen Stätten ein riesiges Erlebnis. Unserem Fahrer und dem saudischen Begleiter steht allerdings der Angstschweiß auf der Stirn. Würden wir ertappt, drohten ihnen drakonische Strafen mit Auspeitschung und Gefängnis, der Fahrer würde unmittelbar nach Strafverbüßung ausgewiesen. Unsere Gruppe müsste umgehend und unter Androhung einer hohen Geldstrafe das Land verlassen.

Zum Glück erreichen wir erst einen Kontrollposten, als wir das verbotene Terrain wieder verlassen haben. Pedantisch werden die Reisepapiere kontrolliert. Das Paradoxe an den Einreisebestimmungen ist, dass Touristen mit ihrem Visum das ganze Land mit Ausnahme der religiösen Stätten bereisen dürfen. Pilgern hingegen ist es nur gestattet, eben diese heiligen Stätten aufzusuchen sowie deren Zu- und Abgangswege zu benutzen – der Rest des Landes bleibt ihnen versperrt.

Ob die Irrfahrt vielleicht auch uns zu kleinen Mekka-Pilgern macht – wer weiß?

Krummdolch und Kalaschnikow
Jemen, 1993

Wir verlassen die Stadt Marib, in der einst die sagenumwobene Königin von Saba geherrscht haben soll. Unsere kleine Reisegruppe ist mit fünf geländegängigen Fahrzeugen unterwegs, vor uns liegt die Wüste »Ramlat al Sabatayn«. Kurz nach der Wiedervereinigung in Deutschland haben nun auch die beiden jemenitischen Staaten zusammengefunden. Hier im Grenzgebiet zwischen dem Nord- und Südjemen herrschen im Jahre 1993 die Gesetze der Stämme, und das wird sich so schnell nicht ändern. Immer wieder gab es Entführungen – glücklicherweise mit glimpflichem Ausgang. Über die Agentur, mit der ich diese Reise organisiert habe, wurde vorab die Verteilung des Schutzgeldes an die Stammesführer, die in diesem Gebiet das Sagen haben, geregelt. Für freies Geleit habe ich 2000 Mark bezahlt. Zwanzig Jahre später werden wir im Jemen eine völlig andere Situation vorfinden, Al-Qaida hat nun das Sagen, immer wieder enden Entführungen tödlich. 2016 ist Krieg.

Um fünf Uhr morgens setzt sich unsere Karawane in Bewegung. Am Ortsrand erwartet uns ein Pick-up mit zwei Beduinen, jeder von ihnen trägt eine Kalaschnikow, einen Krummdolch und eine kleinkalibrige Pistole am Gürtel.

Nach einigen Kilometern endet die Teerstraße, die gebaut wurde, um die in der Nähe liegenden Ölquellen zu erreichen. Unsere Fahrer knüppeln die Toyotas über die Piste, sie ist hier so breit, dass die Fahrzeuge fächerförmig verteilt über die Dünen brettern. Kamele kreuzen unseren Weg. Nahezu übergangslos erscheint eine gleißende Sonne am Horizont, Morgenstimmung, Glück des Reisenden. Zwei der Fahrzeuge brechen nach links aus. Ein anderes bremst abrupt ab, der Fahrer springt heraus, ballert aus seinem Schnellfeuergewehr in die Luft. Er will die Ausreißer warnen, es besteht die Gefahr, auf saudisches Gebiet zu geraten. Die beiden Fahrer rasen weiter, sie müssen die Schüsse überhört haben. Das Führungsfahrzeug rast hinterher, macht sich durch wildes Hupen bemerkbar, wird endlich wahrgenommen.

In einem großen Bogen ziehen die drei Fahrzeuge weg von der Grenze, vereinigen sich wieder mit den anderen Landcruisern.

Dünen erheben sich in den Himmel, Fahrzeugspuren verwehen im Sand. Allmählich wandelt sich die Landschaft, wir verlassen die Rub al-Chali, die größte Sandwüste der Erde, das sogenannte »Leere Viertel«, und folgen einer breiten Schotterebene, Tafelberge begrenzen das Plateau. Grasbüschel lugen aus Geröll hervor, vereinzelt ragen Dornbuschakazien in den Himmel. Die Hochebene ist viele Kilometer breit, dennoch touchieren sich zwei von unseren Fahrzeugen, als einer der wilden Kerle überholen will. Zum Glück bleibt es bei Blechschäden. Wir erreichen die Provinz Hadhramaut im Südjemen, bei einer Tankstelle verlassen uns unsere beiden Führer, sie winken zum Abschied. Wir sind auf sicherem Territorium.

Die Fahrer pressen Luft in die Reifen ihrer Autos, für die Fahrt auf dem weichen Wüstenboden hatten sie Luft abgelassen, nun geht es auf Teerstraßen weiter. In den Dörfern zu beiden Seiten der Straße sehen wir Frauen in schwarzen Gewändern mit spitzen Hüten, Männer ohne Dolche, im Nordjemen undenkbar. Wir übernachten in einer heruntergekommenen Herberge in der Ortschaft Tarim, sanftes Quaken lockt mich ins Bad, und ich entdecke Frösche, die sich in der Wanne tummeln.

Am nächsten Tag kommen wir nach Shibam, das »Manhattan Arabiens«, mit seinen Lehmbauten, die teilweise über zehn Stockwerke hinauf streben. 17 Jahre später wird sich hier ein Selbstmordattentäter inmitten einer Gruppe koreanischer Touristen in die Luft sprengen.

Zwei Wochen später bringen uns drei Kleinbusse, von welchen einer für das Gepäck bestimmt ist, zum Flughafen von Sanaa, der Landeshauptstadt. Es ist kurz vor Mitternacht, als wir am Airport ankommen, ein flotter Bodensteward kümmert sich um unsere Gruppe, und in null Komma nichts sind wir eingecheckt. Für umgerechnet 2 Mark, also 50 Rial, genehmige ich mir am Buffet ein alkoholfreies Bier, es würde 4 US-Dollar kosten, gut, dass ich während der Rundreise Landeswährung auf dem Schwarzmarkt besorgt habe. Eigentlich sollten wir um 1 Uhr morgens abfliegen, eine Viertelstunde später werden wir zum Boarding gerufen. Um 2 Uhr rollt die Maschine zur Startbahn, nimmt Geschwindigkeit auf, und urplötzlich tut es einen gewaltigen Schlag, einer der Motoren ist ganz offensichtlich explodiert. Einige Minuten später rollt der Flieger zurück zum Terminal. Kommentarlos serviert uns das Personal das Abendessen. Schließlich werden wir gebeten, die Maschine zu verlassen. Verwirrte Passagiere stehen ratlos in der Wartehalle herum, ohne Begründung werden die Pässe eingesammelt, eine Kommandostimme befiehlt unserer Gruppe, einen bereitstehenden Bus zu besteigen, hilflose alleinreisende Fluggäste haben sich uns angeschlossen. In der Schrottkiste dringen Auspuffgase in den Fahrgastraum, eine junge Europäerin mit offenem langem Haar bekommt einen hysterischen Anfall. Ein ratloser Manager von Jemenia, der Fluggesellschaft, sitzt neben dem Fahrer, hat keine Ahnung, wohin die Reise gehen soll. Ich beruhige ihn – in unserem letzten Hotel, dem Som City, sollten noch Zimmer frei sein. Umständlich werden wir dort auf verschiedene Zimmer verteilt, die Betten sind noch nicht gemacht. Ich teile mit einem freundlichen Herrn in den Sechzigern die Bude und erfahre, dass er ein katholischer Priester ist. Bei der Ankunft im Hotel wurde uns gesagt, dass uns um 9 Uhr ein Bus abholen würde, um 11 Uhr ginge der Flieger. Dieser Bus kommt und kommt nicht, offensichtlich hat man uns vergessen. Panik kommt auf, ich nehme das Heft in die Hand, winke vorbeifahrende Taxis herbei, grüppchenweise werden die Passagiere in den Fahrzeugen untergebracht. Ein Mann, typisch deutsch?, verweigert mir den Platz auf dem Beifahrersitz, als das letzte Fahrzeug abfährt. Schließlich war ich es, der ein verlorenes Grüppchen Fahrgäste, die nicht zu unserer Gruppe gehören, mit ins Hotel genommen und mich um die Fahrt zum Flughafen bemüht habe. Danke, Landsmann.

Schließlich nimmt mich ein Pick-up mit, und ich bin doch noch rechtzeitig am Airport. Dort ist wieder alles im Lot, problemlos werden die Taxifahrer vom Servicepersonal bezahlt. Um 12 Uhr ist die Maschine in der Luft. Von einer freundlichen Flugbegleiterin erfahre ich, dass Vögel in das Triebwerk der startenden Maschine geflogen waren.

Glück gehabt.

Tradition und Moderne
Bahrain, Kuwait und Oman, 2004

Eine architektonische Meisterleistung, der King Fahd Causeway, führt über einen langen Damm an die Grenze nach Saudi-Arabien. Als wir in das Land hinüberschauen, sehen Renate und ich keine Moschee, sondern eine riesige *McDonald's*-Filiale. Von Dubai ist es mit dem Flugzeug ein Katzensprung in das Sultanat Bahrain. Wir haben uns einen Leihwagen genommen und schauen uns auf der kleinen Insel um, die nicht viel größer ist als München. Wir spazieren durch den Andalus-Park in Manama, der Hauptstadt des Landes, und blicken auf ein mächtiges weißes Gebäude mit diversen Kuppeln und zwei sich in den Himmel reckenden Minaretten. Die »Al Fateh Grand Mosque« ist eine der größten Moscheen der Welt und bietet 7000 Gläubigen Platz. Ein Herr in blütenweißem Anzug fragt uns, ob wir das Gotteshaus besichtigen möchten. Er kommt aus dem indischen Hyderabad, ist ein pensionierter Ingenieur und einer der vielen Freiwilligen, die Besucher durch die Moschee führen. Gerne willigen wir ein, und der freundliche Herr führt uns zum Eingang, erläutert uns Grundsätze des Islam und weist insbesondere darauf hin, dass diese Religion viele Schattierungen aufweist und sehr stark von den Regionen geprägt ist, wo sie praktiziert wird. Wir dürfen sogar am Mittagsgebet teilnehmen. Renate wird dazu in die Abaya, ein schwarzes Gewand, gekleidet und gebeten, ein Kopftuch anzuziehen. Eine Helferin führt sie in den separaten Betraum der Frauen. Unser Begleiter erklärt uns, dass das Gebet, welches bei den Sunniten, die auf der arabischen Halbinsel die Mehrheit bilden, fünf Mal am Tag verrichtet werden sollte und der inneren Einkehr, der Zwiesprache mit Gott und der Meditation dient.

Am Hafen des Stadtteils Sitrah laufen am späten Nachmittag noch immer die hölzernen Dhaus, die motorgetriebenen Boote, zum Fischfang aus, ein archaischer Anblick.

Von Bahrain geht es in einem kleinen Luftsprung hinüber nach Kuwait. Eine riesige Herkules der US-Armee rollt neben uns auf die Startbahn, als wir aus dem Fenster des Airbus blicken. Am Flughafen schickt mich der Beamte bei der Einreise zum Geldwechseln, dann muss ich Marken aus einem Automaten ziehen, damit bezahle ich unser Einreisevisum. Kuwait City selbst ist eine gigantische Großstadt, voll von Limousinen der Nobelmarken. Den Sonnenuntergang von der Aussichtsplattform des Kuwait-Tower, dem Wahrzeichen der Stadt, verpassen wir, weil der Staatspräsident von Eritrea uns den Platz streitig macht. Aber nach seinem Abgang können wir das Lichtermeer der Stadt von oben sehen. Am frühen Morgen schlendern wir über den Fischmarkt, wie in Bahrain waren die Fischerboote in der Nacht unterwegs und entladen nun ihren Fang, der gleich auf den Tischen der Händler landet.

Wir erleben noch einige interessante Tage im omanischen Muscat, einer weitverzweigten Stadt, das orientalische Leben spielt sich rund um den Bazar ab. Zeitweise müssen wir an Absperrungen warten, Chatami, der iranische Staatspräsident, ist zu Gast, wir schreiben das Jahr 2004. Wenn die Staatskarosse im riesigen Konvoi zwischen Militärfahrzeugen mit aufgepflanzten Maschinengewehren vorbeikommt, recken sich die Hälse der Männer auf der Straße. Unser kleines Hotel liegt hinter einem McDonald's an einer Schnellstraße. Als wir an einem Abend vom Ortsteil Mutrah an der Corniche mit dem Taxi zurück wollen, bitte ich den Fahrer, zum McDonald's zu fahren, das Hotel sagt ihm nichts. An einer Kreuzung, wo sich zwei Schnellstraßen teilen, biegt er rechts ab. Ich bedeute ihm, dass dies die falsche Richtung sei.

Aus seiner Reaktion erkenne ich, dass es in dieser Richtung wohl auch eines dieser amerikanischen Fast-Food-Lokale gibt. Als ich darauf bestehe, dass er umkehrt und die andere Straße nimmt, murmelt der magere ältere Herr aus Pakistan »the same, the same«. Er hat ja recht, das Angebot ist immer exakt das gleiche. Wie soll er wissen, dass wir die regionale Küche bevorzugen. Und wir wollen ohnehin nicht in ein Restaurant, nur in unser Hotel.

Es gäbe noch viel zu erzählen über dieses spannende Land zwischen Tradition und Moderne. Unglaublich, was der Sultan in den damals 34 Jahren seiner Regierungszeit geschaffen hat. Er hat das Land aus dem Mittelalter in die Neuzeit geführt – und das ausgesprochen behutsam. Man findet eine beeindruckende Infrastruktur vor – und dennoch gelten die alten Gesetze der Toleranz und des Miteinanders weiterhin. Man fühlt sich hier wirklich als Gast in einem Land aus Tausendundeiner Nacht – in den ausgezeichneten Hotels, in den zum Teil unglaublich preiswerten Restaurants und unter den Menschen, die immer ausgesucht höflich und gastfreundlich sind. Das gilt sowohl für die Omanis als auch für die vielen Gastarbeiter, meistens aus Kerala in Südindien. Die Verbindung der alten Seefahrernation zum indischen Subkontinent macht sich hier besonders bemerkbar. Es kommt immer wieder vor, dass wir zu Tee oder Kaffee eingeladen werden, auch wenn in den einfachen Lokalen die Männer immer unter sich sind, wird Renate manierlich und korrekt behandelt. Und die Landschaft mit ihren bizarren Bergmassiven, den grünen, von jahrhundertealten Lehmbauten umstandenen Oasen, den mächtigen Forts und den weißen Stränden, oft bevölkert von eierlegenden Seeschildkröten, ist mit Worten kaum zu beschreiben.

TEIL IV

ASIEN

Meine ersten Reisen nach Süd- und Zentralasien waren wie ein Sprung ins kalte Wasser. Über keinen anderen Erdteil hatte ich so wenig gelesen und gehört. Ich wusste, dass es hinduistisch-muslimisch und buddhistisch geprägte Gebiete gab, aber ich hatte keine Ahnung, mit welcher Macht die Religionen dort aufeinanderprallen.

Am Anfang standen organisierte Gruppenreisen nach Indien. Wir fuhren in klimatisierten Bussen über Land und übernachteten in komfortablen Hotelzimmern. Das Bild, das sich uns bot, war verzerrt und auf Hochglanz poliert. Wir sahen das Land und die Menschen durch die Linse des Pauschaltourismus.

Was sich wirklich auf den Straßen Kalkuttas und Neu-Delhis abspielt, begriff ich erst, als ich alleine unterwegs war. Jetzt kam der Kulturschock. Der Schmutz und die Armut waren überwältigend. Zum ersten Mal in meinem Leben hatte ich das Bedürfnis wegzusehen.

Genauso unvermittelt wie das Elend traf mich die Schönheit: der Glanz rauschender Straßenfeste zu Ehren hinduistischer Gottheiten, die betörende Leichtigkeit folkloristischer Tänze, die Anmut der Frauen in ihren bunten Seidensaris. In Indien wurde ich Zeuge von Szenen, die so geheimnisvoll und schön waren, dass sie mir den Atem raubten.

Auch nach unzähligen Reisen bleibt das Land für mich rätselhaft. Von seiner Faszination hat es nichts eingebüßt.

Blau für den Himmel
Tibet, 1994

Unter uns ragen Achttausender aus der Wolkendecke empor. Den krönenden Abschluss bildet der Mount Everest. Das »Dach der Welt« erinnert an ein riesenhaftes weißes Zelt, das nach oben hin zunächst flach und dann spitz verläuft. Die Schatten auf der sonnenabgewandten Seite geben dem Bild einen reliefartigen Anschein. Renate drückt meine Hand. »Ist das nicht schön, Wolfgang? Wie aus einem Bilderbuch!« Wir beide haben eine Gruppe Kolleginnen und Kollegen um uns geschart, um ihnen die ferne Welt im Norden des indischen Subkontinents zu zeigen.

Am tibetischen Flughafen von Gonkar erwarten uns zwei Kleinbusse mit tibetischen Führern – zu unserer Überraschung sind es keine Han-Chinesen. Unsere Weiterreise führt durch karges Hochtal entlang des Yarling Tsangpo, dem Quellfluss des Brahmaputra. Von flachen weißen Häusern mit dunklen Fensterrahmen flattern bunt die Tibet-Fahnen: Blau für den Himmel, Weiß für die Wolken, Rot für das Feuer, Grün für das Wasser und Gelb für die Erde. Yaks weichen scheu zur Seite, farbige Buddha-Reliefs sind in Felsen gemeißelt. Es ist, als hätten die Farben hier im kargen tibetischen Hochland, unter dem »Dach der Welt«, eine andere Intensität. Alles leuchtet – sogar die freundlichen Gesichter der Tibeter, denen wir auf unserer Reise begegnen.

Nach einigen Stunden erreichen wir die tibetische Hauptstadt Lhasa. Schon von weitem grüßt der Potala, für über dreihundert Jahre Sitz der tibetischen Regierung, bis im Jahre 1959 der Dalai Lama vor den Truppen der rotchinesischen Volksarmee nach Indien flüchten musste. Der Palast überstand die chinesische Kulturrevolution relativ unversehrt, da er der Armee der Besatzer als Unterkunft diente. Erhaben thront der mächtige Bau über der Stadt.

Der Name »Potala« steht für das »Reine Land« des Bodhisattva Avalokitesvara, des tibetischen Schutzpatrons. Bodhisattvas sind Gläubige, die den Stand der Erleuchtung erreicht haben. Als Buddhas konnten sie sich dem ewigen Kreislauf des Wiedergeborenwerdens entziehen, aber sie bleiben auf Erden, um den Menschen zu helfen, den »Mittleren Weg« zu finden. Der derzeitige Dalai Lama gilt als die 14. Inkarnation des Avalokitesvara, des Bodhisattva des universellen Mitgefühls.

Unsere Besichtigungstour beginnt mit dem Joghang-Tempel mit der berühmten Skulptur des Shakyamuni, des erleuchteten Siddhartha, hier Jowo genannt. Vom Dach der Tempelstätte haben wir einen grandiosen Blick auf den Potala. Er liegt sozusagen zum Greifen nahe, aber als wir zu der Anlage hinaufsteigen, kommen wir ganz schön ins Schnaufen – die Höhe macht uns zu schaffen. Unterwegs begegnen uns viele Pilger. Sie sind auf dem Weg nach Drepung, dem bedeutendsten und größten Kloster Tibets, das die Kulturrevolution mehr oder weniger unbeschadet überstanden hat. Hier gab es einst 10 000 Mönche, heute sind es nicht einmal mehr 500. Von unseren Führern erfahren wir, dass dort Novizen in den Mönchsstand erhoben werden. Die Zeremonie wird vom obersten Lama des Landes vorgenommen. Auf dem Platz rund um das Kloster herrscht Unordnung. Holzstapel, Ziegel und Bauschutt zeugen von der Renovierung der Anlage. Das Kloster war während der chinesischen Kulturrevolution zu großen Teilen zerstört worden. Kinder mit

Rotznase, Männer und Frauen in einfacher, teils dürftiger Kleidung drängen sich um den Eingangsbereich.

Im Hauptgebäude begrüßen Skulpturen von Buddhas, Göttern und Geistern die Gläubigen. Räucherstäbchen verbreiten angenehmen Sandelholz-Geruch. Pilger mit mongolischen Gesichtszügen sitzen dicht gedrängt in und vor dem Hauptraum, viele von ihnen inmitten von Bauschutt. Manche tragen rubinrote Mönchsroben, andere sind einfach gekleidet, Strohhüte bieten den Männern, die draußen sitzen, Schutz gegen die brennende Sonne. Mahnend redet der Lama auf die Novizen ein, die mit geschorenen Köpfen in demütiger Haltung auf dem Boden sitzen, monotoner Gesang steigt auf wie aus der Tiefe. Gongs dröhnen mit vollem, tiefem Klang. Ich spüre, wie sich Ruhe in mir ausbreitet. Später werde ich vor allem dieses Gefühl mit der buddhistischen Enklave verbinden.

Nach unserem Aufenthalt in und um Lhasa erreichen wir den 5050 Meter hohen Lalu-La-Pass. Gebetsfahnen knattern im Wind, vor uns ragen die Himalayariesen auf – vom 8022 Meter hohen Sisha-Pangma bis hin zum 7553 hohen Chogan. Yak-Hörner blicken von den Giebeln der Häuser eines kleinen Dorfes auf uns herab, ein Schutz gegen böse Geister. Wir erreichen ein kleines Kloster. Hier hat einst der dichtende Mönch Milarepa, der wohl größte Jogi und Asket Tibets, in einer Höhle meditiert. Nun lebt hier ein einsamer Mönch. Obwohl wir den Einsiedler, ein ehrwürdiger alter Mann mit weißem Ziegenbart, der sich auf die Tradition des tantrischen Jogi beruft, in seiner Mittagsruhe stören, öffnet er bereitwillig und beantwortet jede unserer Fragen – gut, dass unser tibetischer Führer übersetzt. Nachdem wir ihm als Dankeschön ein Bild des Dalai Lama überreicht haben, verteilen wir uns auf zwei einfache Restaurants im nächsten

Dorf. Es gibt eine köstliche dampfende Nudelsuppe, die im Nu für unsere hungrigen Mägen zubereitet wird. Als wir weiterfahren, kommt plötzlich ein Jeep aus einer Seitenstraße geschossen und nimmt uns brutal die Vorfahrt. Unser Fahrer muss eine Vollbremsung hinlegen. Anschließend fährt der Fahrer des Jeeps – ein chinesischer Offizier, die Schulterklappen weisen ihn als Hauptmann aus – provozierend im Schritttempo vor uns her. Vielleicht hält er uns für Tibeter und spielt den Kolonialherren. Als er nach einigen hundert Metern vor einem Haus stehen bleibt, fährt unser blass gewordener Fahrer langsam an ihm vorbei. Ich strecke dem Provokateur aus dem offenen Fenster wütend die Faust entgegen. Nun hat er begriffen, dass wir westliche Touristen sind, und lässt uns unbehelligt weiterfahren. Sein Hochmut wirkt nach dem Besuch des tibetischen Klosters und der Begegnung mit den Mönchen besonders hässlich.

Die letzten 30 Kilometer in Richtung Nepal geht es durch den »Weg zur Hölle«, die berüchtigte unbefestigte Nyalam-Gebirgsstraße. Wer einen Blick aus dem Fenster wagt, sieht in der Tiefe Autowracks, die wohl nie mehr geborgen werden. Wir bewundern unsere Fahrer, die die beiden Busse förmlich über die teilweise abgerutschte Straße »tragen« und millimeternah am Abgrund navigieren.

Tief im Taleinschnitt blühen im üppigen Urwald die Rhododendron-Büsche – ein Anblick unberührter Schönheit. Vor uns liegt Nepal.

Ärzte für die Dritte Welt
Kalkutta/Indien, 1986

Der kleine Mann läuft wie ein Tiger im Käfig auf dem Balkon hin und her und murmelt immer wieder dieselben Worte vor sich hin: »Ich wasche mir nicht jedes Mal die Hände.«

Ich habe eine lange Zugreise quer durch Indien hinter mir und bin von Howrah Station, dem riesigen Bahnhof von Kalkutta, mit der Straßenbahn zur Esplanade gekommen. Beim Aussteigen hat mir im Gedränge ein Taschendieb die Geldbörse aus der Hosentasche gezogen, und noch immer fühle ich mich übel hintergangen. In der nahen Sudder Street habe ich in einem ehrwürdigen Haus bei einer Pensionswirtin Quartier bezogen. Dem Gebäude sind die Jahre anzusehen – und niemand würde vermuten, dass es einst dem berühmten bengalischen Dichter Rabindranath Tagore als Domizil diente.

Im Aufenthaltsraum sitzen zwei junge Frauen aus Deutschland.

»Was macht ihr denn in Kalkutta, Mädels« frage ich leichthin – und schlucke, als ihre Antwort mich belehrt, mit wem ich es hier zu tun habe. Claudia und Marie arbeiten für »Ärzte für die Dritte Welt« und kommen am Wochenende hierher, um sich ein wenig zu erholen. Die beiden »Mädels« sind eine gestandene Ärztin und eine Mitarbeiterin, die sich um Dinge der Administration kümmert. Paul, der Mann auf dem Balkon, ist ein Kinderarzt, Ende fünfzig und eben erst aus dem Rhein-Main-Gebiet zu seinem Einsatz angereist.

Ärzte, Schwestern, Pfleger und andere Fachkräfte opfern ihren Jahresurlaub, um hier die Ärmsten der Armen zu versorgen. Nicht nur das, sie tragen auch noch die Hälfte der Flugkosten.

»Wenn du eine Weile dabei bist, begreifst du, dass vieles ganz anders ist, als du gedacht hast«, erklärt Marie. »Zum Beispiel die Sisters of Charity. Natürlich haben sie viel erreicht. Aber in ihrem Sterbehaus pflegen sie Kranke zu Tode, die wir mit den Mitteln moderner Medzin vielleicht retten könnten. Es liegt eben nicht alles in Gottes Hand.«

Während ich zuhöre, geschieht etwas in meinem Inneren. Alles wird gewissermaßen zurechtgerückt. Das kleine Ungemach mit dem gestohlenen Geldbeutel erscheint mir jetzt völlig bedeutungslos.

Wir vereinbaren, dass ich die drei am nächsten Morgen an ihrer Wirkungsstätte besuche.

Die Hilfsstation liegt im Slum von Howrah, zwischen Betonbauten, Elendshütten und Holzverschlägen, in denen Bauern Wasserbüffel halten. Ein schmuckloser Bungalow, ein kleiner ungeteerter Platz. Claudia und Paul sitzen in weißen Kitteln auf wackeligen Stühlen, vor ihnen reihen sich Bedürftige in eine lange Schlange ein. Unter den Wartenden sind viele Mütter mit kranken Babys und Kleinkindern auf dem Arm.

Nur vollkommen mittellose Menschen dürfen die Dienste der »Ärzte für die Dritte Welt« in Anspruch nehmen. Darauf wird von den Behörden streng geachtet, damit ja keinem indischen Arzt ein Geschäft entgeht.

Paul untersucht seine Patienten mit konzentrierter Miene. Er prüft den Puls, hört das Herz ab, stellt Fragen, die von einer Dolmetscherin übersetzt werden. Er strahlt jetzt große Ruhe aus. Die Hände, die wäscht er sich nicht nach jeder Untersuchung.

Das Prinzip der Nächstenliebe
Kalkutta/Indien, 1994

»The fruit of SILENCE is Prayer – The fruit of PRAYER is faith – The fruit of FAITH is Love – The fruit of LOVE is Service – The fruit of SERVICE is Peace«*. Dieser Glaubenssatz zieht sich wie ein roter Faden durch das Leben von Mutter Teresa. Es war schon immer ein Herzenswunsch von Renate und mir, dieser kleinen großen Frau einmal zu begegnen. 1994 bietet sich tatsächlich die Gelegenheit. Durch die Vermittlung von Father Charles, einem südindischen Pfarrer, welchen wir mit unserem Polizeiverein »International Police Association« in seiner Arbeit unterstützt haben, ist es mir gelungen, einen Termin bei der ehrwürdigen »Mother« zu bekommen. So werden Renate und ich vor dem Mutterhaus der »Sisters of Charity« von einer der Schwestern im für den Orden typischen indischen Sari empfangen und in das einfachst möblierte Gebäude geführt. Wir müssen gar nicht lange warten, bis das kleine Weiberl mit dem Herzen eines Löwen erscheint, uns ihre kräftige Hand reicht und mit einem »Mutter-Gottes-Amulett« beschenkt. Renate macht mich auf ihre schrundigen Füße aufmerksam. Nahezu ihr ganzes Leben über lief die albanische Bauunternehmertochter aus Mazedonien barfuß, um ihren indischen Schutzbefohlenen ebenbürtig zu begegnen. So wie es auch ein anderer großartiger Mensch, nämlich Mahatma Gandhi, getan hat. Wie verwandt sie in ihrem Denken und Handeln waren – sie, die Katholikin, und er, der Hindu, beide von unendlicher Liebe zu den Menschen geprägt. Hatte ich das Glück Mutter

---

* Die Frucht der Ruhe ist das Gebet – die Frucht des Gebetes ist der Glaube – die Frucht des Glaubens ist Liebe – die Frucht der Liebe ist Dienen – die Frucht des Dienens ist Frieden.

Teresa persönlich zu begegnen, so war es mir nie vergönnt, Gandhi zu erleben. Immerhin stand ich ein paar Minuten an der Gedenktafel, die ihm zu Ehren in Neu-Delhi errichtet wurde.

Das Lächeln von Mutter Teresa aber werde ich nie vergessen. Für mich war es beinahe, als hätte ich der Menschlichkeit selbst ins Angesicht geschaut.

Zunge zeigen
Südindien, 1994

Renate und ich erkunden begeistert die Tempelanlagen von Mamallapuram (Mahabalipuram) im indischen Bundesstaat Tamil Nadu. Die weit auseinanderliegenden Tempel und Reliefs schlagen uns derart in ihren Bann, dass wir gar nicht merken, wie erbarmungslos die Sonne auf uns herunterbrennt. Staunend stehen wir vor dem riesigen Relief, der »Herabkunft des Ganga«, 12 Meter hoch und 33 Meter breit. Wir können gar nicht begreifen, wie vor 1200 Jahren ein solches Kunstwerk entstanden ist. In ungemein feinen Darstellungen ist die Mythologie verewigt, wie der heilige Fluss Ganges vom Himmel strömt und das Haar von Shiva durchfließt. Die Seelen der Menschen sollen gereinigt werden, aber Shiva muss verhindern, dass die Erde dabei überschwemmt wird. Zwei riesige Elefanten beobachten das Geschehen. Während wir ergriffen vor dem Monumentalkunstwerk stehen und unsere Gedanken austauschen, quatscht ein Mann um die fünfzig mit einem großen weißen Tika auf der Stirn unentwegt auf uns ein. Er will uns Fahrräder vermieten, die wir an diesem Tag aber wirklich nicht brauchen. Als er seine Bemühungen trotz meiner gebetsmühlenartig heruntergeleierten

Beteuerungen, dass heute kein Geschäft mit uns zu machen sei, nicht aufgibt, werde ich etwas unwirsch. Und jetzt geschieht Folgendes: Der Typ streckt mir die Zunge raus und verschwindet in Richtung seiner Fahrräder. Ich will ihm noch ein paar unschöne Worte hinterherschicken, besinne mich aber im letzten Moment. Beinahe hätte ich seine Geste missdeutet. Das Herausstrecken der Zunge ist in Indien ein Zeichen der Entschuldigung. Der Brauch geht zurück auf die Mystik: Trunken vom Blut ihrer Feinde, tanzte die Göttin Kali entfesselt auf dem Schlachtfeld – bis ihr Gatte sie mit einer List zur Besinnung brachte. Shiva legte sich reglos zwischen die Leiber der Opfer, bis Kali auch auf seinem Körper tanzte. Erst als sie ihn erkannte, hielt sie erschrocken inne. Aus Scham über ihr Verhalten streckte sie die Zunge heraus.

Unberührbar
Kalkutta/Indien, 2002

Wesentlicher Bestandteil des Hinduismus ist die Puja, was in etwa so viel wie »Ehrerweisung« bedeutet. Am nächsten kommt sie einem Gebet. So wie Christen täglich beten sollten, ganz gleich, ob dies daheim, in der Natur oder in der Kirche geschieht, so zelebrieren Hindus die Puja. Katholiken wenden sich an ihre Heiligen, und indische Gläubige beten zu verschiedenen Gottheiten. Einmal im Jahr gibt es große Pujas zu Ehren meist weiblicher Gottheiten, die sich über Stunden und Tage hinziehen.

Gemeinsam mit Kamal, dessen Bruder wir in München kennengelernt haben, besuchen Renate und ich den Dakshineswarkali-Tempel bei Kalkutta. Die mächtige Anlage liegt etwa 20 Kilometer vor der Mega-City am östlichen Ufer des

Hooghly-Flusses und ist der Göttin Bhavatarini, einer Inkarnation von Kali, gewidmet. Kleine Pagoden umrahmen ein mächtiges Hauptgebäude. Aus Lautsprechern verführen meditative Trommelklänge in die Domäne des Mystischen. In einem der Pavillons wird Shiva, Kalis Gatte, verehrt. Dort verrichten wir unsere Puja, indem wir ein kleines Körbchen mit einer Kerze vom Priester weihen lassen und vor dem steinernen Lingam ablegen.

Als wir wieder am Stadtrand ankommen, verstellen uns zwei mächtige Elefanten den Weg. Da ist auch unser indischer Freund überrascht, hier in der Stadt ist ihm noch nie ein Dickhäuter begegnet.

Kamal und seine Eltern leben in einem vornehmen Viertel von Kalkutta mit Namen Salt Lake City oder Bidhan Nagar, wie die Bengalis es nennen. Bidhan Nagar entstand auf dem Reißbrett. Eine jugoslawische Firma wurde in den 60er Jahren beauftragt, ein riesiges Areal von salzigem Sumpf trockenzulegen. Hier entstand das Wohnviertel für betuchte Inder. Die Zugänge werden durch Wachposten kontrolliert.

Eines Abends holt uns der Fahrer der Familie ab, und gemeinsam mit Kumari, der Dame des Hauses, einer indischen Christin, und dem 25-jährigen Kamal fahren wir das im Glanz erstrahlende Kalkutta ab. Es wird Kali-Puja gefeiert, das Fest der Lichter. Die Fackeln sollen König Rama nach seiner vierzehnjährigen abenteuerlichen Reise sozusagen heimleuchten. Dieses Fest wird im übrigen Indien Lakshmi gewidmet, Gattin Vishnus, Göttin des Glücks und der Schönheit. Renate und mir fällt auf, wie nah griechischer und hinduistischer Mythos sind. Ramas Erlebnisse sind durchaus mit der Odyssee des gleichnamigen großen Seefahrers vergleichbar. Lakshmi aber erscheint uns wie eine Verwandte von Aphrodite.

Kalkutta ist die Stadt der furchterregenden Göttin Kali. Die Lakshmi-Pujas sind in der Regel mit viel Lärm verbunden, und tagelang werden Raketen gezündet. In Kalkutta ist der Verkauf dieser Krachmacher verboten, deshalb findet das Fest in einer angenehm ruhigen Atmosphäre statt. In jedem Stadtteil sind temporäre Tempel aufgebaut, die meisten von ihnen aus Bambus, welche prächtig beleuchtet sind. Die Mitte des Raumes beherrscht eine Verkörperung der Göttin Kali, augenscheinlich eine Macht des Todes und der Zerstörung. Die schwarze Figur ist meistens vierarmig dargestellt. In drei Händen hält Kali einen abgeschlagenen Schädel, eine wütend geschwungene Sichel und eine Blutschale. Ihre rechte Hand aber ist erhoben und zeigt die segnende Geste. Kali trägt eine Halskette aus bleichen Schädeln, ihren Rock bilden abgeschlagene Armstümpfe, in ihrem Ohr hängt ein totes Kind. Die Stirn ziert das »Dritte Auge«, und sie zeigt dem Betrachter die Zunge. Ihr Begleiter ist der Goldschakal, der Glück verheißende Botschafter. Während der Feierlichkeiten wird Kalis Skulptur über und über mit Blumenkränzen behängt. Trotz ihres furchteinflößenden Auftretens wird sie von den Bengalen nicht als Todesgöttin, sondern als Retterin verehrt – richtet sich ihre Gewalt doch nicht gegen den Menschen, sondern gegen die bösen Geister. Die Sichel gilt ihren Anhängern nicht nur als Sinnbild des Todes, sondern wird als Mittel der Erlösung verstanden. Sie trennt die Niederungen des menschlichen Seins ab und führt in die Überwindung des ewigen Kreislaufs der Wiedergeburt.

Als wir die Verbrennungsstätten am Hooghly-Fluss erreichen, wo heilsuchende Inder in den braunen Fluten des Stromes baden, machen wir eine erstaunliche Entdeckung: Unsere Gastgeberin ekelt sich vor den sogenannten Unberührbaren, die hier das Geschäft der Leichenverbrennung betreiben. In ihrer Stimme klingt Empörung mit, als sie sich mit einer abrupten Bewegung abwendet: »Noch nie war ich an einem so abscheulichen Ort«, erklärt sie.

Das Kastenwesen wirkt offenbar noch immer – bis in den gehobenen Mittelstand hinein, unter Menschen, die sich selbst als Christen bezeichnen.

Das Mandala von Thiksey
Leh/Indien, 2002

Wegen des eskalierenden Konflikts zwischen Indien und Pakistan meiden Touristen den südasiatischen Subkontinent. So treffe ich in Leh, der Hauptstadt von Ladakh, nur wenige, wild entschlossene Reisende. Unter diesen wenigen sind einige von der Sorte, die man immer wieder in der ganzen Welt antrifft: zu sehr mit sich beschäftigt, um auch nur zu grüßen. Ganz anders die Einheimischen, die mir schon von weitem ein fröhliches Joole (Willkommen) zurufen. Manche laufen sogar auf mich zu und reichen mir die ausgestreckten Hände. Sie sind tibetischer Abstammung, nicht von ungefähr nennt man Ladakh »Klein Tibet«.

Die ersten Tage verbringe ich mit behutsamer Akklimatisation an die Höhe. Im Schneckengang steige ich zum Leh-Palast und dem wunderschönen Shanti-Stupa hinauf, um mich für den bevorstehenden Treck zu stärken. Nach einem Frühstück in der German Bakery – sie heißt wirklich so, und das in »Klein Tibet« – laufe ich zur Busstation hinunter und nehme den Minibus. Die Fahrt führt parallel zum Indus, der hier noch ein größerer Bach ist, durch grünes Farmland, gesäumt von sandbedeckten Bergen, sanft talwärts zur Thiksey-Gompa. Vom Ort Thiksey bietet sich ein phantastischer Blick auf das Kloster. Auf Steintreppen steige ich hinauf zu den heiligen Hallen. Von dort schweift der Blick weit in das Industal. Die Gebete der Mönche werden zeitweilig vom Blasen der Hörner unterbrochen – einem tiefen, langgezogenen Ton, der die Luft vibrieren lässt.

Im Maiken-Tempel reiben zwei Mönche unentwegt Sand in allen erdenklichen Farben auf ein riesiges Holzbrett. Es entsteht ein rundes, wunderschönes Mandala. Seit einem Jahr haben sie an diesem Kunstwerk gearbeitet. Am nächsten Tag soll es fertig sein, dann beginnt eine Woche meditativer Gebete. Während die Mönche beten, will ich mit anderen Travellern zum einwöchigen Markha-Trail aufbrechen – ein Treck, der mich körperlich und seelisch an meine Grenzen bringt.

Als ich abends in mein Gasthaus zurückkomme, beginnt es zu schütten wie aus Kübeln. Ein schlechtes Omen für das bevorstehende Abenteuer?

Grenzerfahrung
Ladakh/Indien, 2002

Am Morgen hat der Regen aufgehört. Ein alter weißer Ambassador – von den Indern liebevoll »schwangerer Büffel« genannt – hält bei K2-Travel und wartet auf meine belgischen Wandergefährten und mich. An der Hängebrücke über den Indus, der hier noch ein schmaler Fluss ist, erwartet uns unser Führer Bema. Der 44-Jährige mit dem zerfurchten Gesicht ist ein tibetischer Flüchtling. Als kleiner Junge ist er auf einer gefährlichen Flucht über den Himalaya nach Ladakh gekommen. Der anstehende Treck ist für ihn ein Kinderspiel. Nach einigen Minuten kommt unser Horse-Guide mit drei Lastpferden hinzu.

Meine belgischen Weggefährten Natalie und Brion sind voller Tatendrang. Sie lassen sich von Bema den Weg weisen und laufen voraus. Ich warte, bis unsere ladakhischen Führer die Satteltaschen beladen haben, und folge dem gemächlichen Trott der Tiere. Am Ufer des Indus begegnet uns eine Herde Dzo – eine Kreuzung aus Rindern und Yaks. Mir wird beim Anblick der mächtigen Paarhufer ein wenig bange – aber die Tiere haben offenbar kein Interesse daran, mich auf die Hörner zu nehmen. Sie weichen uns weiträumig aus. Der Indus ist inzwischen angeschwollen zu einem reißenden Fluss, begrenzt von grünen Feldern, dahinter erhebt sich das Gebirge. Nach einem frugalen Picknick aus Eiern und Kartoffeln verlassen wir das Flussbett und folgen dem Verlauf eines Baches. Die Belgier bleiben nun brav mit mir hinter den Pferden. Sie waren einige Stunden vorher flott vorausgegangen, hatten sich verlaufen und mussten von Bemo gesucht werden. Wir drei können nicht mithalten, und irgendwann ist die kleine Gruppe von Pferden, Führer und Horse-Guide aus unserem Gesichtsfeld verschwunden. Erst am Jingchan Basecamp, einem kleinen Rastplatz am Bachufer, treffen wir sie wieder. Mit geübten Handgriffen schlagen die Belgier ihr eigenes Zelt auf, meines steht bereits. An Höhe haben wir bisher nur wenig gewonnen, denn gestartet sind wir bei 3300 Metern, das Camp liegt auf einer Höhe von 3380 Metern. Unsere Begleiter bereiten uns ein schmackhaftes Tali aus verschiedenem Gemüse, dazu gibt es Tee. Bei der Abendtoilette am Bach erwischt mich der Regen, und ich flüchte mich ins Zelt. Bema hat fürsorglich mit dem Spaten einen Graben um unsere Zelte geschlagen, so dass der niederprasselnde Regen nicht in unsere Behausung eindringen kann. Kaum habe ich das Zelt zugezogen, falle ich erschöpft in tiefen Schlaf.

Punkt 6 Uhr bringt mir Bema schwarzen, stark gesüßten Tee mit Milch ans Zelt. Ich beiße die Zähne zusammen und unterziehe mich im eiskalten Bach einer gründlichen Körperpflege. Anschließend gibt es Porridge zum Frühstück.

Wir drei Reisenden brechen vor den Pferden auf, die ja noch bepackt werden müssen. Bema gibt uns eine exakte Wegbeschreibung. Immer wieder waten wir durch den eiskalten Bachlauf, der nach dem Regen viel Wasser führt. An einer Lichtung, umstanden von Laubbäumen in herbstlichem Gelb, holt uns die Pferdegruppe schließlich ein. Wir laufen noch ein Stück weiter bis zu einer kleinen Raststätte. In einem geräumigen Zelt bietet eine freundliche Frau mit grüner Wollmütze und schweren silbernen Ohrringen Getränke an. Das Bier schmeckt wie ein Gruß aus der Heimat.

Der Ort nennt sich Rumbak Village, »Schneeleopardenhauptstadt der Welt«, und liegt 3800 Meter über dem Meer. Abgesehen von einer Familie, die ein uraltes Lehmhaus bewohnt und ein kleines Feld bestellt, lebt hier niemand.

Die letzten Kilometer unserer Tagestour gehen steil bergan, und ich verliere den Anschluss. Als ich im Ganda-La-Base-Camp ankomme, in 4380 Metern Höhe, ist mein Zelt bereits aufgebaut. Der Blick auf den Stok-La, einen schneebedeckten Bergriesen, entschädigt für die Strapazen, und eine Tasse heißer Tee tut ihr Übriges.

In dieser Nacht liege ich lange wach. Trotz zweier Schlafsäcke kriecht die Kälte mir in die Glieder, die Stille hat etwas Beklemmendes.

»Was ist, wenn du in dieser gottverlassenen Gegend einen Schlaganfall erleidest?«, geht es mir durch den Kopf. »Oder einen Blinddarmdurchbruch?« Erst in den frühen Morgenstunden falle ich in erschöpften Schlaf – und schrecke hoch, als Bemo um Punkt 6 Uhr Tee ans Zelt bringt. Um 7:15 Uhr sind wir auf den Beinen und steigen steil auf zum 4900 Meter hoch gelegenen Ganda-La. Für 700 Höhenmeter brauche ich zwei Stunden. Die Belgier sind weit voraus. Sie sind jung und austrainiert – und während ihre Silhouetten sich am Horizont verlieren, fühle ich mich plötzlich alt und allein.

Am Bergsattel treffe ich sie wieder. Der Blick auf die schneebedeckten Gipfel der Zanskar-Bergkette und die Stok-Mountains entschädigt für alle Mühen. Jetzt geht es stetig bergab ins Markha Valley. Bei 4150 Metern erreichen wir den Weiler Shingo. Unterwegs begegnen wir einem Rudel Rotwild, mächtige Schneehasen hoppeln davon, Murmeltiere stellen sich auf und verschwinden in ihren Höhlen, Eidechsen huschen über den Weg. Es geht weiter bergab, längst habe ich mich daran gewöhnt, immer wieder durch das eiskalte Wasser zu waten, das der Bachlauf mit sich führt. Einmal komme ich vom Weg ab und klettere in dem Felsen herum. Irgendwann und irgendwie erreiche ich den Übernachtungsplatz beim kleinen Kloster Skiu auf 3400 Höhenmetern. Das Lager ist schon lange aufgebaut, im Aluminiumtopf köchelt Teewasser. Ich bin 700 Höhenmeter auf- und 1500 abgestiegen und habe dafür acht Stunden gebraucht, für einen Nichtalpinisten eine ganz gute Leistung.

Am nächsten Morgen laufe ich mit den Belgiern vor unseren Guides los und kann eine ganze Weile ihr Tempo mithalten. Wir folgen den ganzen Tag dem Markha-Fluss, der in einem grünen Tal liegt, gesäumt von karstigen Bergen. Meist geht es mehr oder weniger eben dahin, ab und zu müssen wir aber auf schmalen Pfaden Hänge hinauf- und hinunterklettern. Langsam merke ich, wie meine Beklemmung sich löst. Das Wandern in der kargen Gegend tut der Seele gut, Gedanken kommen und gehen. Als mich die beiden jungen Leute abhängen, spüre ich kein Bedauern mehr. Erster, Letzter, was heißt das schon in einer Landschaft, die so fern ab von allem ist, das mich normalerweise umtreibt.

Ein aufflatternder Schlag Rebhühner reißt mich aus meinen Gedanken. Als ich mich dem Etappenziel, dem Dorf Markha, nähere, treibt mich ein kräftiger Wind vorwärts, als wollte er mir helfen. Längst erscheint mir die Landschaft nicht mehr feindlich. Abendessen gibt es im Zelt der Belgier. Als Brion das Geschirr zum Zelt unserer Begleiter zurücktragen will, rutscht er auf dem glitschigen Boden aus und fällt längs in den Bach. Er nimmt es mit einem Lächeln. Offenbar färbt die ladakhische Gelassenheit langsam auf uns alle ab.

Am nächsten Morgen drückt Schnee die Zeltdächer nieder. Ich behandle eine Ferse mit Penizillinpuder, die Wollsocken haben sie aufgescheuert. Es ist schon fast 8 Uhr, als wir drei vor unseren Guides aufbrechen. Wir folgen noch eine Weile dem Markha-Fluss, den wir zweimal überqueren müssen. Brion stapft durch das eiskalte Wasser und hilft dann Natalie und mir hinüber. Bei der zweiten Furt trägt er Natalie auf die andere Seite und wirft mir dann seine Sandalen zu. Barfuß auf den glitschigen Steinen wäre ich gewiss gestürzt.

Bei einem Stupa – einer Art kegelförmigem Schrein, in dem Reliquien aufbewahrt werden – hoch über dem kleinen Kloster von Umlung warten wir auf die Pferdegruppe. Hier, wo heftiger Wind Gebetsfahnen abreißen und verwehen würde, zeugt ein Stapel grauer Schieferplatten vom buddhistischen Glauben.

Kaum haben unsere Führer uns erreicht, geht die Wanderung weiter. Bemo will das Tagesziel noch vor der Dunkelheit erreichen. Bei dem Weiler Hankar biegen wir in ein Seitental ab und folgen dem Nimaling-Fluss bis zu einer kleinen Siedlung. Die Belgier sind schon voraus, so klopfen nur Bemo und ich an die Tür des kleinen Hauses, in dem seine Bekannte lebt. Tashi hat wettergegerbte Haut, ein altersloses Gesicht und lustige Grübchen.

Ihre Stube ist einfach und behaglich: Blitzblankes Geschirr steht in einem Holzregal, über einem gusseisernen Ofen hängen Suppenkellen. Gekocht wird mit Gas.

»Lebst du alleine hier oben?«, erkundige ich mich neugierig, und Bemo übersetzt meine Frage.

»Ja«, ihr Lächeln reicht bis zu den Augen. »Meine Kinder sind längst erwachsen, sie arbeiten in Leh. Nur während der Wintermonate bin ich bei ihnen in der Stadt.«

Tashi macht nicht den Eindruck, als würde sie sich einsam fühlen. Im Gegenteil – wie die meisten Ladakhi wirkt sie vollkommen gelassen. Als wären der launische Himmel, die karge Erde und das Felsgebirge die beste Gesellschaft, die man sich wünschen kann.

Als wir weiterwandern, prasselt Hagel auf unsere Schultern nieder. Der Weg steigt unbarmherzig an. Unsere Zelte werden in einer Senke auf einer Höhe von 4300 Metern errichtet. Das Wetter wechselt jetzt im Minutentakt. Urplötzlich kommt die Sonne heraus, und ich steige ein paar Meter aus der Mulde heraus und genieße die letzten wärmenden Strahlen. Heute tut die Nudelsuppe besonders gut. Brion wird dreiundreißig und hat aus diesem Anlass Kokosgebäck aus Leh mitgebracht. Auch eine Flasche Schnaps hat er dabei, die überlassen wir aber unseren beiden Guides – sie haben sie redlich verdient.

Nach einer bitterkalten Nacht machen wir uns bei den ersten Sonnenstrahlen auf den Weg. Ich bummle wieder hinter der Gruppe her, passiere Erdpyramiden, eine Herde Yaks begrüßt mich muhend, über mir kreist ein Adler. Es geht durch Tiefschnee steil bergauf. Mir fällt das Gehen immer schwerer, und ich muss alle zehn Meter stehen bleiben, mich alle zehn Minuten kurz hinsetzen. Der gute Bemo nimmt mir meinen Tagesrucksack ab. Nach siebeneinhalb Stunden Plackerei bin ich am Kongmaru-La, mit 5100 Metern dem höchsten Punkt der Wanderung. Eigentlich sollte man von hier einen wunderbaren Blick auf die Zanskar-Bergkette haben. Kurz vor Erreichen des Passes blickt ein Streifen Blau aus dem dunkel verhangenen Himmel, aber als wir ankommen, macht die Wolkenwand gleich wieder dicht. Unsere

Blicke verlieren sich in undurchdringlichem Grau. Nun müssen wir noch über rutschige Schneehänge auf 4700 Meter zu unserem Übernachtungslager absteigen. Bemo springt in seinen alten Stiefeln leichtfüßig den Hang hinunter, und auch die Pferde behalten unbeirrt ihren stetigen Trott bei. Das Lager wird in einer Mulde aufgeschlagen, und ich ziehe mich bald in mein Zelt zurück.

Morgens ist unser Camp eingeschneit. Alles ist weiß, die Luft riecht nach frischem Schnee. Vorsichtig steigen wir durch ein Schneefeld bergab. Irgendwann erreichen wir das Tal des Flusses Chu Chukirmo (Salzwasser). Die Schneedecke wird dünner, dafür steigen wir über lockeres Geröll, das der Fluss talwärts gebracht hat. Allmählich kommt die Sonne heraus, und aus dem Dunst tritt eine atemberaubende Landschaft; der sogenannte Rote Canyon. Kalksteinfelsen spiegeln sich im Wasser, so dass auch der Fluss eine rötliche Farbe annimmt.

Nach zwei Stunden Abstieg erreichen wir ein Camp, wo wir uns über heißen Tee freuen. Auf einer Höhe von 4070 Metern liegt das kleine Dorf Chukirmo. Ein Hirte treibt eine Herde Pashmina-Schafe an uns vorbei.

Unweit des kleinen Dorfes Shang Sumo auf 3660 Metern Höhe wird unser letztes Lager aufgeschlagen. Hier ist die Welt wieder in Ordnung. Ich lasse mir die Sonne auf den Balg scheinen, treibe Körperpflege im Bach. Bereits um 16 Uhr ist die Sonne hinter den Bergen verschwunden. Nach dem Tee gibt es die obligatorische Nudelsuppe und später das vegetarische Abendessen. Wir verschwinden bald in unseren Zelten, und diesmal schlafe ich zehn Stunden durch.

Das letzte Frühstück ist besonders köstlich: Omelett und Marmeladenbrot. Diesmal laufe ich als Erster los. Ich überquere den Fluss, und dann geht es auf guter fester Schotterstraße flott talwärts. Mit jedem Schritt wird die Landschaft grüner, freundlicher. Bei einem Stupa warte ich in der Sonne auf meine belgischen Freunde. Das sogenannte Mani-Rad (auch: Gebetsmühle) – eine mannshohe, buntverzierte Walze, die eine Papierrolle mit Mandals (Gebeten) enthält – kommt mir gerade recht.

Ich drehe die Kurbel und lasse mein Mantra gen Himmel steigen: »Danke! Wir sind in Matalang, auf 3400 Metern, dem Endpunkt unserer Wanderung angekommen.«

Zurück in Thiksey, besuche ich nochmals die Mönche in ihrem Kloster. Letzte Gebete, begleitet von Trommeln und Hörnern, werden gesprochen, und mit raschen Handgriffen wäscht ein Mönch das in mühevoller einjähriger Arbeit geschaffene Mandala ab und schüttet die Reste in einen Tonkrug. Fast im Laufschritt eilen die Mönche in ihren roten Gewändern zum Teich unterhalb der Klosteranlage, und ohne großes Aufheben wird der Krug entleert. Dort nimmt die farbige Flüssigkeit nochmals kurz die Form eines Kreises an und ist in wenigen Sekunden im Grau des heiligen Teiches verschwunden.

Bereits am nächsten Tag werden die beiden Mönche beginnen, ein neues Mandala zu schaffen. Schöner lässt sich die Vergänglichkeit alles Irdischen nicht dokumentieren.

Ein Imam in Srinagar
Kaschmir, 2002

Der Kaschmir-Konflikt schwelt seit 1947. Mit der Unabhängigkeit Indiens wurde das Land mehr oder weniger willkürlich geteilt. Diese Trennungslinie verläuft auch durch Kaschmir. Pakistan beansprucht den Indien zugeschlagenen

Teil für sich. Zwischen den beiden Staaten flammten immer wieder kriegerische Auseinandersetzungen auf. Als es 2001 einen Anschlag auf das indische Parlament gab, marschierten indische Truppen an der Grenze zu Pakistan auf. Die beiden Atomstaaten standen am Rande des Abgrunds. In dieser aufgeheizten Atmosphäre wurden in Jammu und Kaschmir Wahlen ausgerufen.

Die daraus resultierenden Ausschreitungen um die anstehenden Provinzwahlen haben 1100 Menschenleben gekostet. Sicher nicht die beste Zeit, um in das krisengeschüttelte Kaschmir zu reisen. Aber die Versuchung war einfach zu groß, und so habe ich das Renate gegebene Versprechen gebrochen, mich von dem Gebiet fernzuhalten. Schuld ist der Besitzer eines kleinen Reisebüros in Leh, ein Kaschmiri, der mir versichert hat, dort drohte keine Gefahr. Er hat mich an einen Verwandten verwiesen, der am Dal-See ein Hausboot vermietet.

Als ich schließlich nach zweitägiger Busreise von Leh in Kaschmir eintreffe, habe ich die spannendste Passfahrt, die ich jemals erlebt habe, hinter mir. In Haarnadelkurven ging es auf glitschiger unbefestigter Straße im Zickzackkurs über unermesslich tiefe Abgründe talwärts, die zertrümmerten Fahrzeuge im Talgrund waren nicht zu übersehen.

Tatsächlich steht ein schwarzer Ambassador, die legendäre indische Limousine, am Straßenrand, als ich aus dem Bus steige. Ich werde freundlich von Abdul, einem freundlichen Mann in den Dreißigern, begrüßt. Er trägt einen weißen Kameez, das tradtionelle pakistanische lange Hemd. Flott geht es zum Seeufer. Mein Domizil für die nächsten Tage ist das luxuriöse Hausboot »Fantasy«. Die Gastgeberfamilie lebt nebenan auf einem bescheidenen Boot und wäre praktisch 24 Stunden zur Erfüllung meiner Wünsche für mich da. Meine Herberge ist ein prachtvolles Schiff mit drei

Räumen, bestehend aus Empfangs-, Wohn- und Schlafraum, ausgestattet mit kunstvoll geschnitzten Möbeln aus Nussbaumholz. Für Halbpension bezahle ich lächerliche 20 US-Dollar pro Tag. Jussuf, der Vater von Abdul, ist ein gebildeter Herr. In geschliffenem Oxfordenglisch bietet er mir Tee an und führt mich in die Geschichte von Kaschmir ein.

»Die Menschen hier haben die ständige Drangsalierung durch das indische Militär satt«, seufzt er, »aber sie leiden auch unter der Bevormundung durch Pakistan. Wann werden wir endlich frei sein?«

Unter den Spannungen leidet natürlich der Tourismus in einer der schönsten Gegenden der Welt. Von den rund 1000 Hausbooten sind gerade mal drei oder vier belegt. Am nächsten Morgen lädt mich Jussuf ein, in seiner Shikara, einem Holzboot, das er selbst rudert, einen Ausflug auf dem Dal-See zu unternehmen. Der See ist bedeckt von riesigen Lotusblättern. Aus der Ferne blicken mächtige Bergformationen über das Wasser, Bootsleute winken freundlich zu uns herüber. Wir passieren ein verfallenes Restaurantboot, welches bereits halb im Wasser versunken ist, befahren einen Kanal und ankern neben heruntergekommenen Hausbooten, die arme Familien bewohnen.

Als ich an Land gehe, könnte der Kontrast zur Ruhe über dem Wasser nicht größer sein. Die Luft steht von Auspuffgasen, Motorrikschas, Eselskarren, Lastautos und Passanten bahnen sich einen Weg durch das Getümmel. Irgendwann komme ich zum heiligsten Ort von Kaschmir, der Shah Hamdan Moschee. Der Sage nach wird hier eine besondere Reliquie aufbewahrt, nämlich ein Haar des Propheten Mohammed. Diese Moschee ist ganz aus Holz gezimmert und benannt nach einem Heiligen, der angeblich mit friedlichen Mitteln Millionen von Hindus zum Islam bekehrt hat.

Es ist in der Tat so, dass viele Hindus ohne Zwang zum Islam übergetreten sind, weil er dem Einzelnen erheblich mehr Freiheiten einräumt als der restriktive Hinduismus vergangener Zeiten. Mir als Nichtmuslim ist der Zugang zu dem Gotteshaus verwehrt. Der Imam, ein älterer Herr mit grauem Bart, weißem Turban und einer dunklen Weste über dem hellen Gewand, tritt aus der Moschee und bietet mir an, durch das geöffnete Fenster zu filmen. Im Inneren des Gotteshauses ist alles in Grün gehalten, kunstvoll bemalte Säulen stützen die Decke, ein vielarmiger Leuchter taucht den Raum in betörendes Licht. Der Imam versichert mir, dass Muslime, Juden und Christen den gleichen Gott haben. Wir sind so in unser Gespräch vertieft, dass er beinahe vergisst, zum Gebet zu rufen. Er tritt an das Mikrophon, und aus dem Lautsprecher erklingt »*Allahu akbar* – Allah ist groß«.

Im Exil des Dalai Lama
Indien, 2002

»Reach home in peace and not in pieces« mahnt ein großes Schild am Rand der unwegsamen Straße. Das muslimische Srinagar liegt hinter mir. Vor einem Tunnel auf 2200 Metern Höhe muss der Bus lange warten, bis er einfahren kann. Hoch über uns kreist ein Adler. In stetigen Serpentinen geht es hinunter nach Jammu, Affen grüßen vom Straßenrand. Kleine Shiva-Tempel und geruhsam vorbeitrottende heilige Kühe künden davon, dass wir im Land der Hindus sind. In Jammu wechsle ich den Bus. Die kurvenreiche Straße durch grünen Urwald bringt mich in den Punjab. Der Fahrer setzt mich irgendwo an der Landstraße ab, und ich nehme eine

Motorrikscha in den hässlichen Straßenort Pathankot, wo ich für wenig Geld eine passable Unterkunft finde.

Die Stadt bildet einen wichtigen Knotenpunkt zwischen den drei nördlichen indischen Staaten Punjab, Himachal Pradesh, Jammu und Kaschmir. Als ich am nächsten Morgen zum Busbahnhof komme, ist der Bus nach Dharamsala gerade weg. Die Stunde, bis der nächste Bus fährt, wird sehr kurzweilig, es gibt viel zu schauen, zu hören und zu riechen. Bettelnde Sadhus ziehen vorbei, Schuhputzer bieten ihre Dienste an, heilige Kühe stromern herum, Fahrrad- und Motorrikschas behindern sich gegenseitig, Dreiradtaxis ziehen eine blaue stinkende Rauchfahne hinter sich her, Frauen halten mir Eisenpfannen unter die Nase, aus deren Glut wohlriechender dicker Rauch aus verschiednen Harzen und Kräutern steigt.

Der nächste Bus füllt sich in Windeseile. Schließlich erreichen wir Dharamsala, und ich muss noch einmal umsteigen. Die tibetische Gemeinde um den Dalai Lama lebt auf 1770 Metern Höhe in McLeod Ganj.

Das Om-Guesthouse wird von Exil-Tibetern betrieben und bietet Travellern wunderschöne Zimmer mit weitem Ausblick ins Tal. Die Tochter der Wirtsfamilie serviert mir auf der Terrasse – ich kann es fast nicht glauben – ein mächtiges Stück Schwarzwälder Kirschtorte, und ich komme mit einem tibetischen Mönch ins Gespräch, der mir erzählt, wie er als kleiner Junge über die Berge hierher geflohen ist.

Im Ort selbst wimmelt es von Touristen, die meisten von ihnen junge Israelis, die das Säbelrasseln zwischen Indien und Pakistan nicht hindert, ihre Reiseleidenschaft auszuleben. Gefahren sind diese Männer und Frauen gewöhnt.

Am nächsten Morgen steige ich auf einem steilen Pfad hinunter zur Dip-Tsechokling-Gompa. Mönche aus Dip in Tibet haben hier »ihr« Kloster wieder entstehen lassen. Vom goldenen Dach des Haupttempels grüßt das »Rad des Lebens«. Ein junger Mönch sitzt im Lotussitz in tiefe Andacht versunken vor der imposanten Statue von Shakyamuni, dem Buddha der Jetztzeit. Ich suche mir ein ruhiges Plätzchen und genieße die perfekte Stille, bis eine Gruppe junger englischsprechender Touristen lärmend zum Kloster herabsteigt und den Augenblick zerstört.

Nachmittags erkunde ich den wichtigsten Tempel des Ortes, Teil des Tsuglagkhang Complex, der größten tibetischen Klosteranlage außerhalb Tibets. Im Haupttempel thront ein drei Meter großer goldener Shakyamuni-Buddha auf einem vergoldeten Schrein, er ist in gelbes Tuch gekleidet. Auch Statuen von Padmasambhava, dem indischen spirituellen Meister, der im 8. Jahrhundert den Buddhismus nach Tibet brachte, sowie von Avalokitesvara mit vier Köpfen und acht Armen, dem Bodhisattwa, der in seiner 14. Inkarnation als Dalai Lama auf Erden weilt, blicken auf mich herab. In der Halle und im Tempelvorhof sitzen dicht gedrängt Mönche in ihren roten Roben und Pilger, die den religiösen Texten des Lama lauschen. Monotone Gebete werden von Trommeln begleitet. Auch die Residenz des Dalai Lama befindet sich innerhalb der Klostermauern, kann aber ohne besondere Genehmigung nicht betreten werden. Er wurde als Zweijähriger als Wiedergeburt seines Vorgängers, des dreizehnten Dalai Lama, erkannt und musste nach dem Aufstand der Tibeter gegen die chinesische Volksbefreiungsarmee im Jahre 1959 nach Indien flüchten. Für seine Bemühungen, das Tibetproblem gewaltlos zu lösen, erhielt er den Friedensnobelpreis. Er ist im Westen so eine Art Superstar geworden und wird bei vielen Vorträgen gefeiert. So ist es kein Wunder, dass er während meines Aufenthaltes nicht hier, sondern in Deutschland weilt und unter anderem in meiner Heimatstadt München einen Vortrag hält.

Wieder im Ort, strecken sich mir aus jeder Straßenecke verkrüppelte Hände entgegen. In ganz Indien habe ich nicht so viele Lepröse gesehen wie hier. Es riecht förmlich danach, dass der Appell an das Mitleid der Touristen von mafiösen Organisationen gesteuert wird.

Während meines Aufenthaltes unternehme ich Ausflüge in die romantische Umgebung. Eine Tour durch schattigen Wald führt hinauf in die Ortschaft Dharamkot, welche erhaben an einem Berghang liegt. Auch hier gibt es eine buddhistische Meditationsschule, in den letzten Jahren sind diese Einrichtungen in der Umgebung von Dharamsala förmlich aus dem Boden geschossen; der Andrang von Westlern auf Sinnsuche ist groß.

Den Besuch des tibetischen Exilparlamentes habe ich mir für den Abschluss meiner Reise vorbehalten. Ich steige hinunter in den Ort Gangchen Kyishong. Im kleinen Kloster Neuchung, welches seine Entsprechung in Tibet hat, wirkt hier das tibetische Staatsorakel. An regelmäßig stattfindenden Orakeltagen, aber auch zu besonderen Anlässen fällt ein ranghoher Lama in Trance und beantwortet Fragen zu spirituellen und weltlichen Angelegenheiten.

»Bislang hat unser Orakel stets recht behalten«, erklärt mir der Tempelverwalter ernst. Er gibt mir ein heiliges Gewürz mit auf den Weg, das – jeden Morgen vor dem Frühstück eingenommen – gesund und fit hält. Natürlich befolge ich seinen Rat. Ob ich meine Gesundheit dem Kräutlein verdanke, weiß nur der Himmel.

Feuerbestattung
Nordindien, 2002

Am Bahnsteig von Varanasi, einst Benares, bahnen Renate und ich uns unseren Weg durch schier undurchdringliche Menschenmassen. Wir schreiben das Jahr 2002, und dem Subkontinent droht ein Atomkrieg. Grund für viele Touristen, Indien vorläufig von ihrer Reiseliste zu streichen. Heute scheinen Renate und ich die einzige Beute für die Schlepper zu sein. Nachdem es uns gelungen ist, sie abzuschütteln, retten wir uns in das kleine Hotel »Malti«. Dort sind wir sicher – und bekommen für wenig Geld ein geräumiges Zimmer mit Blick auf den kleinen Innenhof. Wir bestellen uns Dal (das schmackhafte indische Linsengerich) und Reis, essen in Ruhe und machen uns dann auf den Weg ins Tourist-Guesthouse, wo ich mich nach dem realen Preis für eine Bootsfahrt auf dem Ganges erkundige. Am Abend erleben wir noch ein buntes Straßenfest, es ist die Zeit um Dewali, der großen Feiern für hinduistische Göttinnen. Während unseres Aufenthaltes wird Durga, eine der Frauen Shivas, gehuldigt. Die Schönheit der Frauen, die leichten, glänzenden Saristoffe kontrastieren mit dem Staub und dem Gestank der Straße. Indien – ein Land der Gegensätze. Wo sonst sind das Profane und das Erhabene so untrennbar verbunden?

Am nächsten Morgen sind wir früh auf den Beinen, um vor dem Sonnenaufgang ein Boot für die Fahrt auf dem Fluss zu ergattern. Am Das-as-wameda-Ghat wiederholt sich die vertraute Szene: Etliche Schlepper stürzen sich auf uns und fordern das Zigfache des von der Touri-Info genannten Betrages. Ich versuche, den Überblick zu behalten und herauszufinden, wer Schlepper und wer Bootsführer ist. Die Diskussionen gestalten sich schwierig, weil es mir nicht immer gelingt, das rollende Kopfschütteln als »Ja« oder

Prolog

Als vierjähriger Ausreißer

Als zehnjähriger Indianer

I Eiserner Vorhang

Das geteilte Berlin, 1963

Die Basilius-Kathedrale in Moskau, 1967

Der fröhliche Friedhof von Sapanta in Rumänien, 2010

Demarkationslinie von Nordkorea aus gesehen, 2007

II Afrika

Fotosafari in Botswana, 1996

Mit den Tuaregs unterwegs in der Wüste vor Timbuktu, 2001

Mit einer hundertjährigen Dorfältesten im Senegal, 2007

Beim Hyänenmann in Harar, Äthiopien, 2008

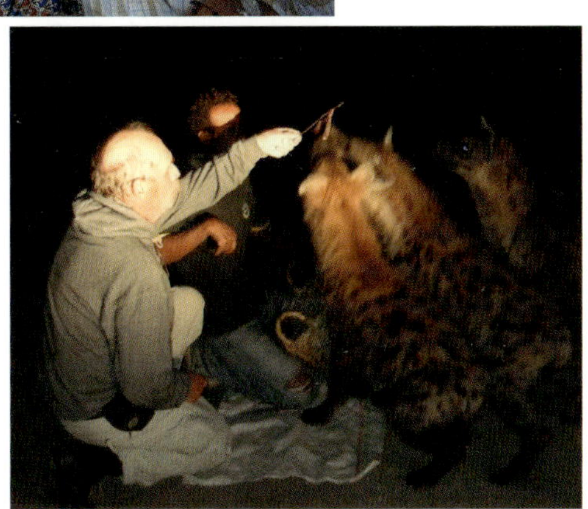

Blick auf den Sinai vom Mosesberg, 2012

III Naher und Mittlerer Osten

Gläubige an der Klagemauer in Jerusalem, 1999

Mit Renate in Buchara, 2005

Renate in Saudi-Arabien, 2009

Vor der Blauen Moschee in Mazar-e Sharif, Afghanistan, 2011

IV Asien

Befehlsbunker des Vietkong in den Chu Chi Tunnels, Vietnam, 1992

Thaipusam Batu Caves, Malaysia, 1990

Mount Everest, Nepal, 1994

Sri Lanka, 2013

Insel Miyajima, Japan, 2007

V Südsee

Friedensfest im Hochland von Papua, 1990

Osterinsel, 2011

Südseeschönheiten auf Tahiti, 2011

VI Lateinamerika und Karibik

Galapagos, 1991

Karneval auf Curaçao, 2010

In Salvador da Bahia, Brasilien, 2015

VII Nordamerika

Land der Amish, 2011

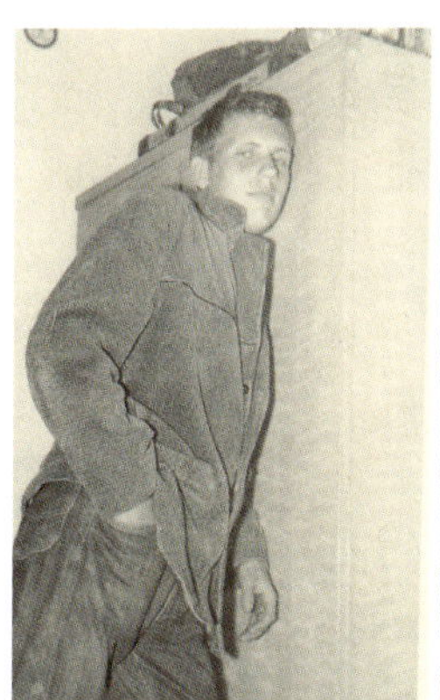

Als Fünfzehnjähriger im James-Dean-Look

Route 66, 2011

VIII Polargebiete

Der erste Eisberg, Antarktis, 1995

Grönland, Diskobucht, 2009

Königspinguine auf den Falklandinseln, 2011

IX Europa

In den Dolomiten, 1958

Der Stromboli in meinem Lieblingsland Italien, 2012

Unser Lieblingsplatz: Der Viktualienmarkt in München, 2015

»Nein« zu deuten. Irgendwann werde ich fündig – und nach zähen Verhandlungen beim immerhin nur doppelten Betrag handelseinig. Inzwischen ist die Sonne bereits auf der anderen Seite des Stromes aufgegangen, die Stimmung des anbrechenden Morgens verliert sich in gleißender Helligkeit. Der Bootsmann zeigt uns die Maharjapaläste an den Ufern des Ganges. Die Fürsten haben sie nur errichtet, um hier zu sterben. Was den Juden Jerusalem ist, sind den gläubigen Hindus Varanasi und der Ganges. Wer hier stirbt und verbrannt wird, hat die besten Chancen, im nächsten Leben eine höhere Stufe zu erreichen. Der Ganges ist heilig – und wer darin ein Bad nimmt, wird an Körper und Seele rein. So tauchen unendlich viele Menschen in die Brühe, die Müll und Fäkalien von 400 Millionen Menschen am Oberlauf mit sich führt, hinzu kommt der Chemieabfall unzähliger Fabriken. Ein echtes Wunder, dass die Gläubigen in der Kloake nicht umgehend ersticken und vom Fluss verschluckt werden.

Am Manikarnika-Ghat sind riesige Holzstapel aufgebaut. Auf einem liegt der in Leinen gewickelte Leichnam eines alten Mannes. Gierige Flammen züngeln an ihm empor. Der Körper scheint sich kurz aufzubäumen, bevor der Schädel krachend explodiert. Leichengeruch vermischt sich mit dem Gestank verbrennenden Fleisches. Renate und mich schaudert. Der Tod hat hier ein hässliches, banales Angesicht.

Während wir versuchen, den Anblick zu verdauen, spricht uns ein Schlepper an. Er will Geld, das angeblich für die Verbrennung einer alten Frau ohne Angehörige gedacht ist. Verpestete Luft, der verseuchte Fluss, das Bedrängtwerden durch die aufdringlichen Schlepper nehmen dem Augenblick jede Würde.

Erst als wir wieder auf dem Fluss sind und ein winziges Papierschiffchen mit einer Kerze zu Wasser lassen, erleben wir einen Anflug von Besinnlichkeit. Unsere Gedanken gehen zurück an eine Verbrennungszeremonie in Pashupatinath in Nepal, der wir acht Jahre vorher beiwohnen durften. Dort war alles viel feierlicher. Sieben Brahmanen besorgten die rituellen Gesten. Angehörige brachen in Tränen aus, als das Feuer den Leichnam verschlang.

Hier in Varanasi haben wir genug gesehen und gerochen. In der Altstadt versuchen wir in die Nähe des Shiva-Tempels zu kommen, vergeblich. Die Gegend ist hermetisch abgesperrt, weil fanatische Hindus immer wieder versuchen, die danebenliegende Moschee zu zerstören. Wir verlassen Varanasi und fahren nach Sarnat, einen heiligen Ort der Buddhisten. Im grünen Park, der die Anlage umgibt, erholen wir uns von den Eindrücken des Vormittags. Nur langsam kommen unsere überreizten Sinne zur Ruhe.

Friseure
Shivas Stadt Mandi, 2002

In der Fremde wird sogar ein Friseurbesuch zum Erlebnis. Ich liebe es, wo immer ich mich auf unserem Planeten herumtreibe, einen Barbier aufzusuchen.

In arabischen Ländern werden überflüssige Gesichtshaare mit einer Art Lötkolben ausgebrannt oder mithilfe eines verknoteten Seidenfadens blitzschnell ausgerissen. In China kann es vorkommen, dass dir eine Gesichtsmaske verpasst wird, die stark nach Uhu riecht. Wenn zarte Finger sie nach einigen Minuten mit einem entschiedenen Ruck abreißen, tut es entsetzlich weh. Solche eher rabiaten Behandlungen haben eines gemeinsam: Hinterher fühlst du dich richtig gut. Allerdings habe ich bei einem Friseur im chinesischen Nanking auch einmal eine unangenehme Überraschung erlebt.

Es gab keine Spiegel im Raum, und als ich auf der Straße in eine Schaufensterscheibe blickte, stellte ich fest, dass der Friseur mir nur auf einer Seite die Haare geschnitten hatte. Wahrscheinlich war der Kerl ein Verwandter im Geiste des bayerischen Maurers, der um Punkt 12 Uhr seine Maurerkelle fallen lässt.

In Mandi habe ich mich in eine Holzbude gewagt, deren Einrichtung aus ein paar Stühlen und einem alten beschlagenen Spiegel besteht. Hinter mir steht ein schmächtiger Mann im schmutzigen Kittel. Was er wirklich kann, zeigt sich erst, nachdem mein Haar bereits geschnitten ist: Dieser Barbier ist ein Meister der Kopfmassage. Mit sanftem Schaudern sehe ich mit an, wie seine Hände meine Kopfhaut kneten. Falten springen wie trockene Gräben auf und verschwinden wieder, mein Schädel wird bearbeitet wie Ackerland. Anschließend kommt der Nacken dran – das tut verdammt gut –, und zum Schluss trommelt mir der Mensch mit zusammengelegten Händen auf dem Kopf herum, dass mir der Schädel brummt. Als ich aus der Dunkelheit des Raumes auf die staubige Dorfstraße trete und in die Sonne blinzle, fühle ich mich zunächst benommen, mir schwindelt. Schon nach wenigen Sekunden durchfährt mich ein wonniges Gefühl, das sich allmählich vom Kopf bis zum Bauch zieht. Das hat gutgetan.

Bakschisch
Kirgisische Grenze – Delhi, 2003

Es grenzt an ein Wunder, dass ich an diesem heiligen Ort bin.

Ebenso gut könnte ich jetzt in einem zentralasiatischen Gefängnis sitzen.

Zwei Monate war ich in Zentralasien unterwegs und wollte nach kurzem Aufenthalt in Kasachstan nach Delhi fliegen. Einen Tag vor der Grenzüberquerung kam der Schock. Ich entdeckte, dass die Botschaft in Berlin im Visum in meinem Pass handschriftlich das falsche Datum eingetragen hatte. Statt der Einreise am 23.10. stand dort der 23.11. Panisch verglich ich die Farbe des Schriftzugs mit dem Blau meines Kugelschreibers und fand sie nahezu identisch. Eine minimale Korrektur – und schon war das Visum auf den 23.10. datiert.

Als ich am nächsten Morgen die kirgisische Grenze erreichte, war mir ziemlich flau im Magen. Die Beamten saßen in einem ausrangierten Eisenbahnwaggon. Ein kurzer Blick in den Pass, schon winkten sie das Marshrutka (Sammeltaxi) durch. Auf der kasachischen Seite erwartete uns ein weitläufiges Gebäude mit Durchlässen für die Fahrzeuge. Meine Mitfahrer durften im Taxi sitzen bleiben, während man mich in das Gebäude bat. In diesem Augenblick rutschte mir das Herz in die Hose.

Die Grenzbeamten trugen braune Uniformen nach sowjetischem Muster, offensichtlich waren sie russischstämmig. Nach einigen Minuten bedeutete man mir, den Fahrer zu holen. Als ich mit ihm zurückkam, hielt ein Unteroffizier bereits demonstrativ den aufgeschlagenen Reisepass mit der Visaseite zwischen Daumen und Zeigefinger. Mein dilettantischer Trick war aufgeflogen!

Nachdem der Fahrer eine kurze Erklärung unterschrieben hatte, musste ich mein Gepäck aus dem Wagen holen. Einer meiner Mitreisenden zwinkerte mir zu. »Ach – das lässt sich richten. Ein kleines Bakschisch, und die Sache ist aus der Welt.« Ich nickte unsicher.

Der Unteroffizier brachte mich jetzt zu einer Beamtin, die nicht nur hochschwanger war, sondern zum Glück auch leidlich Englisch sprach. Sie behandelte mich sehr höflich, fragte mich aber gründlich aus, wie ich dazu gekommen sei, so einen üblen Trick abzuziehen. Anhand meines Flugtickets für die Reise von Almaty nach Delhi, aus dem hervorging, dass es bereits vor Visaantragsstellung ausgestellt wurde, wies ich nach, dass ein Fehler der Berliner Botschaft mich in Zugzwang gebracht hatte. Natürlich entband es mich nicht davon, dass ich den objektiven Tatbestand der Urkundenfälschung begangen hatte.

Schon sah ich mich in einem kasachischen Knast sitzen, bei einem Kanten Brot, weit weg von meiner Renate. Blind unterschrieb ich ein ganzes Bündel von Formularen in russischer Sprache, die die Frau mir vorlegte. Keine Ahnung, ob auch mein Todesurteil darunter war ... Nach gefühlten vier Stunden – tatsächlich waren es zwei – setzte sich ein Oberst zu uns und unterhielt sich mit der freundlichen Sachbearbeiterin. Ein Wort ließ mich aufhorchen: Hatte er »Deportatie« gesagt?

Nachdem er gegangen war, beruhigte seine Kollegin mich. »Wir betrachten Ihren Fall unter dem Gesichtspunkt der Milde. Aber wir können Sie nicht ins Land lassen. Wenn es bei Ihrer Ausreise am Flughafen Probleme gibt, fällt das auf uns zurück.« Ergebenes Nicken meinerseits. »Wir bringen Sie zu den kirgisischen Kollegen zurück.«

Im Eisenbahnwaggon erwarteten mich zwei Männer mittleren Alters: offene Uniformjacken, die Mützen in den Nacken geschoben. Ganz offensichtlich sturzbetrunken. Die Geste des Wortführers beruhigte mich nicht im Mindesten: Vor dem Gesicht kreuzte er die Finger zu einem Gitter. Du verschwindest erst mal im Knast, deutete ich bange und stammelte etwas von der Deutschen Botschaft. Jetzt forderte der Mann seinen »Komplizen« auf, ein Buch zu holen.

Mit dem Finger deutete er auf handgeschriebene Wörter

und Sätze wie »Wer ist deutscher Fußballmeister?« oder »Wie bereitet man ein Wiener Schnitzel?«. Allmählich dämmerte mir, dass ich hier verarscht wurde. Zaghaft fragte ich, Hände und Füße benutzend, ob man die Sache vielleicht mit einer kleinen Zuwendung regeln könne. Der »Chef« hatte in der Zwischenzeit teilnahmslos in einer Zeitung gelesen und schaute nun auf, malte eine liegende Acht auf den Rand seines Journals. Offensichtlich meinte er eine Handschelle, nicht die acht US-Dollar, die ich ihm mit jovialer Geste übergeben wollte. Auf einmal stand »100« auf der Zeitung. Ich versuchte gar nicht zu handeln, musste ich doch so schnell wie möglich zurück nach Bischkek. Zwei Reisegefährten, mit denen ich in Kirgistan unterwegs gewesen war, würden am nächsten Tag nach Delhi fliegen, und ich wollte noch ein Ticket für diese Maschine ergattern. Also öffnete ich den Geldgürtel und drückte dem Grenzer wortlos die 100 Dollar in die Hand. Nun ging alles ganz schnell. Er hielt ein Sammeltaxi an, bezahlte den Fahrer und streckte mir grinsend die Hand entgegen. Widerwillig schlug ich ein. Der Typ hatte sichtbar gute Laune. Für die nächsten Monate war die Wodkaversorgung an diesem Grenzübergang gesichert.

In Bischkek machte ich mich auf den Weg in ein Reisebüro und bekam den ersehnten Platz im Flieger nach Delhi. Die Agentur in München, bei der ich den Flug ab Almaty gebucht hatte, teilte mir per Mail mit, nach Rückkehr und Vorlage des ursprünglichen Tickets in Deutschland werde man mir den vollen Reisepreis erstatten.

Inzwischen war der Abend hereingebrochen, und ich bekam Hunger. In einem kleinen Lokal saß ein Mann am Klavier und klimperte. Eine kräftige Suppe füllte meinen Magen, das eine oder andere Bier und ein paar Gläschen Wodka erfreuten mein Gemüt. Auch der Pianist wurde mit einigen

Gläschen bedacht. Das Ganze kostete mich so an die vier Dollar. Glückselig singend marschierte ich in den späten Abendstunden zu meiner Unterkunft. Meiner Weiterreise in die Heilige Stadt Pushkar stand nichts mehr im Wege.

Kamelmarkt
Rajasthan/Indien, 2003

Pushkar in Rajasthan ist eine der heiligsten Städte Indiens. Der Pushkar-See gilt den Hindus als der Ort, an welchem der Gott Brahma einst die Welt erschuf.

Es ist Spätherbst, Zeit der Pilgerreise. Wie in vielen Ecken auf unserem Planeten ist ein solcher Anlass Grund genug, einen Jahrmarkt abzuhalten, hier in der Wüste eben mit Kamelen. In den Dünen am Ortsrand hat man ein Camp mit Abertausenden von Tieren errichtet, angeblich sollen es 50 000 sein. Es sind aber auch wunderschöne Pferde zu sehen, feinnervige Vollblüter.

Rajanis mit ihren bunten riesigen Turbanen bevölkern den Platz, Frauen in roten Seidensaris stehen in Gruppen zusammen. Verkrüppelte bitten um Almosen. Ein Mann, der sich auf einem Rollbrett fortbewegt, scheint nur aus einem übergroßen Kopf zu bestehen. Sadhus mit nackten Oberkörpern meditieren unter Bo-Bäumen. Am Rande präsentiert eine Frau vier Albinokinder. Zum Gaudium des Publikums lässt sie die Mädchen und Jungen kleine Kunststücke vorführen. Mit einer Mischung aus Faszination und Grauen wandere ich an den Ständen entlang. Eine grelle, grausame Jahrmarktswelt, die der Lust der Zurschaustellung alles unterordnet. Noch im 19. Jahrhundert bestaunten auch Europäer Menschen mit Fehlbildungen, aber auch Indianer und Lappländerder wie Tiere in Käfigen auf sogenannten Freakshows. Woher kommt nur diese Lust an der Bloßstellung von allem, was uns fremd ist?

Am Abend sitze ich in den letzten Strahlen der untergehenden Sonne am heiligen See. Das Wasser liegt vor mir wie eine glitzernde Fläche. Ein etwa zehnjähriges Mädchen mit bernsteinfarbenen Augen, wie ich sie noch nie gesehen habe, spielt Sitar. Die zarten Klänge sind fremd und voller Wehmut.

Im Morgengrauen werde ich von den Gesängen und dem Läuten der blechernen Glocken des benachbarten Tempels geweckt. Als ich aus der Tür trete, pulst in Pushkar bereits das Leben. In schmalen Gassen drängen sich Hunderte Pilger und Touristen, alles zieht in Richtung Mela Ground. Dort werden dem Publikum bunt geschmückte Kamele vorgeführt, ein Fest für alle Sinne. Nicht weit entfernt ist die Auktion im Gange. Mir wird es für immer ein Rätsel bleiben, wie der Handel mit den Kamelen funktioniert – aber an diesem Tag wechseln Hunderte ihren Besitzer.

Waffenschmieden der Taliban
Waziristan und die Grenze nach Afghanistan, 2005

Nach dem verheerenden Erdbeben im Oktober steht ganz Pakistan unter Schock. Die ethnischen und religiösen Spannungen werden überlagert von einem Gefühl der Solidarität. Drei Millionen Menschen müssen über den Winter gebracht werden – bei Schnee und Temperaturen weit unter dem Gefrierpunkt. In den nicht vom Beben betroffenen Gebieten erinnern Sammelstellen für Hilfsgüter, Transparente mit Spendenaufrufen und schwarzer Trauerflor an vielen Wagen an die Katastrophe. In Islamabad hat man Zeltlager für die

Überlebenden eingerichtet. Täglich werden um die 20 000 Zelte in den Bazaren von Rāwalpindi genäht. Auch die Katastrophen-Profiteure wagen sich aus ihren Löchern: An so manchem Stand auf den Basaren werden schamlos Schlafsäcke verkauft, die zweifelsohne aus dem Spendenkontingent stammen.

Mit dem Bus reise ich nach Peshāwar, die Grenzstadt zum paschtunischen Stammesgebiet. Hier in Waziristan gilt ein eigenes Rechtssystem, die pakistanische Exekutive und Judikative sind außer Kraft gesetzt. Als ich aussteige, sind die Straßen voller Menschen, oder besser gesagt: Männer. Sie tragen den weißen Kamiz, ein Hemd, das locker über der Hose getragen wird. Nur vereinzelt huscht eine Frau in ihrer blauen oder grauen Burka über die Straße. Eselskarren werden von hupenden Lastwagen überholt, Motorrikschas kurven durch die Gassen. Rauchschwaden steigen von Kohlegrills auf. Es ist Ramadan, und die Sonne versinkt am Horizont, Zeit für die Gläubigen, zu den Essständen zu eilen.

Im einfachen Hotel »Rose« finde ich ein preiswertes Zimmer. Einige Jahre später wird es das Haus nicht mehr geben, zerstört durch einen Bombenanschlag von Terroristen. An der Rezeption mache ich die Bekanntschaft eines paschtunischen Prinzen. Mahir ist um die vierzig, ein schmächtiger Mann mit karamellfarbenem Teint. Er sieht mir fest in die Augen: »Ich kann dir Orte zeigen, die kein westlicher Tourist je zu Gesicht bekommt.« Mein neuer Bekannter spricht von Gebieten, in denen die Taliban regieren. Natürlich willige ich ein. Das verheißene Abenteuer ist mir allemal ein kleines Taschengeld wert.

In den frühen Morgenstunden werde ich von lärmender Unruhe im Haus geweckt. Schlaftrunken taste ich nach meiner Armbanduhr: 3:30 Uhr sagt das Ziffernblatt. Männer- und Frauenstimmen, Geschirrklappern, hastige Schritte im

Gang und auf den Treppen. Wegen des Fastenmonats muss das Frühstück vor Sonnenaufgang verzehrt sein. Der Prinz steht einige Zeit später vor meinem Zimmer und bittet mich um meinen Pass.

»Du kannst in Ruhe frühstücken, während ich die Genehmigung besorge, die du für die Grenze nach Afghanistan brauchst«, erklärt er gut gelaunt. »Für dich gilt das Fastengebot ja nicht.«

Wenig später ist er mit einem Taxi zurück. Unsere Reise kann beginnen. Kaum haben wir die Stadt verlassen, schon befinden wir uns in den Stammesgebieten. Ein Milizionär steigt zu, er ist verantwortlich für unsere Sicherheit. Der Mann trägt eine schwarze Uniform mit Barett, die Kalaschnikow entsichert in der Hand. Der Fahrer rast in atemberaubender kurvenreicher Fahrt durch ein enges Gebirgstal Richtung Khyberpass. Dabei passieren wir eigenartige pyramidenförmige Betonkonstruktionen: Panzersperren, errichtet von den Engländern im Zweiten Weltkrieg in Erwartung eines Angriffs der Deutschen Wehrmacht. Wir halten bei einem Posten vor einer kleinen schiitischen Moschee, und ich werde zum Tee eingeladen, bei einem seltenen Besuch eines Deutschen werden die Fastenregeln offenbar nicht so ernst genommen. Vom Pass aus blicke ich auf eine weite Ebene, hier verläuft die Durand-Linie, die ungenaue, etwa 2450 Kilometer lange Demarkationslinie zwischen Afghanistan und Pakistan – sie markiert das Ende des britischen Einflussbereichs. Vor mir liegt Afghanistan. Schon zur Zeit des Empire war dieses Land so gut wie uneinnehmbar – eine Erfahrung, die auch die Sowjetunion machen musste, als sie ihren Machtbereich von den zentralasiatischen Sowjetrepubliken hierher ausdehnen wollte. Es ist äußerst fraglich, ob der UN die endgültige Befriedung des Landes gelingen wird.

Auf der Rückfahrt besuche ich den Schmugglermarkt von Karkhanai kurz vor den Toren von Peshāwar. Hier wird mir alles Mögliche zum Verkauf angeboten – unter anderem eine große Platte Schwarzer Afghan für umgerechnet 14 Euro. Auch Heroin, Opium, 100-Dollar-Falschgeldnoten und Waffen jeglicher Art sind für einen Spottpreis zu haben. Dankend lehne ich ab.

Prinz Mahir hat nicht zu viel versprochen: Unsere Reise am nächsten Tag führt in ein Gebiet, das für Ausländer grundsätzlich gesperrt ist. Offenbar kennt der kleine Mann mit dem undurchdringlichen Gesichtsausdruck alle Schliche und Wege. Mit Hilfe eines runden weißen Käppchens, eines Kamiz, dem typischen pakistanischen langen Überhemd, und des um die Schultern gebundenen Palästinenser-Tuchs macht er im Handumdrehen einen Landsmann aus mir – den passenden Bart habe ich mir bereits im Vorfeld meiner Reise wachsen lassen. Eine gewisse Ähnlichkeit zu Osama Bin Laden ist nicht von der Hand zu weisen. Womöglich hält er sich gerade in einem der Dörfer in dieser Gegend auf.

Waziristan gilt als Rückzugsgebiet von Al-Qaida und den Taliban. In dem kleinen Ort Darrah Adam Khel werden in 100-jähriger Tradition Waffen jeglicher Art produziert. Die Dorfstraße säumen rechter Hand Wohnhäuser, linker Hand Waffenschmieden. In diesen Manufakturen wird innerhalb von zwei Wochen eine Kopie der gewünschten Handfeuerwaffe angefertigt – jede weitere ist dann in drei bis vier Tagen fertig. Eine Kalaschnikow geht für ungefähr 60 Euro über den Ladentisch. Natürlich werden auch alle Arten von Pistolen, Revolvern, Maschinenpistolen, Jagdgewehren, Schnellfeuergewehren von Beretta bis Uzi hergestellt. In der Regel kosten die Dinger ein Zehntel des Normalpreises.

Hinter Mahir betrete ich einen ca 50 qm großen, ebenerdigen Raum. Zwei Männer sitzen auf dem Boden, einer feilt am Magazin einer Kalaschnikow, der andere poliert Rohre. Unsere Ankunft wird mit einem knappen Nicken quittiert – offenbar ist Mahir diesen beiden nicht unbekannt. Bereitwillig weihen sie mich in die Details der Produktion ein. An einer vorsintflutlichen Maschine wird der Zug in den Lauf gedreht. Die Präzision der Arbeit ist erstaunlich. Ab und zu knallen draußen Gewehrschüsse, die fertigen Waffen werden eingeschossen. Obwohl ich als Polizeiausbilder den Umgang mit der Waffe lehrte, ist mir dieser Ort nicht ganz geheuer. Wie gut, dass ich meinen paschtunischen Prinzen habe – er strahlt eine Gelassenheit und Souveränität aus, die mich beruhigt. Als wir die Werkstatt verlassen, weiß ich, wie einfach es für Terroristen und Banditen ist, für wenig Geld an Waffen zu kommen. Man geht von über 18 Millionen nicht registrierten Schusswaffen in Pakistan aus, viele von ihnen in der Hand von Taliban-Kämpfern.

Während ich in dem Gebiet als Tourist herumreise, mich als Paschtune verkleide und Schnellfeuergewehre in der Hand wiege, hat sich der Niederbayer Reinhard Erös, ehemaliger Stabsarzt der Bundeswehr und Gründer der »Kinderhilfe Afghanistan«, von Peshāwar aus in die nahezu unzugänglichen Regionen der Erdbebenopfer auf den Weg gemacht und für ganze Dorfgemeinschaften Hilfsmaßnahmen eingeleitet. Jahre später werde ich mit einem Anflug von schlechtem Gewissen in einem seiner Bücher über seinen Einsatz lesen.

Tausendundeine Nacht
Afghanistan, 2010

Im September 2010 ist es so weit. Ich beschließe nach Abwägung aller Risiken, eine Reise nach Afghanistan zu unternehmen. Wie so oft hat eine zufällige Begegnung den Ausschlag gegeben:

Während eines Treffens des Clubs »Most Travelled People« in München hatten Bekannte beteuert, die Gegend um Mazar-e Sharif zähle zu den sicheren Gebieten. Im Taxi unterwegs nach Hause entspann sich ein Gespräch mit dem Fahrer. Er kam aus ebenjener Stadt und bestätigte, was ich gehört hatte. Wenn das kein Wink mit dem Zaunpfahl war …

Mit einer Iljushin 114, einer alten russischen Propellermaschine, geht es in knapp zwei Stunden von der usbekischen Hauptstadt Taschkent nach Termez an der afghanischen Grenze. Nachdem ich mein Gepäck geholt habe, muss ich mich am Flughafen registrieren lassen und fahre anschließend mit dem Taxi zum Hotel Asson. An der Rezeption begrüßt mich Tatjana, eine Russin mit herzensguter, mütterlicher Ausstrahlung. Die Wände zieren Aufnahmen von deutschen Einheiten. Dieses Hotel hat vor einiger Zeit deutschen Soldaten als Domizil gedient, die Bundeswehr hat nun ein eigenes Hotel in der Nähe des Flughafens. Die deutschen Soldaten, hier wird der Nachschub für Afghanistan organisiert, sind im Ort nicht zu sehen.

Für den nächsten Morgen handelt Tatjana mit einem Taxler einen guten Preis für die Fahrt zur Grenze für mich aus. Angenehm trockene Luft schlägt mir entgegen, als ich aus der Tür trete.

Am Kontrollposten fordert mich ein Grenzsoldat in zerschlissener post-sowjetischer Uniform unmissverständlich auf, zurückzubleiben. »Sch…«, schießt es mir durch den Kopf, die Grenze wird doch nicht geschlossen sein – von Zeit zu Zeit schließen die Usbeken die Grenze ohne vorherige Ankündigung wegen irgendwelcher Sicherheitsbedenken. Schließlich stellt sich heraus, dass der Übergang erst um neun Uhr geöffnet wird. Das ist alles. Punkt neun

Uhr marschiere ich unbehelligt in Richtung Grenzbaracke. Es ist ziemlich weit, und dankbar nehme ich das Angebot eines älteren afghanischen Herrn an, mich ein Stück in seinem klapprigen Lada mitzunehmen. Der usbekische Zöllner stellt mein Gepäck total auf den Kopf. Gott sei Dank habe ich nur das Notwendigste dabei. Alle Geldscheine werden gezählt, jedes Papierchen wird auseinandergefaltet und sorgfältig untersucht. Er hofft wohl inständig, dass der Betrag nicht mit der Devisendeklaration übereinstimmt – aber seine Erwartung, Bestechungsgeld kassieren zu können, bleibt erfolglos. Schließlich marschiere ich über die lange »Brücke der Freundschaft« (von den Russen so benannt; ironischerweise war es diese Brücke über den Amu-Darja, über die die sowjetische Armee 1979 in das Nachbarland einmarschierte – und demoralisiert 1988 wieder zurückkam). Ratternd überholt mich ein langer dieselgetriebener Güterzug.

Am anderen Ufer erwarten mich freundliche afghanische Grenzer, die ruck, zuck alle Formalitäten erledigen. Ich kann kaum glauben, dass die 80 km lange Fahrt mit dem Taxi nach Mazar-e Sharif nur 20 Dollar kosten soll – dem ist aber tatsächlich so. Die Straße führt durch ebene Halbwüste. Unterwegs begegnen uns mehrere schwer geschützte Konvois der Bundeswehr.

Das einfache Hotel, in dem ich absteige, liegt gegenüber von Alis blauem Grabmal. Die Sunniten verehren ihn als den vierten und letzten Kalifen, unter Schiiten gilt er als der rechtmäßige Nachfolger Mohammeds. Nach einer anderen Version soll seine letzte Ruhestätte in Nadschaf/Iran liegen. Ich kann vom Balkon auf das Mausoleum schauen. Ganz gleich, ob hier Ali liegt oder ein anderer, mit Sicherheit ist es eine der schönsten Moscheen der Welt. Das mächtige Bauensemble wirkt mit der Fassade aus azurblauen Keramikfliesen und den zwiebelförmigen Kuppeln wie ein Märchen aus »Tausendundeiner Nacht«.

Der Sprung über die Grenze von Usbekistan ist für mich mit einem kleinen Kulturschock verbunden. Im usbekischen Termez trugen die meisten Männer westliche Kleidung. Die Frauen hatten, wenn sie nicht westlich gekleidet waren, diese typischen zentralasiatischen Kleider an, die in meinen Augen Morgenmänteln ähnelten. Tücher hatten sie, wenn überhaupt, locker um den Kopf geschlungen und im Nacken verknotet, ein Anblick, der eher an den Cabrio-Chic amerikanischer Filmstars der 50er Jahre erinnerte als an Unterdrückung.

Hier tragen die Männer nahezu durch die Bank den Kamiz über einer weiten Hose, dazu Turban oder Mütze. Alle Frauen, die mir begegnen, sind vollkommen verschleiert, sie tragen die Burka. Auf den Straßen herrscht unvorstellbares Gedränge.

Bei den Money-Changern, die vor offenen Kästen voller Geld auf der Straße sitzen, besorge ich mir für 30 Euro Afghanis. Damit bin ich bestens für die nächsten Tage ausgestattet, meistens zahlt man ohnehin mit Dollarnoten. Nach einem kleinen Lunch bestehend aus Suppe und einem Burger finde ich ein Internetcafé. Vor dem Betreten werde ich von einem Bewaffneten durchsucht, aber das Ladeninnere ist mir vertraut – so sehen Internetcafés in aller Welt aus.

Neben mir sitzt eine junge Frau mit locker gebundenem signalrotem Kopftuch. Freundlich spricht sie mich auf Englisch an. Erst als ich sie frage, ob ich sie fotografieren darf, nimmt ihr Gesicht einen verschlossenen Ausdruck an. Aus ernsten Augen blickt sie mich an. »Das geht nicht, tut mir leid. Dafür bräuchte ich die Erlaubnis meines Vaters.«

Auch diese hübsche junge Frau mit der weltoffenen Ausstrahlung führt offenbar kein selbstbestimmtes Leben.

Nachmittags besuche ich die Blaue Moschee mit Alis

Grab. Dank meines saudischen Gebets-Käppis gelange ich ungehindert ins Allerheiligste, einen Raum, dessen Betreten Nicht-Muslimen verboten ist. Der Sarg des Heiligen ist von einem goldenen Gitterkäfig umspannt, der von den Pilgern eifrig geküsst wird.

Im Hof flattern Hunderte von weißen Tauben. Jede siebente soll angeblich ein Geist sein. Verirrt sich eine graue Taube hierher, kommt sie unweigerlich 40 Tage später als weiße Taube zurück – so heißt es. Allmählich dämmert mir, dass der Monotheismus immer wieder von der Sehnsucht des Menschen nach Mittlern auf dem Weg zu Gott durchbrochen wird. In Afrika beten die Muslime an Grabstätten von Marabus, heiligen Männern, und erbitten deren Fürbitte, hier werden heilige Tauben verehrt, die Katholiken halten sich an Heilige und begehren deren Hilfe. Im Menschen ist ganz offensichtlich seit Urzeiten eine tiefe Sehnsucht verwurzelt, möglichst einen ganz persönlichen Fürsprecher zu haben, einen individuellen Schutzengel. Von den strenggläubigen Salafisten wird der Glaube an Geister oder Mittler allerdings als Gotteslästerung betrachtet, die sogar mit Todesstrafe geahndet wird. In ihrer Auslegung des Koran gibt es nur einen Gott, und die Kommunikation erfolgt direkt vom Gläubigen zu Allah.

Am nächsten Morgen nehme ich ein Taxi in die Stadt Balkh. Die Fahrt führt vorbei an lehmmauergeschützten Dörfern und Bauernhöfen. Die Gegend ist Zentrum des Marihuana-Anbaus. Balkh, »die Mutter aller Städte«, ist urkundlich die älteste Stadt Afghanistans und war einst neben Buchara die bedeutendste Stadt an der Seidenstraße. Hier wurde Zarathustra geboren und auch Rumi, der berühmte Sufi-Philosoph. Alexander der Große heiratete in diesem Ort seine aus Zentralasien stammende Frau Roxana. Heute erinnern nur der Rest der mächtigen Stadtmauer und ein Schrein für einen muslimischen Heiligen im Stil der Timuriden-Architektur an die ruhmreiche Stadtgeschichte. Balkh wirkt wie ein einziger riesiger Marktplatz.

Trotz meiner Verkleidung bin ich rasch als Tourist enttarnt (»Guck mal, Achmed, sieh mal da – ein Mann aus Alemania«), und ich werde ständig von einer Kinderschar umringt. Ein junger Mann führt mich durch die Stadt und schenkt mir sogar ein Perlenarmband. Ali ist Tadschike und gehört damit der Mehrheitsbevölkerung in dieser Gegend an. Mir begegnen auch Usbeken, Pashtunen und Hazar, Angehörige der mongolisch-stämmigen schiitischen Minderheit. Die Sprache der Tadschiken (Dari) ist ein persischer Dialekt. Auch das Paschtu ist eine arische Sprache. Die Hazar hingegen sprechen eine mongolische Mundart, die Usbeken eine Turksprache. Ein echtes Völkergemisch.

An meinem letzten Abend in Mazar-e Sharif genieße ich nochmals die besondere Stimmung an Alis Grabstätte, beobachte Gläubige und Passanten beim Taubenfüttern und fühle mich ein bisschen wie ein Statist aus »Tausendundeine Nacht«. Als ich den Klassiker der morgenländischen Literatur für mich entdeckte, war ich um die zwanzig. Für mich war das Leseerlebnis zutiefst ambivalent. Die orientalische Traumwelt, die Scheherazade in ihren Erzählungen lebendig macht, zog mich in ihren Bann, die Brutalität der Rahmenhandlung aber stieß mich ab. In Afghanistan erinnert manches an das große Märchenbuch: die schier grenzenlose Gastfreundschaft der Menschen, die magische Atmosphäre von Orten und Plätzen – und nicht zuletzt das geheime Leben der Frauen, die ihre Klugheit wie ihre Schönheit vor den Männern verbergen müssen.

Am nächsten Morgen holt mich der Taxler wie versprochen ab, und es geht flott zur Grenze. Wieder begegnet uns eine Kolonne der Bundewehr in gepanzerten Fahrzeugen. Ich glaube, ich habe in diesen wenigen Tagen von diesem Land mehr gesehen als unsere Soldaten und Soldatinnen während ihres gesamten Aufenthaltes. Die afghanischen Grenzer behandeln mich ausnehmend freundlich, bei den Usbeken ist es wieder derselbe Schmarrn wie bei der Einreise, peinlichste Kontrolle. Ich finde gleich ein Taxi zu meinem Hotel in Termez. Das ist nicht selbstverständlich, denn hier kommt kaum jemand zu Fuß über die Grenze.

Nun habe ich alle 192 UN-Staaten, die es zu diesem Zeitpunkt gibt, bereist. Schade, dass ich Afghanistan nicht so gründlich erkunden konnte, wie es sonst meine Art ist. Das Risiko war einfach zu groß.

Am 1. April 2011, also wenige Monate nach meiner Reise, lese ich in der Zeitung: »Protest nach Koran-Verbrennung: Sieben UN-Mitarbeiter getötet«.

Nachdem ein radikaler evangelikaler US-Geistlicher öffentlich einen Koran verbrannt hatte, kam es in Mazar-e Sharif zu Protesten mit mehreren Toten.

West trifft Ost
München, 1965

Ein Polizeilastauto voller Koffer auf der Ladefläche, und darauf sitzen zwei Japaner. Es ist der 14. November 1965, ein Sonntag, am Flughafen in München/Riem. Ich habe den Auftrag, für den Gepäcktransport beim Staatsbesuch von Prinz Hitachi und seiner Gattin, der Prinzessin Hanako, zu sorgen. Die Maschine mit den Gästen und deren Begleitung ist vor wenigen Minuten am Flughafen gelandet. Das Gepäck wurde in einen LKW verladen. Eine Ehrenformation ist abgeschritten worden, schwarze Limousinen haben den jüngeren Bruder des japanischen Thronfolgers Akihito, dem jetzigen Kaiser, und den Hofstaat aufgenommen und sind zum »Vier Jahreszeiten« davongebraust. Man könnte den Eindruck gewinnen, als hätte der zeremoniöse Empfang nie stattgefunden – wenn da nicht die beiden zierlichen Männer in schwarzen Anzügen wären. Als Hofbeamte war es ihre Aufgabe, das königliche Gepäck im Auge zu behalten, und bei der Abfahrt hat man sie schlichtweg vergessen. In Ermangelung einer besseren Idee strecke ich den Rücken durch und lege die rechte Hand zum Gruß an meine Bergmütze. Die beiden Herren klappen um gefühlte 90 Grad zusammen. Ich grüße wieder, die Herren verbeugen sich erneut. Vielleicht würden wir tagelang so dastehen und einander auf landestypische Weise grüßen, wenn niemand des Spiel beendete. Ich bedeute den beiden zu warten, gehe zum Dienstgebäude der Grenzpolizei hinüber und versuche einen Wagen aufzutreiben. »Wir schicken einen Streifenwagen«, nickt der Kollege. Als ich zum LKW zurückkomme, sind die beiden Herren verschwunden. Mit einem vielsagenden Blick deutet mein Fahrer Huber, ein stämmiger blonder Niederbayer, auf die Ladefläche des LKWs. Dort hocken meine neuen Bekannten bescheiden lächelnd auf den Koffern. Ich bitte sie herunter, platziere sie auf dem Rücksitz des BMW-V-6, und ab geht die Reise Richtung City. Das ist meine erste Begegnung mit Menschen aus dem Fernen Osten.

Bannspruch
Sapporo/Japan, 2007

Die Großstadt im Norden Japans ist die letzte der sieben Partnerstädte Münchens, welche ich noch nicht besucht habe. Nun ist es also so weit, und ich kann hier nachvollziehen, wie eng die Bande der beiden Städte sind. Aber diese Nähe ist natürlich nur marginal. Die japanische Kultur hat bei aller westlichen Ausrichtung eine völlig eigene innere Orientierung. Dies wird mir wieder mal bewusst, als ich am letzten Tag meines Aufenthaltes den Hokkaidō-jingū Shintō-Schrein besuche. Die Anlage aus mehreren massiven Holzgebäuden liegt etwas außerhalb in einem kleinen Wäldchen. Es ist die Zeit der Kirschblüte, und 1200 Bäume erstrahlen in einer Pracht aus Weiß bis Zartrosa. Das Ensemble ist der größte Shintō-Schrein auf der nördlichsten japanischen Insel Hokkaido, einer von nahezu 100 000 im ganzen Land. Der Shintoismus ist ein ganz spezieller Ahnenkult, welcher nur in Japan praktiziert wird, und stellt im Land neben dem Buddhismus die größte Glaubensrichtung dar. In den Schreinen werden Kami, gemeint sind Götter, Gottheiten oder die Seelen Verstorbener, verehrt.

Jeder Schrein besitzt ein Omikuji, einen Ort der Wahrsagung. Hier hängen an einem Baum Hunderte von weißen Papierstreifen. Ich traue mich und ziehe einen. Die japanische Schrift ist ins Englische übersetzt – und ich lese in etwa Folgendes: shō-kyō, 小凶 – »In Kürze wirst du eine Verabredung haben, diese wird aber nicht zustande kommen«. Mein japanischer Begleiter, ein Polizeikollege mit dem Spitznamen Tom (als Kind so nach »Onkel Tom« genannt, weil er immer die dunkelste Körperfarbe von allen hatte, ein Teint, der in Japan nicht gern gesehen ist), erläutert mir, dass es sich um eine Art Fluch handle, ich solle ihn an einen Ast des nächstliegenden Kiefernbaumes knoten, um das schlechte Omen hierzulassen. Da ich nicht sonderlich abergläubisch bin, beschließe ich gegen seinen Rat, den Zettel in meinem Geldbeutel als Souvenir aufzubewahren.

Am Abend steige ich in den Zug nach Tokio. Mein Einzelbett-Schlafwagen-Abteil ist nicht sonderlich groß, aber ich habe ein kleines Fenster, und der ordentlich zusammengelegte Kimono liegt auf dem sauberen Bett. Der Schaffner klappt im 90-Grad-Winkel zusammen, als er meine Fahrkarte kontrolliert, und verlässt rückwärtsgehend das Abteil, bevor er sich wieder aufrichtet. Die 1300 Kilometer lange Fahrt vergeht wie im Fluge, und ich verlasse ausgeruht den Zug in der Tokyo-Ueno-Station. Wer nicht da ist, ist Herr Waringaja, der mich eigentlich abholen sollte. Ich versuche ihn von einer Telefonzelle aus auf seinem Handy zu erreichen, es ist ausgeschaltet. Für mich eigentlich kein Problem, denn die Ausschilderung in Tokio ist perfekt. Ich finde unschwer meinen Weg und fahre mit der Metro in das Stadtviertel, in dem mein gebuchtes Hotel liegt. Aber der kleine Fluch begleitet mich noch immer, und ich latsche völlig orientierungslos mit meinem Rucksacktrolley durch die Gegend und übersehe, wie von Geisterhand vorbeigezogen, die großen Informationskästen mit Plänen auch in englischer Sprache. Prompt laufe ich die falsche Straße hinauf, die so ähnlich wie die von mir gesuchte heißt. Zwei Männer wollen mich interessanterweise auch noch in die absolut falsche Richtung schicken. In Wirklichkeit wäre es völlig leicht gewesen, den richtigen Weg zu finden, hätte ich nur die Orientierungstafeln gesehen. Irgendwann entdecke ich dann doch einen der eigentlich nicht zu übersehenden Wegweiser – der Bann scheint endlich gebrochen. Wenige Minuten später trete ich in die luxuriöse Lobby meines Hotels. Ob mir diese Irrwege erspart geblieben wären, wenn ich den Zettel mit dem bösen Omen in die Äste einer Kiefer geknotet hätte, wird für immer ein Geheimnis bleiben.

Die zwei Gesichter Thailands
Bangkok, 2009

Bangkok, November 2009, Royal Hotel. Das Hotel liegt in der Nähe des Königspalastes, um die Ecke ist die Kao San, wo die Rucksacktouristen absteigen. Rund um Hostels und einfache Herbergen herrscht reges Markttreiben mit Essensständen, Bars und Händlern, die so gut wie alles verkaufen, was illegal ist, von DVD-Raubkopien über gefälschte Führerscheine, Personalausweise aus aller Herren Länder bis hin zu Designerklamotten-Fakes.

Zwei Hostels sind fest in israelischer Hand, hier erholen sich junge Menschen von ihrem dreijährigen Kriegsdienst, der immer wieder mit militärischen Auseinandersetzungen und schlimmen Erlebnissen verbunden ist. Heute ist Bangkok ein sicherer Ort zum Ausspannen, aber das war nicht immer so.

Nie werde ich die Erlebnisse im Mai 1992 vergessen, dem Black May, **พฤษภาทมิฬ**, wie ihn die Thais nennen. Auf dem großen freien Platz zwischen Hotel und Königspalast, dem Sanam Luang, campierten Tausende von Menschen, protestierten friedlich gegen den korrupten Regierungschef Suchinda Kraprayoon. Mein Freund Erich, der trotz oder vielleicht gerade wegen seines äußerst sanftmütigen Wesens auf den Namen Tiger hörte und ich erfuhren von Studenten auf der Straße, was geschehen war. Kraprayoon hatte sich als Armeegeneral an die Macht geputscht und sich entgegen seinem ursprünglichen Versprechen zum Regierungschef ernennen lassen. Bereits nach zwei Wochen sah er sich großen Protesten der Opposition ausgesetzt. Bis zu 200 000 Menschen versammelten sich zu Demonstrationen.

Die Atmosphäre auf den Straßen und Plätzen war entspannt – von Gewalt war nichts zu spüren. Die Leute protestierten friedlich.

An diesem Tag unternahmen Tiger und ich einen Ausflug mit einem Tuk Tuk, einer Motorradrikscha – aber als wir abends zurück in unser Quartier wollten, war kein Durchkommen.

Alle Zufahrtstraßen zum Sanam Luang waren vom Militär gesperrt. In einem kleinen Imbiss berieten wir über Tom Yam Gung, einer extrem scharfen Suppe mit Scampi, über die Lage. Tischnachbarn erzählten, die Polizei sei gewaltsam gegen die Demonstranten vorgegangen.

Da alle Brücken gesperrt waren, mussten wir schließlich einen stinkenden Kanal auf einer Versorgungleitung überqueren und dabei höllisch aufpassen, dass wir nicht in die Brühe fielen. Am nächsten Morgen ging unser Flug zurück in die Heimat. Erst zu Hause sahen wir im Fernsehen die schrecklichen Bilder aus Bangkok. Unser Hotel war in ein Lazarett umgewandelt worden, Freiwillige kümmerten sich um Hunderte von Schwerverletzten. Die Regierung sprach von 52 Opfern der Unruhen, aber bald erfuhr die Weltöffentlichkeit, dass es mehrere Hundert waren.

Die Toten wurden auf Militärlastwagen verladen und außerhalb der Stadt sofort verbrannt. Irgendwann rief der von allen geachtete König Bhumibol, höchste moralische Instanz, den Premier und den Oppositionsführer zu sich und forderte sie auf, den Konflikt sofort zu beenden. Bhumibol mischt sich nur in äußerst kritischen Situationen in das politische Geschäft ein. Wenn er es aber tut, gilt sein Wort als ehernes Gesetz. Kaum hatte er gesprochen, war der Spuk vorbei.

Gedankenversunken laufen Renate und ich Jahre später hinunter zum Chao Phraya, dem breiten Fluss, der Bangkok teilt. Die Thais feiern Loi Kratong, das große Lichterfest zum Vollmond im November. Wir machen es wie die Einheimischen, setzen schwimmende Blumenkränzchen mit

Kerzen aufs Wasser und steigen in ein Langboot. Unsere Blumen-Schifflein treiben mit Abertausenden anderen den Fluss hinunter. Es herrscht ein unbeschreibliches Gedränge am Ufer, und die Stimmung könnte ausgelassener nicht sein. Das ist das lächelnde, friedliche Thailand.

Im Jahr 2014 hat das Militär wieder die Macht im Lande übernommen.

Prophezeiungen
Burma (heute Myanmar), 1983

Sieben Tage sind nicht viel für eine Reise durch ein so interessantes und großes Land wie Burma. Aber im Jahr 1983 muss man froh sein, überhaupt ein Visum für diesen Staat hinter dem Bambusvorhang zu bekommen. Der Kyat, die Landeswährung, ist quasi wertlos. Andere Währungen sind gefragt. Das absolut beste Zahlungsmittel sind Zigaretten der Marke »555« und der Whiskey »Black Label«. Ausgerüstet mit diesen beiden Türöffnern, einer Handvoll Dollars, einigen T-Shirts, die ich auf dem Nachtmarkt in Bangkok gekauft habe, und meinem visierten Pass treffe ich auf dem Flughafen von Rangun, heute Yangoon, ein. Der Zollbeamte zeigt gleich Interesse an Zigaretten und Whiskey und bietet mir einen vernünftigen Preis. Der Gang auf den Schwarzmarkt bleibt mir erspart.

Im Eiltempo erkunde ich das Land. Eine Station meiner Reise ist Mandalay.

In meiner Pension habe ich mich mit zwei deutschen Touristinnen zusammengetan, und wir sind gemeinsam mit der Pferdedroschke unterwegs. Es dauert nicht lange, bis mir klarwird, dass die Mädels nur einen Deppen brauchen, der ihre Shoppingtour mitfinanziert. Meine Wünsche interessieren sie nicht im Geringsten. So nutze ich die erstbeste Gelegenheit und verabschiede mich auf »Französisch« – endlich fühle ich mich frei.

Gegen 16 Uhr steige ich langsam viele Stufen hinauf zur höchsten Erhebung der Stadt, dem sogenannten Mandalay-Hill. Ich passiere Buddha-Figuren, an Verkaufsbuden werden allerlei Devotionalien angeboten, darunter viel Kitsch. Räucherstäbchen brennen vor kleinen Tempeln. Von Essensständen steigt Duft von Curry und exotischen Gewürzen auf. Die Einheimischen sind fast durchweg traditionell gekleidet: Sie tragen den Longyi, einen Wickelrock, der von den Männern am Bauch, von den Frauen an den Hüften verknotet wird. Vom Gipfel aus bietet sich ein weiter Blick auf das in der ausgedehnten Ebene liegende Mandalay mit der alten Stadtmauer und den vielen Pagoden und Klöstern. Von den umliegenden Hügeln grüßen vergoldete Stupas. Die Sonne färbt den Horizont blutrot, bevor sie hinter den Hügeln auf der anderen Seite des Irawadi verschwindet.

Ein Schamane sitzt im Lotussitz vor einem kleinen Tempel, und ich komme mit ihm ins Gespräch. Der Bärtige erzählt mir, dass er aus Indien stamme und mit der Gabe des Hellsehens gesegnet sei. Aufmerksam liest der alte Mann in meiner linken Hand, ab und an hebt er den Blick und schaut mich aus gütigen Augen an.

Nach einem Moment des Nachdenkens hebt er die Stimme:

»Du wirst 85 Jahre alt«, verkündet er fest. »In der Mitte deines Lebens wirst du schweres Ungemach erleben.«

Seine Prophezeiung stimmt mich nachdenklich. Vor einigen Jahren hat mir im südfranzösischen Saintes Maries de la Mer eine Zigeunerin aus der Hand gelesen. Sie sagte voraus, dass ich 83 Jahre alt werden würde. Nehme ich die

Durchschnittszahl, werde ich also 84 Jahre alt, gar nicht so übel.

Das Merkwürdige ist, dass mir auch nach ihrer Prophezeiung schwere Jahre bevorstehen – ob es eine Krankheit oder aber eine Lebenskrise sein wird, hat sie mir nicht verraten.

Langsam steige ich hinab ins Tal. An der Stadtmauer bietet sich mir ein seltener Anblick. Es wirkt, als habe der Wassergraben das Licht der untergehenden Sonne gespeichert: In der anbrechenden Dunkelheit glüht die Umfriedung in einem satten samtigen Rotton.

Heute, Jahre nach meiner Begegnung mit dem Wahrsager in Burma, muss ich ihm und seiner französischen Kollegin recht geben. Mit 48 Jahren habe ich mich scheiden lassen.

Diese Übereinstimmung ist schon irgendwie merkwürdig. Nun gilt es abzuwarten, ob sich auch der zweite Teil der Vorausdeutung erfüllen wird.

Davon muss dann aber jemand anderes berichten.

Schmugglernest
Pegu/Birma, 1983

Mit dem guten Omen des Schamanen brauche ich keine Sorgen zu haben, als ich bei der Rückfahrt in Pegu (Bago) aus dem Zug steige und auf die Offerte eines der wenigen Muslime im Land eingehe, in seinem Haus zu nächtigen. Mohammed, mein Gastgeber, ein junger Mann mit Schnurrbart und einem schmalen dunklen Gesicht mit tiefliegenden Augenhöhlen, breitet auf dem Dachboden einige Decken aus und befestigt ein Moskitonetz darüber.

Mitten in der Nacht fahre ich erschrocken aus dem Schlaf

hoch. Eine schwere Hand liegt auf meinem Arm, Alkoholgeruch raubt mir einen Augenblick den Atem. Der Bursche ist zu mir unters Moskitonetz geschlüpft und zeigt mir winzige Edel- oder Glassteine, die er mir verkaufen will. Mein innerer Sensor sagt mir: »Der Typ hat es auf mein Geld abgesehen, und die Sache mit den Steinen ist nur ein Vorwand, um einen Blick auf meine Geldbörse zu erhaschen.« Ich versichere ihm mit dem Blick des Unschuldsengels, dass ich gerade noch so viel dabeihabe, um das Bahnticket nach Rangun zu kaufen. Mir fällt ein Stein vom Herzen, als er wieder abzieht, und ich dämmere gerade hinüber in den Tiefschlaf, da bin ich plötzlich wieder hellwach. Schwere Schritte auf der Holztreppe, die zum Dachboden hinaufführt, gedämpfte Männerstimmen, Rascheln, lautes Atmen. Reglos liege ich unter dem Moskitonetz und lausche in die Dunkelheit. Mein Herz klopft so laut, dass ich beinahe fürchte, es könnte mich verraten. An Schlaf ist nicht zu denken. Durchwachte Stunden später fällt spärliches Morgenlicht durch die Dachluken. In zwei, drei Metern von meinem Lager machen sich fünf Männer zum Aufbruch bereit. Sie schultern ihre Rucksäcke und heben ihre Kalaschnikows vom Boden auf. Dann poltern sie die Treppe hinunter, Sekunden später höre ich, wie die Tür hinter ihnen ins Schloss fällt.

Offenbar habe ich mein Quartier mit Schmugglern oder Drogenkurieren geteilt.

Von tätowierten Damen und solchen, die keine sind
Malaysia, 1979

Sarawak, der zu Malaysia gehörende Teil von Borneo, ist im Frühjahr 1979 noch ein weißer Fleck auf der touristischen Landkarte. Meine drei Freunde und ich wollen in das grüne Herz der Provinz, eine zeitraubende, anstrengende Angelegenheit. Von der im Südosten der Insel gelegenen Hauptstadt Kuching fahren wir mit dem sogenannten Expressboot über die südliche Bucht des Südchinesischen Meeres in die Kleinstadt Sibu, dort erreicht der Dschungelfluss Rajang das Meer. In unserer Unterkunft lasse ich meinen ledernen Brustbeutel an der Rezeption einschließen. Als ich ihn am nächsten Morgen wieder abhole, besteht er nur noch aus Fetzen, Nagetiere haben ihn in der Nacht angeknabbert. Zum Glück sind die Travellerschecks, damals noch gängige Touristenwährung, in einer festen Plastikverpackung und dadurch unbeschädigt, der Reisepass zeigt einige Bissspuren am äußeren Rand des Einbandes, passt aber zum Glück wohl nicht in den Speiseplan der Nager. Für unser Ziel, die Ortschaft Belaga, benötigen wir ein Permit und bekommen dieses problemlos bei der Provinzverwaltung. Am nächsten Tag besteigen wir frühmorgens unser Langboot, welches uns flussaufwärts bringen soll. Die Reise führt anfangs beschaulich durch die hier sehr breite Flusslandschaft. Auf halbem Wege liegt die Ortschaft Kapit. Als wir diese verlassen, entpuppt sich der zunächst so ruhige Strom als wilder Gebirgsfluss. Der Bootsführer, der stehend den Außenbordmotor bedient, muss alle Kraft aufwenden und sich mächtig auf die Planken stemmen, um die Stromschnellen zu durchqueren, nicht auszudenken, wenn der Motor bei einem dieser waghalsigen Manöver aussetzt. In Belaga gibt es ein einziges Resthouse, dort kommen wir unter, fließendes Wasser gibt es keines, elektrischen Strom sowieso nicht. Jahre später wird sich der wilde Fluss durch das Staudammprojekt von Bakun in einen riesigen See verwandelt haben, Dörfer sind verschwunden, die Menschen leben entwurzelt in notdürftig errichteten Lagern, und das ökologische Gleichgewicht ist enorm gestört. Zu unserem Erstaunen sind hier nicht die Männer, sondern die Frauen tätowiert, wir sehen kaum Körperpartien, welche nicht von den blauen Ornamenten bedeckt sind. Der Dorfälteste kommt zu uns herüber und meint, als Gastgeschenk würde er jedem von uns für eine Nacht die tätowierten Damen überlassen, wir hätten die freie Auswahl. Als Sprecher unserer Gruppe lehne ich höflich ab und hoffe, kein Tabu gebrochen zu haben. Als wir am nächsten Morgen aufwachen und unsere Köpfe noch auf dem Hals sitzen, wissen wir, dass alles in Ordnung ist.

Wochen später sind wir wieder in der Zivilisation, in Singapur. Die Bugis Street wird nach Mitternacht zum Laufsteg. Transvestiten trippeln graziös die Gasse auf und ab. Wir sitzen auf Bierkisten, trinken mit Eiswürfeln gekühltes Bier, eigentlich eine Todsünde für Bayern, aber in dieser Hitze ist alles erlaubt. Einige Mannfrauen setzen sich zu uns, wir kommen ins Quatschen, Späßchen machen die Runde. Bis es hell wird, unterhalten wir uns angeregt mit den Schönen der Nacht. Manche haben eine so frauliche Ausstrahlung, dass wir beinah vergessen, dass sie Männer sind.

Als ich Jahre später nach Singapur komme, gibt es die berühmt-berüchtigte Bugis nur noch dem Namen nach, der Laufsteg ist einem modernen Shopping-Center gewichen. Singapur ist »clean« geworden, und ich denke wehmütig an eine lange Nacht auf Bierkästen in schillernder Gesellschaft.

Thaipusam
Malaysia, 1990

Verwirrt richte ich mich in den Laken auf und lausche in die Nacht. Trommeln und einpeitschende Gesänge haben mich aus dem Schlaf gerissen. Im Halbunkel erkenne ich die Konturen der Wände, der Tür, eines kleinen Nachttischs. Jetzt weiß ich wieder: Ich bin allein in Kuala Lumpur.

Im Nu bin ich aus den Federn, ziehe mir rasch etwas über und stürze im Morgengrauen auf die Straße. Ich erreiche gerade noch das Ende einer gigantischen Prozession. Tausende Inder ziehen in den aufgehenden Tag, die Frauen haben ihre schönsten Saris angelegt, die meisten Männer sind in strahlendes Gelb gekleidet. Paare tragen ihre Neugeborenen in kleinen Sänften aus Seidentüchern zwischen Bambusstangen. Als mir einmal ein Blick hinein gelingt, sehe ich das Baby genüsslich am Fläschchen nuckeln. In Tonkrügen auf Kopf oder Schulter werden Opfergaben balanciert: Blumen, Zitrusfrüchte, Kokosnüsse und Milch. Ich haste an dem Zug vorbei, erreiche die Spitze und betrachte in Ruhe die Vorbeiziehenden. Die Hauptattraktion bildet ein mächtiger zweirädriger Wagen, der von geschmückten Ochsen und vielen Männern gezogen wird. Inmitten eines riesigen Silberaufbaus erhebt sich eine Skulptur Murugas und seiner Begleiter.

Zu Ehren dieses Gottes wird das tamilische Thaipusam-Fest gefeiert. Thaipusam ist ein Fest der Sinne – und der Schmerzen. Die Prozession kommt vom Sri-Mahamariamman-Tempel und ist auf den Weg zu den Batu Caves, dreizehn Kilometer vor der Hauptstadt Malaysias. In den indisch-tamilischen Dörfern des Landes haben sich die Gläubigen in Gruppen auf den Weg gemacht und werden am nächsten Morgen alle bei den Höhlen eintreffen. Da muss ich hin und mache mich bereits im Dunkeln auf den Weg zur Bushaltestelle.

Heute ist Vollmond im Monat »Thai«, der Tag, an dem einst Shivas Gattin Parvathi ihrem Sohn Muruga die Lanze der Unbesiegbarkeit, »Vel«, übergeben hat, um gegen böse Dämonen ins Feld zu ziehen.

Die Batu Caves sind gewaltig: ein natürlicher Felsdom von bestimmt zwanzig Metern Höhe. Auf dem riesigen Platz davor drängen sich Abertausende von Neugierigen und ich mittendrin. Bereits vor 45 Tagen haben die Teilnehmer begonnen, unter Anleitung eines spirituellen Meisters zu fasten. Sie haben sich ausschließlich von Milch ernährt und sich rituellen Waschungen unterzogen. Ihre Motive sind vielfältig: Einer erfüllt ein Gelübde, ein anderer wünscht sich Gesundheit, Glück oder spirituelle Reinigung.

In Trauben drängt sich jede dieser Gruppen um einen Mann, der das Kavadi, ein auf Eisenstangen befestigtes schweres Holzgestell mit Götterabbildungen, auf seinen Schultern trägt, Schnüre und Ketten hängen herab und bohren sich mit Metallhaken in das Fleisch des Trägers. Er wiederum wird von Männern umringt, denen mehrere Metallhaken in den Rücken gebohrt wurden. An deren Ketten ziehen andere Burschen so fest sie nur können. Schweiß rinnt von den dunkelbraunen Körpern. Pfeile (Symbol für die Lanze »Vel«) sind durch Backen oder Zunge gebohrt. »Vel, Vel«, wird gebrüllt. Die Büßer drehen sich in Trance. Unfassbar, dass kein Blut fließt. Die Menschen müssen nach den Strapazen des oft tagelangen Anmarsches nun noch den beschwerlichen Weg die steilen 272 Treppenstufen hinauf zur Höhle ertragen, den sie zu meinem ungläubigen Staunen teilweise sogar tanzend zurücklegen.

Ich drängle mich durch die Menge der Neugierigen zum Eingang der Höhle. Im von Hunderten von Fackeln erhellten Höhlendom angekommen, werden die Pilger von einem Brahmanen aus der Trance geholt; so mancher bricht anschließend zusammen, alle kehren in die Wirklichkeit zurück. Jetzt werden die Pfeile aus Zungen und Wangen entfernt. Vorsichtig nähere ich mich den aus der Trance Erwachten: und sehe keinen Tropfen Blut. Keine Narbe. Kein Zeichen der Verstümmelung. Wenn ich gläubig wäre, würde ich das hier wahrscheinlich ein Wunder nennen. Ich fühle mich vollkommen fremd, Teil einer archaischen Welt, deren Gesetze ich nie begreifen werde – und auch nicht begreifen muss.

Am nächsten Morgen lese ich in der Zeitung, dass nahezu eine Million Menschen an dem Fest teilgenommen haben.

Im Land des Totenkultes
Sulawesi/Indonesien, 2009

Die beiden bunt bemalten Särge stehen in Holzhäuschen, die dem typischen torajanischen Haus nachempfunden sind: Ihre Dächer bilden die Form eines Büffelgehörns ab. Große Farbfotos zeigen eine ältere Dame und einen jungen Mann. Andriano, unser Führer, flüstert mir zu, bei den Verstorbenen handele es sich um Mutter und Sohn.

»Sind sie gemeinsam umgekommen«, erkundige ich mich leise, »vielleicht bei einem Unfall?«

Andriano sieht mich verständnislos an. Dann schüttelt er den Kopf. »Oh, nein«, erklärt er. »Sie starb vor drei Jahren, ihr Sohn vor zwei. Ihre Angehörigen haben die Leichen solange in ihrer Hütte aufgebahrt, bis das nötige Geld für die Feierlichkeiten beisammen war. Das ist so üblich hier.«

Renate und ich sind auf der indonesischen Insel Sulawesi, um etwas über die uns völlig fremdartig anmutenden Totenrituale der Toraja zu erfahren. Die Feier wird insgesamt drei Tage dauern. Hunderte Gäste sind bereits angekommen, und für die nächsten Tage werden noch mehr erwartet. Es herrscht eine für uns völlig ungewohnte heitere Stimmung. Die Menschen tanzen, singen, trommeln mit Bambusschlegeln auf hölzerne Reisbehälter. Dazu werden Reis und fettes Schweinefleisch gereicht. Schließlich beginnt eine lange Prozession, angeführt von 40 bunt geschmückten Wasserbüffeln. Die beiden Totenhäuser werden von kräftigen Männern auf dicken Bambusstangen getragen. Immer wieder geraten sie bedenklich ins Schwanken. Dahinter folgen die Gäste in bunten und schwarzen Kleidern. Als Ehrengäste werden wir am Ziel der Prozession in unmittelbarer Nachbarschaft der engeren Familie in einem nach allen Seiten offenen Holzhaus auf dem Boden platziert und mit Kaffee und Kuchen bedient – eine Art Logenplatz. Nachdem wir uns gesetzt haben, beobachten wir Männer, die Dutzende panisch quiekender Schweine auf Bambusgestellen herantragen.

Das blutige Schauspiel kann beginnen. Renate bleibt auf dem Ehrenplatz sitzen. Sie fürchtet, dass das, was die Gäste der Trauerfeier nun zu sehen bekommen, ihr zu nahe gehen würde – und wie sich herausstellt, wird sie damit recht behalten.

Hinter den Hütten befindet sich ein sandiger Platz, in der Mitte ein Holzpflock, an einem Strick daran festgebunden eine Büffelkuh. Am Rand des Platzes steht ein kleiner drahtiger Mann, der den malaiischen Krummdolch Kris in der Rechten hält. In einem kurzen Spurt stürzt er sich auf das Tier und durchtrennt ihm mit einem gekonnten Schnitt die Kehle. Der Büffel fällt zu Boden und verblutet in einem entsetzlichen Todeskampf. Kaum hört er auf zu zucken, beginnen die übrigen Männer, ihn zu enthäuten. Das schreckliche Schauspiel wiederholt sich mit einem weiteren Büffel.

Als Drittes wird eine Büffelkuh gebracht. Als der Schlächter zwar die Kehle durchschneidet, aber die Schlagader nicht trifft, wehrt sich das Tier mit allen Kräften. Ihre Versuche, auszubrechen, werden von Seiten des Publikums, darunter viele Kinder, mit höhnischem Gelächter quittiert. Mich schaudert. Den Wasserbüffel, für mich das Wahrzeichen Südostasiens, einer solchen Tortur zu unterwerfen verschlägt mir die Sprache. Rote Erde, grüne Reisfelder, gleißender Sonnenschein und lachende Gesichter. Eine merkwürdige Kulisse für eine solch archaische Szene. Ich habe genug gesehen, kehre zu Renate zurück, und wir ziehen weiter.

So eine Beerdigungsfeier kostet übrigens ein Vermögen – während der gesamten Zeremonie werden zwölf Büffel geschlachtet, von denen einer bis zu 2000 Euro kostet, dazu Dutzende von Schweinen. Tana Toraja wird von Christen, Muslimen und Anhängern von Naturreligionen bewohnt. Sie leben in ihren Dörfern friedlich nebeneinander und gehen ihren religiösen Gepflogenheiten nach. Was sie alle eint, ist dieser befremdliche Totenkult.

Die gebirgige Landschaft ist mit ihren Reisterrassen und kleinen, bunten Siedlungen unglaublich schön. Besonders berührt uns, dass Bauern ihre Büffel liebevoll pflegen, sie sorgfältig nach dem Bad abschrubben. Wie kann man ein Tier, das man liebt, später einem grausamen Ritual zuführen?

Allerorts erinnern Steingräber, hängende Särge und Holzfiguren an Verstorbene. Wer genau hinsieht, entdeckt merkwürdige Löcher in den Stämmen alter Bäume, die mit Holztüren versperrt sind. Als ich Andriano danach frage, überrascht er mich ein zweites Mal. »Darin bestatten wir Babys und Kleinkinder, die im ersten Lebensjahr verstorben sind«, erklärt er mir.

Kein Zweifel: Auf Sulawesi ist der Tod zu Hause – und offenbar macht er hier niemandem Angst.

Blütenparadies
Bali, 2009

Die preiswerte kleine Bungalowanlage liegt inmitten von Reisfeldern. Welch ein Zufall, wir wohnen im selben Zimmer, in dem wir vor sechs Jahren schon einmal abgestiegen sind. In Ubud treffen Künstler aus aller Welt auf die balinesische Tradition. Aus dieser Begegnung hat sich eine Symbiose aus Malerei, Skulptur und Tanz entwickelt, die wohl einmalig auf der Welt ist. Eine Radtour bringt uns in das Museum des 1999 verstorbenen Spaniers Antonio Blanco, dem »Dali von Bali«, Meister eines erotisch angehauchten Stils. Sein Sohn Mario setzt diese Tradition fort und ist mittlerweile weltweit in Galerien vertreten.

Dort treffen wir auf einen Taveller mit besonderem Charisma: einen wohl sechzigjährigen Japaner, der nach Art der Kammbläser wunderschöne Lieder auf einem Laubblatt spielt. Er fragt uns nach dem Woher, und prompt bläst er »Am Brunnen vor dem Tore«.

Jeden Morgen werden den hinduistischen Göttern die Morgenopfer in Form von Blumen, Obst und Räucherstäbchen dargeboten. Ubud ist ein Gartenparadies. Der Duft tropischer Pflanzen vermischt sich mit dem Geruch von Räucherstäbchen. In den Reisfeldern stieben Enten schnatternd davon, ab und zu lässt sich eine dünne gelbbraune Viper blicken, bunte Vögel fliegen auf, zwitschern in den Bananenstauden, fleischige Papayas hängen schwer von den Bäumen herab.

Ubud ist auch Zentrum des balinesischen Tanzes. Die jungen Frauen, immer auffallend geschminkt, haben jahrelang geübt, sie übernehmen oft auch Männerrollen. Betörend schön sind die grazilen Bewegungen der Hände, die leichte Neigung des Kopfes.

Besondere religiöse Bedeutung hat der sogenannte Dorfbarong, ein Fabeltier. Wenn sich in einem Dorf die Schicksalsschläge häufen, holt man ihn »aus dem Tempel«. Er kämpft gegen das Böse, nämlich Rangda, eine schreckliche Hexe mit einer grauenhaften Holzmaske, eine Inkarnation der indischen Todesgöttin Durga. Der Barong wird bei diesem Kampf von Kris-bewehrten Männern unterstützt. Sie werden in Trance versetzt und stoßen sich unter Durgas Bann ihre Säbel in den eigenen Körper. Es heißt, an geheimen, mystischen Orten würde das Schauspiel mit echten Säbeln nachgestellt – die Männer würden sich tatsächlich verwunden, aber unversehrt aus der Trance erwachen.

Bei dem touristischen Spektakel, das Renate und ich uns ansehen, kommen Gummisäbel zum Einsatz. Trotzdem raubt uns das Nebeneinander von Anmut und entfesselter Zerstörungswut beinahe den Atem.

Im Gegensatz zum übrigen Indonesien, das überwiegend islamisch geprägt ist, hat sich auf Bali eine besondere Art des Hinduismus erhalten. Wie in Tana Toraja werden die Toten jahrelang aufbewahrt, bis es zur eigentlichen Verbrennungszeremonie kommt, werden aber vorübergehend begraben, also nicht im Haus aufgebahrt. Die endgültige Beisetzung findet statt, wenn nach der Befragung der Götter der richtige Zeitpunkt gekommen und genügend Geld angesammelt ist. Das kann fünf Jahre und länger dauern. Angeführt von einer Kapelle mit Gongs, Flöten und Trommeln, wird ein kunstvoll gestalteter hölzerner Turm auf dicken Bambusstämmen getragen, darauf sind in weißem Leinen die sterblichen Überreste gebettet. Es folgt ein haushohes Tiergebilde aus Holz. Bei der Zeremonie, der wir beiwohnen, ist es ein schwarzer Stier. Nach aufwendigem Opferzeremoniell wird die weiße Sterbehülle, in welche die Gebeine und etlichen Gaben gebettet sind, in den nach oben geöffneten Tierkörper gelegt. Schließlich wird das Gestell mit Hunderten langen dicken Räucherstäben angezündet und verbrannt. Die Asche des Toten wird auf einem kleinen Friedhof ohne weitere Feierlichkeiten beigesetzt. Hier gibt es keine brutalen Szenen mit geschundenen Tieren wie auf Sulawesi. Die Balinesen praktizieren eine besonders sanfte Form des Hinduismus und achten jedes Lebewesen.

Der Ulu Watu liegt in spektakulärer Lage auf einem über 100 Meter hohen Felsen an der Südspitze der »Insel der Götter« und ist ein berühmter hinduistischer Tempel. Allabendlich wird hier vor einer Menge staunender Touristen der Kecak- oder Feuertanz aufgeführt. Man nennt ihn auch den Affentanz, weil er den Kampf des Affengottes Hanuman mit seiner Affenarmee gegen den Dämonen Rawana darstellt, Szenen aus dem Ramayana-Epos, die von der Befreiung der schönen Sita aus der Gefangenschaft erzählen. Nicht nur die Männer, die ein Stakkato sich rhythmisch steigernder »Kecak Kecak Cak-a-Cak« – Affenlaute von sich geben, sitzen in den Felsen, sondern auch eine Horde von Affen. Die Tiere scheinen nur auf die Gelegenheit zu warten, den Gästen einen Gegenstand zu entreißen, sei es die Brille oder der Fotoapparat. Mit ihrer Beute verschwinden sie in den Klippen, und hilfsbereite Balinesen klettern ihnen in halsbrecherischer Art und Weise nach, um das entwendete Objekt dem glücklichen Eigentümer zurückzubringen. Der kann sich vor lauter Glück nicht fassen und entlohnt den Retter mit einem großzügigen Trinkgeld. Manchmal ist die Jagd allerdings erfolglos und das gute Stück bleibt für immer verschwunden, so geschehen, als wir 2001 mit einer gemeinsamen Freundin hier waren. Die sündhaft teure Brille war nicht mehr aufzutreiben. Ein Schelm, der Böses denkt und vermutet, dass die Affen hier auf diese Streiche dressiert werden, um den »Rettern in der Not« ein ansehnliches Trinkgeld zu bescheren.

Killing Fields
Kambodscha, 1992

S21 ist der Name einer ehemaligen Schule in Phnom Penh, der Hauptstadt von Kambodscha. Hinter diesem Namen verbirgt sich ein Ort des Schreckens. Hier waren von den Roten Khmer 20 000 Menschen eingesperrt und bestialisch gefoltert worden. Als ich dieses triste Gebäude im Mai des Jahres 1992 betrete, ist es ein Museum mit dem Namen Tuol-Sleng. Erschütternde Fotos der Inhaftierten, die von ihren Folterknechten nummeriert und fotografiert wurden, zum Teil mit entsetzlichen Spuren der Folter. Nur sieben Menschen überlebten, die anderen starben an den Folgen der Folter oder wurden auf den »Killing Fields« erschlagen. Einer der Überlebenden hat ergreifende Bilder gemalt. Radierungen in einem verstörenden Realismus, die mich schaudern lassen.

Zwischen 1975 und 1979 ist ein Drittel der Bevölkerung, das sind über drei Millionen Menschen, unter der Knechtschaft der Roten Khmer unter den Augen der Weltöffentlichkeit ums Leben gekommen, beim Schuften auf den Feldern, erschlagen auf den Killing Fields, darunter Mütter mit ihren Kindern. Als ich Choeung Ek erreiche, das 17 Kilometer südlich von Phnom Penh gelegene bekannteste der sogenannten Killing Fields, schüttet es ununterbrochen. Nackte Kinder spielen fröhlich im Schlamm – ein Anblick, der mich zugleich beruhigt und traurig macht.

Eine Familie bei Savannakhet
Laos, 2012

Am Busbahnhof von Ubon Ratchathani im nordostthailändischen Isan steigen Renate und ich in den Bus nach Savannakhet. Die Stadt liegt am Mekong, und wir genießen den Blick auf Thailand, über dem die Sonne blutrot untergeht. Wir sind auf der Suche nach Freunden: Während ihrer Zeit beim Deutschen Akademischen Austauschdienst in Laos hatte meine Tochter Jutta Noi und Hat kennengelernt, die beiden haben für sie gearbeitet, sie als Haushälterin, er als Gärtner. Bei unseren Besuchen wuchsen die beiden und ihre Kinder auch uns ans Herz. Später war der Kontakt abgebrochen, und nun haben wir herausgefunden, dass die beiden mit ihrer Familie in einem Dorf südlich von Laos leben. Wir haben auch eine Handy-Nummer, sprechen aber nicht Lao.

Am Morgen nach unserer Ankunft in der Provinzhauptstadt Savannakhet machen wir uns auf den Weg zur Touristen-Info. Dort treffen wir auf Souliyong, einen netten jungen Mann, der ausreichend Englisch spricht. Sofort erklärt er sich bereit, uns als Dolmetscher zu begleiten, und ruft Hat auf dem Handy an. Für den Nachmittag vereinbaren wir ein Treffen.

Als wir von einem Spaziergang zurück sind, laufen uns die Kinder – Valida und Malivan – lachend entgegen.Groß sind sie geworden. Als wir sie das letzte Mal gesehen haben, war Malivan noch ein Kleinkind und Valida ging in die erste Hauptschulklasse. Noi begrüßt uns weinend, sie hat stark abgenommen. Falten haben sich in ihr ebenmäßiges Gesicht gegraben. Neben ihr macht Hat einen relativ gefestigten Eindruck. Gemeinsam mit Souliyong spazieren wir zu einem Floating Restaurant im Mekong. Dort werden Fisch und Fleisch gegrillt. Hat und Noi essen mit Appetit – offenbar waren sie lange nicht mehr in einem Lokal. Nachdem sie etwas Vertrauen gefasst haben, erzählen sie, was geschehen ist: Beide saßen wegen einer Nichtigkeit in der Landeshauptstadt Vientiane im Gefängnis. Noi wurde von Nonnen mit Essen versorgt, litt aber unter den Schuldgefühlen und der Sorge um ihre Kinder: In ihrer Heimat Vientiane hatten sie beste Aussichten, und mussten, nachdem die Eltern ins Gefängnis verschwanden, in der Obhut der Großmutter in einem entlegenen Dorf leben. Immer wieder kommen ihr die Tränen.

»Meine Zellennachbarin hat sich umgebracht, sie hing eines Morgens am Fensterkreuz der Zelle«, sagt sie leise. »Und manchmal habe auch ich daran gedacht. Ein Ende zu machen. Ich wusste nicht einmal, ob mein Mann noch am Leben war …«

Hat erging es noch schlechter. Er wurde geschlagen, bekam kaum etwas zu essen und war in einer 20-Quadratmeter-Zelle mit 50 anderen Gefangenen untergebracht. Nach seiner Entlassung ging er für acht Monate in ein buddhistisches Kloster, um wieder zu sich zu finden. Die gesamte Familie lebt nun im Dorf von Nois Mutter und betreibt dort eine winzig kleine Landwirtschaft.

Wir versuchen, der Familie ein paar sorglose Tage zu bereiten, quartieren sie in unserer Unterkunft in einem großen Zimmer mit Klimaanlage und eigenem Bad ein. Außerdem mieten wir einen Wagen mit Fahrer und unternehmen Ausflüge in die Umgebung. Als Erstes geht es zum großen Grenzmarkt am Busbahnhof. Dort werden die vier neu eingekleidet. Beim Casino »Vegas« mit Elefantenmotiven wird ein Halt eingelegt, unsere bescheidenen Gäste staunen, solchen Prunk haben sie offenbar noch nie gesehen. Der Wat That Ing Hang mit der riesigen historischen Stupa ist die größte Sehenswürdigkeit der Gegend. Räucherstäbchen werden verbrannt, Blumen geopfert, Hat und Noi beten innig.

Einige Tage später fahren wir ohne unseren Dolmetscher in das Dorf, wo die Familie nun lebt. Holzhäuser auf Stelzen, darunter weiden Wasserbüffel, Hängebauchschweine und andere Nutztiere. Ein Anblick wie aus einem ostasiatischen Märchenbuch vergangener Tage. Noi bringt uns zum einfachen Holzhaus ihrer Mutter, die uns mit rührender Herzlichkeit empfängt. Die Hütte steht auf Stelzen, das Dach bedeckt nur einen großen Raum. Auf der Terrasse davor ist alles für die »Baci-Zeremonie« vorbereitet – ein Fest zu unseren Ehren, an dem das halbe Dorf teilnimmt. Wir sitzen auf dem Boden. Zunächst werden Renate und mir zig weiße Fäden um das Handgelenk gebunden. Einer für jede der 32 Seelen, die nach dem Glauben der Laoten in unserem Körper wohnen. Jedes Organ besitze eine Seele, lese ich später, und unterwegs könnten diese leicht zerstreut werden – was sich ungut auf das Karma auswirke. Dagegen helfe die Baci-Zeremonie, die bei jedem möglichen Anlass – sei es der Besuch von Freunden oder der Abschied vom ältesten Sohn – begangen wird. Staunend lassen wir zu, dass der Dorfschamane unsere Hände und die weißen Baumwollbändchen mit Hilfe eines Schilfpinsels weiht, dann bespritzt er uns mit Wasser. Dazu müssen wir die Hände auf einen aus Bananenblättern gestalteten »Altar« legen, auf dem ein dürres gekochtes Huhn als Opfergabe liegt. Danach führt er das Ritual an den Familienmitgliedern und unserem Fahrer aus.

Noi hat gekocht und tischt uns als Erstes auf: Reis, eine Art Kartoffelchips, Hähnchen, verschiedene Soßen. Es gibt auch Bier und einen starken Schnaps. Trotz heftiger Gegenwehr küsst uns Noi die Füße.

Derart geschützt, besichtigen wir Malivans äußerst ärmliche Grundschule: Die Kinder sitzen auf wackligen Holzbänken auf Lehmboden, von einem Ventilator gar nicht zu reden. Einzige Errungenschaft ist eine stabile Tafel, die von

Deutschen gestiftet wurde. Valida muss zu ihrer Schule täglich fünf Kilometer mit dem Rad fahren. Einige hundert Meter außerhalb des Dorfes liegt das Grundstück von Hat, das er stolz seine Farm nennt. Ein schiefer Holzzaun umgibt die kleine Parzelle, in der Mitte steht ein winziges strohgedecktes Häuschen auf Stelzen, in dem Hat getrennt von seiner Familie schläft. In einem Mini-Gärtchen baut er Tomaten an. Einige zerzauste Hühner legen Eier, die Hat auf einem nahegelegenen Markt verkauft. Eine der drei Säue säugt drei Hundewelpen. Außerdem springen Ziegen herum, und angeblich besitzt Hat auch einen Büffel. Die Familie hat mit ihrer Hände Arbeit ein tiefes Loch in den Lehmboden gegraben und damit Zugang zum Grundwasser geschaffen.

Als unser Van das Dorf verlässt, wirbelt Staub von der ungeteerten Straße auf. Noi, Hat und die Kinder winken mit beiden Händen, Tränen in den Augen.

Diese Menschen haben ein besseres Leben verdient.

TEIL V

SÜDSEE

Ich war siebzehn oder achtzehn, als ich »Robinson Crusoe« las. Ein junger Mann, der in der Wildnis zu überleben lernt. Menschenfresser, Überfälle. Der unbedingte Wille durchzuhalten, fremdes Land zu kultivieren. Diese Geschichte war Nahrung für mein Abenteurerherz.

Defoe erzählt von Urängsten, aber auch von der Utopie der Verständigung. Dem Fremden gibt er zwei Gesichter: ein dunkles, verstörendes und ein gutmütig-freundliches. Ich weiß noch, dass ich die Freundschaft zwischen Robinson Crusoe und dem »Wilden«, den er »Freitag« tauft, mit gemischten Gefühlen verfolgte. Freitag bleibt beim respektvollen »Sir«, während Crusoe seinen Freund und Diener wie ein Kind mit »Du« anspricht. Obgleich ich Crusoe für seinen Mut bewunderte, blieb er mir in seiner Haltung fremd. So wie er wollte ich Fremden nicht begegnen.

Als ich anfing, mich mit der Entdeckung des südpazifischen Raumes zu beschäftigen, stieß ich nicht nur auf James Cook, sondern auf die großartigsten Seefahrer aller Zeiten: Die Polynesier begannen vor nahezu 5000 Jahren auf ihren Vakas, den primitiven Segelkanus, ihre Migration aus Asien. In der südlichen Hemisphäre gibt es keinen fixen Punkt am Himmel, wie den Polarstern auf der Nordhalbkugel. Ohne Kompass und Sextant segelten sie durch die riesigen Wasserwüsten des Pazifiks, mit 180 Millionen Quadratkilometern ein Drittel der Erdoberfläche. Sie orientierten sich auf ihrer Suche nach neuen Lebensräumen an einem sich ständig verändernden Sternenhimmel, an Strömungen, Wellenmustern und Wassertemperatur. Sie waren außerdem ein ausgesprochen kriegerisches Volk, Gnade mit ihren Feinden kannten sie kaum.

Aber auch die Entdeckung und Besiedlung der Südsee durch europäische Nationen ist untrennbar mit Macht und Unterwerfung, Gewalt und Gegengewalt verbunden. In dem Film »Die Meuterei auf der Bounty« mit Marlon Brando kommt die Ambivalenz aus Gewalt und Schönheit in diesem Paradies mit seinen Schattenseiten besonders gut zum Ausdruck. Auch die Lust spielt eine Rolle, das Begehren der Eroberer.

Man denke nur an die betörenden Bilder Gaugins, Schönheiten mit rabenschwarzem Haar und geheimnisvollem tiefen Blick. Oder an Jack Londons Zeilen: »Hawaii ist ein Paradies – und ich werde nie müde, es zu verkünden.«

Als ich die Südsee bereiste, wusste ich nicht, was mich dort erwarten würde. Was war von der fremden Welt geblieben, die die Seefahrer und Reisenden des 19. Jahrhunderts anpriesen? Hatte es jenes Paradies überhaupt gegeben, von dem Jack London schwärmte, oder war es gewissermaßen seiner Phantasie entsprungen – den Träumen eines Mannes, dem es in seiner Heimat zu eng wurde?

Robinsonade in Moll
Mikronesien, 2012

Guam ist die größte und südlichste Insel des Marianen-Archipels im westpazifischen Ozean. Sie ist ein nichtinkorporiertes Territorium der USA, also eines der Außengebiete der Vereinigten Staaten. Bei uns wurde die Insel durch den strategisch wichtigen amerikanischen Luftwaffenstützpunkt »Andersen Air Force Base« bekannt. Von dort sind einst die berüchtigten B52-Bomber Richtung Indochina gestartet. Heute bildet die Insel einen wichtigen Brückenkopf in Richtung China, die USA verlagern ihr Interessengebiet immer mehr in Richtung Pazifik. Lange Zeit war der Zutritt zu der von einem bunten Bevölkerungsgemisch bewohnten Insel Besuchern verwehrt. Etwa 37,1 % der Einwohner Guams sind Chamorro-Mischlinge indonesisch-spanisch-philippinischer Herkunft, 26,3 % der Bevölkerung sind Filipinos (zum Großteil Malaien), 11,3 % stammen von anderen pazifischen Inseln, 6,9 % sind europäisch, 6,3 % sind koreanischer, chinesischer oder japanischer Herkunft, 2,3 % haben eine andere Herkunft, 9,8 % sind Mischlinge. Englisch ist Amts- und Verkehrssprache, aber auch Chamorro hörst du auf der Straße. Guam ist ungefähr 48 km lang und 18,5 km breit. Die Küstenlinie umfasst ca. 545 qkm, die Insel ist also knapp doppelt so groß wie München, hat aber nur ca. 185 000 Einwohner. Trotzdem ist es die am dichtesten bewohnte Insel Mikronesiens. Haupteinnahmequelle ist der Tourismus, den fast ausschließlich die Japaner bestimmen. Sie kommen in erster Linie zum Shoppen hierher, es ist zollfreies Gebiet, obwohl die Preise für Grundnahrungsmittel gesalzen sind.

An einem Abend fahren Renate und ich mit unserem Leihwagen zur »Hauptstadt« Hagatna, dort findet wie jeden

Mittwoch der Chamorro-Village-Night Market statt. Es gibt viele Souvenir- und Fressstände. Wir suchen uns einen Platz in einer überdachten Halle, essen zunächst Maiskolben und teilen uns später eine Fisch-Platte mit fangfrischem Tilapia und Oktopus. Später beginnt eine Band zu spielen, die Chamorro-Musik klingt nach Südsee.

Wir verlassen das Ballungszentrum in Richtung Norden, und bei glasklarer, blauer See und Blütenpracht kommt Südseefeeling auf. Das legt sich schnell, als wir im Park »War in the Pacific« mit japanischer Flak und 20-cm-Kanone halten. 1941 wurde Guam kurz nach der Bombardierung von Hawaii von japanischen Truppen besetzt und 1944 im Juli von den Amis zurückerobert. Shoichi Yokoi, der letzte japanische Soldat, ergab sich erst 28 Jahre später. Wo Magellan 1521 landete, steht eine Statue, davor füttert ein braungebrannter kräftiger Mann mit Irokesenhaarschnitt eine Büffelkuh, die ihr Kalb säugt. Wir genießen das Schwimmen im Inharajan Natural Pool, einem natürlichen Salzwasserbecken, von der See abgeschirmt durch eine Felsbarriere. Eine junge Familie schickt zwei süße Mädels zu uns herüber, die uns zwei Dosen Eistee bringen. Die Leute hier sind wirklich gastfreundlich – und offensichtlich überrascht, europäische Touristen zu sehen. Zu einem Lunch stoppen wir bei »Jeff's Pirate Cove.« Ganz in der Nähe versteckte sich der japanische Feldwebel Shoichi Yokoi von 1944 bis 1972 in einer Erdhöhle. Er hatte sich während des Krieges mit einigen Männern vor der näher rückenden US-amerikanischen Armee in den Dschungel zurückgezogen. Zunächst erreichte die Nachricht von Japans Kapitulation den Feldwebel nicht – aber auch ein Flugblatt über das Kriegsende, das ihm 1952 in die Hände fiel, bewog ihn nicht zur Aufgabe. Nach dem Tod seiner letzten beiden Kameraden harrte er weitere acht Jahre allein im Dschungel aus. Yokoi aß alles, was die Natur bereithielt, um zu überleben: Schnecken, Frösche, Krebse, Vögel und Ratten.

Seine Entdeckung im Jahr 1972 wurde in Japan zu einem Medienereignis. Millionen Menschen verfolgten die Rückkehr des einsamen Kriegers in die Zivilisation. Im Blitzlichtgewitter der Kameras machte er eine Erklärung, die heute in Japan zu einem geflügelten Wort geworden ist:

Shoichi Yokoi senkte beschämt den Kopf und sagte: »Es ist mir sehr peinlich, lebend zurückzukehren.«

Eine Robinsonade in Moll.

Das Geheimnis der Steinmänner
Osterinseln, 1989

Schon am frühen Morgen ist es höllisch heiß. Wild entschlossen schultern Renate und ich unsere Rucksäcke. Obwohl wir nur das Nötigste eingepackt haben, sind sie ganz schön schwer. Wir marschieren stramm entlang der Landebahn des Flughafens von Rapa Nui und kommen nach etwa eineinhalb Kilometern an eine Weggabelung, sind unschlüssig, welche Richtung wir einschlagen sollen. Unverhofft kommt oft – ein Suzuki-Geländewagen bleibt stehen. Die Insassen, ein Schweizer Pärchen, laden uns ein mitzufahren. Erster Stopp ist Ahu O Tahiri Vinapu. Mit Ahu umschreiben die Bewohner der Osterinsel die Mauer, die das Bindeglied zwischen Diesseits und Jenseits symbolisiert. Die Stützmauer aus exakt zugehauenen und ineinandergefügten schwarzen Lavablöcken erinnert an die Inkafestung in Cuzco/Peru. Ich bin kein Archäologe, aber für mich liegt der Schluss nahe, dass hier zwei Kulturen, nämlich die der Polynesier und die der Inkas, aufeinandergetroffen sind. Der norwegische Forschungsreisende Thor Heyerdahl geht in seinem Buch *Kon-Tiki. Ein Floß treibt über den Pazifik* davon aus, dass der gesamte Südseeraum von Südamerika aus besiedelt worden ist. Die Erkenntnisse dazu hat er bei seiner Expedition im Jahre 1947 gewonnen. Ich könnte mir vorstellen, dass die Insel sehr wohl von Polynesiern besiedelt wurde, dass aber irgendwann auch Inkas von Südamerika herüberkamen und die Einheimischen in der Kunst der Steinbearbeitung unterwiesen. So wurde die Grundlage für die Fertigung der monumentalen Steinstatuen, der Moais, geschaffen.

Am Ahu Vaihu begegnen wir den ersten gigantischen Skulpturen, allerdings liegen sie mit dem Gesicht nach unten auf dem Boden. Später kommen wir zum Fuß des Rano-Raraku-Vulkans. Dort liegt ein gewaltiger Steinbruch, einst die Arbeitsstätte der Steinmetze. Der Ort hat nichts Museales. Es wirkt eher, als hätten die Arbeiter ihre riesige Werkstatt eben erst verlassen, um eine kurze Pause einzulegen, und würden unweit ihre Lunchpakete auspacken. Felsen wurden herausgeschlagen, aus dem Tuffgestein wachsen Gesichter, gigantische Köpfe. Halb aus dem Gestein geschlagene Skulpturen liegen herum, als warteten sie nur darauf, dass sie endlich Körper würden.

In der Bucht von Ovahe mit ihrem weißen Strand vor dunklen Basaltfelsen legen wir uns in den Sand, genießen ein Bad in der klaren blauen See. Erfrischt machen wir uns auf zu unserem Fußmarsch entlang der Nordküste der Insel. Immer wieder bieten sich fantastische Ausblicke auf das tosende Meer. Wir haben Mühe, unseren Pfad nicht zu verlieren. Das Gras steht hoch, Kletten klammern sich an unsere Socken, wir waten durch meterhohes Schilf, das klebrigen Saft absondert. Schweißgebadet erreichen wir einen Hügel hoch über dem Meer, wir sind am Ahu Tepen. Vor den verwitterten Ruinen einer Stützmauer liegen umgestürzte Moais.

Gewaltige, schwere Körper, wie von einer Riesenhand gefällt. So wie hier muss es nach den Auseinandersetzungen zweier verfeindeter Stämme gegen Ende des 17. Jahrhunderts an vielen zeremoniellen Orten ausgesehen haben – bevor die Giganten an touristischen Plätzen wieder aufgestellt, teilweise sogar angemalt wurden. Der heilige Boden am Ahu Tepen ist blutgetränkt. Hier haben die Stämme der »Langohren« und der »Kurzohren« einander erbittert bekämpft. Man geht davon aus, dass auf der Osterinsel auch Kannibalismus verbreitet war.

Ahu Tepeu ist nach astronomischen Kriterien ausgerichtet worden. Wissenschaftler vermuten, die Anlage habe dazu gedient, die Sonnenwende zu ermitteln oder die Navigation auf dem Pazifik zu erleichtern.

Es beginnt zu dämmern, und dieser entlegene mystische Ort erscheint uns genau richtig, um unser Nachtlager aufzuschlagen. Wir breiten unsere Schlafsäcke aus, schauen hinaus auf das Meer und beißen in unsere Salamibrote. Als es dunkel ist, spannt sich über uns der makellose südliche Sternenhimmel. Am Rande der Milchstraße schiebt sich allmählich das Kreuz des Südens nach oben. Wir versuchen zu schlafen, wälzen uns hin und her, das Nächtigen auf dem blanken Boden sind wir nicht gewohnt.

Irgendwann nicke ich ein.

Aus dem Meer steigt ein fünfzig Meter hoher Moai, klettert schwerfällig den Hang herauf, zieht seinen steinernen Hut und verneigt sich vor mir. Seine schwarzen, von Muscheln umrandeten Augen blicken traurig. Als er den Mund öffnet, schrecke ich auf, das Kreuz des Südens hat seine Position verändert, der Moai ist verschwunden. Mich schaudert.

Renate schaut mich an und murmelt: »Ein verwunschener Ort«, schreit kurz auf, ein dunkler Käfer kriecht aus ihrem

Haar ins Gras. Wir versuchen nochmals einzuschlafen, als wir irgendwann eingenickt sind, wecken uns Regentropfen. Die Sterne sind verschwunden. Wir packen unsere Sachen zusammen, ziehen die Regencapes über und trippeln in den beginnenden Morgen. Das dem Rebhuhn ähnliche »Steißhuhn« fliegt mit gellenden Pfiffen auf. Über uns zieht ein Fregattvogel majestätisch seine Kreise.

Wir biegen landeinwärts ab und erblicken schon von weitem die mächtigen Rücken der Moais von Aku Akivi. Sie sind die einzigen dieser eigenartigen Steinbrüder, die landeinwärts und nicht auf das Meer hinaus blicken. Noch immer rätselt die Wissenschaft, wie die Riesen vom kilometerweit entfernten Steinbruch hierher gelangt sind. Die Inselbewohner aber haben völlige Gewissheit:

»Die Moais sind einfach gelaufen.«

Stammesfehden
Papua-Neuguinea, 1990

PMV (Public Motor Vehicle) nennen die Leute den Minibus, der Renate und mich vom Flughafen in die weitverzweigte Stadt bringt. Helle Augenpaare starren uns aus tiefschwarzen Gesichtern unverwandt an. Die Münder öffnen sich: »Gudavanun!« (Good Afternoon). Hier im Hochland werden wir zu jeder Tages- und Nachtzeit so begrüßt. Am Hauptplatz von Mount Hagen steigen wir aus, und Renate setzt sich mit unseren Rucksäcken auf eine Holztreppe, während ich mich auf Zimmersuche begebe. Kaum bin ich verschwunden, kommt ein junger Mann auf sie zu, hebt Kiesel auf und zielt damit auf sie, bewirft sie. Im Nu ist sie von Frauen umringt, die sich schützend vor sie stellen. Offensichtlich ist der

Mann verwirrt. Als ich zurück bin, hat sich die Situation beruhigt.

Renate begrüßt mich tapfer, aber etwas mitgenommen von diesem merkwürdigen Empfang.

Am nächsten Morgen meint die Lady von der Rezeption, es sei keine gute Idee, einen Ausflug zum Baiyer River Sanctuary zu unternehmen. Stur wie ich bin, mache ich mich mit meiner Renate auf den Weg zum Busbahnhof und frage, welches PMV wir dorthin nehmen sollen. Die Leute schauen uns völlig entgeistert an. Allmählich begreife ich, dass es hochgefährlich ist, in diese Gegend zu fahren.

Bei einem Besuch auf der Polizeistation wird uns bestätigt, dass große Gebiete von Banditen kontrolliert werden. Die Sicherheitslage ist dort, wo die Stammeshäuptlinge ihrer traditionellen Macht beraubt sind, völlig aus der Balance geraten. Verschärft wird die Situation dadurch, dass ein Großteil der Sicherheitskräfte des Landes auf der Insel Bougainville eingesetzt ist, wo ein gnadenloser Bürgerkrieg tobt.

Wir erkundigen uns, ob in den nächsten Tagen in einer sicheren Region ein *Sing Sing* – Sing- und Tanzabende tragen hier denselben Namen wie der berüchtigte Knast im New Yorker Distrikt – in einem der Dörfer stattfinde. Das verneint der Polizist, hat aber eine bestechende Idee. Am nächsten Tag findet ein Friedensfest zwischen zwei sich bekriegenden Stämmen statt.

»Das Gebiet ist absolut sicher«, erklärt er entschieden. »Und außerdem haben die Stammesältesten ein Auge darauf, dass die gebotene Gastfreundschaft eingehalten wird. Das solltet ihr euch ansehen!«

Am frühen Morgen brechen wir auf und finden einen Minibus, der nach Goroka, eine andere Stadt im Hochland, fährt. An einer Straßenkreuzung steigen wir aus und warten auf Anschluss. Hier sind wir offensichtlich richtig. Krieger hocken dichtgedrängt auf Ladeflächen von Kleinlastern, die Gesichter in grellen Farben bemalt, bewehrt mit Speeren, Hacken und Holzschilden, einige von ihnen tragen Baustellenhelme. Ein Pick-up hält und nimmt uns mit nach Minj, eine Kleinstadt in einem weiten Talkessel. Inmitten von grünen Hügeln stehen eine Handvoll Wellblechhütten, eine Polizeistation und ein kleines Hospital. In einem tropischen Park liegt die Hotelanlage »Tribal Tops Inn«. Gäste gibt es nicht, aber eine liebenswürdige Schwarze aus Mount Hagen erlaubt, dass wir unser Gepäck an der Rezeption lassen. Sie spricht ausgezeichnet Englisch und erzählt uns ruhig, dass wegen ungeklärter Landrechte ein blutiger Stammeskrieg zwischen dem Konobuka- und dem Kondika-Stamm ausgebrochen sei. Offenbar ist das in dieser Gegend keine Seltenheit. Neben unzähligen Verletzten habe es mindestens 16 Todesopfer gegeben und viele Vergewaltigungen. Hunderte Häuser seien niedergebrannt worden. Durch die Vermittlung von Missionaren soll heute Friede zwischen den verfeindeten Stämmen geschlossen werden.

Auf einem Spaziergang sehen wir, wie von allen Seiten die Dorfgemeinschaften eintreffen, meist in geschlossenen Formationen, die Vorhut mit Speeren und Schilden, gefolgt von kräftigen Kämpfern, die Knüppel und Äxte schwingen, manche haben lange Gewehre geschultert, vorsintflutliche Waffen mit Bleigeschossen und Zündschnur. Alle Männer tragen grelle Kriegsbemalung, viele schmücken sich mit Federn. Ab und an bricht einer aus seiner Gruppe aus, springt auf uns zu, den Speer erhoben, blickt uns an und dreht wieder ab. Spannung liegt in der Luft. Für diese Männer ist der Krieg noch nicht vorbei.

Dahinter folgen halbwüchsige Burschen, die Nachhut bilden die Frauen, Mädchen und Kleinkinder, allesamt von Kriegern abgesichert.

Auf einem riesigen freien Platz ist ein hölzernes Podest mit grob behauenen Holzbänken aufgebaut. Männer schleppen riesige Stücke Schweine- und Rindfleisch heran und legen sie vor der provisorischen Tribüne nieder. Ein Weißer in schlecht sitzendem Anzug stellt sich uns vor. Er ist Missionar und maßgeblich an den Friedensverhandlungen beteiligt, erzählt er uns. Mit einer höflichen Geste bittet er uns auf die Ehrentribüne. Dort sitzt bereits seine Frau im einfachen grauen Baumwollkleid neben zwei Ureinwohnern, uralte Männer. Einige Weiße in Anzügen gesellen sich zu uns, reichen uns förmlich die Hände, auch sie sind Missionare. Erst nach einer Weile wird uns bewusst, dass die Krieger verschwunden sind. Sie haben sich offensichtlich in die Hügel zurückgezogen.

Plötzlich ertönt markerschütterndes Kriegsgeschrei. Von zwei Seiten rücken die Krieger schubweise heran, schwingen ihre Waffen. Immer neue Gruppen kommen von den Anhöhen herunter, die Schilde vorm Körper, die Speere wurfbereit. Als ehemaliger Polizist habe ich schon einiges gesehen, aber dieser martialische Anblick lässt mir das Blut in den Adern gefrieren. Vor unseren Augen läuft ein Film ab – nur sitzen wir nicht in einem Plüschsessel im Kino, sondern sind mittendrin. Geschrei, wilde Blicke, halbnackte, schwitzende Körper und wir, in unseren Trecking-Sandalen. Der Platz füllt sich mit gruseligen Gestalten, bald sind es einige Tausend. Quer über den Platz ist ein Seil gespannt, selbstverständlich nur eine symbolische Grenze. Die Gegner stehen einander gegenüber, brüllen aufeinander ein, die Anspannung ist den Männern ins Gesicht geschrieben. Gestern noch haben sie miteinander gekämpft. Allmählich tritt Ruhe ein, und sie lassen sich auf dem Boden nieder, ihre Augen blicken grimmig.

Auf jeder Seite löst sich je eine stattliche Gestalt aus der

Menge und erklimmt mit Speer und Schild das Podest, auf dem wir inmitten der Ehrengäste sitzen. Die beiden Männer – offenbar die Anführer der verfeindeten Stämme – nehmen zur linken und rechten Seite des Missionars Platz, klemmen ihre Speere zwischen die Knie. Nun beginnt ein endlos scheinendes Palaver in einer Sprache, die wir nicht verstehen. Erst reden die Missionare, dann sind die beiden Häuptlinge an der Reihe.

Erst redet und schreit der eine Häuptling, dann der andere. Beide schneiden dabei furchteinflößende Grimassen. Schließlich reichen sie sich die Hände. Das ist das Zeichen für die Krieger auf dem Platz. Sie stehen langsam auf und werfen ihre Waffen auf einen Haufen. Alte Männer sichten das Kriegswerkzeug, nehmen die Gewehre heraus und legen sie beiseite. Es entsteht eine mächtige Ansammlung von Speeren, Lanzen, Schilden und anderem Kriegswerkzeug. Als alle Kämpfer unbewaffnet wieder auf dem Boden sitzen, zünden die alten Männer die Stapel an. Ein paar junge Burschen klemmen sich die Gewehre unter die Arme und ziehen ab. Während wir zusehen, wie Fleischstücke unter den Frauen beider Stämme verteilt werden, stupst mich Renate in die Seite: »Müssen wir das essen?«, fragt sie leise. »Wolfgang, na, des kann i ned.« Trotz der Anspannung muss ich lächeln. Krieger, Waffen, Drohgebärden: Meine Frau hat das Geschehen gebannt verfolgt, ja sie hat nicht einmal nach meiner Hand gefasst. Erst die Aussicht, Gammelfleisch zu kosten, jagt ihr einen Schrecken ein. Zum Glück erweist sich ihre Befürchtung als unbegründet – das Fleisch werden die Mitglieder beider Stämme in ihren Dörfern verzehren.

Schon während der Zeremonie ist uns ein behäbiger Weißer aufgefallen. Er stand etwas abseits, am Rande des Platzes. Jetzt kommt er zu uns, stellt sich mit seinem Vornamen Peter vor. Unser Landsmann erzählt uns, dass er der Manager der

Lodge ist. Dort könnten wir nicht übernachten, das Personal sei zu Beginn der Kämpfe in die Heimatdörfer zurückgegangen, weil die Männer am Stammeskrieg teilnehmen mussten. Es werde noch einige Zeit dauern, bis Ruhe einkehren würde und der Beherbergungsbetrieb wieder aufgenommen werden könne. Er bietet uns an, mit ihm nach Mount Hagen zurückzufahren, dort betreibe er eine andere Lodge, nämlich »Plumes and Arrows«. Dankend nehmen wir an.

Am nächsten Morgen brechen wir von dort aus auf und fahren mit einem PMV in Richtung Goroka. Unterwegs passieren wir das Kampfgebiet mit den verkohlten Resten abgebrannter Häuser, zerstörter Felder und vernichteter Bananenplantagen. Die gut ausgebaute Straße führt über ein Hochplateau, das von abfallenden Bergen umrahmt wird. Wir passieren Tee- und Kaffeeplantagen, Frauen waschen in silbrig glänzenden Flussläufen ihre Wäsche. Die Straße führt im ständigen Bergauf und Bergab durch immer wieder neue dschungelbewachsene Täler mit kleinen Dörfern. Auf Bambushütten mit rechteckigem Grundriss folgen runde Behausungen, wir sind offensichtlich im Bereich einer anderen Stammesgruppe. Alles wirkt friedlich, bis sich in der Nähe von Goroka das Bild ändert. Wie aus dem Nichts tauchen Krieger auf, ein Déjà-vu-Erlebnis. Wieder sind es schreckgebietende Gestalten. Sie stehen in Gruppen am Straßenrand, springen von heranfahrenden Pick-ups.

In der Kleinstadt erfahren wir, in dieser Gegend sei vor kurzem ein Stammeskrieg ausgebrochen. Ein Dorf wurde überfallen, Menschen gemeuchelt, Häuser abgebrannt, Schweine geraubt – eine Racheaktion für einen Mord. Seitdem befindet sich die gesamte Gegend im Aufruhr. Wir sind froh, dass wir nach einer Nacht in einer Missionsstation am nächsten Tag weiterreisen können, und zwar nach Madang am Meer, weit weg vom kriegerischen Hochland.

Geld so groß wie Mühlsteine und am Rande des Taifuns
Mikronesische und polynesische Impressionen, 1991

Mit einem 4,20 Meter langen Flugschein im Gepäck sitzen Renate und ich im Intercity nach Frankfurt. Flug PR 735 bringt uns nach Manila, und nach einigen Tagen Aufenthalt in der philippinischen Metropole geht es weiter in Richtung Südsee. Erstes Ziel ist Koror, die Hauptstadt der kleinen Inselrepublik Palau. Wir beziehen Quartier in einem einfachen Hotel. Das Zimmermädchen kommt von den Philippinen und war schon in München, ihre Schwester lebt im Hasenbergl, einem Stadtteil, den man als »sozialen Brennpunkt« bezeichnen könnte. »Weitlstraße very clean«, meint sie, wieder mal ein Beweis, dass alles relativ ist.

Im kleinen Inselmuseum erzählen Holztafeln Bildergeschichten, die zum Teil ziemlich deftig sind. Da ist die Erzählung von der Witwe, die einen Bräutigam mit einem besonders langen Glied sucht und schließlich auch den Richtigen findet, allerdings wird sie gleich bei der ersten Kopulation von der Ejakulation durch die Luft gewirbelt und zerschellt auf der Nachbarinsel Peleliu.

Ein Spaziergang führt uns zu einem malerisch gelegenen sündteuren Hotel über der Iwayama Bay. Von dort haben wir einen atemberaubenden Blick auf die pilzförmigen Rock-Islands, Wahrzeichen von Palau. Diese Inseln wollen wir aus der Nähe sehen. Nur wenige Tage später rasen wir in einem Speedboat im Slalom zwischen den Eilanden hindurch, die wie grüne Pilzköpfe aus dem Meer ragen. Ziel ist eine kleine, flach auslaufende Insel mit herrlich weißem Sandstrand vor einem azurblauen Meer.

Beim ersten Versuch, es mir am Strand in einer Hängematte bequem zu machen, falle ich heraus, selbst Faulenzen will gelernt sein. Der idyllische Moment hält nicht lange an, denn bald rückt ein Arbeiter mit einer Motorsäge an und sägt gefällte Palmen in kleine Stücke. Wir sind froh, als wir nach einigen Stunden wieder in das Motorboot steigen dürfen und die Flucht aus dem Paradies beginnen kann.

Einige Tage später: Über eine Brücke spazieren wir auf die Insel Arakabesan hinüber, als uns plötzlich ein zähnefletschender Köter anfällt. Wir nutzen die Deckung eines Autos, das im Schritttempo vorüberrollt, das Tier wagt sich nicht heran, und die Gefahr ist gebannt. Uns graut schon vor dem Rückweg.

Auf Arakabesan wird uns besonders bewusst, was der »American Way of Life« auf der Inselgruppe angerichtet hat. Die meisten Menschen leben von der Fürsorge, sitzen in ihren Wellblechhütten und schauen amerikanische Soaps oder kutschieren mit dicken Autos durch die Gegend. Früher fuhren sie in ihren Booten hinaus aufs Meer zum Fischfang und bauten in den eigenen Gärten Gemüse an, heute ernähren sie sich von Fastfood und Fertiggerichten. Es gibt kaum Landwirtschaft, niemand kümmert sich um die Kokosnüsse. Der Abfall, meist Plastik und Dosen, wird achtlos in die Landschaft geworfen.

Die Abhängigkeit wird sich auch nach der Unabhängigkeit im Jahre 1994 nicht ändern, im Rahmen eines Assoziierungsvertrages werden Außen- und Verteidigungspolitik den USA überlassen. Nebenbei sei erwähnt, dass Palau von 1898 bis 1918 deutsche Kolonie war.

Im Westen der Insel stoßen wir unerwartet auf ein Hotel in bezaubernder Lage, wir können es nicht fassen, dass wir förmlich aus der Hölle der Zivilisation in einen tropischen Garten Eden katapultiert wurden. Dieses Paradies, das

»Palau Pacific Resort Hotel«, hat allerdings seinen Preis. Für die Benutzung des Swimmingpools wollen die Leute umgerechnet 25 Mark – für jeden von uns beiden. Wir verzichten dankend und begnügen uns mit einem kostenlosen Besuch der makellosen WC-Anlage.

Einen Luftsprung weiter tauchen wir in eine völlig andere Welt ein. Auf der Insel Yap, Teil der »Föderierten Staaten von Mikronesien«, gibt es nur wenige Autos. Die Menschen sind zurückhaltend und freundlich, viele Männer tragen nach wie vor den Lendenschurz, und so manche Frau macht sich nichts daraus, barbusig aus dem Haus zu gehen. Auf einer Wanderung stoßen wir auf einen riesigen Mühlstein, mehr als zwei Meter im Durchmesser.

Es ist ein Rai, Steingeld, nach wie vor das Zahlungsmittel auf der Insel. Früher wurden die Steine von Männern an einem langen Holzstab transportiert, wenn sie den Besitzer wechselten, heute bleiben sie an Ort und Stelle. In Ruul gibt es sogar eine Bank: Auf einem freien Platz am Ortsrand stehen etliche Steinräder. In gewisser Weise ist die Währung eine Art archaischer Aktienhandel: ein nur symbolisches Tauschgeschäft.

Am Wasser liegt ein Falew, ein Männerhaus. In diesem strohgedeckten und aus Bambus gefertigten Gebäude geben die Dorfältesten ihr Wissen an die Jungen weiter. So wird die Tradition des Fischens, der Seefahrt und des Handwerks bewahrt. An einem Autofriedhof fragen wir den betelkauenden Besitzer, ob wir ein Autokennzeichen von einer der Schrottlauben abschrauben dürfen, gern willigt er ein, eine Bezahlung lehnt er entschieden ab.

Unser kleines Hotel liegt in der Ortschaft Colonia. Von dort machen wir uns zu einem Ausflug auf die nördlich von Yap gelegene Insel Maap auf. Es ist kein Problem, per Anhalter dorthin zu gelangen. Auf einem verschlungenen Pfad tasten wir uns vorsichtig durch dichten Urwald voran. Endlich erreichen wir das Kulturhaus von Bechyal. Das Gebäude steht auf einem Steinplateau direkt am Strand. Das P'eebaey ist im Gegensatz zum Männerhaus ein öffentlicher Treffpunkt für die Gemeindemitglieder.

Auf unserer mehr oder weniger ziellosen Wanderung kommen wir irgendwann zu einer Schule aus flachen Holzbaracken. Die Mädels und Buben sitzen im Freien und sind mit Handarbeiten aus Schilf beschäftigt. Betelkauen hat ihrem Lehrer die Zähne schwarz gefärbt. Als wir ihn fragen, wie wir am besten zurück nach Colonia kommen, spuckt er rote Brühe aus. Irgendwie klappt es nicht mit der Kommunikation, aber die Sache erledigt sich von selbst: Während wir uns noch zu verständigen versuchen, ertönt Motorengeräusch, ein klappriger Autobus hält neben uns. Wir finden eine freie Reihe. Vor uns sitzt ein uriger Typ, der nur mit einem Lendenschurz aus Naturfaser bekleidet ist und seinen Zopf zu einem Knoten gebunden hat.

In der Nähe des Flughafens von Colonia suchen wir vergeblich nach den Überresten der deutschen Kabelstation, die dort während der kurzen Kolonialzeit errichtet wurde. Dabei stoßen wir auf einen kreisrunden Kratersee, in dem wir wunderbar schwimmen können. Einst war die gesamte Insel ein Vulkan.

Unser nächstes Reiseziel ist die Insel Saipan. Auf der zu den USA gehörenden Insel Guam müssen wir den Flieger wechseln und erkundigen uns bei der Information in der Transithalle nach dem Flug auf die Insel Nauru, den wir für einige Wochen später von Kiribati aus reserviert haben. Wir halten nur eine vorläufige Bestätigung per Fernschreiben in Händen. Die Air Nauru sei eine »Funny Airline«, wird uns gesagt, man könne nie sicher sein, ob die Flüge tatsächlich stattfinden. Diese Information bewegt uns dazu, unsere Planung zu überdenken und eine andere Route einzuschlagen. Nauru muss warten.

Der Einreisebeamte auf Saipan ist freundlich, nimmt die Überprüfung der Papiere aber sehr genau. Unbedacht habe ich in die Einreisekarte meinen echten Beruf geschrieben, und nun will der Zollbeamte etwas Dienstliches von mir sehen. Er ist erstaunt, dass ich meinen Dienstausweis nicht mitführe. Bei Thrifty nehmen wir uns einen Leihwagen und machen uns mit dem Subaru auf den Weg zum Obyan Beach. Am vollkommen menschenleeren Strand gibt es einen Zeltplatz, der allerdings nur aus einem windschiefen hölzernen Klohäuschen besteht. Flugs bauen wir unser kleines Zelt auf. Als wir hineingeschlüpft sind, dauert es nicht lange, bis es zu winden beginnt. Die anfänglich steife Brise wächst sich zu einem Sturm aus, und urplötzlich packt eine Bö das Überzelt und weht es davon. Wir blicken aus dem durch unser Körpergewicht fixierten Moskitozelt hinauf in dräuenden Himmel. Wolkenfetzen schraffieren einen leuchtend weißen Halbmond. Als der Morgen graut, kriechen wir wie gerädert aus den Resten unseres Zeltes und verstauen unsere Sachen im Auto. Kaum sitzen wir in der Kiste, beginnt es zu schütten, Regen peitscht gegen die Windschutzscheibe, trotz eingeschalteter Scheinwerfer sehen wir keine zehn Meter weit. Endlich lässt der Wolkenbruch nach und wir sind in der Lage, uns zu orientieren, folgen der Strandlinie und kommen zum feinen Grand Hotel, das ruhig vor uns liegt, kein Mensch ist zu sehen. Den Hotelgästen steht am Strand eine Süßwasserdusche zur Verfügung, die wartet sozusagen nur auf uns. Wir waschen uns gründlich und machen uns auf den Weg in die Ortschaft Chalan Kanoa. Dort sind die ersten Verkäufer damit beschäftigt, Holzverkleidungen von den Schaufenstern ihrer Läden zu entfernen. In einer kleinen Bäckerei bekommen wir frisch gebrühten Kaffee und Plunder. Die Verkäuferin bekreuzigt sich und murmelt irgendeinen Männernamen, den ich nicht richtig verstehe. Erst nach einer Weile wird mir klar: Es ist Beginn der Taifunsaison, und der »Mann«, der der Dame einen solchen Schrecken eingejagt hat, war ein ausgewachsener Taifun. Der Sturm ist in der vergangenen Nacht an der Insel vorbeigezogen, ohne nennenswerte Schäden zu hinterlassen – sehen wir einmal von unserem entführten Zeltdach ab.

»Pleasant Island« Nauru, 2009

Vom australischen Brisbane geht es mit dem Flieger mit Zwischenstopp in Honiara (Salomon-Inseln) nach Nauru. Es ist für mich der *vierte* Versuch. Der winzige Inselstaat, mit 21 qkm und 13 000 Einwohnern nach dem Vatikan und Monaco der drittkleinste UN-Staat, hat nämlich in den letzten zehn Jahren mit enormen Problemen zu kämpfen gehabt. Wegen finanzieller Engpässe der staatseigenen Airline ist die Insel kaum noch zu erreichen, ja sie war fast ein Jahr lang total von der Außenwelt abgeschnitten. Der Flieger, in dem ich sitze, ist von »Norfolk Air« gechartert. Beim Landeanflug auf Nauru blicke ich vom Fenster auf das Meer, flach erstreckt sich die Insel unter uns. Es dauert sicher nicht mehr allzu lange, bis sie aufgrund des Klimawandels im Meer verschwindet. Auch die großen »Wunden« der Erde, die vom Phosphatabbau herrühren, sind zu sehen.

Mit dem Hotelbus, einer Klapperkiste, fahre ich die vier Kilometer zum Menen-Hotel. Mein Zimmer ist recht ordentlich, ich habe sogar Blick auf Palmen und Strandpromenade. Allerdings ist das einstige riesige Luxushotel in die Jahre gekommen und bedürfte etlicher Überholungen, die es mit Sicherheit nie geben wird.

Es gibt überraschend gute Straßen, sogar Internetzugang für erstaunlich wenig Geld und mit schneller Verbindung, im Hotelzimmer empfange ich den Nachrichtensender CNN. Das Land kommt mir vor wie ein unheilbar Krebskranker, der kurz vor seinem Tod nochmals aufblüht. Das Nahrungsangebot ist nicht umwerfend, alles muss importiert werden. Nirgends erkenne ich Zeichen von Landwirtschaft.

Nauru war vor dem Ersten Weltkrieg deutsche Kolonie. Diese Periode hat ganz offensichtlich keine Spuren hinterlassen: Es gibt keine Grabsteine, Gedenkstätten oder Gebäude im Kolonialstil mehr. Erst im Gespräch mit Einheimischen begreife ich, dass die Vergangenheit sich gewissermaßen der Sprache eingeschrieben hat: Auf Nauru kennt man »Gott«, »die Engel«, »das Schaf« und die deutschen Werktage. Bereits während der deutschen Kolonialzeit wurde damit begonnen, die riesigen Phosphat-Vorkommen zu erschließen. Phosphat ist ein begehrtes Düngemittel. Das auf Nauru geförderte Nauruit ist aus Guano entstanden, also aus dem Kot der Seevögel.

So wurde der Inselstaat nach seiner Souveränität in den siebziger Jahren zum reichsten Staat der Welt, was das Pro-Kopf-Einkommen anbelangt. Der Wohlstand resultierte sozusagen aus Vogelscheiße. Wie die Saudis holten die Nauruaner für die schwere Minenarbeit Arbeitskräfte aus anderen Südseestaaten wie Kiribati und Tuvalu, aber auch von den Philippinnen ins Land. Irgendwann gingen die Phosphat-Vorkommen, die ohne großen technischen Aufwand zu erschließen waren, zur Neige. Der Staat war pleite. Die Miniregierung versuchte zunächst mit verschiedenen Mitteln, den Absturz zu verhindern. So wurden sinnlose Immobilienprojekte initiiert, deren Folgen ich in Form von

Bauruinen auf Fiji und in Melbourne selbst gesehen habe. Das Land kam auf die Schwarze Liste der Geldwäscheländer, betrügerische Zertifikate wurden auf den Markt gebracht. Schließlich kam nochmals unerwarteter Geldsegen, als Australien sich weigerte, Bürgerkriegsflüchtlinge, meist aus Afghanistan und dem Irak, aufzunehmen und diese auf Nauru unterbrachte. Für die Unterbringung der etwa 1300 Asylsuchenden wurden circa 35 Millionen Euro pro Jahr bezahlt. Die traumatisierten Menschen lebten dort unter schlimmen Bedingungen und durften für viele Jahre das Lager im Inneren der Insel nicht verlassen. Als ich Nauru bereise, hat Australien sie doch noch aufgenommen und auch diese letzte Einnahmequelle ist dahin.

Die Insel ist Lichtjahre vom einstigen Wohlstand entfernt. Wie sich dieser Zwergstaat noch einen Sitz bei der UNO leisten kann, ist für mich ein Rätsel.

Die Insel erwandere ich mir hauptsächlich zu Fuß und stoße dabei auf die baufälligen Verladerampen für das Phosphat. Am Strand spielen Kinder unter Palmen – einen Augenblick fühle ich mich an das Südseeparadies erinnert, das diese Insel einmal war – einst hieß sie »Pleasant Island«.

Als ich Siesta halten will, sind am Hotelpool Vorbereitungen für die Weihnachtsfeier einer Großfamilie im Gange. Aus Lautsprechern dröhnen polynesische Weihnachtslieder – immer wieder dieselben Stücke in der immer gleichen Reihenfolge. Irgendwann packe ich mein Ohropax aus.

Im »Hauptort« Yaren, einer Ansammlung weniger Häuser, nehme ich am Gottesdienst teil. Die Predigt in der winzigen Holzkirche wird immer wieder vom Gesang eines kleinen gemischten Chores unterbrochen, einige Gläubige im Kirchenraum stimmen mit ein. Ich verstehe den Text nicht, aber der Singsang klingt irgendwie melancholisch, bei weitem nicht so fröhlich, wie ich es von anderen Südseeinseln, beispielsweise Fiji, kenne. In einer einfachen chinesischen Kneipe esse ich für wenig Geld Hendl mit Reis und Gemüse, das Preisniveau liegt weit unter dem von Australien, obwohl alle Nahrungsmittel eingeführt werden.

Am Tag darauf stelle ich mich bei der Polizei vor, dort haben drei korpulente Damen Dienst. Einer Kollegin fällt zu Deutschland spontan nur Hitler ein. So geht es mir übrigens auf meinen Reisen ziemlich oft. Und, das macht mich sehr betroffen, dieser Name wird nicht selten mit Wohlwollen ausgesprochen. Im Laufe des Gesprächs stellt sich heraus, dass sie doch einiges mehr über Deutschland weiß, erstaunlicherweise kennt sie sogar die Geschichte vom »Hauptmann von Köpenick«. Ein Polizist verdient im Monat ungefähr 250 Euro und der Präsident des Inselstaates angeblich auch nicht viel mehr. Die Damen laden mich zu einer Inselrundfahrt mit dem Streifenwagen ein. Beim Blick aus dem Wagenfenster kann ich beobachten, dass die Natur sich schrittweise das durch den Phosphatabbau verlorene Gelände zurückholt. Unter dichten Buschwerk verschwindet die künstlich geschaffene Mondlandschaft. Die meisten Häuser sind nur noch Ruinen inmitten von Müllbergen. Denkt man sich diese Schutthaufen weg und schaut auf das Meer, bleibt ein kleines Südseeparadies mit Palmen, Frangopangi und tosenden Wellen vor korallenklippenbesetztem Strand.

Beim Frühstück und Abendessen im Hotelrestaurant bin ich fast immer der einzige Gast. Übrigens ist das Essen gar nicht übel, ein Mix aus Südsee- und australischer Küche. An einem Vormittag spaziere ich am Strand entlang. Ein älterer Herr bleibt stehen und meint, dass ich, wenn ich schon zu Fuß gehen wolle, einen Knüppel wegen der Hunde mitnehmen solle. Ich finde schließlich eine Zaunlatte, die am Straßenrand liegt, aber die Hunde, die ich treffe, sind allesamt ängstliche Streuner, die mich mehr fürchten als ich sie.

Am Abreisetag werde ich mit der Schrottlaube von Hotelbus zum Flughafen gebracht. Die Maschine in Richtung Brisbane startet mit halbstündiger Verspätung. Ich habe einen Fensterplatz und freien Blick auf rosafarbene Koralleninseln im azurblauen Meer. Die Flugbegleiterin, welche mir einen Drink serviert, ist eine ausgesprochene Südseeschönheit.

Fallschirmspringen in Brisbane
Australien, 2009

In Brisbane erfülle ich mir einen langgehegten Wunsch, nämlich einen Tandem-Fallschirmsprung. In einem Reisebüro liegt ein Hochglanzprospekt aus, in welchem »Jump the Beach« als kleines Abenteuer für jede Altersstufe beschrieben wird. Die 200 Australischen Dollar ist mir das Erlebnis wert, und ich buche. Als ich mit dem Voucher auf die Straße trete, ist mir trotzdem etwas mulmig zumute.

Zwei Tage später wache ich schweißgebadet auf und schaue in der Hoffnung aus dem Fenster, dass die Witterungsbedingungen gegen den Sprung sprechen. Blauer Himmel, kein Wind – es hilft nichts, ich muss los. Im Bus zum Stadtrand von Brisbane komme ich mir vor wie ein Delinquent auf dem Weg zur Hinrichtung. Zu dritt sitzen wir in einer kleinen Holzbude, Bill aus Brisbane mit seiner thailändischen Freundin Jenny und ich. In dem Büro der »Australian Skydive Company« ist keine Rede mehr von einem kleinen Abenteuer. Wir müssen mehrere Seiten Papier unterschreiben und versichern, dass wir uns im Klaren darüber sind, dass jeder Sprung mit hohem Risiko verbunden ist und die Gesellschaft keinerlei Haftung übernimmt. Drei sonnengebräunte Naturburschen stellen sich als unsere Tandem-Master vor, geben uns kurze Anweisungen zum Sprung. Geldbeutel und Fotoapparat werden in einem Spind verstaut, und die Männer streifen uns eine dicke Weste über – darin ist der Fallschirm. Zu sechst stapfen wir zum Flugfeld und steigen in eine kleine grüne neuseeländische Propellermaschine. Kaum sitzen wir, schraubt sich die Maschine schon mit einem Höllenlärm himmelwärts. Jennys Gesicht hat sich Aschgrau verfärbt, Bill beißt krampfhaft die Zähne zusammen, und auf meiner Stirn bilden sich Schweißperlen. Im Nu sind wir auf knapp 5000 Metern Höhe. Dann geht alles ganz schnell. Als Erster verschwinden Bill und sein Master in der Luke. Dann bin ich dran. Ich sitze an der Ausstiegsluke, wie ein siamesischer Zwilling verbunden mit Phil – dem Menschen, in dessen Händen nun mein bisschen Leben liegt. Wie befohlen, forme ich meinen Körper zu einer Banane, Kopf nach oben. Ein Stoß, und schwupp sind wir draußen, Phil schlägt eine Art Salto, reißt mich mit sich, und unter uns zeigt sich in unendlicher Entfernung das Meer, ein schmaler Streifen Strand. Ich breite die Arme aus, schwebe, merke nicht, wie schnell es abwärts geht, und habe keinen Schimmer davon, dass ich mit der Kraft der Erdanziehung wie ein Stein nach unten falle. Die Angst ist spurlos verschwunden, ein ungeahntes Glücksgefühl durchströmt meinen Körper. Ich drehe den Kopf zu Phil und deute auf ein winziges schwarzes Kreuz am Strand. Er nickt: »Da landen wir.« Nach etwa 60 Sekunden, die mir viel länger erscheinen, gibt es einen Ruck, der Fallschirm hat sich etwa 800 Meter über dem Boden geöffnet. Wir sind noch etwa fünf Minuten in der Luft, in Schleifen geht es weiter nach unten – und dem Mann hinter mir gelingt es, dass wir genau auf dem markierten

Kreuz am schmalen Strand landen. Wir umarmen uns, glücklich, es ist geschafft.

Als ich zwei Tage später in der S-Bahn zum Flughafen sitze, nehme ich »The Courier Mail«, die Tageszeitung von Brisbane, zur Hand. Ein kleiner Artikel in den vermischten Nachrichten erzählt von einem Mann, der am Tag vorher einen Tandem-Sprung gewagt hat, es war ein Geschenk zu seinem siebzigsten Geburtstag. Es sollte der letzte Tag in seinem Leben werden. Während des Sprungs traf ihn ein Herzanfall. Ich denke an das heiße Glücksgefühl, das Schweben. Vielleicht war es ein schöner Tod.

Fernab von allem
Pitcairn, 2011

Gemächlich sucht die alte Dame, das Kreuzfahrschiff »Albatros«, ihren Weg, die Osterinsel liegt weit hinter uns. Wir Passagiere werden den ganzen Morgen mit Landgang-Infos versorgt, die See ist ruhig, aber ob wir ausbooten können, steht unter einem großen Fragezeichen. Vor uns liegt ein großer Felsen, die Insel Pitcairn.

Kapitän Flateboe ist ein Meister seines Fachs. Seit sieben Jahren sind auf Pitcairn keine Kreuzfahrpassagiere mehr an Land gegangen. Er hat aber versprochen, alles in seiner Macht Stehende zu tun, um mich und andere Mitreisende hier an Land zu bringen. Die »Princess«, ein amerikanischer Kreuzfahrer, dem wir während unserer Reise immer wieder begegnen, liegt ebenfalls in der Bounty Bay, einige hundert Meter vor der Insel. Die Passagiere durften nicht an Land.

Hoffnung keimt auf. Eines unserer Tenderboote wird herabgelassen, nimmt Fahrt auf und versucht eine Landung, kehrt unverrichteter Dinge zurück. Von der Insel löst sich ein Boot, kommt zu uns herüber. Der Kahn scheint aus Aluminium zu sein, einige wettergebräunte Männer winken zu uns, die wir neugierig an der Reling stehen, herauf. Der Kapitän gibt grünes Licht, man wird uns in Booten der Einheimischen an Land bringen. Er weist ausdrücklich darauf hin, dass das Ausschiffen auf eigene Gefahr erfolgt und nur gesunde Passagiere von Bord gehen sollen. Das Ausbooten ist eine beachtliche Schaukelei. Matrosen stützen jeden Passagier, der von Bord geht, am Arm. Das Boot hebt und senkt sich, der Hub beträgt trotz augenscheinlich ruhiger See mindestens drei Meter.

Auf Befehl ein Sprung und ich bin im Boot, setze mich zu den anderen Passagieren auf den Boden des Kahns. In wenigen Minuten sind wir am Ufer, das Aussteigen ist erheblich einfacher. Dort folge ich einem Betonsteg und blicke auf ein dreisprachiges Schild. Auf Deutsch steht da: »Achtung: Steine fallen«. Eine enge staubige steile Straße führt bergwärts. Sie ist von Buschwerk gesäumt, aus dem einige krumme Palmen ragen. Ich laufe schon mal den steilen Weg zu dem aus wenigen Häusern bestehenden Örtchen Adamstown hinauf. Später werde ich Renate abholen, die mit der dritten Gruppe kommt.

Auf Pitcairn leben die Nachkommen der Meuterer von der Bounty, sieben von ihnen sind unter dem Kommando von Fletcher Christian zusammen mit sechs polynesischen Männern, zwölf Südseeschönheiten und einem Kind 1790 hier gelandet. Als die Insel 18 Jahre später von einem amerikanischen Walfänger wieder entdeckt wurde, lebte nur noch einer der Meuterer, nämlich John Adams. Im erbitterten Kampf um die Frauen hatten sie sich nach und nach selbst dezimiert, manche hatten den Freitod gewählt. Am Ende blieben außer John Adams zehn Polynesierinnen und 23 von den Meuterern mit den Frauen gezeugte Kinder übrig.

Mitte des 19. Jahrhunderts wurde die gesamte Inselbevölkerung, die mittlerweile auf über 200 Personen angewachsen war, auf die 6200 km entfernte Insel Norfolk umgesiedelt. Vier Familien kehrten zurück nach Pitcairn, und deren Nachfahren leben noch heute da, im Moment 56 Personen an der Zahl, die letzte britische Kolonie im Pazifik. Wir sehen uns im Dorf ein wenig um, schauen zum Friedhof, bewundern die tropische Landschaft und kaufen Schnitzarbeiten.

Die meisten Inselbewohner sind auf der »Albatros« und treiben dort Handel mit den zurückgebliebenen Passagieren und der Besatzung. An Bord treffe ich die Dorfpolizistin. Sie ist um die fünfzig, hat dunkles langes Haar, ihr braungebranntes Gesicht wirkt europäisch. »Fletcher Christian was my great-great-grandfather«, er sei ihr Ur-Ur-Großvater gewesen, erzählt sie.

Es sei dahingestellt, ob ihre Version stimmt. Der Anführer der Aufrührer wurde ja bereits 1793 von einem der Polynesier erschlagen. In jedem Fall lebt sie mit dieser Vorstellung. Ich überreiche ihr einen Wimpel der Münchner »International Police Assosiation«, und sie bedankt sich mit einer Holzschnitzerei, einem Delphin.

Beim Abschied bin ich überglücklich – es ist beinah ein Wunder – ich war auf Pitcairn! Und überhaupt: Es ist kaum zu fassen, dass während unserer Reise alle drei Ausbootungen auf Robinson Island, Osterinsel und Pitcairn geklappt haben. Die Inseln haben weder Naturhafen oder Außenriff, es wird kaum ein Kreuzfahrschiff geben, das alle drei Destinationen auf einer Reise schafft.

Zum Abendessen gibt es köstlichen frischen Fisch, den der Koch den Insulanern abgekauft hat – und als Highlight eine Langustenart, die, so beteuert er, nur in den Gewässern rund um Pitcairn vorkommt, ein Genuss. In einigen Tagen werden wir Tahiti und die Inselwelt Französisch-Polynesiens erreichen.

Südseeparadies?
Hawaii, 2012

Die hawaiianische Reise von Renate und mir beginnt mit dem Flug von Guam nach Oahu. In der Nähe unseres kleinen Hotels in Waikiki Beach hat ein Express-Lokal des österreichischen Starkochs Wolfgang Puck eröffnet. Panoramascheiben, bunte Stühle, Plastiktheke. Hier sieht es aus wie in einem amerikanischen Schnellimbiss. Vor dem Gebäude treffen sich Stadtstreicher, Arme und Bedürftige. Straßenkünstler versuchen ihr Glück, darunter ein Weihnachtsmann in einem jämmerlichen Outfit, der sich auf einer Geige mit »Stille Nacht« quält, und das im Frühjahr.

Der direkt vor unserem Hotel gelegene Waikiki-Strand ist künstlich aufgeschüttet und von Palmen umstanden. Dahinter erhebt sich der Diamond Head, eine über 230 m hohe Tuffsteinformation, das Wahrzeichen Waikikis. Das Wasser ist glasklar.

Uns zieht es weiter auf die größte der Hawaii-Inseln, kurz Big Island genannt. Dort verbringen wir die ersten Tage in der Kleinstadt Kailua-Kona im zentral gelegenen touristischen Zentrum der Insel. Der Mensch von der Leihwagenfirma »Dollar« schwätzt mir einen Jeep auf, hoffentlich haben wir Gelegenheit, das Allradfahrzeug auch zu nutzen.

Gleich nach unserer Ankunft entwickelt sich ein netter, unterhaltsamer Nachmittag, weil am Nachbartisch eines indischen Terrassenlokals ein holländisch/österreichisches

Paar sitzt. Er ist im Hotelbusiness tätig, und sie leben schon seit Jahren in den verschiedensten Ländern. Ein junger Steirer stößt hinzu, und wir unterhalten uns prima. Unterhalb der Terrasse, weniger als zehn Meter von uns entfernt, ist der Start- und Zielpunkt des alljährlich stattfindenden »Ironman«. Der Wettbewerb beginnt mit 3,8 km Schwimmen parallel zur Küste, es folgen 180 km Radfahren, und den Schluss bildet der 42 km lange Marathon-Lauf. Die Spitzensportler benötigen für die Gesamtstrecke gerade mal gut acht Stunden, eine Herausforderung, die schon so manchen Athleten das Leben gekostet hat.

In den nächsten Tagen unternehmen wir Ausflüge an Hawaiis Westküste.

Es ist Nationalparkwoche, und wir brauchen im »Pu'uhonua-o-Hōnaunau«, dem »Place of Refuge«, keinen Eintritt zu bezahlen. Die Anlage ist von einer aus mächtigen Steinen errichteten Mauer umschlossen, die etwa drei Meter hoch und bis zu fünf Meter dick ist. Die Häuser sind aus Palmstroh. Wer in alt-hawaiianischen Zeiten ein Tabu gebrochen hatte, wurde grundsätzlich mit dem Tode bestraft – auch wenn es etwas so Geringfügiges war wie der Genuss einer Frucht, der nur Häuptlingen zustand. Hatte ein flüchtiger Delinquent es aber an diesen Ort geschafft, wurde er durch einen Priester einer Reinigungszeremonie unterzogen und konnte unbehelligt in sein Dorf zurückkehren. Herrschte Kriegszustand, wurden hier die Frauen, Kinder und nicht kampffähigen Männer in Sicherheit gebracht. Auch Kämpfer, die nach dem Verlust einer Schlacht dem sicheren Tod geweiht waren, waren hier sicher – eine Praxis, die an die Ursprünge unseres »Kirchenasyls« erinnert.

Big Island war übrigens die letzte Insel, die von den Polynesiern besiedelt wurde. Die ersten Gruppen kamen mit ihren riesigen Auslegerbooten um 750 n. Chr. von den Marquesas herüber – eine seefahrerische Meisterleistung. In ihren Booten brachten sie nicht nur Haustiere, sondern auch Setzlinge ihrer heimischen Pflanzen mit. So kamen Kokosnuss, Brotfrucht, Pandanus und Zuckerrohr auf die Inseln, aber auch Kräuter, die für medizinische und kosmetische Zwecke genutzt wurden.

Kiis, hohe, grimmig blickende Holzfiguren, bewachen einen heiligen Tempel, der von einem Palisadenzaun umgeben ist. Die Pfähle sind dicht an dicht gereiht, über drei Meter hoch und oben zugespitzt. Davor sitzt auf einem Plastikstuhl ein vielleicht neunzigjähriger Hawaiianer mit einem freundlichen runden Gesicht. Sein weißes Haar ist zu einem Zopf geflochten, er trägt ihn um die Stirn geschlungen. Der Mann zeigt uns, wie man aus Palmblättern Köder fertigt und an einer Rute anbringt. Ich stelle mich beim Basteln besonders ungeschickt an, aber mit viel Geduld und einer großen Portion Humor verhilft der Alte sogar mir zu einem passablen Endprodukt. Später schnorcheln wir in der angrenzenden Lavabucht, einer bizarren Unterwasserwelt voller bunter Fische – darunter der schwarz-gelb gestreifte »humuhumunukunukuapuaa«, dessen Name so viel bedeutet wie »Drückerfisch mit einer schweineähnlichen Schnauze«. Überhaupt ist die Insel mit ihrer Blütenpracht, den übervollen Mangobäumen und der spektakulären Lavalandschaft ein echtes, aber auch raues Paradies.

Nur selten haben wir einen ganzen Tag lang Sonnenschein. Auf den Hawaii-Inseln herrscht nie ständiges Urlaubswetter: Wind und dunkle Wolken wechseln permanent mit strahlend blauem Himmel.

Eine Tour bringt uns zur Südspitze der Insel, dem südlichsten Punkt der USA, rechnet man Amerikanisch-Samoa nicht mit. Auf der Fahrt dorthin können wir die auf wenigen Meilen wechselnden Klimaveränderungen besonders gut beobachten. Auf der Höhe, also am Fuß des 4000er-Bergmassivs, ist kultivierter Regenwald, darunter liegt saftig grünes Weideland, dessen Färbung immer mehr ins Bräunliche übergeht, je tiefer du ins Tal kommst. Die Südspitze liegt auf einer Klippe, darunter erstreckt sich strahlend blau die See, hohe Wellen brechen gegen Felsgestein.

Von hier aus machen wir uns auf zum »Green Sand Beach«, und erstmals kommt unser Geländewagen auf der unwegsamen Piste zum Einsatz. Der Strand hat seinen Namen von den winzigen Olivin-Kristallen, die durch die Eruption eines Vulkans vor Urzeiten mit der Vulkanasche über die Insel verteilt wurden und ihm seine grünliche Färbung geben.

Wir versuchen den Spuren zu folgen, die andere Fahrzeuge in den Boden gegraben haben, aber ein kleines Abenteuer bleibt es doch. Zum grünlich schimmernden Strand müssen wir von einem Kraterrand hinabsteigen.

Ein besonderes Erlebnis ist auch die Fahrt in das Gebiet um den Kilauea-Vulkan. Die Landschaft wechselt wieder einmal von üppigem Grün bis hin zur öden Lavawüste. Wir passieren einen Regenwald, ein Nistgebiet diverser Vogelarten, und erblicken ein Exemplar der endemischen Gans Nene mit ihrem bräunlichen Gefieder und dem dunklen Kopf. Die sogenannte Hawaiigans ist vom Aussterben bedroht. Von einem Aussichtspunkt aus haben wir einen einmaligen Blick: Rauchschwaden steigen aus dem Krater des Kilauea, einem der aktivsten Vulkane der Erde. Lavaströme fließen teils unterirdisch bis in den Pazifik, wo sie schlagartig erkalten.

Auf der Fahrt zur Hauptstadt Hilo, auf der Ostseite der Insel, halten wir bei Akatsuka Orchid Garden und sind zunächst die ersten Gäste. Dann treffen ganze Busladungen Touristen ein. Hier gibt es Orchideen, wie wir sie in unserem Leben noch nicht gesehen haben: Sie haben die verschiedensten Formen ausgebildet, manche sind mehrfarbig. Die Blüten leuchten in Weiß, Rot, Blau, Gelb, Lila. Einige Orchideen sind mikroskopisch klein. Andere wieder haben mehr als handtellergroße Blüten, ihre Stängel reichen mir bis an die Brust.

Unser Hotel in Hilo liegt am sogenannten Banyan Drive, einer Allee gigantischer Banyanbäume, wohl einmalig auf der Welt.

Am Laupahoehoe Point blicken wir in ein tiefes Tal, das einst eine Siedlung beherbergte. Über uns wölbt sich ein strahlendblauer Himmel. Dichtes grünes Buschland bedeckt das Tal. Die Natur hat sich wieder genommen, was ihr einst von Menschenhand abgetrotzt worden ist.

Am 1. April 1946 wurde das kleine Dorf von einem Tsunami zerstört. Neunzehn Kinder und fünf Erwachsene fielen der Naturkatastrophe zum Opfer. Auf schmalem, steilem Weg fahren wir hinunter und stehen vor einer massiven Gedenktafel aus Kalkstein auf einem Marmorsockel. Sie ist das Einzige, was daran erinnert, dass hier einst Menschen gelebt haben. Das Meer donnert hier mit aller Gewalt an die Küste.

Wieder auf der Höhe, fahren wir in Richtung Waipio Valley und holpern im Schritttempo die schmale, steile Straße hinunter. Hier darf man nur mit einem Allradfahrzeug fahren. Es ist schwierig, den richtigen Weg durch Gräben und über weichen Boden zu finden. Nach den Tsunamis von 1946 und 1979 wurden alle Einwohner dieser Gegend evakuiert. Nur einige Landwirte, die Taro anbauen, sind zurückgekehrt. Die Sonne scheint, als wir durch die Farmerstadt Waimea fahren. Wir verwerfen den Plan, zum Mauna-Kea-Vulkan hinaufzufahren, und machen uns auf den Weg in Richtung Norden.

Erster Stopp ist Puukohola Heiau, ein gewaltiger Tempel

aus rötlichem Lavastein. Den »Hügel des Walfisches« ließ König Kamehameha I., Neffe des Häuptlings, bei dessen versuchter Geiselnahme James Cook getötet wurde, als Kultstätte für den Kriegsgott Kukailimokua errichten. In unerbittlichen Kriegszügen machte er sich an die Eroberung der gesamten Inselgruppe, zeitweise waren 12000 Krieger auf 1200 Kriegskanus unterwegs. Kamehameha war auch deshalb so erfolgreich, weil er sich im Austausch mit den Europäern, die zunächst als Seeleute und Händler kamen, Waffentechnik aneignete. So wurden seine Krieger mit Musketen und Kanonen ausgestattet. Bei der Schlacht auf Oahu stürzten sich die Gegner aus Angst vor der Rache der Sieger nach ihrer Niederlage wie Lemminge in eine tiefe Schlucht. Die Verbindung zu den Weißen hat der Dynastie letztlich kein Glück gebracht, denn im Jahre 1889 setzten sie den letzten König ab, und seit 1959 ist Hawaii ein Staat der USA.

Wir fahren weiter bis zum Polulu Valley Lookout mit Blick über die Steilküste, schwarzen Lavastrand und die tosende See. Schließlich geht es auf dem Scheitel der Kohala Mountains zurück nach Waimea. Innerhalb weniger Meilen ändern sich die Klimazonen drastisch. Wir verlassen den tropischen Westen, erreichen eine grüne Weidelandschaft mit gutgenährten Rindern. Schließlich wird die Gegend öde. Der Wind pfeift, Wolkenfetzen treiben über karges Land. Ein unwirkliches Schauspiel. Hier durchqueren wir das Gelände einer riesigen Ranch. Die größte Ranch der gesamten USA befindet sich übrigens auch in der Nähe. Sie ist in der sechsten Generation im Besitz der Familie Parker, die hier ein riesiges Imperium aufgebaut hat. Die Cowboys kamen aus Mexiko und werden heute noch Paniolos genannt. Wir fahren gleichsam in die Sonne, nur ab und zu fällt leichter Sprühregen, vor uns ein unvergleichlicher Regenbogen.

Auf dem Weg zurück nach Kailua-Kona halten wir beim

»Hilton Waikoloa Beach«, 1986 als erstes Fantasy-Hotel gebaut. Es ist eine riesige Anlage mit vielen ostasiatischen Motiven. Durch das ausgedehnte Areal fährt eine Bahn, und auch mit dem Boot kann man sich herumschippern lassen. In einer künstlichen Lagune wird geschnorchelt, wir sehen Seeschildkröten. Hier könnte man sich stundenlang aufhalten. Übernachten könnten wir hier allerdings nicht, die Preise sind astronomisch.

Molokai ist unser nächstes Ziel. Eine einsame Insel, nur wenige Touristen kommen hierher. Unser B&B liegt bei der Ortschaft Kaunakakai auf einem Hügel mit spektakulärem Blick übers Meer, die südlich gelegene Insel Lanai und Maui im Westen. Die Besitzer Roshani und John sind in Kalifornien, und wir haben das Haus mit riesigem Wohnzimmer und wunderschöner luftiger Terrasse für uns alleine.

Als wir in der Dämmerung zu unserem Quartier hinauffahren, queren Rehe unseren Weg, in einem Hang äst eine ganze Herde Damwild, die Tiere blicken zu uns herüber. Eingebürgerte Arten haben in der Inselwelt immer wieder für Schwierigkeiten gesorgt. So kamen mit den Schiffen der Seefahrer, die im Laufe der Jahrhunderte die Inseln besuchten oder Eroberer absetzten, Ratten auf die Inseln, die sich mangels natürlicher Feinde im Nu vermehrten und ein Problem für die Feldwirtschaft wurden. Daraufhin führte man aus Indien Mungos ein, kleine Raubtiere, die sich als heldenhafte Kämpfer gegen die giftige Kobra einen Namen gemacht hatten. Die hielten sich aber nicht an den für sie bestimmten Speiseplan, sondern dezimierten den Vogelbestand. Sowohl auf Big Island als auch hier sehen wir bei unseren Rundfahrten immer wieder diese wieselflinken Tiere, aber kaum Vögel.

Wir brechen zu unserer Rundfahrt auf – und zwar zunächst in östlicher Richtung auf der Südseite. Es regnet immer wieder, einmal müssen wir eine Furt durchqueren. Wir halten bei der kleinen Holzkirche »St. Joseph«, eines der Gotteshäuser, die der »Leprapater« Damien errichtet hat, davor eine lebensgroße Statue des großen Mannes.

Die Gegend wirkt geradezu paradiesisch mit dem tropischen Landgürtel vor blauer See mit weißen Stränden in kleinen Buchten. Wir passieren einen schwarzen Lavafelsen, die Straße windet sich eng und steil bergwärts. Schließlich öffnet sich ein atemberaubender Blick auf die weit unter uns liegende Halawa Bay, die 1946 von einem schweren Tsunami heimgesucht wurde. Wir fahren hinunter in das weite wilde Tal. Vorbei an der kleinen Jerusalem-Kirche geht es durch eine Allee riesiger Eukalyptusbäume, bis wir im Talkessel sind, über uns drei Wasserfälle.

Zurück in der »Inselhauptstadt« Kaunakakai mit gerade mal 1300 Einwohnern – auf der ganzen Insel leben nur 7000 Menschen –, fahren wir gleich weiter Richtung Westen. Die breite, bequem befahrbare Straße verläuft hoch über der Küste. Wir fahren hinunter zum kilometerlangen Papohaku Beach, den wir ganz für uns alleine haben. Allerdings kommt böiger Wind auf, der körnige weiße Sand trifft uns wie Nadelstiche. Hier soll es gefährliche Strömungen geben.

Am Freitag wird auf Hawaii traditionell gefeiert, speziell auf Molokai, wo einst der Hula entstand, es ist »Hula-Friday«. Im »Hula-Shore«, dem kleinen Strand eines Hotels, tanzen Mädchen in Baströcken, halbierte Kokosnussschalen bedecken die Brüste. Musiker begleiten ihren Hüftschwung auf der Ukulele, ausgehöhlte Flaschenkürbisse geben den Rhythmus vor. Das Schauspiel hat wenig mit der ursprünglichen Tradition des Hula gemein, einer Form tänzerischer Überlieferung, wo Worte und Körper Geschichten erzählen. Der Sound ist sanft und wehmütig, beinahe als würde hier, inmitten amerikanischer Touristen und Inselbewohner in ihren bunten Hawaiihemden betrauert was einmal war und nie mehr sein wird – hawaiianische Kultur.

Weiter nördlich liegt die renovierte Zuckermühle von R.W. Meyer, einem Bremer, der 1850 als 24-Jähriger hierher kam, eine Einheimische heiratete und mit ihr zehn Kinder zeugte. Ein kleines Museum ist angegliedert. Mike, ein freundlicher 70-Jähriger, führt uns herum und zeigt uns Videos über die Renovierungsarbeiten an der Mühle und über die Leprakolonie Kalaupapa. Auf dieser völlig isolierten Halbinsel wurden ab 1865 die »Aussätzigen« interniert und führten ein jämmerliches Dasein. Erst Jahre nach ihrer Ankunft gelang es dem in Belgien geborenen Pater Damien, ihr Leiden zu lindern. Er wusch ihre Wunden, baute Hütten und legte den Grundstock für eine vernünftige Infrastruktur. 1889 starb auch er mit erst 49 Jahren an der damals noch als unheilbar geltenden Krankheit. Erst ab 1946 war Lepra therapierbar, und ab 1969 wurde die Quarantäne aufgehoben. Die meisten Kranken zogen es aber vor, auf der Halbinsel zu bleiben – die ihnen eine Heimat geworden war. Noch heute leben dort über ein Dutzend geheilte Leprakranke in modernen, mit Satelliten ausgestatteten Häusern in selbstgewählter Isolation. Um Kalaupapa zu besichtigen, benötigt man eine spezielle Genehmigung, der Pfad dorthin führt fast senkrecht über die Steilwandklippen. Wir begnügen uns mit dem spektakulären Ausblick von einem Aussichtspunkt auf die Halbinsel und die Steilküste, angeblich die höchste der Welt.

Durch einen Wald mit mächtigen Eisenbäumen spazieren wir zum Phallic Rock, der tatsächlich einem mächtigen Penis ähnelt. Angeblich kommen unfruchtbare Frauen, die hier eine Nacht verbringen, schwanger nach Hause, ein heiliger Ort für die Hawaiianer.

Am nächsten Tag fliegen wir mit einer kleinen Cessna, die in Sturmböen heftig wackelt, nach Honolulu, steigen auf eine größere Maschine um, unserem letzten hawaiianischen Ziel, nämlich Kauai, entgegen. Hier wohnen wir in einem kleinen Boutique-Hotel direkt am Strand.

Auf Kauai unternehmen wir eine Bootstour auf dem Wailua River, dem einzig schiffbaren Fluss im gesamten hawaiianischen Archipel, zur Fern Grotto. Es ist eine eindrucksvolle Fahrt durch tropische Landschaft. Die Farne der Grotte, nach denen sie ihren Namen hat, wurden bei dem schweren Hurrikan 1992 zerstört und wachsen nun langsam nach. Früher wurden hier Hochzeiten veranstaltet. Wir können die Höhle nur von außen sehen. Anschließend geht es mit unserem Leihwagen ins Landesinnere zu den eindrucksvollen Opaekaa Falls, wo zwei Busse Ladungen von Kreuzfahrtouris ausspucken und uns in die Flucht treiben. Vom Aussichtspunkt laufen wir zum Fluss hinab, dort gibt es ein künstlich errichtetes polynesisches Dorf. Hier werden auch Kanus vermietet. Durch eine Landschaft mit blühenden Gärten, nicht zu Unrecht wird Kauai als Garteninsel bezeichnet, fahren wir bis ans Ende der Straße, dann wird sie für normale PKWs unpassierbar. Wir umrunden den Sleeping Giant. Das Bergmassiv sieht in der Tat aus wie ein schlafender Riese, der auf dem Rücken liegt.

Übrigens fallen im Gebirgsmassiv die höchsten Regenmengen der Welt, die zum Glück aber nur selten den Küstenstreifen erreichen. Kauai ist die nordwestlichste Insel Hawaiis, sie bildet gewissermaßen einen natürlichen Schild gegen die Unwetter aus dem Ostpazifik. Die Insel wird immer wieder von Hurrikans heimgesucht. Im Jahre 1992 wütete ein besonders schwerer Orkan. Der Sturm deckte die Ställe ab, und viel Federvieh wurde sozusagen obdachlos. Zusammen mit dem schon immer wildlebenden polynesischen Hahn, der von den ersten Einwanderern auf die Insel gebracht wurde, bevölkern Hühner nun jeden Winkel von

Kauai. Ich muss beim Fahren schwer auf der Hut sein, immer bremsbereit, ständig lauert die Gefahr, dass ein aufgeregtes Huhn vor das Auto läuft. Da es hier keine Mungos gibt, haben sie außer Katzen keine natürlichen Feinde.

Ein anderer Ausflug führt nach Nordkauai. Wir durchfahren den kleinen Ort Kilauea mit einer pittoresken Steinkirche, halten auf dem kleinen Marktplatz rund um das ehemalige Geschäft des Chinesen Kong Lung Koo. Unter uns thront das Kilauea Lighthouse, spektakulär auf einer Halbinsel gelegen. Wenige Minuten später haben wir den Leuchtturm erreicht. Auf den Felsen darum herum tummeln sich die verschiedensten Arten von Seevögeln, darunter Fregattvögel und Albatrosse, wir sehen auch einige der seltenen Nene-Gänse. Schließlich durchqueren wir die edlen Ferienanlagen des Promi-Urlaubsortes Princeville mit seinen gepflegten Rasenflächen und zwei 18-Loch-Golfplätzen. Bald kommt der Ausblick auf das Tal des Hanalai-Flusses, malerisch grün vor den Bergen im Hintergrund. Auf schmaler Straße fahren wir in das Tal mit seinen Tarofeldern hinein und folgen anschließend wieder der Hauptstraße, durchfahren das Städtchen Hanalei, kommen an einsamen Stränden vorbei und sind schließlich am Ende der Straße am Kee Beach angelangt. Hier scheint die Sonne, ein Riff schützt die Bucht, und wir können etwas schnorcheln und in der Abendsonne liegen. Auf dem Rückweg stoppen wir bei einer riesigen Höhle und an einigen Aussichtspunkten in dieser spektakulären tropischen Landschaft zwischen dem Ozean mit verborgenen Stränden und den mächtigen Bergen.

Schließlich geht es in den Süden der Insel. Im verschlafenen Koala, einst wichtigster Ort der Insel, fahren wir am Ortseingang rechts ran, um uns zu orientieren. Weit und breit ist kein Verbotsschild zu erkennen. Plötzlich kommt ein stämmiger Hawaiianer in seinem Pick-up angefahren und beschimpft mich auf das Übelste, ich solle auf der Stelle von seinem »Business« verschwinden. Auch das ist Hawaii. Ich erkläre kurz, ich sei hier fremd. »Go home, foreigner!«

Renate und ich sind ziemlich erschüttert, schließlich sind wir uns keinerlei Schuld bewusst.

Wir passieren weiße Sandstrände und kommen schließlich zum »Spouting Horn«. Erkaltete schwarze Lava schiebt sich in Zungen Richtung Meer, mächtige Wellen prallen gegen Felsgestein. Der Druck presst das Wasser in das poröse Gestein, und wenn er zu groß wird, zischen mächtige Fontänen fauchend aus dem Fels. Höhepunkt unserer Ausflüge ist die Fahrt hinauf auf zirka 1300 Meter zum Waimea Canyon, dem Grand Canyon von Hawaii. Auf dem Rückweg halten wir in der Ortschaft Waimea an der etwas versteckt in einem Park liegenden Statue von Captain Cook, der hier am 20. Januar 1778 wohl als erster Europäer den Fuß auf hawaiianischen Boden setzte. Für ihn war die Entdeckung der Inselgruppe verheißungsvoll und todbringend. Ich aber werde noch lange von ihrer Schönheit träumen – von einer Blütenpracht vor kargen Felsmassiven und Vulkangestein, Korallenriffs in smaragdfarbener See, von schwarzen und weißen Stränden unter azurblauem Himmel, dem Tosen und dem sanften Anbranden der Wellen.

TEIL VI

LATEINAMERIKA UND KARIBIK

Ein Kontinent, der sich vom Norden Venezuelas und Kolumbiens bis nach Feuerland und an die Ränder der Antarktis erstreckt. Tropische Regenwälder, Trockengebiete, Gebirgszonen. Länder, die von Armut und Bürgerkriegen zerrüttet sind, Brutstätten des organisierten Verbrechens. Katholizismus und Volksglaube. Übergriffe auf offener Straße – und eine Gastfreundschaft und Lebensfreude, wie ich sie selten erlebt habe.

Diese Haltung verbinde ich vor allem mit der Reise nach Ariquemes, einer Frontstadt umgeben von üppiger Dschungellandschaft. Renate und ich waren anlässlich der Hochzeit ihres Sohnes Andreas mit seiner Cefora, einer jungen Brasilianerin, dorthin gereist – und innerhalb weniger Tage wurden Menschen, die uns fremd gewesen waren, enge Freunde. In meiner Erinnerung hat das Zusammenleben in diesem kleinen Ort etwas Utopisches. Zur Feier war die gesamte Nachbarschaft erschienen, Jung und Alt, Schwarze und Weiße. Während der Mahlzeiten im Elternhaus der Braut bog sich der Küchentisch unter Schalen mit Reis und deftigen Fleischgerichten, ständig ging die Tür, Freunde kamen und gingen – der Inbegriff eines offenen Hauses. Als wir abreisten, flossen Tränen.

Fremde zu Hause willkommen heißen kann so einfach sein.

Tricky
Peru, 1984

Die Sonne scheint, über der Stadt ist strahlendblauer Himmel. Das ist die Ausnahme, denn am 31. Mai ist Herbst im peruanischen Cusco und gewöhnlich Schmuddelwetter angesagt. Eigentlich ist es nicht die ideale Zeit für eine Reise nach Peru. Seit vier Jahren zerrüttet ein Bürgerkrieg das Land: die Regierung kämpft gegen die Guerillas des »Sendero Luminoso« (dt. Leuchtender Pfad) und die revolutionäre Bewegung »Túpac Amaru«.

Manchmal frage ich mich selbst, warum ich es immer wieder gewagt habe, in Länder zu reisen, für die die höchste Warnstufe des Auswärtigen Amtes galt. Die Suche nach dem Kick war es sicher nicht, eher unbändige Neugier.

Wir spazieren durch die Fußgängerzone. Mein Reisekumpel Karl ist weit voraus, er schaut weder nach rechts noch nach links, ihm ist anzumerken, dass er sich in dem Gedränge nicht wohl fühlt. Ich habe längst vergessen, dass man sich hier besonders vor Langfingern in Acht nehmen soll, so steht es auf alle Fälle im »South American Handbook«. Auf der Bordsteinkante hockt ein Männchen mit zerknittertem Gesicht und zeigt mir Tonband-Kassetten, barbusige Mädels auf dem Cover. Ich winke ab. Der kleine Mann steht auf und fuchtelt mir mit den Kassetten vor der Nase herum. Ich wehre den aufdringlichen Graukopf mit einer Handbewegung ab, versuche mich seitlich davonzumachen und steuere dabei unabsichtlich direkt auf eine Gruppe von Halbwüchsigen zu. Einer von ihnen, ein schlaksiger, großgewachsener Bursche, schwenkt einen roten Anorak, wie es die Toreros tun. Mit einer drohenden Handbewegung scheuche ich die Burschen fort, sie ziehen von dannen. »Das ist noch mal gutgegangen«, denke ich, »die wollten mich bestimmt beklauen.« Am Ende der Straße blicke ich auf die Plaza de Armas, will meine kleine Rollei aus der ledernen Umhängetasche ziehen, um den malerischen Brunnen in der Mitte des Platzes zu fotografieren, kriege nichts zu fassen, greife in die Brusttasche des Hemdes, Fehlanzeige. »Sag mal, deine Tasche sieht aber komisch aus«, bemerkt Karl. Jetzt sehe auch ich es: Sie wurde auf beiden Seiten aufgeschnitten. Mein Fotoapparat ist weg und mit ihm die Fotos von den ersten Tagen in Peru.

Ein Geschäftsmann mit Aktentasche unterm Arm weist mir den Weg zur nächsten Polizeistation. Die Beamtinnen mit ihren blankgeputzten Lederstiefeln sehen fesch aus, zucken aber nur mit den Schultern, ich solle den Fall in ein Buch eintragen. Als ich die vielen Vermerke darin sehe, ist mir klar, dass eine Anzeige zwecklos ist. Daneben liegt ein zweites Buch, hier werden die Anzeigen gegen Personen aus dem sogenannten »Öffentlichen Dienst« eingetragen.

Am nächsten Tag nehmen wir die Bahn zum Machu Picchu. Im Zickzackkurs fährt sie steil bergan und bergab, und zwar vorwärts und zurück. Wir sitzen dicht gedrängt zwischen Indios, die meisten sind Frauen. Sie tragen bunte Gewänder und Filz- oder Stoffhüte, ihre Habseligkeiten haben sie in Tüchern verstaut. Die Bahn hält in der Ortschaft Aguas Calientes, Ausgangspunkt für die Tour zum Machu Picchu. In einer guten Stunde erreichen wir nach steilem schweißtreibendem Aufstieg die grandiose Anlage.

An diesem sonnigen Tag ist außer uns nur Walter, ein

deutscher Praktikant, unterwegs. Er kauft mir die unbelichteten Diafilme ab, ich habe ja keine Verwendung mehr dafür.

30 Jahr später wird der Zugang reglementiert werden müssen, weil die Touristen in Scharen im Land sind.

Unsere Reise führt mit dem Zug weiter von Cusco zum Titicaca-See. Dieses Mal halte ich mich an die Ratschläge in meinem Reisehandbuch und kaufe für uns Fahrkarten für die 1. Klasse, die soll sicher sein. Mit uns steigt eine österreichische Bergsteigergruppe in den Zug. Es gibt einige Konfusionen bei der Suche nach den reservierten Plätzen, genau die richtige Situation für Trickbetrüger. Wir haben uns kaum hingesetzt, schon kommt ein Postkartenverkäufer in das Abteil, in dem er gar nicht sein dürfte. Er wedelt mit ein paar Ansichtskarten, ich lehne dankend ab. Kaum ist er verschwunden, ist meine Handtasche weg. Mir ist es heute noch ein Rätsel, wie das passieren konnte, saß ich doch auf der Fensterseite und hatte die Tasche mit dem Knie an die Innenwand gedrückt.

Nun hat auch mein »South American Handbook« einen anderen Besitzer, darin habe ich viele Notizen für die Reiseplanung gemacht, die werden mir fehlen. Wenigstens sind die Filme nicht mehr in der Tasche.

Die Weiterreise durch die großartige Landschaft des Altiplano entschädigt für den Verlust, wir unterhalten uns angeregt mit den Alpinisten. Irgendwann kommen die Fahrkartenkontrolleure durch, als sie weg sind, fehlt einem Italiener die Armbanduhr. Wahrscheinlich wird er sich am nächsten Morgen in Puno, der Endstation des Zuges, bei der Polizei in eine Kladde eintragen, nämlich in die für Diebstähle durch »Angehörige des Öffentlichen Dienstes«.

Grenzerfahrungen Kolumbien/Venezuela, 1987

Der Busbahnhof von Bogota/Kolumbien: Ich nehme den Nachtbus zur Grenze nach Venezuela. Der blutjunge Fahrer scheint um das »blaue Band« zu fahren, er nimmt die Kurven in den Ausläufern der Kordilleren wie ein angehender Formel-1-Pilot. Weltmeister im Schlafen in allen denkbaren Situationen, komme ich am nächsten Morgen halbwegs ausgeruht in der Grenzstadt Cúcuta an. Am Abend soll mein Flieger von San Antonio auf der anderen Seite der Grenze nach Caracas gehen. Das Ticket habe ich in der Tasche.

Ich vertrödle den Vormittag und gehe zum Haareschneiden und Rasieren zum Friseur, esse auf dem Markt. Im Bus an die Grenze lassen die Mitreisenden Schmugglergut unter den Sitzen verschwinden. Kaum habe ich den Pass abgegeben, ist der Ausreisestempel schon auf das Papier gedrückt und ich werde am Zoll vorbeigewunken. Den Einreisestempel für Venezuela erhalte ich nicht am Grenzübergang, sondern muss mit dem Bus in die Grenzstadt San Antonio fahren, dort sitzt der zuständige Beamte in einem kleinen Betonhäuschen – das heißt, er thront darin. Er blättert meinen Pass durch und fragt mich gelangweilt nach dem Visum. Triumphierend überreiche ich ihm eine Touristenkarte, die ich mir im Büro der »Viasa«, der Airline von Venezuela, in München geholt habe. Ich hatte mich telefonisch beim Konsulat des Landes erkundigt, wie die Visabestimmungen für den Übertritt auf dem Landwege seien. Sie hatten mir versichert, dass Deutsche generell kein Visum benötigen, mir aber empfohlen, bei »Viasa« eine Touristenkarte zu besorgen, für den Fall der Fälle.

Klüger wäre es gewesen, mich auf die Informationen des »South American Handbook« zu verlassen. Dort hatte ich nämlich gelesen, dass man für die Einreise auf dem Landweg unbedingt ein gültiges Visum benötigt. Für die vorgelegte Touristenkarte hat der Mann, der träge in seinem breiten Stuhl hängt, nur ein verächtliches Lächeln übrig. Er murmelt, dass es in Cúcuta ein Konsulat gebe, dort solle ich morgen vorsprechen und mir das Papier besorgen. Der Knabe hat gut reden. Heute Abend geht meine Maschine, und übermorgen will ich weiter nach Trinidad. Halbgöttern sind solch triviale Dinge völlig schnuppe. So schließt er wieder seine Augen und gibt sich seinem Mittagsschlaf hin, aus dem ich elender Wurm ihn gerissen habe.

Für mich beginnt der Wettlauf gegen die Zeit. Ich nehme den nächsten Bus zurück zur Grenze, reise wieder nach Kolumbien ein und rase total verschwitzt mit dem schweren Rucksack auf dem Buckel zum Konsulat. Gendarmen bewachen das Gebäude. Davor drängen sich die Wartenden. Eine Sekretärin teilt Pässe aus. Für Visaantragsstellungen hat das Büro seit 12 Uhr geschlossen, es ist 14 Uhr. Ich frage mich zum diensthabenden Offizier, einem jungen Leutnant, durch. Durchgeschwitzt, mit meinem halb aus der Hose hängenden Hemd, wirke ich wohl kaum so, wie er sich einen Kollegen aus Deutschland vorstellt. Aber in der Not entwickelt man ein gewisses Sprachtalent, und ich kann ihn mit meinem rudimentären Spanisch tatsächlich dazu bewegen, mit mir in das Gebäude zu gehen. Gleich am Eingang trifft er auf eine Sekretärin, die er offensichtlich ganz gut kennt, und schildert ihr mein Problem. Sie lässt sich meinen Pass geben und verspricht mir, ihr Möglichstes zu tun. Ich solle in einer halben Stunde wiederkommen. Diese Zeit nutze ich, meine Kleidung wieder in Ordnung zu bringen, mir Gesicht, Hände und Arme zu waschen und eine große Flasche Wasser in mich hineinzuschütten. Meine Gedanken überschlagen sich.

Als ich zurückkomme, begleitet mich der hilfsbereite Leutnant in das exterritoriale Gebäude. Die Sekretärin telefoniert, und am oberen Ende einer breiten Treppe erscheint eine imposante Gestalt. »Der Konsul«, flüstert mir mein rettender Engel zu. Der Señor hält meinen geöffneten Pass in der Hand, steigt würdevoll die Treppe herunter und übergibt ihn mir mit feierlicher Geste, als handle es sich um eine handgeschriebene Bibelpassage aus dem 12. Jahrhundert. In überbordender Freude drücke ich alle drei Retter an meine verschwitzte Brust. Der Offizier winkt ein Taxi heran, das mich zur Grenze bringt. Zum zweiten Mal reise ich an diesem Tag aus Kolumbien aus. Da hängt der dicke Mann in seinem Stuhl und starrt mich an wie einen Außerirdischen. Widerwillig drückt er den Einreisestempel in meinen Pass. Um 18 Uhr sitze ich in der Boeing 727 in Richtung Caracas.

Auf Darwins Spuren
Galapagos/Ecuador, 1991

Schweißgebadet falle ich in den Sitz der Boeing, die uns nach kurzem Zwischenstopp in Guayaquil auf die Insel San Christobal im Galapagos-Archipel bringt.

Unsere Reisegruppe, die aus insgesamt 24 Teilnehmern besteht, wird mit zwei kleinen Motorschiffen, der »Darwin« und der »Yolita«, unterwegs sein. Die beiden in die Jahre gekommenen Boote fassen jeweils genau zwölf Reisende. Neben dem Kapitän kümmern sich je ein Matrose und ein Koch um die Passagiere. Wissenschaftlich vorgebildete Naturführer werden uns durch die Welt des Archipels führen.

Sie erwarten uns bereits in der Ankunftshalle des kleinen Flughafens. Angelika ist in Deutschland geboren und wird die Minigruppe auf der »Yolita« begleiten. Der Chilene Fabio spricht ausgezeichnet Deutsch und ist für die »Darwin«-Crew verantwortlich. Mit einem Kleinbus fahren wir zum Hafen. Von hier aus bringen uns Beiboote (Pangas) zu unserem schwimmenden Zuhause für die nächste Woche. Die »Darwin« liegt merkwürdig schräg im Wasser. Später erfahren wir, dass der leicht chaotische Kapitän die Wassertanks falsch geladen hat. Die Kojen sind winzig, Toilette und Waschraum müssen geteilt werden. Unser Koch heißt Nino, und sein Reich misst maximal vier Quadratmeter. Der baumlange Schwarze wird sich im Laufe unserer Reise als wahrer Zauberer erweisen. Er erwartet uns mit einem deftigen Mittagessen, eingekochte dicke Bohnen und gebratenes Hühnchen. Der Kapitän ist ein braungebrannter Chilene, und der Matrose heißt Washington, ein Mestize, in dessen Blut indianisches und europäisches Blut fließt. »Nennt mich einfach Watchmo«, bietet er mit breitem Lächeln an.

Unsere Reise führt zu Inseln des Archipels, in dem einst Darwin die Evolutionstheorie entwickelte und damit das Weltbild der monotheistischen Religionen erschütterte.

Die kleine Isla Lobos ist flach und von schwarzem Lavagestein bedeckt. Dort erwartet uns eine Seelöwenkolonie mit zutraulichen, neugierigen Jungtieren. Blaufußtölpel zeigen uns ihre breiten blauen Füße, Männchen heben sie beim Liebestanz tollpatschig hoch, um ihren Angebeteten zu imponieren. Über uns gleiten sanft Fregattvögel, mit ihren langen schmalen Flügeln sind sie gute Flieger. Als wir bei der am weitesten südlich gelegenen größeren Insel Espanola ankern, betreten Menschen mit grünen Gesichtern das Land: Die Überfahrt war schauderhaft. Einige spielen mit dem Gedanken, nie wieder an Bord zu gehen. Gleich als wir vom Beiboot an Land waten, zeigt uns ein Seelöwenbulle durch furchterregendes Grunzen an, wer hier das Sagen hat. Rotschwarze Meeresechsen kreuzen unsere Wege. Die großen Maskentölpel mit ihrem weiß-schwarzen Gefieder schnäbeln im Liebesrausch. Eine schlanke Natter huscht vor uns ins Gebüsch, ein zehn Zentimeter langer giftiger Tausendfüßler verschwindet im dichten Gras.

Heute kreisen nur zwei Albatrosse über uns – es gibt eine große Population auf der Insel, aber der illegale Fischfang erschwert ihnen die Nahrungssuche.

Durch ein sogenanntes Blasloch im Lavagestein schießt Brandungswasser 30 Meter in die Höhe. An der Gardner-Bucht erwartet uns ein makellos weißer Sandstrand. Robbenbabys riechen an meinen Zehen, als ich faul im Sand liege, kitzeln mich mit ihren Barthaaren, eines nuckelt am großen Zeh.

Die fünfstündige Fahrt mit nie enden wollender Schaukelei auf die Insel Santa Fe gestaltet sich erneut als enorme Herausforderung für unsere Mägen. Die ersten vier Stunden halte ich mich tapfer, dann wird mir elendiglich übel, am liebsten würde ich sterben. In breitem Strahl ergießt sich das Frühstück in die tosende See. Nun ist mir wohler: Ich will wieder leben.

Etwas außerhalb des Städtchens Porto Ayora auf Santa Cruz liegt die Darwin-Forschungsstation, die auch eine bedeutende Schildkröten-Aufzucht betreibt. Die Tiere werden nach Herkunfts-Inseln getrennt gehalten, damit sich die Arten nicht vermischen.

Porto Ayora ist eine richtige Kleinstadt mit Kneipen und Touristenshops. Auf glitschiger Straße steuert uns ein Indio bravourös durch die gebirgige Landschaft, in die sich Lavatunnel, erkaltete schwarze Lavaströme, gegraben haben. Auf einem Ast sitzt hoch aufgerichtet und nach Beute spähend ein äußerst seltener Vogel, der Rubintyrann mit rotem Kopf und Bauch, einige Jahre später wird er ausgestorben sein.

Riesige Sattelkopfschildkröten bewegen sich auf einer Kuhweide durch das Gras. Von diesem Tier leitet der Archipel seinen Namen ab, Galápago ist spanisch und bedeutet Pferdesattel.

Die winzige flache Lavainsel Seymour Norte mit ihrer schwarzen Erde ist ein Beweis für die Evolutionstheorie. Die Meerechsen sind hier schwarz, haben sich also ihrer Umgebung angepasst. Einige Blaufußtölpel sitzen traurig im Sand, sie haben wegen einer eigenartigen Mangelerkrankung nahezu ihre gesamte Brut verloren. Prächtige Fregattvögel posieren im Gebüsch. Es ist Balzzeit, und die Männchen blasen ihre Brust unter dem entenähnlichen Schnabel auf wie einen roten Luftballon. Gabelschwanzmöwen bringen ihren Jungen das Fliegen bei.

Wieder zurück auf Santa Cruz, bringt uns das Beiboot zu einem strahlendweißen Korallenstrand, wo zwei schwarze Meeresechsen wie versteinert auf uns warten. An einem kleinen Brachwasser beobachten wir mehr als handtellergroße Krabben. Einige von ihnen sind schwarz wie ihre Umgebung, andere haben feuerrote Scheren und Beine, einen gelben Körper mit einem hellblauen »Gesicht«, aus dem uns runde Augen misstrauisch anzublicken scheinen. Hier soll es auch eine Flamingokolonie geben, uns zeigt sich nur ein einziges Tier, das in der Ferne auf und ab stolziert.

Später tuckert die »Yolita« weiter zur Schildkrötenbucht. Gemächlich gleitet das Beiboot durch Mangroven, und wir blicken wie Voyeure auf kopulierende Wasserschildkröten. In einer kleinen Bucht tummeln sich etwa ein Meter lange Weißspitzen-Riffhaie.

Vor Salvador, einer vulkanischen Insel, die nahezu 1000 Meter aus dem Ozean emporwächst, schwimmen in der Sullivanbucht Pinguine um unser Boot, hier auf Galapagos leben die nördlichsten Exemplare dieser lustigen Gesellen.

Später laufen wir durch eine Mondlandschaft: eine Lavawüste, aus der Lavakakteen ragen wie stachelbewehrte Lingame. Lavaeidechsen huschen vor uns davon.

An der kleinen Bartolome-Insel umrunden wir mit dem Beiboot den Pinnackle Rock, einen über 100 Meter hohen, spitzen Felsen, der wie eine Rakete aus dem Wasser ragt. Über uns schwebt ein Bussard, Riffhaie schwimmen im Zickzackkurs vorüber. Wir lassen uns von ihrem Anblick nicht schrecken und schnorcheln im glasklaren Wasser. Hier müssen wir uns vor den Seeigeln mehr in Acht nehmen als vor den Haien.

Als wir später in südwestlicher Richtung um diese Insel herumfahren, passieren wir die Bainbridge Rocks, kreisrunde aus dem Meer ragende Vulkankrater. In einem der Kraterseen zeigen sich Scharen von Flamingos. Unser Schiff tuckert an der felsigen Insel Rabida vorbei, und wir bekommen einige Pelzrobben zu sehen.

Schließlich erreichen wir die Insel Sombrero Chino, die tatsächlich aussieht wie der breitkrempige mexikanische Hut, und werden dort von einem amerikanischen Graureiher und einem Bussard begrüßt, der sich kurz niederlässt und sich anschließend wieder in die Höhe schraubt. Scheue kleine Schlangen schlängeln flink davon, es ist schwer, sie vor die Kamera zu bekommen. Ein mächtiger Seelöwenbulle patrouilliert am Sandstrand.

Nochmals liegt eine längere Seepassage vor uns, bis wir schließlich wieder vor San Christobal festmachen. Nilo hat in seiner Miniküche gezaubert und zum Abschied eine Schwarzwälder Kirschtorte gebacken, die nach dem Abendessen serviert wird.

Am Morgen vor dem Abflug bringt uns die gute alte »Yolita« noch zum Kicker Rock, einem mächtigen Felsungetüm, das 500 Meter aus dem Meer ragt und einem schlafenden Löwen gleicht. Dieser Koloss ist der Überrest eines Lavakegels. Die schmale Passage zwischen den beiden Felsen wird durchfahren, und wir umrunden den Felsstock, welcher sich im Licht der aufgehenden Sonne in abwechselnden Farben zeigt. Blaufußtölpel schauen zu uns herüber, Fregattvögel kreisen über unserem Boot, und Seelöwen, die in einer Bucht schwimmen, sagen Lebewohl. Bald werden wir im Flieger Richtung Festland sitzen.

Während unserer Reise sind wir kaum Touristen begegnet. Jahre später wird der Galapagos-Archipel von Kreuzfahrtriesen angelaufen – eine vielversprechende neue Touristen-Destination.

Für mich haben die Stille über der bizarren Lavalandschaft und die fremden Tiere, die uns neugierig beäugten, den Reiz dieser Reise ausgemacht. Die beunruhigende Schräglage der »Darwin« ist zum großen Glück nicht zur Katastrophe ausgeartet.

Auf Galapagos waren wir zu Gast in einem einzigartigen Tierreich, in einer unberührten, spektakulären Landschaft. Ein nahezu märchenhaftes Erlebnis.

Valparaíso und ein kleiner Überfall
Chile, 2011

Nach meiner Reise auf die Falklandinseln treffe ich Renate in Santiago de Chile. In Valparaíso geht es auf das Kreuzfahrtschiff »Albatros«. Unser schwimmendes Hotel liegt im Hafen vor Anker, und nach Bezug unserer Kabine beschließen wir, den Stadtteil Baron zu besuchen. Der Schrägaufzug, mit dem wir vor vier Jahren hinauf in diese Favela gefahren sind, funktioniert nicht mehr, das morbide Holzgestell am oberen Ausgang ist in sich zusammengekracht. So steigen wir durch verlassene Gassen mit verfallenen Häusern den Hang hinauf. Wir beenden unseren Rundgang und kommen zur in Richtung Hafen steil abfallenden Straße Eloy/Alfaro. Eine Frau mit einem Kleinkind auf dem Arm winkt aus einem Fenster. Renate bemerkt, in Rio oder anderen Großstädten Brasiliens hätten wir uns in so einem Viertel nicht so sicher bewegen können.

»Falls uns hier so etwas passiert wie in Salvador, nimmst du hoffentlich nicht gleich wieder die Verfolgung auf«, erklärt sie mit hochgezogener Augenbraue.

Ich erläutere umständlich, das könne ich nicht versprechen, schließlich sei ich sehr spontan, als ich einen Ruck am rechten Arm spüre. Ein Mann hat mir die Kamera vom Handgelenk gerissen. »Is scho passiert!«, rufe ich und sprinte auch schon los. Nach etwa 100 Metern biegt der Typ, ein kräftiger junger Bursche, links ab und rennt eine steile Gasse hinauf, ich bleibe chancenlos. Im Laufen rufe ich laut um Hilfe, zwei Passanten, die ich überhole, schauen zur Seite, und die entgegenkommenden Autos fahren unbeirrt weiter, statt dem Dieb den Weg abzuschneiden. Als ich schnaufend stehen bleibe, die Hände auf die Knie gestützt, hält ein Taxler an. Nach kurzer Rücksprache telefoniert er mit den Carabinieros. Die haben wir mit drahtgitterbewehrten Fenstern in den Gassen herumfahren sehen – und trotzdem hat mein Sensor völlig versagt! Auf meinen Rundgängen in Santiago habe ich mich ständig umgeschaut und versucht, jede Situation im Auge zu behalten, und hier schlendere ich unbedacht durchs Barrio wie durch den Englischen Garten? Zum Glück habe ich die meisten Fotos auf dem PC gesichert – und eine Muskelzerrung ist mir dieses Mal auch erspart geblieben.

Zurück im Hafenterminal, verständige ich die nette junge Frau von der Touristen-Info von dem Überfall, und Renate und ich fahren mit dem Shuttle-Bus zum Schiff, um die Kreditkarte zu holen. Im riesigen Einkaufszentrum »Paris« gleich gegenüber der Hafenanlage finden wir in der Fotoabteilung die richtige Kamera. Ich hatte daheim schon nach einem neueren Modell geschaut. Die Jungs an der Ladentheke sind überrascht, wie schnell bei mir der Kamerakauf vonstattengeht. Für ca. 110 Euro erstehe ich die neueste Fine-Pix von Fuji mit 12 Megapixeln einschließlich Akku und 2-GB-Chip.

Als die meisten Passagiere zum Mitternachtsbuffet gehen, stehen wir an der Reling und erleben, wie das Schiff den Hafen verlässt. Die Großstadt ist nur mehr ein Lichtermeer. Irgendwo da oben in den Hügeln liegt meine Kamera.

Donnerndes Wasser, donnernde Motoren und wertlose Steine
Brasilien, 1989

»Garganta del Diablo« bedeutet nicht von ungefähr »Teufelsschlund«: Mit ohrenbetäubendem Lärm stürzen die Wassermassen in eine 150 Meter breite und 700 Meter lange Schlucht. Nach einer lange Reise durch Chile, Uruguay, Paraguay und Argentinien verlassen Renate und ich bei den Iguazu-Fällen den Süden des Kontinents. Wieder liegt eine lange Busreise vor uns. Brasilien durchlebt gerade eine schwere Wirtschaftskrise, und die Menschen, die nicht zur Oberschicht gehören, haben kaum Geld in der Tasche, um auf Reisen zu gehen. So sind in unserem bequemen Bus lediglich fünf Passagiere in Richtung Rio unterwegs, obwohl der Kilometerpreis gerade mal bei gut einem Pfennig liegt.

Wir starten um 21 Uhr in Foz de Iguazu, und der Fahrer bahnt sich bereits um 11 Uhr am nächsten Morgen den Weg durch den Moloch São Paulo. Am nördlichen Ende der Stadt schaut eine gigantische neuromanische Basilika auf uns herab. In der Nähe legen wir einen Stopp ein und essen das dickste Steaksandwich unseres Lebens.

40 Kilometer vor Rio gibt unser Fahrzeug den Geist auf, Motorschaden. In wenigen Minuten steht ein Ersatzfahrzeug bereit, und nach einer weiteren Stunde Fahrtzeit durch zum Teil recht verwahrloste Vororte hält der Pullmann im riesigen Busterminal. Im Stadtteil Gloria finden wir ein günstiges Hotel, der Eingangsbereich ist durch eine schwere, vergitterte Eisentür gesichert. Erst als wir die rosa Plüschsessel und den übergroßen Spiegel an der Zimmerdecke sehen, wird uns klar, wo wir gelandet sind: in einem Stundenhotel. Abgesehen vom Quietschen des Schlüssels in der Eisentür und Schritten auf der Holztreppe bleibt die Nacht ruhig.

Vor einigen Jahren war eine fünfköpfige brasilianische Polizeidelegation zur Fortbildung in München. Einer der Männer war Delegado Henning. Am nächsten Morgen steht er begleitet von zwei schwerbewaffneten Beamten der Policia Militar vor unserer Unterkunft, und wir fahren zu einem Besuch in die Wohnung seines Vertreters auf der Dienststelle. Der wohnt in einem Luxusapartment direkt unter dem Corcovado, dem Berg, auf dem das Wahrzeichen der Stadt thront, die riesige Christus-Statue. Wir trinken Maracujasaft zu dem typischen brasilianischen Osterkuchen aus Hefeteig, gefüllt mit Speckwürfeln. Durch einen langen Tunnel, der unter Rios größter Favela hindurchführt, erreichen wir Hennings Dienststelle. Er leitet das Polizeirevier, in dessen Zuständigkeitsbereich die Rennstrecke »Autódromo de Brasília« liegt, die später einmal »Autódromo Internacional

Nelson Piquet« heißen wird. Ich hatte Henning gebeten, für Renate und mich Eintrittskarten für den Großen Preis von Brasilien zu besorgen, das Auftaktrennen für die Saison 1989. Er eröffnet uns, dass die Karten schon seit Monaten ausverkauft seien, meint aber, es gäbe schon einen Weg, das Rennen anzusehen.

Zunächst hat er aber einiges mit einem Staatsanwalt zu besprechen, ein freundlicher, untersetzter Mann, der in Badehose und T-Shirt sein Büro betritt. Das ist Rio – in jeder anderen südamerikanischen Stadt wäre ein solches Auftreten undenkbar. Schließlich führt Henning einige Telefongespräche in unserer Sache, setzt uns in einen Streifenwagen, das Blaulicht wird eingeschaltet, und wir quälen uns durch einen unendlich scheinenden Stau, das Blaulicht interessiert nicht einen einzigen Verkehrsteilnehmer. Das kommt davon, wenn dieses Warnsignal nahezu permanent und nicht nur während eines dringenden Einsatzes benutzt wird. Der Wagen hält beim Sicherheitsbüro des F1-Veranstalters, und wir bekommen eine DIN-A6-große Plastikkarte mit der Aufschrift »Policia Civil« (Kriminalpolizei) umgehängt und sind im Nu im Autodrom. Wir suchen uns unter der Tribüne am Ende der langen Geraden vor der Südkurve einen Platz und verstecken erst mal unsere Schilder, haben keine Lust, bei einem sich unter Umständen ergebenden polizeilichen Einsatz Erstmaßnahmen treffen zu müssen, und das bei nur äußerst rudimentären Portugiesisch-Kenntnissen. Kaum haben wir es uns auf einem Eisengestell bequem gemacht, beginnt schon das Rennen. Zur Enttäuschung der Zuschauer verpatzt der Publikumsliebling Ayrton Senna den Start, hat Probleme während des Rennens und wird letztendlich nur Elfter. Die Fans werden ein wenig damit entschädigt, dass sein Landsmann Mauricio Gugelmin, ein Newcomer im Formel-Eins-Geschäft, Dritter wird. Das Rennen gewinnt souverän Nigel Mansell.

Wir verlassen Rio für einige Tage und reisen in die Provinz Minas Gerais. In Oro Preto und Umgebung hat Aleijadinho, das bedeutet Krüppelchen, der berühmteste Baumeister und Bildhauer des brasilianischen Barock, sakrale Bauwerke geschaffen, die stark an Kirchen in Bayern erinnern. Nach der dritten Kirche wird uns der Besichtigungsstress zu viel und wir setzen uns in ein Straßenlokal auf ein Bier, es sollen einige mehr werden, denn plötzlich finden wir uns in einer lustigen Runde junger Leute aus Sao Paulo wieder. Eines der Mädels bastelt Renate aus einer Serviette eine Rose, die noch lange unsere Münchner Wohnung schmückt.

Am nächsten Morgen haben wir einen elendiglichen Kater. Der starke Kaffee in unserer Pension hilft uns einigermaßen auf die Beine. Beim Frühstück sitzt ein kanadischer Aussteiger im weißen Unterhemd bei uns am Tisch und erzählt, wie reich man mit dem Kauf und Verkauf von Halbedelsteinen werden könne. Welch ein Zufall, als wir aus dem Haus treten, steht justament ein Edelsteinhändler mit einer Art Bauchladen vor der Tür und zeigt uns eine Auswahl bunter Steine. Ich interessiere mich für ein Set von Topasen und bin happy, als ich den Typen von 200 auf 80 Dollar herunterhandeln kann. Die Dinger liegen immer noch bei uns zu Hause herum, es handelt sich um wertlosen Kram.

Zurück in Rio kommt Fernando, einer von den Brasilianern, die zur Fortbildung in München waren, damals Hauptmann, zu uns ins Quartier. Er ist inzwischen zum Major befördert worden und kommandiert ein Bataillon der uniformierten Polizei, der »Policia Militar«. Auch er wird von einigen schwerbewaffneten Beamten begleitet. Wir werden in den nächsten Tagen viel mit ihm und seiner Frau Ilda in dieser Traumstadt erleben. Wir fahren mit der Zahnradbahn hinauf zum Corcovado und blicken vom Fuß der riesigen Christus-Statue auf die weitläufige Stadt mit ihren grünen

Hügeln und Buchten mit weißen Stränden vor dem blauen Ozean, aber auch auf die Favelas, die Elendsviertel, die sich wie Krebsgeschwüre in das Grün der Landschaft fressen. In Churrascarias, »Fleischtempeln«, schieben weißgekleidete Ober von riesigen Spießen Stückchen feinsten Fleisches auf unsere Teller. Im angesagten »Plataforma« sehen wir dunkelhäutigen Schönheiten in farbenfrohen Kostümen zu, wie sie lasziv den Samba tanzen.

Als Fernando uns am letzten Tag unseres Aufenthaltes in unserer Unterkunft abholt, um uns zum Flughafen zu bringen, wird er von einigen jungen Amerikanern um Rat gefragt. Sie stehen hilflos auf der Straße, die Burschen in Unterhosen, die Mädels in Slip und BH, und sie kommen nicht vom Strand, wie ich zunächst vermute. Nein, sie sind direkt vor dem Museum für Moderne Kunst von sechs mit Pistolen und Messern bewaffneten Banditen überfallen worden und mussten alles einschließlich der Kleidung abliefern. Wir sind glücklicherweise von solchem Unbill verschont geblieben.

Reise in ein unruhiges Land
Salvador, 1989

Der Typ an der Rezeption blickt mich an, als hätte ich ihm einen unsittlichen Antrag gemacht. Dabei habe ich nur bescheiden angefragt, ob ich meinen großen Rucksack bis zu meiner Rückkehr im Hotel lassen könne. Ich stehe am Anfang einer langen Reise durch verschiedene Kulturkreise und Klimazonen, die mich bis nach Alaska führen wird. Arrogant weist der bullige Kerl mit dem glattrasierten Schädel mein Ansinnen von sich, gar nicht die hilfsbereite Art, wie US-Bürger sie oft zeigen können. Den angebotenen 10-Dollar-

Schein schiebt er mir unerbittlich über den Tresen zurück. Ich habe nicht den Nerv, darüber nachzudenken, ob mein kleiner Bestechungsversuch unangebracht war oder ob dem Mann der gebotene Betrag ganz einfach zu gering erschien. Es bleibt mir nichts anderes übrig, als mich schwerbeladen auf den Weg zur Straßenbahn zu machen. So fahre ich an die Grenze nach Mexiko, gehe durch die Kontrollstellen, nehme mir ein Taxi zum Flughafen von Tijuana, verstaue den großen Rucksack in einem Schließfach, ohne die Bedingungen genauer zu lesen, und sitze bald mit schmalem Handgepäck in der Maschine nach Mexico City. Von dort aus fliege ich weiter nach Tapachula, die in der Provinz Chiapas gelegene Grenzstadt nach Guatemala. Von Guatemala City aus schlage ich mich mit öffentlichen Verkehrsmitteln weiter durch bis nach Salvador City.

Als ich vier Jahre vorher mit meiner kleinen Familie durch Zentralamerika gereist bin, fuhren wir wegen des Bürgerkriegs nicht nach Salvador. Heute ist der Konflikt noch immer nicht beendet. Paramilitärs sind gnadenlos gegen Oppositionelle vorgegangen, haben Tausende von Menschen ermordet, darunter der Befreiungstheologe Óscar Romero. Das Militärregime paktiert mit den Todesschwadronen. Diverse Terrorgruppen sind von US-Soldaten trainiert worden, auch der Mord an 900 Zivilisten in El Mozote ging auf das Konto einer solchen Einheit. Das Elend wurde durch das verheerende Erdbeben 1987 noch verschärft.

Der Bürgerkrieg wird bis 1991 andauern und 70 000 Todesopfer fordern, Hunderttausende traumatisierte und verwundete Opfer. Mitten in diese schwierige Situation fällt meine Reise.

Drei Vulkane grüßen majestätisch zu mir herüber, als der klapprige Bus in Richtung El Salvador, der Landeshauptstadt, rollt. Die kegelförmigen Berge strahlen eine rätselhafte Ruhe aus, vermitteln das Gefühl, als würde in diesem Land immerwährender Friede herrschen. Am Stadtrand der Hauptstadt wird der Bus von einer Militärpatrouille angehalten. Alle müssen aussteigen. Die Männer werden in barschem Ton aufgefordert, die Hände an die Buswand zu legen, die Beine zu spreizen. Uniformierte klopfen uns ab. Wir müssen uns ausweisen. Frauen und Kinder bleiben unbehelligt. »Hoffentlich sind es keine Banditen oder marodierende Soldaten, die hinter meinen Wertsachen her sind«, schießt es mir durch den Kopf.

Es wird allmählich dunkel, als der Bus in der Stadtmitte hält. Zum Glück finde ich bald eine kleine Pension, in der ich zu günstigem Preis ein freundliches Zimmer bekomme. Ich frage die liebenswürdige Vermieterin, ob sie mir ein Lokal zum Abendessen empfehlen kann. Erst als sie begreift, dass ich Deutscher bin und nicht US-Bürger, ist sie bereit, mit mir Englisch zu sprechen.

Unterwegs zu dem Lokal passiere ich Häuserruinen, Zeugen des Erdbebens, das vor zwei Jahren hier gewütet hat. Soldaten recken die Läufe ihrer Gewehre aus Sandsackbastionen. Die Kneipe macht einen vernünftigen Eindruck. Ich bestelle mir ein schönes Steak mit Salat und lasse mir zwei, drei Bierchen dazu schmecken. Es ist schon spät und lange dunkel, als ich aus dem Lokal trete und mich auf den Heimweg mache. Meine Augen müssen sich noch an die Dunkelheit gewöhnen, die Straße ist nur spärlich beleuchtet, als mich ein angetrunkener schmächtiger Kerl in den Zwanzigern anspricht. Der Typ ist mir nicht geheuer, und ich mache mich auf den Weg, erhöhe mein Schritttempo, er bleibt dicht bei mir, redet unverständliches Zeug. Mein Sensor sagt mir, dass mir der Bursche gefährlich werden kann. Und in der Tat, auf einmal hat er einen Würgedraht in der rechten Hand: zwei Holzstücke als Griffe, dazwischen ein gut 50 cm langer

Draht. Sofort spüre ich das Adrenalin. Ich werfe einen Blick auf die Soldaten hinter den Sandsäcken. Sie schauen stoisch an uns vorbei. Keiner dieser Männer wird mir helfen. Endlich, endlich erreiche ich den erleuchteten Eingangsbereich meiner Pension, stecke den Schlüssel ins Schloss, die Tür gleitet auf, und ich trete unbehelligt ins Haus, stehe einen Augenblick reglos im Flur, bis sich mein Atem beruhigt. Zum Glück hat der Mann nicht versucht, sich mit hineinzudrängen.

Am nächsten Tag mache ich mich auf zu einem Ausflug in den Cerro Verde Nationalpark. An einer Haltestelle warte ich auf den Bus, kaum stehe ich da, kommen schon zwei Uniformierte auf mich zu.

»Die Papiere«, fordert einer.

Mit der Kopie des Passes sind sie nicht zufrieden. Sie wollen das Original sehen. Das aber steckt in einem Lederbeutel in einer Innentasche im Hosenbein. Ungerührt bestehen die Soldaten, Polizisten, Revolutionäre, oder was auch immer sie sind, darauf, dass ich die Hose ausziehe und ihnen das Dokument zeige. Eine Erfahrung, auf die ich gut verzichten könnte. Als ich die Hose wieder hochziehe, kommt der Bus angerast, hält; ich reiße dem verdutzten Bewaffneten meinen Pass aus der Hand, springe in den anfahrenden Bus und blicke durch eine Fensterscheibe, die von Einschusslöchern durchbohrt ist, auf die Männer zurück.

Als ich eine Woche später wieder in Tijuana am Flughafen ankomme, ist das Schließfach leer. Ich bekomme meinen Rucksack gegen eine saftige Gebühr in einem Büro zurück.

Glück gehabt, wieder einmal, wie so oft in meinem Reiseleben.

Brasilianische Hochzeit
Rondônia, 2004

Renates Sohn Andreas steht am Flughafen von Porto Velho, neben ihm ein hochgewachsener junger Mann: Ceforas Bruder Eder. Andreas hat Cefora in London kennengelernt, es ist eine dieser schönen Geschichten, die das Leben schreibt. Krank vor Liebeskummer, war er in die britische Metropole gegangen, wollte ein halbes Jahr bleiben – und lernte dort die Frau seines Lebens kennen. Cefora wollte eigentlich nur für die Dauer eines Sprachkurses in London bleiben. Mittlerweile, 2016, leben die beiden seit über dreizehn Jahren dort.

Hier, in der Provinz Rondônia im Nordwesten von Brasilien, wird nach der standesamtlichen Trauung in London die große Hochzeitsparty steigen. Der Bundesstaat wird erst seit den 70er Jahren des vergangenen Jahrhunderts systematisch für die Viehzucht erschlossen, zuvor war dort bei uns kaum bekanntes, spärlich von Indianern bewohntes Dschungel-Gebiet.

Wir steigen in einen Fiat älteren Baujahres, und unsere Reise auf der B364 beginnt. Prächtige Rinder, darunter Zebus mit prall gefüllten Höckern, grasen auf grünen Weiden. Ein verunglückter LKW ist vor einer Brücke von der Straße abgekommen und muss nun geborgen werden. In einer kleinen Raststätte kehren wir auf einen dieser grandiosen Mango-Milchshakes ein, wie es sie in dieser ungeheuer schmackhaften Form nur in Brasilien gibt. Nach dreistündiger Fahrt erreichen wir Ariquemes, die drittgrößte Stadt von Rondônia. Es ist eine Pionierstadt, und Renate und ich fühlen uns unwillkürlich in ein Nest im Mittleren Westen der USA in der Mitte des 19. Jahrhunderts zurückversetzt.

Hier lebt Ceforas Familie. Ihre Mutter, eine schlanke, dunkelhäutige Frau mit tiefschwarzem langem Haar, erwartet uns an der Tür, jubelnd begrüßt uns unsere Schwiegertochter. Vom ersten Augenblick an fühlen wir uns wohl. Junge Männer und Frauen gehen aus und ein, ein offenes Haus, in dem die Gastfreundschaft regiert. Nach und nach treffen Ceforas Schwestern Elisa, Letizia und Zipora ein, hübsche, schlanke Mädels in den Zwanzigern. Eder stellt uns seine Freundin, eine junge Frau, Typ Elizabeth Taylor, vor. Trotz der Sprachbarriere entwickelt sich eine lustige Kommunikation, es wird unendlich viel gelacht.

Am nächsten Morgen, dem Hochzeitstag, kommt der Pastor mit seiner Frau vorbei, um die letzten Details für die Feierlichkeiten zu besprechen. Sie sind vor einem Jahr aus São Paulo hierher gezogen. Anders als in Deutschland finden Trauungen hier abends statt.

Zunächst scheint alles seinen Gang zu gehen, wie an einem x-beliebigen Tag. Nur bei den Damen ist etwas von der Aufregung zu spüren. Die Mutter der Braut lässt sich beim Friseur die Haare richten, Cefora wird von einer ihrer Schwestern frisiert und hat eine Gesichtsmaske aufgelegt. Uns bleibt Zeit für eine kleine Stadtführung mit Andreas und Eder. Im Zentrum trifft Ceforas Bruder etliche Freunde und Bekannte. Auf dem Obst- und Gemüsemarkt finden wir ein überwältigendes Angebot. So kostet beispielsweise eine etwa zehn Kilo schwere Bananenstaude umgerechnet 60 Euro-Cent.

Uns fällt auf, dass nur wenige Bewohner Mischlinge oder Schwarze sind, keine Spur der Indios, die vor nicht allzu langer Zeit in dieser Gegend siedelten. Die Stadt wird bevölkert von einem Konglomerat aus Glücksrittern, Kriminellen, die vom Drogenhandel mit dem benachbarten Bolivien und Kolumbien leben, und in erster Linie von Menschen aus anderen Landesteilen, die wie Ceforas Eltern aus Salvador da Bahia kommen und während der Wirtschaftskrise in den 80er und 90er Jahren in dieses Gebiet umsiedelten, um sich hier eine neue Lebensgrundlage zu schaffen. Natürlich bemerken wir während unseres Stadtrundgangs nichts von der organisierten Kriminalität, die hier zu Hause ist. Ceforas Vater, ein Rechtsanwalt, wird mir später einen kleinen Blick hinter die Wohlstandsfassade gewähren.

»Sieh mal, Wolfgang«, er deutet auf eine Villa auf der gegenüberliegenden Straßenseite. »Das Anwesen gehört einem Drogenbaron. Jeder aus dem Ort weiß das, jeder lebt damit, und niemand spricht darüber. Hier gibt es zwei Seiten, eine helle und eine dunkle.«

Als wir in das Haus der Familie zurückkehren, steht das Mittagessen bereit, der Wohnzimmertisch biegt sich unter dampfenden Schüsseln voller Reis, Gemüse, Bohnen und Rindfleisch. Zum Nachtisch werden tropische Früchte serviert.

Um 19:30 Uhr ist es so weit. Das Kirchenschiff ist ganz in Weiß dekoriert und in ein Meer von Blumen getaucht. Offenbar ist der ganze Ort zur Trauung gekommen, sogar die Plätze auf dem Balkon sind belegt. Renate betritt mit Andreas die Kirche, ich halte mich an der Seite von Ceforas Mutter. Das Publikum hält den Atem an, als der Brautvater seine Tochter in einem Traum von Weiß zum Klang des Hochzeitsmarsches von Felix Mendelssohn Bartholdy in den Raum geleitet. Der Pastor, gekleidet in einen schlichten, braunen Anzug, führt ruhig durch die Zeremonie. Wie Cefora legt Andreas das Gelübde auf Portugiesisch ab, Renate drückt voller Mutterstolz meinen Arm. Erst beim Anstecken des Ringes kommt es zu einem kleinen Betriebsunfall: In der Aufregung müht sich der Bräutigam minutenlang mit dem Ring seiner Liebsten ab, versucht, ihn über ihre langen Handschuhe zu streifen. Endlich brechen die beiden in Lachen aus, Cefora streift die Handschuhe ab, die Gäste atmen auf. Dann ist es vollbracht. Eine Band begleitet Zipora, die jüngere Schwester, bei ihrem Solo-Gesangsauftritt, gekleidet ist sie, wie die beiden anderen Schwestern auch, in ein rotes Samtkleid, und sie balanciert auf High Heels, deren Absätze gefühlte 30 cm hoch sind.

Beim Auszug aus der Kirche erklingt aus Lautsprechern die deutsche Nationalhymne. Weder Renate noch ich hegen patriotische Gefühle, aber diese Geste der Gastfreundschaft treibt meiner Frau die Tränen in die Augen.

In einem Park unweit der Kirche wird gefeiert. In München würden bei einem solchen Anlass Unmengen Bier und Prosecco fließen, hier trinken Jung und Alt tropische Säfte und Wasser. Es herrscht gelöste Stimmung – ein glücklicher Tag für die Brautleute, ein glücklicher Tag für uns. Die Damen in ihrer Abendgarderobe, viele in Rot, und ihren hochhackigen Schuhen, die die Beine noch schlanker erscheinen lassen, sind eine Freude für das Auge. Das Brautpaar muss sich unentwegt den Fotografen stellen. Als Cefora den Brautstrauß wirft, fängt ihn ihre beste Freundin Giulielma, eine außerordentlich fröhliche junge Frau. Sie wird nicht die nächste Braut sein. Giulielma wird viel zu früh, mit nicht mal dreißig Jahren, an einem Herzinfarkt sterben. Ein Unglück, das an diesem Tag in der Wärme des brasilianischen Sommers undenkbar scheint.

Am nächsten Morgen ist Muttertag. Zu Ehren der Mütter wird am Abend ein spezieller Gottesdienst zelebriert. Auch bei diesem Anlass wird viel gesungen, besonders nett sind die Kinderchöre. Schließlich werden alle Mütter, Renate als Erste, der Reihe nach zum Altar gerufen und erhalten ein kleines Geschenk. Als wir aus der Kirche in die Nacht treten, wird der Himmel hell erleuchtet, ein Freudenfeuerwerk wird zu Ehren der Mütter auf dieser Erde abgebrannt. Gelebtes Christentum. Wir sind sehr bewegt – von allem, was uns hier begegnet ist.

Das afrikanische Brasilien
Salvador da Bahia, 2004

Wir steigen aus dem Bus. Es sind nur wenige hundert Meter bis zum Pelourinho, dem historischen Kern von Salvador, der drittgrößten Stadt Brasiliens. Pelourinho bedeutet Pranger, hier wurden einst Sklaven ausgepeitscht und öffentlich zur Schau gestellt. Auch Kriminelle und Homosexuelle erlitten dieses Schicksal.

Wir wollen uns einen schönen Abend machen, und Renate hat ihre Pumps aus dem Rucksack geholt. Das war keine besonders gute Idee, denn die gesamte Altstadt ist auf mehreren teilweise steilen Hügeln erbaut und die Straßen sind von unebenem Kopfsteinpflaster bedeckt. Wir sind flexibel und kaufen in einem Laden ein Paar Strohschlappen. Es ist Dienstag, und auf dem Terreiro de Jesus, dem zentralen Platz, wird einiges geboten. An diesem Wochentag findet hier regelmäßig eine große Open-Air-Veranstaltung statt. Rund um den Platz sind Stände aufgebaut. Schwarze Frauen in weißen Kleidern und farbigen, hochgebundenen Kopftüchern bieten in Garküchen die hiesigen Spezialitäten feil: diverse mit Chili gewürzte Suppen, das Nationalgericht Pupusa (dicke Maisfladen je nach Wunsch mit Shrimps, Bohnen, Käse oder Fleisch gefüllt) oder Yuca Frita (gebratene Maniokwurzel). An anderen Ständen gibt es Fruchtsäfte und natürlich Caipirinha. Drahtige junge Männer mit nackten Oberkörpern wirbeln in einem von Neugierigen gebildeten Kreis. Capoeira ist ein Kampfsport, der afrikanische, westliche und ostasiatische Elemente verbindet. Er hat etwas Wildes und Tänzerisches. Eigentlich sollte an diesem Abend die weltberühmte Percussion-Gruppe »Olodum« auftreten, sie hat aber aus unerfindlichen Gründen abgesagt, und so tönt bis tief in die Nacht Bob Marleys Reggae-Musik aus gewaltigen Lautsprechern. Am Horizont dräut schon der Morgen, als wir beschwingt zurück ins Hotel laufen. Unerklärlicherweise beschleicht uns nicht einmal ein ungutes Gefühl, als wir die Rotlichtmeile passieren. Wahrscheinlich sind wir in bester Obhut, weil uns in der Kirche »Bonfim« Glücksbänder ums Handgelenk geknotet wurden. Dieser Schutz ist allerdings trügerisch, denn einige Tage später wagt am helllichten Tag ein junger Mann direkt gegenüber von einem Polizeiposten einen spontanen Überfall. Vergeblich versucht er Renate eine zarte Goldkette vom Hals zu reißen. Ich höre nur ihren Aufschrei, sehe, wie der Halbwüchsige die Flucht ergreift, und nehme kurz entschlossen die Verfolgung auf.

Natürlich verschwindet der Junge irgendwo im Gassengewirr der Altstadt, ich aber ziehe mir bei der Nummer eine Muskelzerrung zu und kehre humpelnd zu meiner Frau zurück.

Die Stadt mit ihren nahezu drei Millionen Einwohnern hat mit schweren sozialen Problemen zu kämpfen. Die Schere zwischen Arm und Reich ist hier noch größer als in den anderen Metropolen des Landes. In mehr als 500 Favelas regiert die Armut, und die Kriminalität macht natürlich auch nicht vor bunten Fassaden der Altstadt halt. Als aus einem Haus rhythmische Musik dringt, bleiben wir stehen und blicken durchs Fenster in den Saal im Erdgeschoss. Hier trommeln Teenager begeistert auf ihren Instrumenten. Die Einrichtung gehört zum Straßenkinderprojekt »Axé«. 1500 Mädchen und Jungen, die jahrelang auf der Straße gelebt, gestohlen, gebettelt und Leim geschnüffelt haben, sind hier zu Hause. Neben Ausbildung und Schulunterricht erhalten sie täglich eine warme Mahlzeit und lernen Instrumente spielen. Ihre Musik klingt kraftvoll und mitreißend, lebensfroh. Nach dem Aufbruch in ein gutes Leben.

Magisches in Salvador
Brasilien, 2004

Als Renate und ich den Exvoto-Raum betreten, blicken wir uns erstaunt an. An den Wänden, von der Decke, in den Ecken, überall hängen Arme, Beine, Füße, Hände. Alle aus Plastik. Am Eingang hat uns die Mesnerin ein Bändchen um das Handgelenk gebunden – »NS do Bonfim«. Das Band darf nicht durchschnitten oder abgetrennt werden. Es muss von alleine abfallen. Nur dann bringt es Glück – und laut der Dame könnten sogar bis zu drei Wünsche in Erfüllung gehen. Wir sind in der katholischen Kirche »Nosso Senhor do Bonfim« im brasilianischen Salvador da Bahia. Dem Ort werden wunderbare Heilkräfte zugesprochen, und die Votivgaben haben Gläubige als Dankeschön für ihre Genesung angebracht.

Aber die barocke Wallfahrtskirche am Largo do Bonfim birgt ein anderes Geheimnis. Sie beherbergt nicht nur eine, sondern zwei Religionen. Neben dem Katholizismus hat der »Candomblé« Besitz von dem Gotteshaus ergriffen, eine Naturreligion, die von afrikanischen Sklaven hierher gebracht und unter den blinden Augen der Missionare weiter gelebt wurde. Die katholischen Symbole mit ihren Heiligen nutzen ihre Nachfahren zur Anbetung ihrer eigenen Gottheiten. So verehren sie in Jesus Christus (Senhor do Bonfim) Oxalá, den Vater aller Götter des Candomblé. Er ist von seinem Vater Olórun, dem Schöpfer, ausersehen, die Welt zu regieren. Die heidnischen Götter haben menschliche Züge mit allen Fehlern und Schwächen. Es gibt kein Leben nach dem Tod – weder den Himmel noch die Hölle. Hierin unterscheidet sich Candomblé von der anderen afro-brasilianischen Religion, dem Macumba, welcher als thanatoszentrierter (von Thanatos, dem griechischen Todesgott) Glaube einen besonderen Ahnenkult pflegt.

Den katholischen Priestern ist gar nicht wohl dabei, dass ihr Gotteshaus gleichzeitig eine »heidnische« Kultstätte ist. So wird die Kirche verrammelt, wenn am dritten Sonntag im Januar die Prozession bei der Festa do Bonfim vor ihren Pforten ankommt. Die Menschenmassen, alle in Weiß gekleidet, huldigen bei diesem Fest nämlich nicht dem Messias, sondern ihrem Oxalá.

Wir würden gerne an einer Candomblé-Zeremonie teilnehmen. Es trifft sich gut, dass wir Monika aus Kleve kennengelernt haben, die hier ein kleines Reisebüro betreibt. »Da habe ich eine Idee. Morgen Abend findet so eine Versammlung statt. Ausnahmsweise sind auch Fremde zugelassen«, flüstert sie uns zu, als verrate sie ein streng gehütetes Geheimnis.

Sie bittet uns, den »Dresscode« zu beachten: möglichst weiße Kleidung, auf keinen Fall braun, schwarz oder violett, keine kurzen Hosen.

Wie vereinbart holt uns ein junger Mann im Hotel ab. Mit im Auto sitzt Daniel, ein fünfundzwanzigjähriger Deutscher mit kroatischen Wurzeln. Er hat bei der Firma Bosch in Curitiba als Ingenieur-Student ein Praktikum absolviert und schaut sich nun das Land an. Der Fahrer bringt uns in den Stadtteil Luiz Anselmo und führt uns in ein großes, eingeschossiges Haus.

Heute wird dem Gott Xango gehuldigt, der in vielem dem heiligen Hieronymus entspricht. Die Anhänger des Kultes, die meisten von ihnen Schwarze, tragen durchweg helle Kleidung und sitzen nach Geschlechtern getrennt. Renate, Daniel und ich dürfen in der letzten Reihe gemeinsam Platz nehmen. Nicht Glockengeläut, sondern das Abfackeln von Raketen eröffnet den Gottesdienst. Ein Drummer beginnt zaghaft zu trommeln, die anderen stimmen ein, der Rhythmus wird schneller, drängender. Die Tänzerinnen, gekleidet in einen landestypischen weiten Reifrock, mit hochgebundenem Kopftuch, betreten den Raum, beginnen sich im Takt der Trommeln mit geschlossenen Augen zu wiegen. Sie drehen sich, schweben durch den Raum, ihr Singsang wird durch ekstatische Schreie unterbrochen. Als Erste fällt nach geraumer Zeit eine etwa Dreißigjährige, die uns vorher wegen ihrer beunruhigenden Blässe aufgefallen ist, zu Boden. Eine füllige Schwarze hebt sie behutsam auf und führt sie aus dem Raum. Nach einigen Minuten kommt die junge Frau zurück. Erfrischt reiht sie sich wieder in den Kreis der Tanzenden ein. In regelmäßigen Abständen beginnen Frauen zu torkeln und stürzen zu Boden, das Spiel wiederholt sich. Der Moment der Trance, wenn die Frauen völlig von Sinnen scheinen, ist der Augenblick, in dem sich ihnen die Götter offenbaren. Eine rundliche kleine Frau mit ebenholzfarbenem Gesicht, der Reifrock wölbt sich über einem mächtigen Po, flüstert dem Babalorixá, dem Priester, etwas ins Ohr. Der großgewachsene Mann trägt ein weißes Überhemd und eine runde Mütze, seine Handgelenke zieren breite Silberarmreifen. Nun wendet er sich in einer langen Rede an das andächtig lauschende Publikum. »Xango hat die Gläubige als Medium auserwählt, und der Babalorixá gibt die göttliche Offenbarung weiter«, flüstert uns Daniel zu, so weit hat er den Priester verstanden, der Inhalt der Offenbarung ist auch ihm fremd.

Erneut krachen Böller – und so unvermittelt, wie die Zeremonie begonnen hat, ist sie beendet.

Bettgeschichten in Rio
Brasilien, 2007

Eine Reise quer durch Südamerika geht zu Ende. Mein Freund Fernando, inzwischen zum Chef der Policia Militar, der uniformierten Polizei von Rio de Janeiro, befördert, hat unserer Reisegruppe einige unvergessliche Tage bereitet. Renate und ich stecken am Strand von Copa Cobana die Füße in den Sand. So mancher Caipirinha ist durch unsere Kehlen geflossen, hitzige Samba-Musik tönt aus dem Lautsprecher des Getränkestandes. Am Horizont zeigt sich der beginnende Morgen, Ende einer Tropennacht. Mit einem Schuhputzer wird über den Preis verhandelt, eine blonde Mittvierzigerin kommt vorbei, Wuzz, unser Jüngster, tanzt barfuß mit ihr.

Während wir es uns gutgehen lassen, spielt sich in unserem Hotel ein kleines Drama ab. Zwei unserer Mitreisenden haben an einem anderen Ort ordentlich gefeiert, nämlich in einer Disco. Der ältere der beiden hat irgendwann genug und geht zurück ins Hotel. Sein Kamerad, ein gestandener Fünfziger, meint das große Glück für diese Nacht gefunden zu haben und tanzt weiter, eng umschlungen mit einer dunkelhäutigen Schönen der Nacht.

Der vorzeitige Heimkehrer legt sich gleich ins Bett, fällt, betäubt vom Alkohol, sofort in tiefen Schlaf. Irgendwann wird er vom Druck der Blase wach, tastet sich durch das dunkle Schlafgemach, meint die Tür zur Toilette gefunden zu haben, zieht sie hinter sich zu – und steht im Adamskostüm auf dem Flur im sechsten Stock. Nachdem er sich im Topf einer Zimmerpalme auf dem Gang Erleichterung verschafft hat, fährt er mit dem Aufzug hinunter an die Rezeption. Mit den Händen so sorgfältig wie möglich seine Scham bedeckend, wendet er sich an den Nachtportier. Aufgrund mangelnder Portugiesisch-Kenntnisse und jener ungewöhnlichen Situation, die die Verständigung mit Händen und Füßen erschwert, dauert es eine Weile, bis er sich erklärt hat. Als er endlich eine Zweitkarte hat, ist er vollkommen ernüchtert. Erschöpft lässt er sich wieder in die Laken sinken. Mittlerweile ist sein Kamerad mit der Gefährtin für eine Nacht handelseinig geworden, spaziert mit ihr zum Hotel und will sie mit aufs Zimmer nehmen. Das ist nicht ganz einfach, schließlich handelt es sich nicht um ein Stundenhotel. Das Girl from Ipanema kriecht katzenartig an der Rezeption vorbei, damit der Hotelportier die Situation nicht mitbekommt und unter Umständen zum Liebestöter wird. Vor der Zimmertür angekommen, versucht der Freier mit der Codekarte die Tür zu öffnen. Das ist natürlich nicht möglich, weil der Rezeptionist bei der Ausstellung der Ersatzkarte einen neuen Code eingegeben hat. Auch auf heftigstes Klopfen reagiert der tiefschlummernde Kamerad jenseits der Tür nicht. So bleibt unserem armen Mannsbild nichts anderes übrig, als an der Rezeption seine Karte umcodieren zu lassen. Der Mann am Einlass hat aber mittlerweile mitbekommen, dass eine Begleiterin im Spiel ist, setzt diese vor die Tür und denkt wohl an Sodom und Gomorrha.

Ein stiller Ohrenzeuge
Mexiko-Stadt/Mexico, 1981

Der Popocatepetl lässt sich nur erahnen. Schemenhaft zeichnen sich in der Dunstschicht am Horizont die Konturen des mächtigen Vulkans ab. Die unglaubliche Luftverschmutzung des Molochs hat es noch nicht ganz geschafft, den Blick auf den mächtigen Berg zu rauben. Mexiko-Stadt hat im Jahre

1981 circa acht Millionen Einwohner, viel mehr werden es zwanzig Jahre später auch nicht sein, allerdings wird sich bis dahin die Gesamtbevölkerung im Großraum auf 20 Millionen erhöht haben. Ich sitze in der Cocktaillounge im 45. Stock des Torre Latinoamericana und blicke von meinem Logenplatz auf die riesige Stadt hinab. Das 182 Meter hohe Gebäude wurde im Jahre 1956 fertiggestellt. Es hat das schwere Erdbeben vom Jahre 1957 unbeschadet überlebt, angeblich hielt sich der Architekt während der Katastrophe sogar im Gebäude auf. Der Ober serviert einen Tequila Sunrise. Hinter mir nimmt ein Ehepaar mittleren Alters Platz. Sie beginnen zu plaudern, auf Deutsch. Ich spitze neugierig die Ohren. Auf Reisen mache ich mir gerne ein Bild von meinen Landsleuten – manchmal ergibt sich eine Gelegenheit, sich in das Gespräch einzuschalten, und du machst spannende Bekanntschaften. Sie scheinen am Ende einer organisierten Weltreise zu sein und nutzen nun den freien Nachmittag auf ein Cocktailstündchen. Er stimmt zu, dass es eine wunderschöne Reise war, und beide würden am liebsten noch ins Unendliche verlängern. Der Kellner bringt auch ihnen einen Cocktail. Das Schwärmen verebbt, der nahende Berufsalltag nimmt allmählich wieder Besitz von ihrem Gespräch. Bald wird mir klar, dass es sich um ein Arztehepaar handelt. Der Herr Doktor verfällt in einen anderen Ton, beschwert sich, dass er die Last der Arbeit völlig alleine tragen müsse, während sie sich nur um das bisschen Haushalt kümmere.

»Die Frauen meiner Kollegen sind da ganz anders«, seine Stimme klingt jetzt leicht nasal, »Martins Frau Ella zum Beispiel arbeitet an der Rezeption. Sie hilft auch im Büro.«

Ich fühle mich wie in einem Kammerspiel. Die beiden sind in der weiten Welt, sind weit gereist, und doch sind sie der Enge nicht entkommen, den Vorwürfen und Tränen. Während ich über die Liebe nachdenke und das, was daraus werden kann, zahlt er mit versteinertem Gesicht, sie ist in Tränen aufgelöst.

Ich schäme mich für meine Neugier.

Jahre später bin ich wieder in Mexiko-Stadt. Der Turm steht noch immer – er hat das schwere Erdbeben von 1985 unbeschadet überstanden.

KARIBIK

In meiner Jugendliteratur ging es durchweg um Abenteuer. Karl May, James Fenimore Cooper, Daniel Defoe und Mark Twain lieferten den Stoff meiner Träume. Robert Louis Stevenson entführte mich mit seiner »Schatzinsel« in die Welt der Karibik. Irgendwann wollte ich mehr wissen über die verwunschenen Inseln mit ihren verborgenen Schätzen und den Piraten mit ihren Schiffen, der Totenkopf auf dem Segel. Als ich mit fast 40 Jahren zum ersten Mal in die Karibik kam, war mir klar, dass dies eine Welt längst vergangener Zeiten war. Ein besonderes Abenteuer war es dennoch, und es trieb mich immer wieder zu den Großen und den Kleinen Antillen.

Voodoo
Haiti, 1980

»Bonjour Blanc«, ruft mir ein Arbeiter zu. Sein ebenholzfarbener muskulöser Körper bewegt sich im Rhythmus der Axtschläge, er ist dabei, einen Baum zu fällen. »Bonjour Noir«, antworte ich fröhlich. Ich bin auf dem Weg von der sogenannten besseren Gegend in Petionville, wo meine Pension liegt, zum Boutillier-Aussichtspunkt, wo mich ein eindrucksvoller Blick auf Port-au-Prince erwartet. Noch regiert der Diktator »Baby Doc« das kleine arme Land Haiti.

Am späten Nachmittag komme ich zurück in meine Pension und frage die freundliche Vermieterin, eine ältere Französin, ob sie wüsste, wie ich Zugang zu einer Voodoo-Zeremonie bekommen könne. Sie verspricht mir, mit ihrer Haushälterin zu reden. Und tatsächlich findet sie einen Weg.

Beim gemeinsamen Abendessen versichert sie, ein Bekannter könne mir helfen. Am nächsten Morgen werde er zur Frühstückszeit erscheinen und mit mir die Details besprechen.

Am Nachmittag des nächsten Tages sind er, ein schlanker Kreole Ende zwanzig, und ich unterwegs in ein weit vor der Hauptstadt gelegenes Dorf. Mehrmals wechseln wir die »Tap-Taps«, von Planen überdachte Pick-ups, die hier den öffentlichen Nahverkehr bestreiten. Wir sitzen auf einer Holzbank auf der Ladefläche, Fahrgäste steigen ein und aus, fast immer grüßen sie mit einem freundlichen »Bonjour Blanc«. Als wir an unserem Ziel, einer kleinen Ansammlung weiß getünchter Lehmhäuser, inmitten von Wellblechhütten, ankommen, ist es bereits stockfinster. Mein Führer begleitet mich in einen Innenhof mit plattgestampftem Lehmboden, dort werde ich einem bulligen Schwarzen mit nacktem Oberkörper vorgestellt. Es ist der Voodoo-Priester. Er gibt einem Jungen ein Zeichen, dieser schiebt uns zwei Plastikstühle hin. Vier Trommler sitzen auf dem Lehmboden vor einem lodernden offenen Feuer. Ihnen gegenüber stehen einige in Weiß gekleidete Frauen, sie lassen eine Schnapsflasche kreisen. Der Houngan (Priester) tritt vor die Feuerstelle und tröpfelt aus einer Flasche Flüssigkeit auf den Boden, lässt sich von einer der Frauen eine Kerze reichen, zündet sie an, greift in einen Tontopf und malt mit dem daraus entnommenen weißen Pulver geheimnisvolle Zeichen auf den Boden. Wie aufs Stichwort beginnen die Musiker auf ihre Instrumente einzuhämmern. Die Frauen bewegen sich erst langsam, dann immer schneller. Sie wiegen sich im Rhythmus der Trommelklänge, drehen sich, tanzen um die Feuerstelle, murmeln in einer mir unverständlichen Sprache Sätze, die nach Gebeten klingen. Eine ältere Frau mit von Falten zerfurchtem Gesicht zündet eine Zigarette im Feuer an, wiegt sich weiter. Allmählich werden die Bewegungen stärker, ekstatischer, eine der Frauen stürzt zu Boden, kriecht auf das Feuer zu. Der Priester hält sie fest, richtet sie wieder auf. Plötzlich taucht eine Frau aus der Dunkelheit auf, tritt in den von den Flammen erhellten Kreis, in der Hand ein fettes weißes zappelndes Huhn, und reicht es dem Priester. Dieser nimmt es an sich und knackt ihm mit einem kräftigen Biss die Kehle durch, bespritzt die Tänzerinnen mit dem Blut des Tieres, welches noch im Todeskampf wild mit den Flügeln schlägt, beginnt selbst um das Feuer zu tanzen, wirft die tote Henne auf die Zeichen auf dem Boden. Die Trommler verändern den Rhythmus, die Klänge werden sanfter, freundlicher. Nicht mehr so dämonisch – denke ich und wundere mich selbst über diesen Begriff. Die Mienen der Frauen hellen sich auf, die zuckenden Bewegungen verebben in einem sanften Sich-Wiegen, und mit ruhigen Schritten treten sie aus dem Kreis. Benommen stehe ich von meinem Stuhl auf, Zeuge eines geheimnisvollen Rituals einer mir fremden Welt, zu der mir der Zugang wohl immer verwehrt sein wird.

Die Tradition des Voodoo stammt ursprünglich von der westafrikanischen Küste, von der im 18. und 19. Jahrhundert Hunderttausende von Sklaven nach Haiti gebracht wurden. Die Anhänger dieser animistischen Religion glauben an eine von Göttern beseelte Natur. Mittels Trance schlüpfen die Götter oder Geister der Ahnen in den Körper des Mediums.

Schießerei und Black Pudding in Kingston Jamaika, 1980

Ich genieße nach einer langen Tour durch die USA und zu einigen Karibikinseln den Strand von Doctor's Cave in Montego Bay mit feinstem weißem Sand und kristallklarem Wasser. Nach einigen Tagen wird es mir zu viel der Ruhe und ich entschließe mich zu einem Tagesausflug nach Kingston. Die Schmalspurbahn, die es zwölf Jahre später nicht mehr geben wird, zuckelt quer über die Insel durch eine betörende hügelige Dschungellandschaft. Nach drei Stunden steige ich am Bahnhof der Landeshauptstadt aus und erkunde die historische Altstadt mit ihrer schachbrettartigen Straßenführung.

Kingston ist keine Stadt, die mit besonderen Sehenswürdigkeiten aufwartet, aber es macht Spaß, den Leuten zuzusehen, wie sie gemächlich durch die Straßen schlendern, Männer mit Rastalocken und Strickmützen hocken auf Treppenstufen, unterhalten sich mit ihren Freunden. Von Ruß verfärbte Blechtonnen gefüllt mit Fleisch und Gemüse stehen auf Eisengestellen, geschickte Hände fachen darunter ein Feuer an. Es ist noch relativ früh am Tag und wird noch eine Weile dauern, bis die scharf gewürzten Eintopfgerichte fertig sind. So beschließe ich, in einem kleinen Straßenrestaurant zum Mittagessen einzukehren. Ich bestelle scharf eingelegtes und gegrilltes Hähnchenfleisch, Jerk Chicken nennen es die Jamaikaner. Da ich nach dem würzigen Essen noch Lust auf etwas Süßes habe, lasse ich mir von der lustigen Kellnerin mit dem Bleistift in ihren krausen Locken noch einmal die Karte bringen und bestelle »Black Pudding«. Entgeistert starre ich auf die Blutwurst, die mir serviert wird.

Als ich aus dem Lokal trete, ist es merkwürdig ruhig. Ich laufe durch menschenleere Straßen zum Bahnhof, dieser liegt ebenso ruhig da, nirgendwo eine Menschenseele. Auf einer Bank sitzt ein Uniformierter, ich frage ihn nach dem nächsten Zug nach Montego Bay. Es fährt kein Zug, bedeutet er mir in rollendem Englisch. Es hat eine heftige Schießerei zwischen zwei rivalisierenden Banden gegeben, und die Stadtbewohner haben sich sicherheitshalber in ihre Häuser zurückgezogen. Das Bahnpersonal ist nicht zum Dienst erschienen. Mein Auskunftgeber aber scheint die Ruhe selbst zu sein. Er setzt die Rumflasche an und nimmt einen Schluck, dann lächelt er mich an. Einige Hundert Meter weiter ließe sich vielleicht ein Minibus auftreiben, erklärt er mir. Ich laufe um ein paar verfallene Häuser herum – wohl ist mir jetzt nicht mehr in den leeren Straßen –, als heftiges Geschrei an meine Ohren dringt. Es wird doch nicht schon wieder was passiert sein? Immerhin habe ich keine Schüsse gehört. Nein, der Beifahrer vom Sammeltaxi ruft lauthals das Ziel aus: Montego Bay. Ich springe in den abfahrbereiten Kleinbus, und schon rast der Fahrer los. Es wird eine Rallye über die Insel, die ich in meinem Leben nicht vergessen werde. Ohne Rücksicht auf Verluste schneidet der verhinderte James Stewart die unübersichtlichsten Kurven. Mir zittern die Knie, als ich am Ziel bin.

Ein Trommler mit krimineller Energie
Antigua, 1987

Auf dem Rückweg nach St. John's ziehe ich einen weiten Bogen und marschiere durch einen lichten Laubwald. In der Ferne meine ich Trommeln zu hören. Neugierig geworden, folge ich ihrem Klang und erreiche schließlich eine kleine Lichtung. Vor einer verfallenen Zuckermühle sitzt ein Mann auf einer Steinmauer. Auf einem dreifüßigen Gestell vor ihm steht eine flache Blechtrommel, auf der er mit zwei Holzschlegeln Reggae-Rhythmen spielt. Unter einer weißen runden Mütze lugen Rastalocken hervor. Muskulöse Arme schauen aus einem rotgestreiften T-Shirt. Neben seiner Trommel steht ein Küchenherd – wie wird der wohl hergekommen sein? Er schaut auf, und ich frage gestenreich, ob ich ihn fotografieren dürfe. Er nickt, ohne in der Bewegung innezuhalten, ohne einen Schlag im Rhythmus auszusetzen. Alles in Ordnung, denke ich, nehme meine kleine Rollei aus der Hosentasche und mache zwei Fotos. Der Typ legt die Holzstöckchen beiseite und murmelt »Money«. »Okay«, ich nicke und will ihm einen Dollar geben, biete ihm auch eine Zigarette aus meiner blauen Gitanes-Schachtel an. »Twenty Dollar!« Jetzt blickt er mich grimmig aus blutunterlaufenen Augen an. Selbst wenn ich wollte, könnte ich ihm die nicht geben, habe ich doch nur einige kleine Dollarscheine einstecken. Der Typ deutet auf eine Schaufel, die in einer Ecke steht. Seine Geste ist eindeutig: Die Schaufel hat er zum Arbeiten, ebenso gut kann er sie mir aber auch über den Kopf hauen. Ich schlucke. Er deutet auf ein Messer an seinem Hosenbund, das mir fast so groß wie ein Schwert vorkommt. Damit öffnet er normalerweise Konservenbüchsen, er kann es mir aber auch in den Bauch rammen.

Nun bekomme ich es mit der Angst zu tun. Ich atme tief durch, ruhig bleiben, dann weiß ich, was zu tun ist. Rasch werfe ich ihm die angebrochene Zigarettenschachtel hin, drehe mich abrupt um und renne, was das Zeug hält. Nach vielleicht 50 Metern blicke ich zurück. Mein Herzschlag hat den Rhythmus der Trommel abgelöst, Adrenalin rauscht durch meine Adern, mein Atem geht keuchend. Der Bursche sitzt nach wie vor hinter seiner Trommel und blickt mir unverwandt nach. In den Händen hält er wieder die Schlegel.

Dummerweise bin ich in die verkehrte Richtung geflohen – und traue mich nun nicht mehr an dem Mann vorbei. So laufe ich tief in den Wald hinein und komme schließlich an ein kleines Häuschen, frage die junge Frau, die davor Wäsche aufhängt, nach dem Weg. An der verfallenen Zuckermühle muss ich nicht mehr vorbei.

Der gefährlichste Airport der Welt
Saba, 2010

Die kleine Propellermaschine startet überpünktlich. Spektakulär ist der Anflug über die Bergkante auf die nur 400 Meter lange Landebahn, die kürzeste professionell genutzte der Welt, und wohl auch die gefährlichste.

Saba ist ein Vulkanberg, und bei unserer Wanderung müssen Renate und ich tüchtig bergan steigen. Als es uns zu mühsam wird, halten wir ein Auto an, der freundliche redselige Fahrer ist Libanese. Nach 25 Jahren in den USA hat er seinen Wohnsitz auf diese kleine Karibikinsel verlegt.

Im Hauptort Windwardside lassen wir uns im Patio eines Restaurants zum Frühstück nieder. Gestärkt steigen wir hinauf zum Bobby Hill mit dem Jo Bean Glass Art Studio, wo ein einheimischer Künstler feine Glasbläserarbeiten herstellt.

Uns fällt auf, dass die meisten der 1500 Inselbewohner Weiße sind. Sklavenhaltung war bei den ersten Siedlern, meist Briten, kaum gebräuchlich.

Die autonome Inselrepublik gehört seit Jahrhunderten zum niederländischen Einflussbereich. Auf der Insel bewundern wir nette Holzhäuschen in blühenden, gepflegten Gärten. Der Wirt des Restaurants »Scout« ist ein Deutscher – mein Namensvetter. Dort genehmigen wir uns zum Lunch eine mächtige Portion Hamburger und lassen anschließend in der kleinen Anlage, die zum Lokal gehört, den lieben Gott einen guten Mann sein.

Gestärkt und ausgeruht laufen wir in knapp eineinhalb Stunden zurück zum Flughafen. Die junge Frau am kleinen hölzernen Check-in-Schalter erklärt in holprigem Englisch: »Zu viel Wind, wahrscheinlich kann die hereinkommende Maschine nicht landen.« Das bedeutet, dass es fraglich ist, ob wir heute noch von der Insel wegkommen. Schließlich hören wir Motorengeräusche und sehen die kleine propellergetriebene Maschine, die von St. Marten kommt, einfliegen. Kurz bevor sie aufsetzt, hebt sie wieder ab, kann wegen Turbulenzen nicht landen. Wir sehen sie hinter dem Bergrücken verschwinden, sie dreht eine Runde um die Insel, taucht wieder auf, und die Räder berühren genau da, wo das Meer beginnt, die Landebahn, die Maschine bremst stark ab und kommt am Ende des Teerstreifens zum Stehen. Das Feuerwehrauto, das an den Rand des Flugfeldes gefahren ist, rückt wieder in die Garage ein. Wenige Minuten später sitzen wir in dem Flugzeug und dröhnend steigt die kleine Propellermaschine, eine Twin Otter, in den Himmel. Wir können ins offene Cockpit schauen und stellen fest, dass sie von zwei Piloten gesteuert wird, eigentlich ungewöhnlich für dieses Kleinflugzeug. Wahrscheinlich hängt es mit den Tücken der Landebahn zusammen. Es gibt nur sechs Piloten, die die Erlaubnis haben, die Insel anzufliegen, und alle sechs Monate müssen sie einen Tauglichkeitstest absolvieren. Die Maschine segelt ruhig durch den Abendhimmel – wir haben Glück gehabt. Das große Glück des Reisenden, der sich immer wieder aufmacht, um sich seine kleine Welt zu erobern.

TEIL VII

NORDAMERIKA

Als junger Mann hab ich den Rock'n'Roll geliebt. Bill Haley, Elvis Presley. Was die Alten abschätzig als »Negermusik« bezeichneten, brachte mein Blut zum Kochen.

Während der Ausbildung in Rosenheim gingen meine Freunde und ich samstags in das angesagte Café »Papagei« in der Stollstraße. Ich stellte den Kragen meines Jacketts auf, wie ich es bei James Dean gesehen hatte, und balancierte eine Zigarette im Mundwinkel. Wie von selbst folgten meine Füße dem Rhythmus, beim »Überschlag« jauchzten die Mädels.

Rock'n'Roll war für uns mehr als eine Tanzrichtung. Es war ein Lebensgefühl: The American Way of Life. Der Gegenentwurf zu der Enge in Nachkriegsdeutschland, eine Watschen für alle, die wir als Spießbürger verachteten. Wir hörten nicht »Wunschkonzert« im Bayerischen Rundfunk, sondern den amerikanischen Soldatensender AFN. So klang die Freiheit.

In den Staaten war überhaupt alles besser. Dort waren die Straßen breiter, der Horizont war weiter und die Autos schnittiger. Und die Frauen: Die Frauen in Übersee waren hübscher als in Rosenheim. Da war ich mir ganz sicher – schließlich kannte ich selbst eine, die dort lebte: meine Tante Rosemarie. Die Schwester meines Vaters hatte mich schon als Junge fasziniert. Mit zehn oder elf – Rosemarie war bereits mit einem GI in die Staaten ausgewandert – stibitzte ich meinen Eltern ein Foto von ihr und steckte es in meine Brieftasche. Mit dem Bild ließ sich trefflich angeben, genau wie mit den coolen Bluejeans, die Rosemarie mir zu Weihnachten schickte.

Als ich 1973, also Jahre später, in die Staaten reiste, war meine Tante bereits über fünfzig – und noch immer eine »Beauty«. Auch das Land war, wie ich es mir als Teenager erträumt hatte – und zugleich vollkommen anders. In den 60ern gingen die jungen Leute mit dem Ruf »Ho Ho Ho-Chi-Minh« auf die Straße, und ich fragte mich als Bereitschaftspolizist: Warum? Beim Suchen auf die Antwort stieß ich auf das andere Amerika. Auf das Amerika von Napalm, Agent Orange und Massakern an der Zivilbevölkerung. Im Fernsehen sah ich Bilder von der Unterdrückung der Schwarzen, ich hörte, wie Martin Luther King vor 250 000 Menschen am Lincoln Memorial in Washington D.C. rief: »I Have a Dream«. Sein ganz persönlicher Traum endete am 4. April 1968 in einem Motel in Memphis, Tennessee, unter den Schüssen eines Weißen. Auf einmal sah ich auch das andere, das hässliche Amerika. Mein Weltbild begann zu bröckeln.

Kein anderes Land erschien mir so widersprüchlich wie die Vereinigten Staaten – und kaum eines so aufregend.

USA in vier Wochen
New York, Kalifornien und vieles mehr, 1973

Es ist verdammt heiß, als wir, meine damalige Frau Käthi und unsere Freunde Günter und Lotte, an einem Spätnachmittag im August am JFK-Airport in New York landen. Von dem Einreisebeamten werden wir freundlich willkommen geheißen. Für einen Dollar bezahlen wir ungefähr 2,42 Deutsche Mark. Wir nehmen den Bus von »Carey Transportation« zum East Side Airlines Terminal und steigen zur Grand Central Station um. Es ist schon dunkel, als wir auf die 47. Straße hinaustreten – und es stinkt. Müllsäcke türmen sich am Straßenrand, Streik der Müllmänner. New York ist pleite, Tausende von Polizisten sind entlassen worden. Der Marsch mit den Rucksäcken auf dem Rücken zum Vanderbilt YMCA dauert nur eine gute Viertelstunde, aber in der Hitze der Stadt rinnt uns der Schweiß in Bächen von der Stirn. Ein winziges Zimmer mit einem eisernen Stockbett und wenigen heruntergekommenen Toiletten und Waschräumen auf dem Gang, kein Ort, der die Stimmung hebt. In der Gemeinschaftsdusche werde ich von einem ärmlich aussehenden Typen mit einer Frage konfrontiert, die ich bei meinen künftigen Reisen in dieses Land immer wieder hören werde, nämlich wie hoch mein jährliches Einkommen sei.

Ein Orientierungsspaziergang führt zum Broadway und dem sogenannten Belly Belt zwischen der 27. und 30. Straße um die 8. Avenue. Hier reiht sich ein Striptease-Schuppen an den anderen. Jahrzehnte später wird es im Rahmen der »Zero

Tolerance«-Politik diesen Hauch Verruchtheit nicht mehr geben, New York wird »clean« und erheblich weniger spannend sein. Am Times Square reißen wir im Schein der bunten Neonreklame unsere Augen auf.

Am nächsten Tag bekommen wir den Mund vor Staunen nicht mehr zu, als wir die 5th Avenue hinunterlaufen und die Blicke an den Wänden der Skyscraper hochwandern lassen. Metro und Bus kosten 35 Cent pro Trip, und wir wundern uns, dass wir mit einem Token, der einmal eingeworfen wurde, mit der U-Bahn durch die gesamte riesige Stadt mit all ihren Gemeinden (Boroughs) fahren könnten. Die Auffahrt zum Empire State Building kostet 1,62 Dollar. Noch gibt es keine Twin Towers, aber dafür das PanAm-Gebäude, dieses wird später MetLife Building heißen, weil es die Fluggesellschaft nicht mehr gibt. Mich wird es immer wieder in diese Stadt ziehen, lange soll es dauern, bis ich das erste Mal Manhattan verlasse und die anderen Stadtteile entdecke. Eines aber ist mir zu diesem Zeitpunkt schon klar, New York ist die Mutter aller Metropolen der Neuzeit, und bei aller Hektik wird hier immer ein Stück Menschlichkeit lebendig bleiben. So wie ich es vor einer Bar am Belly Belt erlebe. Dort hat ein Türsteher einen Stadtstreicher brutal auf den Gehsteig geschmettert, und für einen Moment hält diese Stadt den Atem an. Männer, Frauen, Kinder, jeder der Vorbeieilenden bleibt stehen und versucht dem Verletzten zu helfen. Ein junger Mann hilft der zerlumpten Gestalt auf die Beine, fragt: »Are you okay?«

»Okay«, murmelt der Alte und schlurft davon.

Wochen später fliegen wir nachts über ein riesiges Lichtermeer. Das Gefunkel unter uns will kein Ende nehmen, wir sind im Anflug auf Los Angeles. Die Greater Los Angeles Area ist eine der größten Metropolregionen der Welt. Allein das Kerngebiet der Stadt erstreckt sich über eine Länge von 71 km in Nord-Süd-Richtung und 47 km in Ost-West-Richtung. Mit dem Leihwagen fahren wir nach Downtown und wundern uns, dass das gebuchte Hotel in einer ziemlich öden Gegend zwischen Gebäuden liegt, die dem Abriss geweiht sind. Als wir am nächsten Morgen aus dem Haus treten, machen sich gerade zwei Motorrad-Cops an unserem Auto zu schaffen. Wir stehen im Halteverbot. Die beiden Uniformierten meinen, wir Greenhorns sollten aufpassen, die Gegend sei nicht gerade die sicherste. Der Nebel, aus dem einige wenige Hochhäuser ragen, ist in Wirklichkeit Smog, im Großraum L.A. sind über vier Millionen Autos zugelassen. Es gibt keinen funktionierenden Öffentlichen Personennahverkehr, das Benutzen der wenigen Busse ist ein Buch mit sieben Siegeln. Ein Gewirr von Stadtautobahnen durchquert die Region. Auf der Fahrt zu Waltraud, einer Bekannten aus Rosenheim, die seit Jahren mit ihrem Mann hier lebt, werden wir Bekanntschaft mit diesen Schnellstraßen machen. Die Stadt zieht sich schon deshalb so in die Weite, weil sie nahezu ganzheitlich mit Einfamilienhäusern bebaut ist.

Als ich dreißig Jahre später wieder in die Stadt zurückkomme, hat sich die Innenstadt zu einem modernen Viertel mit Bürohochhäusern und Plazas entwickelt. Downtown wird von den Glaspalästen des Financial Districts überragt, und es verkehrt sogar eine U-Bahn. Die Kriminalität hat sich in andere Stadtviertel verlagert, dort stellt insbesondere die Bandenkriminalität nach wie vor ein großes Problem dar. Der Großraum ist noch immer der Prototyp einer autogerechten Stadt, Smogalarm ist trotz Katalysatoren und bleifreiem Benzin keine Seltenheit.

Natürlich steht bei dieser Reise auch Las Vegas auf dem Programm. Hier komme ich das erste Mal mit einer Stadt in Berührung, die sich ständig neu erfindet. Eine Großbaustelle kündet von einem neuen Projekt, ein riesiges Casino ist einfach verschwunden, ein neues wird an dieser Stelle entstehen. In dieser Glitzerstadt begehe ich einen der größten Fehler meines Lebens. Im Hilton singt Elvis, und es gibt noch Karten zu 50 Dollar. Das ist mir zu viel Geld. Heute, 43 Jahre später, nehme ich mir meinen Geiz von damals übel. Zu viel Geld für den King? Immerhin habe ich daraus gelernt. Nie wieder werde ich an der falschen Stelle sparen!

So manchen Amerikaner beschleicht womöglich das Gefühl, er brauche gar keine Weltreise zu unternehmen, findet er doch alles hier: Venedig, Paris, Ägypten und New York sind nur einige hundert Meter voneinander entfernt und natürlich viel überschaubarer und aufgeräumter als die Originale.

Hochzeit in Vegas
Las Vegas, 2001

Wir sind im Westen der USA unterwegs. »Tiger« wird von seiner Freundin Irena begleitet. Was er nicht weiß, vielleicht aber ahnt, ist, dass sie alle notwendigen Papiere für eine Hochzeit in Las Vegas dabeihat. Der USA-Trip ist Teil einer Reise rund um den Erdball mit einer größeren Reisegruppe. Wir wohnen im »Luxor«, einem Hotelpalast im Stil einer Pyramide.

Irena hat Tiger wohl überzeugt, dass es ernst wird, und er sich damit abgefunden. Er packt den grauen Anzug, den er für bessere Anlässe im Koffer mitführt, aus und stellt fest, dass dieser ziemlich zerknittert daherkommt. Kurz entschlossen wäscht er das gute Stück in der Badewanne – und als es getrocknet ist, erweist es sich als noch zerknitterter und um einige Größen geschrumpft. Irena und Erich ziehen los und wollen sich in einer Wedding-Chapel wegen der Formalitäten erkundigen. Renate und ich zeigen der Gruppe in der Zwischenzeit das märchenhafte »Excalibur« und das »New York« mit der Freiheitsstatue davor. Zurück im Hotel, treffen wir sie wieder: »Wir sind verheiratet«, stammelt sie. Erich ist ein bisschen weiß um die Nase. Der Pastor brauchte gerade mal zehn Minuten – und schon war es um ihre Freiheit geschehen.

Am nächsten Morgen fahren wir mit dem Bus zu einem Supermarkt, kaufen kalifornischen Schampus und etwas zum Knabbern, anschließend geht es hinaus zum Red Rock Canyon. Am malerisch gelegenen Picknickplatz knallen die Sektkorken, die Frischvermählten werden gebührend gefeiert. Zum Glück ist kein Park Ranger in der Nähe, Alkoholkonsum im Park ist verboten.

Bei Verwandten, Freunden und Pseudo-Indianern Ohio und Ontario, 2011

Nach einer mehrstündigen Fahrt mit einigen Hindernissen auf der Interstate erreichen Renate und ich mit unserem Leihwagen endlich Ohio. Gegen 17:30 Uhr sind wir bei meiner 88-jährigen Tante Rosemarie, die einsam am Rande einer Kleinstadt lebt. Sie hat 1948 die Liebe zu Bill, einem GI, den sie in Grafenwöhr kennengelernt hatte, hierher verschlagen. Ihr ältester Sohn, mein Cousin Dean, ist auch da und chauffiert uns nach Lima, dort treffen wir meine Cousine Karen. Dean nimmt mich am Spätnachmittag mit zu der Garage seines Freundes Tom, einem dieser sympathischen Kauze, die uns in den Staaten immer wieder begegnen. Er bringt Oldtimer auf Vordermann und hat schon viele Preise gewonnen. Renate bleibt bei Rosemarie und lässt sich in die Geheimnisse meiner Familiengeschichte einweihen. Als Dean und ich zurückkommen, zeigt sie uns alte Bilder. Eines lässt mich stutzen. Der Junge sieht aus wie ich, aber die Umgebung stimmt nicht.

Meine Tante lächelt verschmitzt: »Das ist dein Vater, Wolfgang! Er war damals vierzehn.« Mich rührt es, an einem so entlegenen Ort in das offene Jungengesicht des Mannes zu blicken, der mir ein ziemlich strenger Vater war.

Am nächsten Morgen lenkt Dean den Buick von Rosemarie. Nach langer Fahrt erreichen wir das Gebiet um den Mohican-Nationalpark. Wir schauen in die gediegene Mohican Lodge mit Blick auf einen verwunschenen See im dichten grünen Laubwald, der mich an »Tecumseh« erinnert. Die acht Bücher von Fritz Steuben über den heldenhaften Indianerhäuptling habe ich als Bub geliebt.

Vom künstlich angelegten Pleasant-Hill-Damm laufen Renate und ich durch mystischen Laubwald den Clear Fork Mohican River ein Stück abwärts. Bevor uns Dean wieder einsammelt, begegnen wir zwei Nutrias (große Wasserraten), Streifenhörnchen flitzen über eine Brücke. Stunden später erreichen wir Amish Country. Von den 180 000 einst aus der Schweiz eingewanderten konservativen Gemeindemitgliedern, die keine modernen Hilfsmittel benutzen, leben 18 000 in dieser Gegend. Bei »Joder's Amish« gewinnen wir Einblicke in das Leben der Glaubensgemeinschaft. Dean und Rosemarie unternehmen eine Kutschtour, wir besichtigen die beiden Wohnhäuser einer Sippe. Im größeren Gebäude lebt die Familie, die das Farmland bewirtschaftet, im kleineren verbringen die Eltern ihren Austrag. Die Amish sind

Meister in der Interpretation jener Regeln, die es ihnen verbieten, moderne technische Geräte zu benutzen. Obwohl Elektrizität tabu ist, gibt es in den Räumen Strom – aber batteriebetrieben, also nicht aus der Stromleitung, das ist erlaubt. Auch dürfen die Amish keine Festnetztelefone, aber Handys benutzen. Zum Glück hat das Kuckucksuhrengeschäft geschlossen. Rosemarie ist wie im Rausch und möchte am liebsten alles ansehen, was hier im Ort angeboten wird. Uns reicht es schon lange, wir möchten nur weg aus diesem Ort, in dem man es bestens versteht, den Menschen eine heile Welt vorzugaukeln, die längst vergangen ist.

Am nächsten Morgen starten wir mit unserem Chevy in Richtung Süden. In Columbus kauft Rosemarie in »Jürgens Bäckerei« im deutschen Viertel Wurst und Brot ein, gibt uns einiges davon mit. Dean deckt sich mit Weißbier ein. Wir verabschieden uns, und mein Vetter schickt uns in die falsche Richtung – oder ich habe ihn falsch verstanden. Beim Tanken fragen wir nach dem Weg, aber erst der dritte Adressat, ein gutgelaunter Schwarzer, kann uns die Richtung zum I-30 zeigen. Rasch geht es nach Süden. Nach längerer Rast am Ortseingang von Chillicothe fahren wir zum nicht weit entfernten »Outdoor-Drama«. Wir haben im Internet das Buffet gebucht, Kartoffelbrei und paniertes Hähnchen serviert in Papp- und Plastikgeschirr sind genießbar, und wir erschrecken über unsere vielen übergewichtigen Tischnachbarn – darunter auch Kinder. Das Drama auf der Open-Air-Bühne um den charismatischen Häuptling Tecumseh, Idol meiner Kindheit, kommt recht altbacken daher, allerdings wird viel herumgeknallt. Ein Indianer spielt wohl kaum mit.

Nach »Junction City« sind es ca. 50 Meilen. Ich habe im Internet herausgefunden, dass dort ein Pow Wow stattfindet. Für mich als Indianerfan ein Must-See. Die Show beginnt mit einer Flaggenparade mit Fahnen nationaler Symbolik, darunter alle Waffengattungen, viele davon waren einst maßgeblich an der Ausrottung der amerikanischen Urbevölkerung beteiligt. Renate und ich sind unangenehm berührt – ist das nicht, als würde man auf den Gefühlen der Nachkommen der First Nations bewusst herumtrampeln? Kein Wunder, dass hier keine Indianer aufflanieren, sondern ausschließlich weiße US-Bürger in Phantasiekostümen. Nur die Trommler und Sänger, die »Sky Hawks«, kommen einigermaßen authentisch rüber. Renate und ich ergreifen panikartig die Flucht, geben aber die Hoffnung nicht auf, doch noch etwas über die amerikanischen Ureinwohner zu erfahren, und fahren zum »Hopewell Culture National Historical Park«. Dort wird dargestellt, wie die Woodlandindianer, deren Nachkommen die wenigen noch heute lebenden Irokesen sind, von ca. 200 v. Chr. bis um 500 n. Chr. sogenannte Mounds aus Erdreich aufgeschüttet haben. Diese inzwischen grasbedeckten Erdhügel waren rituelle Beerdigungsstätten, die nach streng geometrischen Regeln erbaut wurden. »So also haben die Vorfahren der Irokesen gelebt«, wende ich mich erstaunt an Renate. Die Irokesen, die Feinde der Mohikaner aus James Fenimore Coopers Roman »Lederstrumpf«, waren in meiner Vorstellung blutrünstige Krieger, die unentwegt mit dem Tomahawk in der Hand durch den Wald streunten. Tatsächlich waren es Menschen, die gigantische Erdbewegungen bewerkstelligten.

Das eigentliche Ziel unserer Reise ist die Fahrt auf der Route 66, aber zunächst wollen wir hinüber auf den kanadischen Teil des Eriesees. Wir stoppen in der Ortschaft Bucyrus, einem Ort mit vielen US-Fahnen und potemkinschen Häusern, wo sich hinter bunten Fassaden ärmliche Quartiere verstecken. Sandusky macht auf uns den Eindruck einer Geisterstadt. Von hier aus geht die Fähre auf das kanadische

Peele Island. Bis zur Abfahrt bleibt uns noch einige Zeit. Wir kurven herum, schauen, ob wir ein nettes Lokal finden, und nehmen irgendwann die breite Ausfallstraße nach »Cedar City«, eine Art permanenter Lunapark mit riesigen Achterbahnen.

Am Anleger wird unser Auto wie alle anderen Fahrzeuge von Matrosen auf die Fähre gefahren, weil es auf dem Autodeck unglaublich eng ist und es viel Erfahrung bedarf, um dort zu rangieren. Die ruhige Fahrt über den spiegelglatten See erleben wir an Deck, am Horizont geht blutrot die Sonne unter. Als das Boot am Pier von Peele Island festmacht, werden wir von einer Armada von Fischfliegen überfallen, die jedes Jahr für einige Tage die Insel heimsuchen. Als wir uns in das Auto setzen, ist die Windschutzscheibe im Nu von den heuschreckenartigen Insekten bedeckt, und der Scheibenwischer hat größte Mühe, sie fortzuwischen. Es hat etwas Unheimliches. Nach der kurzen Einreisekontrolle werden wir von Renates Schulfreund Heinz Schweiger und seiner Frau Uli erwartet. Heinz ist als junger Mann nach Kanada ausgewandert und hat dort Karriere gemacht. Beide genießen auf der kleinen Insel ihren Ruhestand.

Sie erzählen uns, dass das propere Holzhaus mit kleinem Privatgrund ihr Feriendomizil war, als sie noch auf dem Festland gearbeitet haben, nun wohnen sie während des Sommers hier. Über die Wintermonate fahren sie mit ihrem riesigen Wohnmobil nach Mexiko. Am nächsten Morgen gibt es ein europäisches Frühstück mit Wurst, Schinken und Käse. Die beiden zeigen uns auf einer kleinen Rundfahrt die flache Insel mit nicht viel mehr als 40 qkm und bis zu 3000 Einwohnern im Sommer und 180 im Winter, dann wird es grimmig kalt auf dem zugefrorenen See. Zu unserer Überraschung kommen wir zu einem kleinen Weingut mit gutem Weißwein. Dort braten wir Hackfleisch auf dem Grill, Heinz zaubert köstliche Burger. Wir schauen beim »Hillbilly«-Haus von Liliane und Bob vorbei. Sie ist in Belgien geboren, er gebürtiger Amerikaner, und beide sind wahre Unikums. Der Garten rund um das Haus wuchert so, wie die Natur es will, in und um das Haus türmt sich Tand von den Flohmärkten der Umgebung. Auf einem davon hat Bob für einen Dollar eine CD mit Tiroler Musik erstanden und lacht sich kaputt, als wir ihm erklären, was »Zipfi eini Zipfi aussi« bedeutet. Earl, der frühere Bürgermeister des Ortes, kommt mit einem Pick-up vorbei, den er für 100 Dollar gekauft hat. Der TÜV ist längst abgelaufen. Wenn an den Wochenenden die Polizei vom Festland auf die Insel kommt, lässt er die Kiste einfach hinter seinem Haus stehen. Die Mengen Bier und Wein, die wir gemeinsam konsumieren, sind nicht unerheblich. Liliane brilliert mit dem einzigen deutschen Wort, das sie kennt und ihrem Gatten widmet: »Eselskopf«.

Am nächsten Tag zeigt uns Heinz sein Wohnmobil, so groß wie ein Omnibus. Die Seitenwände lassen sich im Stand ausfahren, im Nu verwandelt sich das Fahrzeug in eine Dreizimmerwohnung. In einer Halle steht sein Kleinflugzeug, es bekommt gerade einen neuen Motor. Schon als Kind konnte er zupacken, erinnert sich Renate. Er ist ein typischer Selfmademan, bewundernswert.

Am nächsten Morgen liegt am kleinen Strand vor dem Haus der Schweigers eine tote Schlange mit eingeschlagenem Kopf. Heinz grinst, als er das tote Tier beiseiteräumt. »Ich weiß schon, wer das war. Der Nachbar.« Offenbar gibt es auch hier, in einer Gegend ohne Gartenzäune, Streitigkeiten in der Nachbarschaft.

Am nächsten Morgen frühstücken wir in einer Kneipe in der Nähe des Fähranlegers mit Bratkartoffeln und Spiegelei mit typisch kanadischem Speck. Mich erinnert das magere Fleisch eher an einen Schinken – saftig-aromatisch ist es allemal. Wir schauen in das kleine danebenliegende Museum mit einer interessanten Sammlung von Flugdrachen und unterhalten uns mit George Paisiovich. Der freundliche ältere Herr, der sich sehr für mein Reiseleben interessiert, hat über 100 Flugdrachen aus mehr als 30 Ländern zusammengetragen. Darunter ist ein Papierdrachen, dessen Figur Marilyn Monroe nachempfunden ist, und ein Kite Runner aus Afghanistan, den der Schriftsteller Khaled Hosseini signiert hat.

Heinz ist immer für eine Überraschung gut, er erzählt uns, dass er Mitglied bei den Freimaurern sei, und zeigt uns die Masonic Lodge, wo sich die Mitglieder der Loge treffen: ein Bungalow, darin eine Halle, Stühle sind an die Wand gerückt. Den konspirativen Treffpunkt eines Geheimbundes hatte ich mir anders vorgestellt. In der Mitte des Raumes steht ein Holzpult, darauf die Heilige Schrift. Das Buch ist auf blauen Samt mit weißer Stickerei gebettet: das Zeichen der Freimaurer mit Mauerwinkel, Zirkel und einem großen »G« sowie der Beschriftung »Pelee Lodge No 627«. Offenbar agieren die Freimaurer hier vor allem als berufliches Netzwerk.

Zurück auf dem Fährschiff, sitzen wir in der Sonne an Deck. Der See ist ruhig, und in knapp eineinhalb Stunden erreichen wir den Pier von Leamington. Auf der Küstenstraße geht es vorbei an riesigen Treibhäusern, wir passieren Weingärten und die Kelterei, wo der Wein von Pelee vergoren und fertiggestellt wird. In der Grenzstadt Windsor kommen wir auf die Schnellstraße und verfehlen glatt die Ausfahrt zur Brücke in die USA. Die Hinweisschilder sind aber auch verdammt winzig. Zum Glück bekomme ich bald mit, dass wir in die falsche Richtung fahren.

Die Einreisebeamten in die USA verhalten sich gewohnt rüpelhaft, ein kaugummikauender Zwanzigjähriger mit dunkler Sonnenbrille prüft unsere Papiere. Wegen des starken Slangs verstehen wir kein Wort, werden aber nicht unnötig aufgehalten. Anhand der Beschreibung im »Lonely Planet« finden wir das gebuchte Motel in einem ziemlich verfallenen Viertel von Detroit relativ schnell. Die Gegend macht einen verlassenen Eindruck. Im nahegelegenen Restaurant mit dem Namen »Soulfood« bekommen wir an der Theke gerade noch etwas zu essen, geschmortes Rindfleisch mit Kartoffelbrei und grünen Bohnen. Wir sind die einzigen Weißen im Lokal. Es ist dunkel, als wir aus dem Gebäude treten, und wir fühlen uns auf den leeren Straßen nicht gerade wohl. Hier ist es wirklich verdammt ruhig.

Am nächsten Morgen weist uns der hilfsbereite junge Mann an der Rezeption den Weg und druckt uns die Beschreibung auf Google Maps aus. Wir verfahren uns zur eigenen Verwunderung tatsächlich nur ganz kurz und finden locker zum Henry Ford Museum, dessen Ausstellung sich nicht nur auf Autos beschränkt. Besonders interessant ist das Material zu den Bürgerrechten. Es ist noch gar nicht so lange her, dass sich die schwarze Rosa Parks einen Platz im Bus erkämpfen musste oder Martin Luther King jun. umgebracht wurde.

Leider wird ein Großteil der Automobilausstellung während unseres Besuchs renoviert. Dennoch gibt es Wagen mit Geschichte zu sehen, wie beispielsweise die Lincoln-Limousine, in der J.F.K. erschossen wurde. Sofort sind wieder die körnigen Bilder des Super-Acht-Films da, die 1963 die Welt erschütterten: Sonnenschein, die Präsidentenlimousine, Jackie Kennedy in ihrem roséfarbenen Kostüm, Jubel, Fahnenschwingen. Der Inbegriff von Aufbruch – und dann diese Schüsse. Das Ende eines Traums.

Wir sehen auch die »Spirit of St. Louis«, mit der Lindberg das erste Mal den Atlantik überquerte, und Eisenbahnen mit der größten jemals gebauten Dampflok, der »Allegheny«.

Am Nachmittag laufen wir zum Detroit River und schauen hinüber auf das kanadische Windsor. Zu unserer Überraschung ist der Riverwalk, direkt vor dem halb verfallenen Viertel, in dem wir wohnen, recht gepflegt, eine Gruppe Detroiter trifft sich dort zur gemeinschaftlichen Gymnastik. Am Pier liegt ein historisches Riverboat. Vor dem GM-Gebäude mit seinem röhrenförmigen Verwaltungsgebäude plätschern viele kleine Fontänen, und ein beeindruckendes Denkmal erinnert an die Befreiung der Sklaven.

Weiter geht es auf der Interstate 75 Richtung Westen über Flint und nach Frankenmuth, eine von fränkischen evangelischen Missionaren gegründete Siedlung. Hier findet man alles, was Amis für typisch deutsch halten. Wir sehen uns im Ort um, besuchen das kleine Museum, das von der deutschen Geschichte des Ortes erzählt. Die Menschen, die hier leben, haben fast durchweg deutsche Namen, Deutsch spricht niemand. Wir »kehren ein«: essen im Biergarten des »Bavarian Inn« eine gewöhnungsbedürftige Bratwurst auf fürchterlich pappigem Brot mit Sauerkraut und amerikanischer Brezel, die mit »unserer« bayerischen Brez'n wenig zu tun hat.

Weiter geht es nach Lansing, nicht etwa das aus »Dahoam is dahoam«, der Vorabendserie im Bayerischen Rundfunk, sondern die Hauptstadt von Michigan. Es ist Feiertag, und die Stadt wirkt wie ausgestorben. Wie üblich verfahren wir uns und finden erst mit Hilfe eines zuvorkommenden Hot-Dog-Verkäufers die richtige Straße nach Grand Rapid. Ganz in der Nähe des Motels, in dem wir für die Nacht absteigen, gibt es doch tatsächlich einen ALDI. Das Bezahlsystem mit Strichcodes funktioniert wie in Deutschland, die Produkte aber sind durchweg amerikanischer Herkunft.

Unsere Weiterreise bringt uns auf dem Interstate 196 in das Städtchen Holland mit seinen hübschen Steinhäuschen. Ein aufmerksamer Herr um die achtzig mit niederländisch gefärbtem Englisch überschüttet uns mit Insidertipps, und wir steuern wie geraten den Grünen Markt mit einem riesigen Angebot an frischem Obst und Gemüse an. Hier tummeln sich gesundheitsbewusste Menschen, die sorgfältig aus dem üppigen Angebot der Farmer aus der Umgebung auswählen. Wir genehmigen uns ein Körbchen Kirschen und schauen anschließend in einen kleinen Park, in dem eine Hochzeitsgesellschaft für den Fotografen posiert: die Braut in Lila, Bräutigam und Herren im dunklen Anzug, die Damen in Rosa und die süßen Blumenmädchen in Weiß.

Bald darauf sind wir in Saugatuck, der kleinen Hafenstadt am Lake Michigan, Erholungsort für die Besserverdienenden. Es ist Kunstmarkt, und der Ort ist voller Leute der Mittel- und Oberschicht. Wir bemühen uns vergeblich um ein Quartier, wegen dem verlängerten Wochenende um den Independence Day ist alles ausgebucht. Also fahren wir auf dem malerischen Star Highway durch Laubwald weiter Richtung Süden, der Lake Michigan liegt im Dunst. Auch in der weiteren Umgebung sind alle Unterkünfte ausgebucht. Schließlich kommen wir auf der I-196 in den Staat Indiana. Vor Michigan City bekommen wir in einem Motel das letzte freie Zimmer zum überteuerten Preis. Vergeblich suche ich die vier umliegenden Tankstellen ab, bis ich erfahre, dass in Indiana an Tankstellen kein Bier aus der Kühlung verkauft werden darf, Wein seltsamerweise schon. In einem nahegelegenen Steakhouse laben wir uns an prächtigen Fleischstücken zu moderaten Preisen. Als wir Bier dazu bestellen, müssen wir beide unsere Personalausweise zücken, weil Alkohol nur an über 21-Jährige ausgeschenkt werden darf. Das liegt leider nicht daran, dass wir so gnadenlos jung aussehen. Der Ausweis wird bei jeder Alkoholbestellung kontrolliert, auch wenn du ausschaust wie ein hundertjähriger Lederapfel. Als wir endlich unser Bier haben, prosten Renate und ich einander zu. Jetzt beginnt unsere Reise auf der legendären Motherroad – ein Traum wird Wirklichkeit.

Auf der legendären Motherroad – quer durch die USA von Ost nach West von Chicago nach Santa Monica, 2011

»Du hast mich tausendmal betrogen …« Die Stimme von Andrea Berg ertönt aus dem Autoradio. Wir stecken im Stau und hören einen Sender, der einmal wöchentlich seichte deutsche Schlager bringt. Wegen der Feiertage rund um den Nationalfeiertag ist in Chicago die Hölle los, Autokolonnen drängen Richtung Zentrum. Nur gut, dass wir uns bei unserem Aufenthalt vor zwei Wochen schon orientiert haben, so finden wir problemlos den Beginn der Route 66. Es ist der 3. Juli 2011. Renate spielt Navi und dirigiert mich, wir fahren in unserem geliehenen Chevy Malibu flott stadtauswärts. Unser Plan ist, unterwegs nach Kalifornien so gut es irgendwie geht der alten Route 66 zu folgen, dem Highway, der einst den Osten mit dem Westen der USA verbunden hat. Die Amerikaner haben dieser Straße liebevoll den Namen »Motherroad« gegeben. Heutzutage verbinden Interstates (Autobahnen) das Land zwischen Atlantik und Pazifik. Oft ist es schwierig, den historischen Straßenverlauf zu finden.

Unsere erste Station auf der Route 66 ist die Kleinstadt Juliet. Wir schauen ins Visitor Center und unterhalten uns mit der überaus freundlichen Verkäuferin des Museumsladens, sie gibt uns eine Menge Tipps und Material mit auf den weiteren Weg. Hinter dem Städtchen Elwood liegt einer der ersten von Lincoln gegründeten Veteranenfriedhöfe, die es mittlerweile im ganzen Land gibt. Auf dem riesigen gepflegten Rasen liegen Veteranen, aber auch Angehörige. Der Platz ähnelt den Soldatenfriedhöfen, die wir von den großen europäischen Schlachtfeldern kennen, nur auf den ersten Blick. Hier liegen keine gefallenen Soldaten, sondern in der Heimat verstorbene Armeeangehörige. Dieser Ort ist kein Mahnmal, sondern Ausdruck des patriotischen Amerika.

Schließlich erreichen wir unseren Etappenort Dwight mit der Windmühle, die einst das Wasser aus 20 Meter Tiefe pumpte, an einer Straßenkreuzung steht eine historische Texaco-Tankstelle. Im Supermarkt daneben decken wir uns mit Verpflegung ein.

Zum Sonnenuntergang sitzen wir an dem schwülen Abend auf einer stählernen Sitzgruppe vor unserem Motel, lassen uns kühles Corona, das herbe mexikanische Bier, schmecken. Ringsum sind keine Nachbarn zu sehen, und ich bin bereits im Schlafanzug. Wir haben mächtigen Durst, und ich will aus dem Kühlschrank Nachschub holen. Die Chipkarte funktioniert nicht, und so muss ich im Nachtgewand hinüber zur Rezeption, dort wird die Karte neu programmiert. Kein Wunder, dass mich der freundliche junge Mann hinter dem Tresen erstaunt anblickt.

Der am Vortag gekaufte Joghurt entpuppt sich als Margarine, und wir lassen drei der vier Becher im Kühlschrank, als wir am nächsten Morgen unsere Reise fortsetzen. In Odell steht wieder eine der alten Tankstellen, die Standard Oil Gas Station. Ab hier heißt unsere Straße »Old Route 66«. Parallel verläuft immer wieder ein Stück der Vorgängerstraße, die für den Verkehr gesperrt ist, Grasbüchel wachsen aus brüchigem Asphalt.

In Pontiac irren wir eine Weile herum, bis wir den Weg zum Illinois Route 66 Hall of Fame & Museum mit einer riesigen Route-66-Wandmalerei und vielen Artefakten zu dieser einmaligen Straße finden. Bob Waldmire, ein Original, ist einst zunächst mit einem VW-Bus und später mit einem umgebauten Schulbus die Mother Road auf und ab gefahren. Die beiden Fahrzeuge, mit denen er unterwegs war, sind im Originalzustand ausgestellt und kurios eingerichtet: Unter anderem sollten lebensecht wirkende Plastikschlangen potentielle Diebe abhalten.

Wir fahren kreuz und quer durch den Ort, müssen wenden, weil ein ewig langer Güterzug beim Rangieren die Strecke immer wieder blockiert, bis wir den Weg zu den vier hölzernen Fußgängerbrücken finden.

Bei Lexington geht es dann doch ein Stückchen auf die holprige alte Route 66, die hier für den Verkehr freigegeben wurde. Im Dorf Funks Grove, 1825 vom Franken Isaak Funk gegründet, soll es den besten Ahornsirup weit und breit geben. Renate ist enttäuscht, weil der Laden geschlossen hat, eine ältere Dame hat uns zum Glück erspäht, öffnet den Laden und verkauft uns zwei Gläser von der köstlichen dicken Flüssigkeit. Ihre Herzlichkeit ist typisch für viele Begegnungen an der Mother Road. Amerika zeigt sich uns – auch – von seiner großzügigen Seite.

Die Straßen in Atlanta sind wegen des Nationalfeiertags von amerikanischen Fahnen gesäumt. In Broadwell suchen wir nach dem berühmten Pig Hip Restaurant, wo der ehemalige Besitzer Ernie schon immer Schwarze bediente – und das war in den Fünfzigern beileibe nicht gern gesehen. Die Kneipe ist 2007 abgebrannt. Heute erinnert nur ein großes Holzschild an den Wirt und Menschenfreund.

In einem kleinen Hotel in Springfield, der Hauptstadt von Illinois, bekommen wir ein schönes großes Zimmer. In Deutschland wäre es undenkbar, dass die oft kilometerlangen Güterzüge mitten durch die Innenstadt fahren, also quasi direkt an unserem Hotelzimmer vorbei.

Überall im Ort sind Feiern zum 4. Juli angesagt, und wir gehen zunächst zum Capitol, dort erklingt aus Lautsprechern klassische Musik. Nahezu alle Besucher haben ihre eigenen Stühle dabei. Das gigantische Feuerwerk vor sternklarem Himmel dauert fast eine halbe Stunde.

Am nächsten Tag wählen wir die alte Route aus den Jahren 1930 bis 1936 und werden vom Highway immer wieder auf Original-Abschnitte gelenkt. So geht es bei Auburn ein Stück über eine mit roten Ziegeln gedeckte Straße. Die alten Streckenabschnitte sind oft voller Schlaglöcher, Gras wächst aus den Ritzen, und außer uns scheint niemand unterwegs zu sein.

Hinter dem Städtchen Edwardsville kommt uns eine Beerdigungskolonne entgegen. Das vor uns fahrende Auto bleibt ohne Vorwarnung abrupt stehen, und ich kann nur durch ein gewagtes Ausweichmanöver einen Auffahrunfall vermeiden. In den USA muss man stehen bleiben, wenn einem ein Beerdigungszug begegnet, erfahre ich später aus unserem Reiseführer. Noch mal Glück gehabt!

In der Ortschaft Mitchell gibt es seit 1926 die urige Kneipe »Luna Cafe«, in der viele Souvenirs an die legendäre Route 66 erinnern. Wir unterhalten uns bei einem Glas Cola angeregt mit dem Wirt und einem Biker-Pärchen, der Vater des Jungen war als 17-jähriger GI in Deutschland. Er erzählt uns, die Bilder des zerstörten Berlins würden seinen Dad bis heute nicht loslassen.

Die Weiterfahrt führt über die Mississippibrücke. Im Missouri Info Center versorgen wir uns mit Kartenmaterial, und flott geht es nach St. Louis, Missouri. Unser Motel ist zentral und unweit des Landing Pier mit urigen Lokalen gelegen, dort kehren wir zur Happy Hour in einem kleinen Biergarten auf ein Budweiser ein, ein Bier, das hier in seiner Heimat gar nicht übel schmeckt. Wir spazieren zur riesigen Arch, dem

Wahrzeichen von St. Louis, und weiter zum Busch-Stadion, wo gerade das Baseball-Spiel St. Louis gegen Cincinnati stattfindet – ich glaube, die Regeln werde ich nie begreifen.

Natürlich darf eine Brauereibesichtigung bei Anheuser-Busch nicht fehlen. Die Brauerei hat unzählige Niederlassungen im ganzen Land und einen Marktanteil von fast 50 Prozent. Die Gründer kamen Mitte des 19. Jahrhunderts aus Deutschland in die Staaten – womöglich schmeckt mir mit dieser für mich neuen Erkenntnis das »Budweiser« deshalb hier so gut. In der Fabrik sind 13 Braumeister beschäftigt, die meisten wurden in Weihenstephan ausgebildet. Der Produktionsprozess findet automatisch und mit kaum sichtbarer menschlicher Beteiligung statt. Bei der Probe belassen wir es bei einem Gläschen, weil wir mit dem Auto unterwegs sind.

Es lässt mir keine Ruhe, dass wir am Vortag ein spezielles Wahrzeichen der Route 66 verpasst haben. So fahren wir durch marode Viertel nochmals hinüber nach Illinois. Auf Anhieb finden wir das Wahrzeichen: Die marode Chain of Old Road Bridge ist seit vielen Jahren für den Autoverkehr gesperrt. Es ist heiß wie in einem Backofen, und beim nachmittäglichen Marsch zum Arch, dem 192 Meter hohen Alu-Bogen, der die Ost-West-Verbindung symbolisiert, rinnt uns der Schweiß in Strömen von der Stirn. Die Wartezeit vor der Auffahrt überbrücken wir mit dem Besuch des Museums über die Besiedlung des Westens, das detailliert auf das Unrecht eingeht, das den Ureinwohnern geschehen ist. Auf Großleinwand sehen wir einen Film mit phantastischen Aufnahmen über Lewis und Clark, die mit ihrer aufreibenden Expedition Anfang des 19. Jahrhunderts erstmals den Kontinent durchquerten und dabei die Mississippi-Quellen fanden.

Mit der sogenannten Tram fahren wir schließlich in kleinen »Gondeln« rumpelnd hinauf zum Top. Durch kleine Fenster schauen wir auf die Stadt. Das Hochwasser, das vor einigen Wochen die Stadt heimgesucht hat, ist noch nicht völlig zurückgegangen, so dass die Riverboats noch nicht fahren. Vorbei am vollen Stadion, wo die St. Louis Cardinals immer noch gegen Cincinnati spielen, spazieren wir anschließend zum Blues-Lokal »The Bale on Broadway«. In der Dämmerung hat die Hitze des Tages nachgelassen. Bei einer Bratwurst vom Grill lauschen wir dem Bluesgitarristen Bob »Bumblebee« Kamoske. Erinnerungen an den großartigen schwarzen Blues-Gitarristen B. B. King, dessen Musik in den Fünfzigern aus jeder Jukebox klang, kommen in mir auf. St. Louis ist neben Chicago und Detroit DIE Blues-Stadt schlechthin. Ein Gewitter am Horizont hat lediglich mit Blitzen gedroht, und spätabends erreichen wir unser Quartier trockenen Hauptes.

Am nächsten Morgen müssen wir immer wieder nach dem Weg suchen. Die Route-66-Schilder sind in Missouri blau und nicht braun wie in Illinois und stehen immer wieder am Wegesrand, an wichtigen Abfahrten aber fehlen sie. Kaum sind wir wieder auf der Mother Road, erreichen wir die Ortschaft Cuba. Viele Häuser sind mit Bildern, sogenannten Murals, großflächig bemalt und zeigen Motive aus dem Bürgerkrieg, etliche beschäftigen sich auch mit der Geschichte des Automobils.

Bei St. James halten wir beim »Mule Trading Post«, einem riesigen Laden voller Kitsch. Ich probiere verschiedene Lederhüte, wir stoßen uns an der billigen Qualität, nehmen aber eine Baseball-Mütze mit, auf der die Streckenführung der Route 66 abgebildet ist. Nachdem wir die urige Totem Trading Post in Rolla, einen weiteren typischen Souvenirladen, hinter uns gelassen haben, treffen wir auf den Vorläufer der Interstate: Das Straßenbett besteht aus unregelmäßigen Betonquadern, die Fahrbahnen trennt eine schmale Grasnarbe. Es gibt keine Leitplanken. Kurios: Auf uns macht diese Straße den Eindruck, als hätte sie einst durch die DDR geführt. Die Landschaft hier in Missouri ist hügelig, und es wird Viehwirtschaft betrieben, wir passieren auch einige Weingüter. Wir biegen auf ein kleines Stück der alten Trasse ab, die hier wieder befahrbar ist, und wollen im angesagten »Elbow Inn«, einem Bikertreff, einkehren. Als wir die Kneipe betreten, schnauzt uns die Dame hinter dem Tresen an, weil wir auf dem gähnend leeren Parkplatz angeblich das Parken von Bikern behindern. Angefressen machen wir kehrt und fahren weiter über die alte Brücke aus der Jugendzeit des Highways. Eigentlich wollten wir heute nur bis in das Städtchen Lebanon, fahren aber weiter nach Springfield, das heißt zwar genauso wie die Hauptstadt von Illinois, liegt aber in Missouri. In einem Steaklokal bedient uns eine ungeheuer effiziente Bedienung, geboren wurde sie in Saigon.

In flotter Fahrt geht es nach einem Bypass nach Branson, dem selbsternannten »Live Entertainment Capital of the World«, zurück nach Springfield, und nun entdecken wir in der Innenstadt doch noch einige sehenswerte Steinhäuser, die meisten beherbergen heute Lokale. Interessant, dass hier mitten im Bible Belt eine riesige Moschee steht.

Wie in den vorangegangenen Tagen sehen wir auf der Weiterreise immer wieder überfahrene Wildtiere, vor allem Waschbären. Über uns kreisen Greifvögel. Wenn wir aus dem klimatisierten Straßenkreuzer steigen, schlägt uns die Hitze entgegen wie eine Wand. Die Luft steht, seit Wochen plagt eine Trockenperiode das Land. Je länger wir auf der Straße unterwegs sind, desto mehr wird sie selbst zum Ziel, das Unterwegssein als Programm. Die alten Straßenabschnitte zu finden ist wie ein Suchspiel, das Geduld erfordert, und merkwürdigerweise werden wir dabei immer gelassener, ja freudiger. Die »Mother Road« hat eben ihre eigene Zeit.

In Halltown ist der Whitehall Antik Shop mit Krimskrams

überfrachtet, über den sich allmählich eine dicke Staubschicht legt. Wir unterhalten uns mit der freundlichen Inhaberin über das Leben in der Kleinstadt. Das Gebäude stammt aus dem 19. Jahrhundert und war einst Geschäft und Post, erzählt uns die Dame in den Sechzigern mit dem gebleichten Haar und der Lesebrille auf der Nase.

Wenige Meilen später halten wir an der hübsch hergerichteten Sinclair-Tankstelle aus den Zwanzigern und treffen erstmals auf Europäer, nämlich Franzosen. Der Besitzer Gary Turner, ein beleibter Herr mit Backenbart und quietschfidelen Augen, die unter einer Route-66-Baseballcap hervorlugen, genießt hier sein Rentnerdasein und hat sich dem Geist der Straße verschrieben. Der Mann ist eine wahre Enzyklopädie, was die Geschichte der Motherroad anbelangt.

Die Ortschaften, die wir nun durchfahren, machen häufig einen beklemmend ärmlichen Eindruck. Bei Carthage tanken wir bei einer Tankstelle, vor der eine lustige Installation steht, nämlich ein »fliegendes Auto«. Das Modell aus der Zeit vor dem Ersten Weltkrieg wurde in ein Doppeldeckerflugzeug integriert. Vor Joplin kommen wir wieder auf die Originaltrasse der Route 66. Im Ort selbst passieren wir die Schneise, wo der Tornado vor einigen Wochen fürchterliches Chaos hinterlassen hat. Zerstörte Häuser, umgestürzte Telefonkabinen, es sieht aus wie nach einem Bombenangriff.

Wieder einmal verlassen wir die Mother Road, weil wir in Arkansas zu einem Bullride wollen.

Durch eintönige Landschaft geht es am nächsten Tag flott zurück nach Joplin, dort finden wir problemlos den Wiedereinstieg in die Route 66. Wir kommen uns vor wie in einer riesigen, weit verstreuten Geisterstadt, in der jede Kreuzung mit ihren Motels, Supermärkten und Tankstellen gleich aussieht. Schließlich beginnt unser Kurztrip durch Kansas, dem dritten Staat an der Route 66, die allerdings nur wenige Meilen durch das Land führt. Der Ort Galena mit seiner typischen US-Kleinstadtarchitektur wirkt traurig und verlassen. Vor dem »Galena Mining and Historical Museum« steht nicht nur eine alte Rangierlok, sondern auch ein Panzer. Das Museum ist leider geschlossen, schade, denn wir hätten gerne für unseren Andi, einen absoluten Fan von Schuhen, die alte Schuhputzmaschine fotografiert, die wir schemenhaft durch das Fenster erkennen. Auch das Städtchen Riverton mit dem »Eisler Brother's Riverton Store«, einem dieser Souvenirläden am Straßenrand, macht einen verlassenen Eindruck. Das Historische Museum Baxter Springs ist ebenfalls geschlossen, so dass wir in Kansas eigentlich gar nichts über die Route 66 erfahren, und dann sind wir schon in Oklahoma.

Das satte Grün von Missouri ist dahin, das Gras ist braun, abgesehen von einigen grünen Stellen um kleine Teiche, auf denen Rinder grasen. Farmer mussten ihre Rinder zwangsverkaufen, schwache Tiere gehen in der Dürre ein. Viele Tankstellen sind geschlossen und verfallen zusehends. Die Route-66-Ausstellung im Coleman Theater mit prächtiger Fassade im Ort Miami ist auch geschlossen. Unvorstellbar, dass vor nicht allzu langer Zeit die 1500 Zuschauerplätze ausgebucht waren und Stars wie Frank Sinatra hier auftraten. Auch im sterbenden Ort Afton ist vom reichen Amerika nichts zu spüren. Viele Häuser sind verlassen, in einigen Vorgärten sind Spielsachen verteilt – als wären die Bewohner von einem kleinen Spaziergang nicht heimgekehrt.

Zu unserer Überraschung gibt es in den beiden Garagen von »Approved Packard Service« etliche Edellimousinen zu sehen. Das freundliche Besitzerehepaar erzählt uns, dass sich durch Überalterung und Landflucht wegen der oft jahrelang anhaltenden Trockenperioden mehr und mehr Dörfer in

»Ghost Towns« verwandelt hätten. Die Menschen ziehen in die großen Metropolen. In manchen Countys betrug der Bevölkerungsrückgang in den letzten 60 Jahren bis zu 50 Prozent.

Wieder einmal nehmen wir die falsche Richtung und manövrieren über Schotterstraßen zurück zur Route 66, die wir in White Oak wieder erreichen. Wir sind ja im Bible Belt, und Kirchen der verschiedensten Glaubensrichtungen machen mit riesigen Reklametafeln auf sich aufmerksam. »God bless USA«, liest Renate mit Befremden in der Stimme. »Und der Rest der Welt?«

Wir fahren über die rustikale Twin Bridge, die den Verdigris River überquert, und treffen vor Cartosa am verlassenen Blue Whale Swimming Pool drei kanadische Biker mit deutschen Wurzeln. Von ihnen erfahren wir, dass die wenigsten Motorradfahrer die gesamte Route 66 befahren, sondern in der Regel von der Interstate aus nur die interessantesten Etappen nehmen.

Der eine, ein sonnengebräunter, kräftiger Junge, schmunzelt: »Wir Harley-Fahrer würden bei dem Gerüttel auf der schlechten Straße ohnehin nicht aus dem Schrauben an unseren Maschinen herauskommen.«

In Tulsa übersehen wir wieder einen Wegweiser, machen einen kleinen Umweg und kommen schließlich zu einem ordentlichen Motel mit einer liebenswerten jungen runden Mexikanerin als Rezeptionistin. Im Zimmer vor dem kleinen Pool ist es angenehm kühl. Draußen bläst ein trockener heißer Wind. Wir laufen ein kurzes Stück zu einem Supermarkt und meinen, wir sind in Mexiko: In den Regalen stapeln sich Einweckgläser mit mexikanischen Fertiggerichten. In großen Körben liegen große, kleine, runde, längliche, grüne, rote Chilischoten.

Auch in Tulsa verlieren wir am nächsten Morgen die Beschilderung, behalten aber die Nerven und sehen so wenigstens etwas von der Stadt mit ihren Hochhäusern in Downtown. Am Ortsausgang steht eine wunderbar hergerichtete alte Dampflok vor einem Ölturm.

In der Kleinstadt Sapulpa finden wir das Stück alter Route 66 mit der Brücke über den Rock Creek und folgen ihr circa drei Meilen auf schlechtem Belag mit vielen Schlaglöchern. Die Weiterreise führt teilweise durch Laubwald, dessen Blätter noch erstaunlich grün sind, die Weiden werden allerdings von der Hitze allmählich braun, Rinder drängen sich im Schatten um kleine Wasserlöcher. Die Temperatur steigt nun deutlich über 40 Grad. In dem Wildwest-Nest Bristow essen wir bei einem Mexikaner, beschließen, uns künftig die Riesenportionen zu teilen, und lassen erstmals die Reste der Hühnerbrust in einen »Doggybag« packen.

Die Hauptstraße durch die Ortschaft Stroud ist ein Relikt der alten Route 66 aus dem Jahre 1939, und die mit Steinen gepflasterte Straße wird hervorragend instand gehalten. Unter den vielen Souvenirs, die hier ausgestellt sind, ist auch eine Route-66-Tafel zu sehen, die ein Stammgast auf einem Flohmarkt in Spanien gekauft hat! Der Ort Davenport mit seinen historischen Backsteinhäusern, auf denen großflächige Murals zu sehen sind, ist wie so viele Kleinstädte menschenleer, wartet aber mit dem für diese Gegend ungewöhnlichen Slogan »Drug and Gun-free« auf. Auf einem der Murals ist der »Land-Run« von 1891 zu sehen, als Abertausende Einwanderer innerhalb eines Tages ihr Stück Land absteckten. Im Laufe der Jahrzehnte wurden diese Menschen von rücksichtslosen Großgrundbesitzern ihres kleinen Wohlstands beraubt, so dass wir heutzutage nur noch auf riesige Farmen treffen.

Schließlich kommen wir nach Chandler und übernachten in einem Bungalow des 1939 erbauten Lincoln Motels, das wie so viele andere von Indern betrieben wird. Wir wollen »Bergfest« feiern, weil unsere Nordamerikareise ab dem nächsten Tag in die zweite Halbzeit geht, und suchen nach einer Kneipe, finden schließlich ein Lokal, teilen uns ein 16-Oz.-Ribeye-Steak. Bier gibt es wegen fehlender Lizenz keines. Im Motel genehmigen wir uns noch einen Whisky on the Rocks – so kann es weitergehen.

Der erste Stopp am nächsten Morgen ist das »Route 66 Interpretive Center«, ein mächtiger roter Backsteinbau, einst Waffenarsenal der Nationalgarde. Nächster Halt ist die Ortschaft Arcadia mit einer riesigen runden Scheune, für amerikanische Verhältnisse uralt, wurde sie doch am Ende des 19. Jahrhunderts errichtet. Die Dorfgemeinschaft hat den vom Verfall bedrohten »Round Barn« vor einigen Jahren aufwändig restauriert, und die Scheune dient nun auch als Veranstaltungsraum, im Grunde ist sie vor allem ein großer Souvenirladen. Wir finden ein Nummernschild mit dem Verlauf der Route 66, das noch Jahre später in meinem Arbeitszimmer an der Wand hängen wird.

Wieder »on the road«, ziehen schwarze Wolken auf, Blitze zucken. Vor Oklahoma City beginnt es zu schütten, und wir warten den ärgsten Wolkenbruch, der unser Auto blitzsauber wäscht, bei der Tourist-Info am Ortseingang ab. Nach dem Regen sind die Temperaturen auf ein erträgliches Niveau gesunken. Zum Glück finden wir schnell eine Übernachtungsmöglichkeit in einem nahegelegenen Motel.

Im Gegensatz zu uns, die wir uns einen Platz im kleinen Frühstücksraum suchen, schleppen die amerikanischen Gäste ihr Breakfast ins Zimmer. Ein schwerer Mann kommt fünf Mal zurück und klemmt sich jedes Mal einen Stapel Toasts unter den Arm. Wir beschließen, unsere Sachen zu packen und nach der Stadtrundfahrt eine neue Unterkunft in der Nähe der Ortsausfahrt zu suchen.

Oklahoma City ist von der Ausdehnung her eine der größten Städte der USA. Erstes Ziel hier ist das »Cowboy und Western Museum«, untergebracht in einem weitläufigen Bauensemble. Unter anderem ist eine kleine Westernstadt in der Abendstimmung nachgebaut. Auch den Indianern ist ein kleiner Bereich gewidmet, allerdings ohne mit einem Wort auf den »Trail of Tears« einzugehen, bei dem fünf Indianerstämme aus ihren angestammten Gebieten vertrieben und in unwirtliche Gebiete Oklahomas eskortiert wurden. Auf dem Treck starben Tausende – ein dunkles Kapitel US-amerikanischer Geschichte. Auch die Westerndarsteller aus der Traumfabrik Hollywood sind in einer eigenen Abteilung mit Fotos und Skulpturen vertreten.

Ein Sicherheitsmann erklärt uns den Weg zum »Oklahoma National Memorial«. Heute stehen da, wo sich einst das Regierungsgebäude erhob, 168 Stühle auf einem grünen Rasen vor einer Betonmauer. Jeder leere Platz steht für einen Menschen, der hier sein Leben ließ. 19 Stühle sind kleiner als die anderen. Symbol der Leerstellen, die der gewaltsame Tod von Kindern hinterlassen hat. In den Morgenstunden des 19. April 1995, genau um 9:01 Uhr, wurde das »Alfred P. Murrah Federal Building«, ein Regierungsgebäude, von einem mit Sprengstoff beladenen LKW in die Luft gesprengt. Haupttäter war Timothy McVeigh mit zwei Mittätern, Anhänger der sogenannten »Michigan-Miliz«, einer regierungsfeindlichen bewaffneten Vereinigung, die mit der »Christian Identity«, die die nordische »Rasse« als »auserwähltes Volk« betrachtet, in Verbindung gebracht wird. McVeigh wurde hingerichtet. In seinem Abschiedsbrief stand, er wäre der Sieger (168:1), heute das Symbol der rechtsradikalen amerikanischen Szene.

Wir machen uns auf den Weg zu den Motels im Süden der Stadt, passieren dabei das Capitol, vor dem ein Miniatur-

Bohrturm steht, Symbol des Ölreichtums im Staate. Abends fahren wir in das gut drei Meilen entfernte Stockyard City, einst Sammelpunkt der Rinderherden auf dem Weg in die Schlachthäuser von Chicago, immer noch eine filmreife Westernstadt, die allerdings ziemlich verlassen wirkt. Wir warten im »Cattleman« auf einen freien Tisch und überbrücken die Zeit mit einem »Manhattan Cocktail«. Die riesige Kneipe scheint eine Insideradresse zu sein, sie ist bummvoll. Das T-Bone-Steak ist eine Wucht und für unsere Verhältnisse spottbillig, dazu genehmigen wir uns ein Glas Merlot. Dem Ober erzähle ich, dass ich 1973 das erste Mal in den USA war. Er versteht »1933« und klopft mir anerkennend auf die Schulter »You're looking good, man.« Demnach wäre ich jetzt 110 Jahre alt.

Bei der Weiterfahrt sehen wir am Straßenrand immer wieder Anti-Obama-Plakate, die ihn als Lügner und Fehlbesetzung bezeichnen. Wir passieren in der von der mörderischen Dürre ausgetrockneten Landschaft Ölbohrungen und Schrotthalden. Schwarze Angus-Rinder suchen Schatten. Um die Cherokee-Shell-Tankstelle auf einem Plateau sind Plastiken mit Indianern und Büffeln aufgestellt, eine riesige bemalte Wand zeigt Wildwestmotive. Irgendwann verliere ich total die Orientierung und wir kommen weit von der Strecke ab, suchen uns schließlich von Norden her den Weg nach Clinton.

Es ist heiß, und wir sind hungrig, haben so eine Art Route-66-Koller, der sich aber auf der Weiterfahrt nach Elk City legt.

Im Städtchen Sayre finden wir nach langer Suche das Beckham County Courthouse mit seiner Kuppel aus dem Jahre 1909, einst einer der Drehorte für »Früchte des Zorns«, die großartige Steinbeck-Adaption. Der Schriftsteller wird für mich immer die Stimme der »kleinen Leute« bleiben –

ein Vertreter jenes großzügigen Amerikas, das auch die Gestrandeten sieht, all jene, die nicht am »American Way of Life« teilhaben. In »The Grapes of Wrath« erzählt Steinbeck vom Schicksal von Hunderttausenden Farmern, die in den 1930er Jahren durch die große Depression und Dürrejahre hoch verschuldet waren, von Grundbesitzern vertrieben wurden und auf dem »Großen Treck« über die Route 66 nach Kalifornien zogen. Dort erwartete sie Ausbeutung und Anfeindung statt des erhofften anständigen Auskommens. Noch heute tauchen auf der alten Trasse immer wieder Spuren eines überstürzten Aufbruchs auf: Häuser, die seit einem halben Jahrhundert leer stehen. Die Motherroad selbst ist inzwischen ein Stück Geschichte geworden.

Die Ortschaften entlang der Straße wirken trist, verfallen und verlassen. Von dem Route-66-Museum in Erick ist nur noch ein verrosteter Kleinbus übrig, an der Straße durch den Ort reihen sich Motel-Ruinen. Irgendwann überschreiten wir die State Line nach Texas und kommen in eine endlos scheinende Ebene, das Vieh muss sich Futter auf dürren, braunen Weiden suchen. Auch der Ort Shamrock wirkt wie eine Geisterstadt, die Tankstellen verrotten, überall stehen verrostete Autos herum. Das berühmte »U-Drop Inn Café« in einer ehemaligen Tankstelle, eines der Wahrzeichen an der Route 66, ist geschlossen.

In dem Nest McLean treffen wir auf das »Devil's Rope«, zu unserer Überraschung ein außergewöhnliches Museum. »Teufelsleine« wurde der Stacheldraht von den Indianern genannt, erfahren wir, weil durch die Zäune der Viehweiden ihre Bewegungsfreiheit eingeschränkt wurde. In der Nähe war ein großes Lager für deutsche Kriegsgefangene, auch sie waren hinter Stacheldraht gesperrt. Erschütternde Fotos zeugen auch hier von dem großen Zug nach Westen. Ein Abstecher führt auf die Interstate zu einem Picknickplatz mit einem riesigen Betonklotz, der zugleich als Schutzraum gegen Tornados dient. In Groom steht ein 58 Meter hohes aluminumfarbenes Metallkreuz, umgeben vom Kreuzweg mit Kalvarienberg, eigenartig wirkt auf uns, dass der Helm eines der römischen Legionäre, die Jesus peinigen, mit der Federkrone eines Indianerhäuptlings geschmückt ist. Eine kleine Messingtafel verrät, dass diese »Reklame für Jesus« 1995 von einem gewissen Steve Thomas gestiftet wurde, der sich angeblich über die vielen pornografischen Anzeigetafeln entlang der Interstate geärgert hatte und dem Teufelszeug christliche Symbolik gegenüberstellen wollte. Pornoreklame haben wir hier im Bible Belt nicht gesehen. Allerdings weisen Reklameschilder an der Interstate auf die »Big Texas Steak Ranch« hin, dort brauchst du ein 72-Oz.-Steak mit Beilagen nicht zu bezahlen, wenn du es innerhalb einer Stunde aufisst. Sonst kostet es 50 Dollar.

Schließlich erreichen wir Amarillo, unser Tagesziel. Wir fahren durch die weitläufige, stellenweise wie ausgestorben wirkende Stadt und schauen kurz am riesigen Viehmarktgelände vorbei, wo zwei- bis dreimal pro Woche Auktionen stattfinden. Gleich neben unserer Unterkunft liegt das »Outback Steakhouse«. Das Steak ist wie immer hier in Texas zart, auf den Punkt gebraten und preiswert, auch die Flasche Rotwein ist erschwinglich.

Am nächsten Tag erreichen wir die »Cadillac Ranch«, wo zehn Straßenkreuzer in den sandigen Boden eingegraben sind und mit Graffiti besprüht werden, auch Renate beteiligt sich an der Aktion. Auf der Weiterreise ist die Gegend flach und wirkt wie ausgebrannt, eigentlich sollten hier große Mais- und Sonnenblumenfelder sein, das Saatgut ist der Sonne zum Opfer gefallen. Die wenigen Rinder finden nirgendwo Schatten, es gibt weder Bäume noch Sträucher. Von den vielen Windrädern sind nur wenige in Betrieb. Bei

Adrian erreichen wir den »Mid Point Route 66«. Wir sollten von Chicago 1139 Meilen, also 1800 km gefahren sein, bringen es aber bedingt durch etliche Umwege, die wir beim Suchen nach der Originalroute gefahren sind, und natürlich durch die Abstecher nach Springdale zum Rodeo und in die Country- und Western-Stadt Branson auf stattliche 3000 km. Im liebevoll hergerichteten »Midpoint Café« trinken wir eine Cola Light. Ein Biker lässt Renate auf seiner Harley posieren.

Die Route 66 endet urplötzlich, und wir müssen auf einem Schleichweg auf die Interstate. Ein Abstecher bringt uns nach Glenrio, die Stadt des Jammers, ein völlig verkommener, toter Ort voller Bauruinen direkt an der Grenze nach New Mexico. Wir erreichen eine andere Zeitzone, die Uhr wird eine Stunde zurückgestellt. Im Willkommens-Center unterhalten wir uns mit einem leutseligen holländischen Paar mit zwei kleinen Kindern, sie haben indische Wurzeln, kommen ursprünglich aus Surinam und wundern sich, dass ich auf Anhieb ihre Herkunft errate. Allmählich wandelt sich die Landschaft, die braune Erde ist immer wieder von Buschwerk durchsetzt. Unser Etappenziel ist Santa Rosa, ein Straßendorf mit etlichen Motels der verschiedensten Preisklassen, manche machen einen äußerst heruntergekommenen Eindruck. Unsere Wahl fällt auf »Super 8«, wo wir ein einwandfreies Zimmer mit Seniorennachlass bekommen.

In der Umgebung von Santa Rosa hat einst der Revolverheld Billy the Kid sein Unwesen getrieben. Ein kurzer Abstecher führt zur Blue Hole, einer artesischen Quelle mit glasklarem Wasser, etliche Taucher treiben sich darin herum. Wir passieren die Eisenbahnbrücke, die im Film »Früchte des Zorns« zu einem Symbol des »Großen Trecks« geworden ist. Die hervorragende, aber so gut wie leere Straße führt kerzengerade durch hügelige Sträucherlandschaft aus Gehölz und

Zedern. Allmählich wird die Gegend waldreicher. Bei Pecos steht vor einer kleinen Kirche »Pray for Rain«. Immer wieder passieren wir Kreuze, die an tödlich Verunglückte erinnern.

Die Straße in die Innenstadt von Santa Fe führt an vielen Tankstellen, Autowerkstätten, Autoverkaufsstellen vorbei. Die Wohnhäuser sind aus Lehm erbaut. Wir parken am ausgetrockneten Santa-Fe-Flüsschen und spazieren zur parkähnlich angelegten Plaza, essen dort auf einer Bank Chili-Hot-Dogs und ärgern uns über den Batz, der uns durch die Finger läuft, mein Bart färbt sich rot. Bei der Tourist-Info unterhalten wir uns mit Mutter und Tochter, die dort für Auskünfte zur Verfügung stehen. Die freundliche ältere Dame heißt Kastner, hat eine Zeitlang in München gelebt und scheint Jüdin zu sein. Wir besuchen die edle Galerie von »Webster Collection« mit Fotos von Frida Kahlo.

Nach einem Besuch in der Basilika St. Francis geht es weiter in Richtung Albuquerque, bei Bernalillo passieren wir eine Baumschule mit Namen »Tannenbaum«. In Albuquerque finden wir wieder ein ordentliches Motel und freuen uns über das saubere Zimmer. Am Spätnachmittag laufen wir Richtung Downtown und suchen vergeblich nach der »Old City«. Später stelle ich fest, dass diese zwei Meilen weiter liegt. Wir heben uns den Besuch für den nächsten Tag auf und lassen uns in einem Open-Air-Lokal nieder. In der Gasse dahinter treibt sich unangenehmes Volk herum. Ein junger Weißer zieht in einer Auseinandersetzung mit einem Schwarzen plötzlich ein Messer, die Polizei taucht auf, Renate nimmt meine Hand. Motorräder und große Ami-Schlitten rasen durch den Ort, offenbar ein Teenagervergnügen. Nachts drehen wir mit dem Auto eine Runde durch die Motel-Meile, um Fotos von der gleißenden Neon-Reklamewelt zu machen, die den Vorort in gespenstisch kühles Licht taucht.

Am nächsten Morgen haben wir vom Nine Mile Hill

nochmals einen prächtigen Blick auf die weit ausladende Stadt mit den Bergen, die aus der flimmernden Luft aus dem Dunst im Hintergrund auftauchen. Über den Rio Puerco führt eine bogenförmige Stahlbrücke von 1933, Bestandteil der alten Route 66. Bei Mesita erreichen wir Indianerland, eine rote Landschaft aus bizarren Felsformationen. Hier leben die Navajos. Kilometerlange Güterzüge ziehen ihren Weg, ab und zu ertönt markerschütterndes Tuten. Villa Cubero, einst eine Kleinstadt mit 1000 Einwohnern, besteht nur noch aus Ruinen. In einem der nun verfallenen Motels soll einst Ernest Hemingway seinen Roman »Der alte Mann und das Meer« geschrieben haben. Wir sind mutterseelenallein auf der Strecke. Auch in dem Nest Grants sind etliche Motels verlassen. Im »El Cafecito« essen wir scharfes Chili und Salat. Die junge Frau an der Kasse war schon in Deutschland und verdreht schwärmerisch die Augen, als wir ihr erzählen, dass wir aus München sind.

Nach ein paar Meilen auf der Straße halten wir an der kontinentalen Wasserscheide, die auf 2217 Meter Höhe liegt. Auf unserer Reise auf den Spuren der Motherroad haben wir überhaupt nicht gemerkt, dass wir an die 2000 Höhenmeter bezwungen haben. Ein stahlblauer Himmel mit weißen Wolkenballen steht über roter Karstlandschaft. Im sogenannten Indianer-Laden gibt es nur Kitsch zu kaufen – »Made in China«. Als wir das Radio aufdrehen, kommt bei mir Gänsehautfeeling auf, wir haben einen indianischen Sender gefunden, die Sprache der Navajos ertönt, rhythmische Gesänge klingen aus dem Lautsprecher. Vor meinem inneren Auge sehe ich Prärieindianer um ein großes Feuer tanzen, Kindheitsträume.

Es ist nicht mehr weit bis zu unserem Tagesziel, der Kleinstadt Gallup. Wir wollen unbedingt im »El Rancho« absteigen, dem »Home of the Stars«. In dem 1937 gebauten Hotel haben so gut wie alle Westernstars von John Wayne bis Robert Mitchum, aber auch Humphrey Bogart und Catherine Hepburn gewohnt und sich in der Hotelhalle mit ihren Autogrammen verewigt. Im dazugehörigen Motel sind wir von der mehr als einfachen Ausstattung enttäuscht, und als wir uns mit der freundlichen Dame an der Rezeption darüber unterhalten, gibt sie uns ein Super-Upgrade für ein Zimmer im Hotel mit Blick auf den kleinen Pool.

Verglichen mit den meisten Motelunterkünften ist das Zimmer eher bescheiden, das Haus ist eben ein alter Schuppen, und es gibt nicht mal eine Kaffeemaschine im Zimmer. Das entpuppt sich aber im Nachhinein als Plus, da wir bei »Glenn's Bakery«, einer sogenannten Route-66-Bäckerei, halten, dort bekommen wir einen vernünftigen Kaffee, dazu wunderbare Zimtschnecken.

Begleitet von Indianermusik fahren wir am nächsten Morgen durch karstige Berglandschaft parallel zur Interstate und erreichen hinter Manuello die Grenze nach Arizona. Das Welcome Center liegt am Rande einer spektakulären Felsformation, vor der gescheckte Ponys weiden, es könnte eine Szene aus einem Western sein. Die Route 66 folgt teilweise auf Schotterstraße dem Verlauf der Interstate, die wir manchmal weit links liegen lassen. Auf einer schmalen Brücke überqueren wir den bizarren Querino Canyon und kommen zum Pertified Forest, dem versteinerten Wald. Vor etwa 215 Millionen Jahren war das Gebiet von dichtem Wald bedeckt. Umgestürzte Bäume wurden von Fluten unter Schlamm und Schlick begraben. Quarz lagerte sich in den Hohlräumen der Stämme ein, ersetzte nach und nach das Zellgewebe und erhielt so die Holzstrukturen der Stämme in Stein. In einem weiten Terrain liegen die versteinerten Bäume verstreut in karstiger Landschaft. Zu meiner Verwunderung gibt es kaum vollständige Stämme zu sehen, in der Vergangenheit scheinen sie zersägt und auf dem Souvenirmarkt verhökert worden zu sein. Heutzutage ist es streng verboten, den kleinsten Stein aufzuheben und mitzunehmen.

Wir verlassen den Park und suchen uns in Holbrook ein Motel. Vor dem historischen Rathaus sollen angeblich Indianertänze vorgeführt werden. Nach einigem Warten treten Kinder in Phantasiekostümen auf, uns schwant, dass sie keine Ahnung haben, wie Indianer wirklich tanzen. Nur die Musik aus dem Lautsprecher klingt authentisch.

Vor uns liegt erneut ein Abstecher: Wir wollen zum Canyon de Chelly und zum Monument Valley in Utah. Unser Plan ist, die gesamte historische Route 66 abzufahren. Also bleibt uns nichts anderes übrig, als die Etappe nach Flagstaff und zurück an einem Tag zu absolvieren, weil wir vom Monument Valley direkt nach Flagstaff fahren werden.

Am nächsten Tag heißt es also frühmorgens aufstehen. Gleich am Ortsausgang liegt vor dem Souvenirladen »Geronimos Trading Post« ein mächtiger versteinerter Baum, neben dem üblichen Kitsch werden hochwertige Arbeiten aus versteinertem Holz angeboten. Der Ort Winslow überrascht, denn neben verfallenen Tankstellen und Motels treffen wir auf einige nette frisch gestrichene Häuschen hinter blühenden Gärten. Ein kleiner Abstecher führt zum Meteor Crater, einem der größten, zumindest dem besterhaltenen auf unserem Planeten. Vor 50 000 Jahren ist ein metallener Meteor mit wohl 45 m Durchmesser mit einer Geschwindigkeit von 18 000 km/sec. hier eingeschlagen und hat einen Krater mit einem Umfang von 1200 Metern hinterlassen. Bis Ende des 19. Jahrhunderts hielt man ihn für einen erloschenen Vulkan. Dann entdeckten Forscher Meteoritenteile, der größte Brocken ist ausgestellt und wiegt an die 1500 kg. Wegen der mondähnlichen Landschaft haben die US-Mondastronauten hier ihr Training absolviert.

Auf der Weiterfahrt stoßen wir auf ein kleines Stück der alten Trasse, halten in Two Guns mit einer verfallenen Tankstelle und den Resten eines Campingplatzes. Das Gelände ist für den Zugang gesperrt. Im Städtchen Winona sind wir wieder einmal überrascht, dass wir neben verfallenen Gebäuden eine kleine malerische Häuserzeile vorfinden. Kurz darauf kommen wir zu einer gesperrten Stahlbrücke, wo einst Szenen für den Kassenschlager »Forrest Gump« gedreht wurden – auch das ein Film über das Unterwegssein. In Flagstaff parken wir das Auto vor dem Bahnhof. Renate ist nun das dritte und ich das fünfte Mal hier, aber wir waren immer nur auf der Durchreise zum Grand Canyon. Nun haben wir Gelegenheit, ein wenig durch den schmuck herausgeputzten historischen Teil der Altstadt zu flanieren.

Auf der Interstate geht es flott zurück nach Holbrook. Vor uns steht eine Gewitterwand, Blitze schießen ihre Zickzack-Pfeile bedrohlich zu Boden. Es beginnt auf die trockene Fahrbahn zu tröpfeln. Von der gegenüberliegenden Fahrbahn wirbeln Wasserfontänen auf, links von uns liegt ein Regenvorhang, und nach einer Weile werden auch wir vom Wolkenbruch getroffen. Der heftige Schauer wäscht unser Auto. Als wir nach knapp 100 weiteren Meilen in Holbrook ankommen, ist es wieder trocken. Dort kommen wir von der Interstate in die Stadt und passieren zu unserer Überraschung das Wigwam Motel, nach dem wir bereits gesucht hatten. Die Zimmer sind in nachgebildeten Indianer-Tipis untergebracht, vor jedem steht ein alter Straßenkreuzer. Wir lassen uns vom Wetterleuchten nicht beeindrucken und spazieren zum alten Rathaus, wieder tanzen die Indianer, diesmal vor einem größeren Publikum. Heute sind einige Navajo-kostümierte Erwachsene unter den Tänzern.

In der Route-66-Kneipe »Joe and Aggie's« bedient uns ein junger Mann ausnehmend freundlich, am Nachbartisch sitzt ein Paar aus dem italienischen Como. Spezialität der Küche ist »Apple Burrito a la mode«, ein köstlicher Apfelstrudel.

Nach unserem Abstecher nach Utah stoßen wir bei Flagstaff wieder auf die Route 66, lenken den Wagen auf Schotterstraße und einem kurzen Stück altem Betonbelag durch grüne Waldlandschaft, die ein bisschen an den Schwarzwald erinnert. Eine Hinweistafel signalisiert, dass wir die Höhe von 2233 Metern erreicht haben, den höchsten Punkt der Motherroad. Wir fahren nur bis Williams, insgesamt also lediglich um die 180 Meilen. Williams ist Ausgangspunkt für die Bahnfahrt zum Grand Canyon, das bunte Städtchen ist voller Touristen. Zum Gaudium der Urlauber wird auf der Straße eine Schießerei nachgestellt.

Für die nächsten 158 Meilen führt unser Weg über die Originaltrasse der alten Route 66. In Ash Fork finden wir den Friseursalon mit dem DeSoto-Chrysler auf dem Dach, den wir eigentlich am Tag zuvor in Williams vermutet hatten. In Seligman ist unerwartet die Hölle los. Hier werden ganze Busladungen abgekippt, auch das »Rollende Hotel« aus dem niederbayerischen Tittling, der Bus mit den engen Schlafkabinen im Anhänger, spaßeshalber Schneewittchensärge genannt, ist darunter. Als 1984 die Interstate gebaut wurde und die alte Route 66 von der Bildfläche verschwinden sollte, setzte sich der hier ansässige Friseur Angel Delgadillo für die Erhaltung der Sehenswürdigkeiten an der Straße ein, legte den Grundstein dafür, dass noch heute viele Streckenabschnitte instand gehalten werden. Der Ort ist ein einziges Route-66-Museum. Im »Snow Cape Drive-in« gibt es Eis und gute Laune, vor dem Laden hängt ein Schild »Sorry, we are open«. Am Eingang eines Giftshops steht ein Pappkameraden-James-Dean. Das »Westside Lilo's Café« wirbt mit dem Slogan »Welcome German & American Food« unter den Flaggen der beiden Länder. Die Besitzerin ist vor Jahrzehnten von Wiesbaden ausgewandert und sorgt dafür, dass nach wie vor authentisches deutsches Essen auf den Tisch kommt. Irgendwann werde ich in einem Reiseblog lesen, dass sie ein Jahr nach unserem Besuch gestorben ist, schade, wieder ein Original weniger an der Motherroad.

In Hackberry halten wir beim »General Store«, einem Laden voller Trödel, darunter eine lebensgroße Elvis-Figur vor einer Jukebox. Etappenziel ist Kingman, selbsternanntes »Heart of Historic Route 66«, und wieder einmal zieht sich der Ort mit seinen gesichtslosen Tankstellen, Motels und Autoreparaturwerkstätten über Meilen dahin, bis wir zu den wenigen Sehenswürdigkeiten mit der alten Pumpstation kommen. Der bonbonfarbene »Mr. D'z Diner« ist liebevoll in Pink und Türkis gestaltet und so eingerichtet, wie wir uns ein typisches nordamerikanisches Lokal aus den Dreißigern vorstellen. »Diner« waren ursprünglich ausrangierte Eisenbahn-Speisewagen (Dining Cars). Am Spätnachmittag spazieren wir durch menschenleere Straßen zu einer kleinen von gigantischen Kakteen umstandenen Grünanlage, den Locomotive Park, davor eine historische Dampflok. Die schroffen Berge erstrahlen im Glanz der untergehenden Sonne. Von der Touristenhektik, wie wir sie in Williams oder Seligman erlebt haben, ist hier nichts zu spüren.

Bevor wir uns am nächsten Morgen wieder auf den Weg machen, besuchen wir das Route-66-Museum, das im ehemaligen Power House untergebracht ist. Hier finden wir interessante Details zur Geschichte dieser historischen Straße, insbesondere zur großen Migrationswelle während der »Großen Depression«, der Weltwirtschaftkrise, als 200 000 Menschen aus Oklahoma und dem übrigen Mittleren Westen ihre Heimat verließen, um in Kalifornien ein besseres Leben zu finden. An der Staatsgrenze wurden sie aufgefordert umzukehren, weil sie im »Gelobten Land«

nicht willkommen waren. Viele von ihnen vegetierten in Flüchtlingslagern vor sich hin, kehrten erfolglos um, nur acht Prozent schafften es zu bleiben, mit wenig rosigen Zukunftsaussichten. Ein Flüchtlingsdrama innerhalb der Landesgrenzen, der Stoff für »Früchte des Zorns«.

Richtung Westen folgen wir dem Oatman Highway, der über eine buckelige, von Kakteen gesäumte Straße bergwärts führt. Irgendwann windet sich der Highway kurvenreich in die schwarzen Berge hinauf. Wir passieren verfallene Motels und Tankstellen, überqueren den Sitgreaves Pass und eine Goldmine, die bis vor kurzem geschlossen war und seit dem steilen Anstieg des Goldpreises wieder in Betrieb genommen wurde. Gegen Mittag erreichen wir die Kleinstadt Oatman, ein touristisches Western-Kaff, wo jederzeit Wyatt Earp um die Ecke biegen könnte. Wilde Esel streunen auf der Straße, ein Fohlen schläft mitten auf dem Weg. Die Westernshow mit viel Schießerei sparen wir uns und kehren in einer urigen Wirtschaft zum Lunch ein. Nur die Plastikbecher, in denen der Kaffee serviert wird, stören das Westernidyll.

Nach einer Umleitung finden wir bei Topok wieder die Mother Road und überqueren parallel zur seit 1947 gesperrten Colorado Bridge den Fluss. Wir sind nun in Kalifornien, einst der reichste US-Bundesstaat, der Straßenzustand verschlechtert sich zusehends, bis wir nach Nevada in Richtung Las Vegas abzweigen. Die Stadt erfindet sich alle zehn Jahre neu. Das Vegas, das ich von meiner ersten Reise im Jahre 1973 in Erinnerung habe, gibt es nicht mehr. Auch das faszinierende Klappern der Münzen an den Spielautomaten ist verschwunden, man spielt mit Bons.

Zurück aus der Spielerstadt, überqueren wir vor Goffs einen Bahnübergang und sind wieder auf der Mother Road. Goffs selbst ist eine dieser verfallenen Geisterstädte. Wo der Belag gut ist, »springen« wir über viele »Dips«, Wellen, die bei Hochwasser, auch das gibt es in der Wüste, nicht zu durchfahren sind. Uns begleitet über viele Meilen der Schienenstrang, und immer wieder begegnen uns Güterzüge, kilometerlang, teilweise von fünf Loks gezogen, an Bahnübergängen ohrenbetäubend hupend. Abgesehen von der kleinen Poststation ist auch Essex ein verfallener Ort. Am Straßenrand haben sich Reisende mit zu Buchstaben gelegten Steinen verewigt. In Amboy steht »Roy's«, eine einsame funktionierende Tankstelle mit einem Motel mit Blick auf einen Vulkankegel, die Gegend ist von der Lava schwarz gefärbt. Mitten in der Wüste liegt das »Bagdad Café«, Drehort des gleichnamigen Filmes (deutsch: »Out of Rosenheim«) von Percy Adlon mit Marianne Sägebrecht. Wir setzen uns an einen der Tische und bestellen Kaffee. Mir ist, als würde jeden Augenblick die Sägebrecht mit ihrem Köfferchen hereinkommen und sich hilflos umschauen, eine einfache Frau aus Rosenheim, die nie aus Bayern draußen war. Jetzt kannst du das nachempfinden, denke ich glücklich. Es ist einer jener kleinen Momente, für die ich das Reisen so liebe.

Später durchfahren wir das Straßendorf Barstow mit vielen verfallenen Motels. Hinter Helendale gibt es die Bottle Tree Ranch mit einem ganzen Wald bunter Glasflaschen, die auf Stangen befestigt wurden und den Route-66-Fahrern gewidmet sind. Bei Victorville müssen wir wieder kurz auf die Interstate, verlassen sie aber gleich wieder, um auf den landschaftlich schönen Cajon Boulevard vor einer baumbestandenen Bergkette zu gelangen. Hinter Rialto verwandelt sich die Wüste in grüne Parklandschaft, und wir erreichen den Nobelort Pasadena mit vielen Luxusvillen.

Bevor wir zur letzten Etappe aufbrechen, schauen wir uns die geschwungene »Colorado Street Bridge« an. Es ist relativ kühl, das tut nach Wochen der Hitze in der Wüste so richtig gut. Über den Arrow Parkway kommen wir rasch voran, sind allerdings ratlos, in welcher Richtung wir am Sunset Boulevard, dem Strip, fahren sollen. Irgendwann habe ich anhand der Karte die Orientierung wiedergefunden und wir fahren ewig durch einen Wald von Reklameschildern entlang des Strip, durchqueren Ausläufer Hollywoods, hier eine Ansammlung gesichtsloser Architektur. Am Ende des ewig langen Sunset Boulevard geht es durch grüne Hügellandschaft, vorbei an den riesigen ummauerten Grundstücken von Beverly Hills. Eine kurze Fahrt auf dem Highway 1, und am Pier von Santa Monica sind wir am Ziel.

Wir zahlen gerne die acht Dollar Parkgebühr: Es ist geschafft! In der Nähe eines Vergnügungsparks finden wir das Route-66-Schild. Der junge Mann vom Souvenirladen erzählt uns, dass es die Markierung erst seit 1999 gibt. Er ist an unserer Geschichte interessiert, und wir unterhalten uns lange mit ihm. Im Shrimp-Lokal »Bubba Gump«, ebenfalls ein Drehort von »Forrest Gump«, genehmigen wir uns zum Lunch ein Glas Sekt auf die gelungene Durchquerung der USA auf der legendären Route 66. Statt der 2413 Meilen sind wir auf Grund unserer vielen Umwege 3805 gefahren.

TEIL VIII

POLARGEBIETE

»Liebe, es ist nicht einfach zu schreiben bei dieser Kälte – 70 Grad unter null und kein Schutz außer unserem Zelt. (…) Das Schlimmste an der Situation ist, dass ich Dich nicht wiedersehen werde.«

Diese Worte stammen aus dem Abschiedsbrief des berühmten Polarforschers Robert Scott an seine Frau aus dem Jahr 1912. Scott hatte das Ziel seiner Expedition erreicht – nur um festzustellen, dass die Norweger vor ihm am Südpol gewesen waren. Nun ging es nur noch darum, die nächste Versorgungsstation zu erreichen – auch daran scheiterten er und sein Team.

Ich kannte nur Auszüge aus Briefen und Tagebüchern der großen Forscher, als ich die Polargebiete bereiste. Ihr Getriebensein war mir fremd, genau wie die in Eis erstarrte Welt der Fjorde und Gletscher. Die Faszination kam mit dem Reisen. Nie war es so still in mir wie im ewigen Eis. Die Landschaft hat etwas so Erhabenes, dass mir ein Schauer über den Rücken läuft, wenn ich nur daran denke.

Schiffsreise zur Antarktischen Halbinsel
Antarktis, 1995

Der 7. Kontinent ist mit 13 Millionen qkm ungefähr eineinhalb Mal so groß wie Europa, wächst aber im Winter, wenn er von Packeis umgeben ist, bis auf 20 Millionen qkm an. Dieser Wert ist allerdings aufgrund der Erderwärmung rückläufig. Der Erdteil, der einst zusammen mit Südamerika, Australien und Afrika das sagenumwobene Godwanaland bildete, ist im Schnitt mit einer Eisdecke von 2000 m bedeckt; hier werden 9/10 des Eises unserer Erde gebunden.

Die Erkundung der Antarktis begann vor knapp 200 Jahren. Wahrscheinlich betrat am 7. Februar 1821 der amerikanische Robbenjäger John Davis erstmals diesen Kontinent.

Am 14.12.1911 war Roald Amundsen am Südpol. Der unglückliche Robert Scott kam mit seiner Expedition einen Monat später an. Seine Gruppe hat die Reise ins ewige Eis nicht überlebt. Vor 50 Jahren kamen die ersten Hobby-Touristen mit der legendären »Lindblatt Explorer« nach Antarktika.

Im Jahr meiner Reise sind es immerhin rund 8000 Reisende, denen sich diese entlegene Welt öffnet, Tendenz steigend. Dank russischer Forschungsschiffe ist die Passage erschwinglich geworden. So wollen auch wir, eine kleine Gruppe von Münchner Polizeiangehörigen, die ich um mich geschart habe, mit von der Partie sein. In abenteuerlicher Fahrt sind wir in knapp vier Wochen von Santiago in Chile durch Patagonien bis nach Ushuaia, die südlichste Stadt Argentiniens, gereist. Der Großteil der Gruppe verlässt uns, einige Nachzügler stoßen hinzu, darunter einige flüchtige Bekannte. Vor der Exkursion auf die Antarktische Halbinsel erwartet uns aber noch das Erlebnis Feuerland.

Rasch verschwindet die Boeing mit Renate und dem Rest der Gruppe hinter den Gipfeln der Südanden. Die Sonne strahlt hell über der Bucht von Ushuaia. Blau liegt der Beagle-Kanal vor uns. In winzigen Gärten vor provisorischen Holzhütten blühen bunte Blumen. Wir genehmigen uns am Abend feinstes Lomo (Filet) vom Lamm im »Volver«, einer gemütlichen kleinen Kneipe, die vom ersten Polizeichef der einstigen Sträflingskolonie gegründet wurde. Hier ist schon so mancher Polarfahrer eingekehrt, bevor er sich auf den Weg in die weiße Hölle gemacht hat.

Am nächsten Morgen werden wir von unserem Naturkundeführer Marcello und dem Dolmetscher Roberto zu unserem Ausflug in den Nationalpark »Tierra del Fuego« abgeholt. Im Nu ist das Picknick für unterwegs auf die Rucksäcke verteilt.

Marcello erzählt von der Flora und Fauna sowie den Ureinwohnern Feuerlands. Er berichtet so anschaulich, dass wir gar nicht bemerken, wie viele Kilometer wir auf Schusters Rappen zurücklegen. Die Wälder bestehen nahezu ausschließlich aus Rotbuchen und sogenannten Scheinbuchen. In hügeligem Auf und Ab geht es auf kaum erkennbaren Pfaden über weiche Mooslandschaft. Indianerbrot, traubenartiges gelbes Pilzgewächs, umschlingt die Äste der Bäume, Misteln hängen in mächtigen Bäumen.

Alte, kaputte Bäume recken ihre kahlen Äste gen Himmel: Kreislauf der Natur – das Alte stirbt, junges grünes Gehölz erwacht zum Leben. Aber auch die Biber bringen ganze Wäldchen dadurch zum Sterben, dass sie beim Dammbau größere Waldbereiche unter Wasser setzen. Ein mächtiger

Kerl zieht wie bestellt seine Bahn mit einem Stück Holz im Maul. Auf unserer Wanderung begegnen uns Patagoniengänse, Kormorane, Ibisse und Kara Karas, mächtige Greifvögel. Zum Abschluss klettern wir über einen hoch angehäuften Biberdamm und laufen schließlich wie auf Wolken über einen dicken Torf-Teppich. Zum Abschied trinken wir eiskalten Cidre, der in einem Bachbett gut versteckt auf uns gewartet hat. Pünktlich fährt der Bus vor, um uns abzuholen.

Für den Abend ist ein großes Dinner angesagt. Im Restaurant »Kaupe«, eigentlich eher eine gemütliche Stube, ergötzen wir uns an den legendären Königskrabben, der Spezialität aus den Gewässern vor Feuerland, und einer seltenen Brassenart. Dazu mundet trockener Weißwein. Als wir das Lokal, es war früher das Wohnzimmer der Besitzer, verlassen, steht hoch über uns das »Kreuz des Südens«. Kaum einer von uns denkt an so einem klaren Abend ans Schlafen. So wird noch so manche Flasche in den Kneipen der Hafenstadt geleert, bis sich die Letzten zum morgendlichen Pisco Sour, dem Longdrink aus den Andenländern schlechthin, in der Hotelbar treffen.

Der Vormittag des Tages, an dem wir in See stechen wollen, wird von den meisten von uns zum Nichtstun genutzt. Zum Mittagessen treffen sich etliche aus unserer Gruppe im »Ideal«, wo man für 14 Pesos kräftig beim Lunch-Buffet hinlangen kann. Als wir den Hafenkai erreichen, hat unser Expeditionsschiff bereits festgemacht. Die »Alla Tarasova«, benannt nach einer Schauspielerin aus Murmansk, dem Heimathafen des Forschungsschiffes, macht einen gepflegten Eindruck.

Das 100 Meter lange Schiff wird von zwei 2640 PS starken Dieselmotoren angetrieben und ist mit einem verstärkten Rumpf versehen, so dass es der Eisklasse L zuzuordnen ist.

Voller Vorfreude auf die bevorstehende Schiffsreise, aber auch mit leicht flauem Gefühl im Magen – jeder von uns hat Schauergeschichten über die Durchquerung der Drakestraße gehört –, tätigen wir unsere letzten zollfreien Einkäufe in Ushuaia.

Freundlich werden wir von Mitgliedern der Besatzung an Bord begrüßt. 90 ehemalige Sowjetbürger stehen als Crew für 85 Passagiere zur Verfügung. Das Expeditionsteam besteht aus zehn Männern, die meisten aus dem angloamerikanischen Raum (Wissenschaftler, Zodiac-Fahrer), und wird von Dennis, einem Kanadier, geleitet. Monika steht unserer Gruppe als deutsche Lektorin, die übersetzt, aber auch an Bord Vorträge zur Landeskunde hält, zur Verfügung. Für das leibliche Wohl sorgen zwei österreichische Chefköche, die sich ganz besonders über die mitgebrachten deutschen Zeitungen freuen.

Die Gesamtverantwortung trägt Kapitän Vyacheslav Vasyuk aus Murmansk. Ein Paar, das am Morgen mit einem Riesenkater zu kämpfen hatte, ist noch immer nicht fit und bereitet dem Expeditionsleiter Kopfzerbrechen. Die Situation entspannt sich, als ich ihm versichere, dass ich die volle Verantwortung für beide übernehmen werde. Unsere Kabinen sind schön geräumig und liegen alle außen; selbstverständlich verfügen sie über Dusche und WC. Als wir zu Abend essen, liegt unser schwimmendes Hotel noch vor Anker. Es ist bereits dunkel, als es gegen 22 Uhr ruhig in den spiegelglatten Beagle-Kanal hinausgleitet.

An der Bar lernen wir Sepp, den Chefkoch Nummer 1, näher kennen. Er kommt aus Bad Gastein und ist ein zünftiger alpenländischer Typ. Bereits vor Jahren hat es den Hoteliers-Sohn auf See verschlagen, seitdem hat sie ihn nicht mehr losgelassen. Neben einer meterlangen Stempelsammlung im Reisepass kann er mit einem Eintrag im »Guinness-Buch der

Rekorde« für die längste zurückgelegte Seefahrt aufwarten. Zurück in der Kajüte, die ich mit meinem Kumpel Rudi teile, schlafe ich gleich ein und nehme das Von-Bord-Gehen des Lotsen höchstens unterbewusst wahr. Gegen drei Uhr beginnt das Schiff mächtig zu schaukeln: Wir haben die Drake-Passage erreicht!

Immer wieder lässt mich das Rollen des Schiffes aus dem Schlaf fahren. Wenn der Kahn eine besonders große Verbeugung nach vorne oder zur Seite macht, wache ich auf. Im Liegen stört mich die Schaukelei allerdings nicht sonderlich; Urinstinkte werden offensichtlich wach: Als Baby wurde ich ja auch in den Schlaf gewiegt. Die Situation ändert sich schlagartig, als ich mich ins Bad hangle, mich verzweifelt am Waschbecken festhalte und versuche, mich zu waschen. Urplötzlich wird mir furchtbar übel. Im Glauben, dass mir etwas Tee und Zwieback helfen könnten, begebe ich mich auf bösartig schwankendem Boden auf den Weg in Richtung Restaurant. Zum Glück führen entlang der Gänge Haltestangen. Alle paar Meter sind Spucktüten angebracht. Neptun hat offensichtlich nicht nur mich am Wickel. Auf Anhieb schaffe ich den Weg in den Frühstücksraum nicht. Zum Glück habe ich beim vorabendlichen Barbesuch eine nicht gekennzeichnete Toilette gefunden. Sie bietet Zuflucht in letzter Sekunde. Nach dem Spucken fühle ich mich etwas wohler und erreiche nach einigen Festhaltemanövern den Frühstückstisch. Der Raum ist zur besten Frühstückszeit, es ist 8:30 Uhr, merkwürdig leer. Die Tischdecke fühlt sich feucht an, aber nicht etwa von einer gigantischen überschwappenden Welle. Man hat sie bewusst eingeweicht. So fällt das Geschirr nicht so leicht um. Die zierliche rotwangige Bedienung bringt mir Zwieback und Tee. Als ein Brecher das Schiff brutal auf die Seite legt, schliddert mein Stuhl in Richtung Gang. Instinktiv halte ich mich am benachbarten Stuhl fest – und liege jämmerlich am Boden. Die Tische sind fest verankert und hätten besseren Halt geboten – das muss eine Landratte aber erst lernen.

Der Weg zurück zur Kabine fällt mir noch schwerer als der Herweg. Ermattet sinke ich in der Koje auf meine Matratze. Sigi, einer aus unserer Gruppe, wahrscheinlich der einzige Passagier an Bord, dem nicht schlecht ist, ist mir gefolgt und holt mir von der Schiffsärztin Tabletten. Ich nehme gleich zwei Pillen Stutgaron, ein Blutverdünnungsmittel. Oh Wunder, das Elendsgefühl ist in wenigen Minuten verschwunden, nur im Kopf ist mir noch etwas wirr.

Mittags bin ich so fit, dass ich mir gefahrlos eine Portion Spaghetti genehmigen kann. Die See tost weiterhin, der Wind bläst mit Wucht von Backbord und treibt mächtige Wellen vor sich her. Einer dieser Brecher lädt durchs offene Bullauge eine größere Portion Seewasser in unserer Kabine ab. Schaukeln, Seeluft und Tabletten machen müde, immer wieder strecke ich mich in der Koje aus. Beim Dinieren stört mich nicht einmal, dass ab und zu Geschirr durch den Saal segelt. Im Kino wird ein Schwarz/Weiß-Film von der Kap-Hoorn-Umrundung mit dem Windjammer »Peking« aus dem Jahre 1929 gezeigt. Gegen den Sturm von damals wirkt das heutige Wetter wie ein laues Lüftchen. Langsam gewöhne ich mich an die Stimmung an Bord.

Auch in der zweiten Nacht kann ich wegen des rollenden Schiffes nicht sonderlich gut schlafen, fühle mich am Morgen aber fit. Die Seekrankheit scheint fürs Erste überstanden. Beim Frühstück sind an den Tischen noch Lücken zu verzeichnen, die Drake-Passage tut offensichtlich bei einigen noch ihre Wirkung. Diese Meeresstraße, an der drei Ozeane zusammentreffen, ist nicht umsonst von Seefahrern gefürchtet. Heute zeigt sich die Sonne, auch die See beruhigt sich vorübergehend, donnert dann aber wieder mit ungeheurer

Wucht backbord. Bereits seit dem vergangenen Abend steuert der Kapitän Süd-Ost-Kurs, um den schlimmsten Witterungsunbillen zu entgehen.

Während wir mittags bei Tortellini sitzen, wird der erste Eisberg gemeldet; weit vor uns ragt er schemenhaft aus dichtem weißem Dunst. Die Detailinformation zum Antarktisprogramm, an welcher Teilnahme Pflicht ist, wird durch ein harsches Schrammen am Schiffsrumpf unterbrochen. Es zeigt uns an, dass wir den riesigen Tafeleisberg, der blauschimmernd gleißend vor uns in der Sonne liegt, erreicht haben. Nach diesem Aha-Erlebnis lässt die Schaukelei allmählich nach, wir verlassen die Drakestraße und schippern in ruhigeren antarktischen Gewässern.

An diesem Abend kann endlich das Captains-Dinner steigen. Beim Cocktail wird die deutsche Gruppe mit besonders herzlichen Worten vom Zweiten Offizier, der unsere Muttersprache gut beherrscht, begrüßt. Beim Dinner habe ich die Ehre, mit am Tisch des Kapitäns zu sitzen. Nach dem Essen ist die See spiegelglatt, so dass ich mich an die Bar wage. Hier stellt mir unser Koch Sepp seinen Mit-Küchenchef Helmut vor, einen blonden Naturburschen aus dem Salzburger Land. Die letzte Fahrt hat eine größere japanische Reisegruppe mit unternommen. Von ihnen ist noch jede Menge Nudelsuppen-Konserve übrig. Die müssen wir selbstverständlich probieren, als Mitternachtsimbiss mundet sie phantastisch. In den frühen Morgenstunden erreichen wir die Südlichen Shetlandinseln; der antarktische Kontinent liegt vor uns.

Um 5:30 Uhr werden wir geweckt. Geschützt durch vorgelagerte Inseln fährt die »Tarasova« in Süd-West-Richtung entlang der antarktischen Halbinsel. Als wir in die Wilhelmina-Bucht einfahren, fallen dicke Schneeflocken aus leichtem Nebel auf uns herab. Den Wind, der uns ins Gesicht bläst, nehmen wir kaum wahr, so ergriffen sind wir von dem Naturschauspiel, das sich uns bietet. Schemenhaft taucht eisbedecktes Festland vor uns auf; in der Ferne schwimmt ein Wal; auf einer Eisplatte strecken sich zwei Robben. Das Expeditionsteam bereitet die Zodiacs, große Schlauchboote mit kräftigen Motoren, für die erste Landung vor. In Gruppen zu acht besteigen wir die Boote und werden in flotter Fahrt zu unserem ersten Ziel, Ronge Island, einer kleinen Insel vor Graham-Land, gebracht.

Bei der Landung werden wir vom Gebrüll eines mächtigen Seelöwenbullen begrüßt. Ich bin froh, dass ich an Bord ein Paar Gummistiefel ergattern konnte – so kann ich beruhigt im Guano-Sch… herumstapfen. Der von Gletschergeröll aufgeschüttete Boden wird von Tausenden von Pinguinen bewohnt. Zwischen den laut schnatternden Eselspinguinen entdecken wir vereinzelte Kehlstreifpinguine, die an ihrem schwarzen Strich unterm Kinn gut zu erkennen sind. Im Vorfeld des Landgangs hat man uns darauf vorbereitet, welche Tiere wir antreffen werden und wie wir uns zu verhalten haben, um das sensible Gleichgewicht von Flora und Fauna nicht zu stören. Die jungen Pinguine sind bereits fetter als die alten, der Flaum der Jugend beginnt zu schwinden. Bald werden sie zu ihrer Reise in die wärmeren nördlichen Gefilde aufbrechen, dann muss der Nachwuchs gut herausgefüttert sein, um die unvorstellbar lange Schwimmstrecke zu überleben. So schreien sie unentwegt jämmerlich nach Futter: Krill, den die Alten unermüdlich im Schlund anschleppen. Oft verfolgen sie Mutter oder Vater tollpatschig über große Strecken, wenn deren Schnäbel nichts mehr hergeben. Inmitten dieses Durcheinanders liegen faule mächtige Seelöwen, die sich in ihrer Ruhe nicht stören lassen. In einigem Abstand, wo das Schreien der Pinguine gedämpft ist, genieße ich die Ferne von Hektik und

Stress. Schließe ich die Augen, konzentriert sich mein Gehör ausschließlich auf die Stimmen der Natur: Leise plätschert die leichte Brandung, Pinguine schnattern, ab und zu brüllt ein Seelöwe, gelegentlich zeugt leises Donnern davon, dass vom mächtigen gegenüberliegenden Gletscher ein Stück abbricht. Es fällt mir schwer, mich von diesem Naturereignis loszureißen, als der Steuermann des letzten Bootes unmissverständlich zum Aufbruch mahnt.

Beim Durchfahren des Neumeyer-Kanals raubt dichter Nebel uns die Sicht. In der Lemaire-Straße fegt ein Schneesturm über uns hinweg, ab und zu sehen wir die Spitzen steiler Berge hoch aufragen. Am Ende der Wasserstraße hellt sich der Himmel zum Glück wieder auf, und wir können mit unseren Zodiacs in die »Eisbergfalle« hineinfahren. In der kleinen Bucht haben sich Eisberge verfangen, denen ein Weiterdriften durch ungünstige Strömung versagt ist. So fahren wir winzigen Menschen auf zerbrechlichen Booten zwischen den blauen bizarren Eisriesen hindurch. Aus den verschiedensten Positionen beobachten uns Krabbenfresserrobben. Sie schwimmen im glasklaren Wasser, räkeln sich auf Eisschollen, robben über Eisbergsohlen. Gemütlich treibt eine helle Leopardenrobbe auf einer Eisplatte an uns vorbei. Als wir zum Schiff zurückkehren, taucht unmittelbar vor uns ein Zwergwal auf und ab.

Es ist Faschingssonntag. Unsere österreichischen Freunde in der Küche haben ein prächtiges Dinner vorbereitet und tauchen nach dem Essen in Lederhosen auf. Zum Gaudium der Gäste aus 13 Nationen legt Helmut einen gekonnten Schuhplattler hin.

Am 27. Februar um 7:32 Uhr überqueren wir den Polarkreis. So weit südlich fahren die Touristenschiffe nur ganz selten. In dieser Saison ist es sogar das erste Mal, dass die »Tarasova« in das Polargebiet gelangt. Es ist ein grauer Tag mit tiefhängendem Wolkenschleier. Ab und zu reißt der Himmel auf, und die Sonne schickt ihre Strahlen auf das Eis, das urplötzlich zu glänzen beginnt, Eiskristalle verwandeln es in eine funkelnde Märchenlandschaft. Stumm und staunend betrachte ich diese faszinierende Welt der Eisberge und des Packeises in der Matha-Straße. Nahezu unhörbar gleitet unser Schiff durch spiegelglattes Wasser und zerschneidet butterweich die sich allmählich bildenden Packeisplatten. Drei Leopardenrobben kriechen ohne Hast zur Seite, als wir die Eisscholle rammen, auf der sie liegen. Das Schauspiel haben auf der Steuerbordseite Buckelwale beobachtet, die sich nun im Delphinstil davonmachen, ab und zu blasen sie eine ansehnliche Fontäne aus den Nasenlöchern. Das Packeis ist mittlerweile so dicht, dass unser Kapitän das Vorhaben, vor der kleinen Detaille-Insel anzulegen, aufgeben muss. Buckelwale tauchen fröhlich auf und ab, als sie uns abdrehen und aus der Bucht hinausfahren sehen.

Zum Mittagessen wird geankert. Auf Betreiben unserer Köche wird auf dem Achterdeck serviert, sie laden zum österreichischen »Polarkreis-Frühschoppen« mit Krainer, Krautwickerln, Szegediner Gulasch und vielen anderen Spezialitäten aus ihrer Heimat. Bei Temperaturen um die null Grad mundet der heiße Jagertee besonders gut.

Am späten Nachmittag führt uns unsere Zodiactour durch Bereiche, die Kreuzfahrttouristen gewöhnlich nicht erreichen. Pelzrobben beäugen uns neugierig, als wir uns zwischen runden, mit riesigen Schnee- und Eiskappen bedeckten Inseln und hoch aufragenden Eisbergen unseren Weg suchen. Auf einer winzigen Insel, auf der vielleicht noch nie ein Mensch gewesen ist, gehen wir an Land und freuen uns über einige Adelie-Pinguine, die sich zur Mauser hierher zurückgezogen haben. Zwei junge Pelzrobben führen uns mit gefletschten Zähnen einen kurzen Schaukampf vor.

Die Rückfahrt zum Schiff wird zu einer abenteuerlichen, feuchten Angelegenheit. Die See brodelt mächtig, bis zu zwei Meter hohe Wellen schlagen über unseren Köpfen zusammen. Julio, unser chilenischer Zodiaclenker, bringt uns sicher zum Schiff zurück, das mittlerweile gedreht hat. Nachdem wir uns unserer nassen Klamotten entledigt haben, genehmigen wir uns »Lumumba«, heißen Kakao mit einem Schuss Whiskey anstelle von Rum, den es hier an Bord nicht gibt.

Wegen der immer höheren Wellen müssen wir aus dem Inselgewirr hinaus auf offene See, um nicht zu riskieren, dass unser Schiff beschädigt wird. Von dem schweren Sturm um Mitternacht bemerke ich nichts, fest träume ich dem nächsten Tag entgegen. Der Kapitän hat die »Tarasova« zunächst nach Norden steuern müssen. Nun sind wir wieder auf Südkurs. Ohne es zu merken, haben wir an diesem Tage den Polarkreis dreimal überquert.

Wir schreiben Faschingsdienstag. Wegen des Sturmes kann unser Schiff nicht in die Marguerite Bay der südlichen Adelaide-Insel einlaufen und schippert wieder einmal Richtung Norden. Auf offenem Meer sucht es sich seinen Weg durch sturmgepeitschte See. Zum vierten und letzten Mal überqueren wir den Polarkreis. Der Abstecher nach Süden hat sich allemal gelohnt. Die gigantische Welt der Eisberge in der Matha-Straße wird uns für immer im Gedächtnis bleiben. Nun wollen wir im Norden der antarktischen Halbinsel unser Programm wie geplant fortsetzen.

Die meisten Passagiere haben sich an die bewegte See gewöhnt. Spielend komme ich nun ohne Pillen aus und fühle mich pumperlwohl. Monika, unsere Lektorin, hält einen wunderbaren Vortrag über Feuerland. Respekt, Frau Lehrerin! Zwischendurch müssen wir unbedingt an Deck: Gespenstisch treibt im Schneegestöber ein gigantischer Eisberg an uns vorüber. An diesem Tag ist ein besonders breites Filmangebot vorhanden, so gehe ich gleich zweimal »ins Kino«. Im Ufa-Film »Holzpantoffel« von 1929 werden Günter Plüschows Schiffsreise um Feuerland und seine historischen Flüge über Patagonien – für meinen Geschmack etwas zu heroisch und geographisch ungenau – dargestellt. »Wolves of the sea« zeigt in dramatischen Bildern das Leben der Orcas, der Killerwale. Zum Abendessen erscheinen einige Passagiere maskiert, erstaunlich, was man so alles improvisieren kann. Die meisten Gäste an Bord scheinen sich aber aus Fasching nichts zu machen. Mit den Köchen spielen wir an der Bar eine Variante des »heiteren Beruferatens«. Dabei wird viel Sekt und Wodka-Orange getrunken. Zum Mitternachtsimbiss gibt es Kaskrainer, die wir zur Abwechslung mit Stäbchen essen, ach ja, die Japaner von der letzten Reise.

Die meisten von uns sind gar nicht traurig, dass der frühe Landgang (terminiert auf 5 Uhr) am Aschermittwoch wegen hohem Wellengang entfällt. Nach weiter Fahrt in Richtung Norden wurde nach Mitternacht geankert, und wir liegen im Lemaire-Kanal vor Port Lockroy. Nach 9 Uhr setzen wir zur alten verlassenen Walfangstation über. Eine einsame Holzhütte steht auf Stelzen am Strand eines Fjordes vor grauen Granitfelsen, auf der gegenüberliegenden Seite ragen schneebedeckte Berge auf. Wir waten durch knöchelhohen Guanosumpf und freuen uns über die schreienden Eselspinguine, die wirkungsvoll vor zwei Walskeletten für die Fotografen posieren.

Wieder einmal fahren wir nach Süden, unser nächstes Ziel ist Pieterman Island, wo wir einen richtigen schneebedeckten Berg besteigen. Allerdings müssen wir mit unseren Gummistiefeln mächtig aufpassen, dass wir nicht abrutschen. Vom Gipfel haben wir einen phantastischen Blick auf eine Bucht, in der bizarre Eisberge schaukeln. Das Wetter zeigt sich nicht von seiner besten Seite, immer wieder peitscht uns Schnee ins Gesicht.

Wieder an Bord, empfängt uns Helmut mit frischen Weißwürsten. Im kleinen Kreis genießen wir diese Spezialität in meiner Kabine. Stilwidrig trinken wir dazu »Lumumba«, also heißen Kakao mit Whiskey.

Zeitweise lugt die Sonne heraus, als wir gegen Abend in die Paradiesbucht einfahren. Diese malerische Bucht liegt östlich der großen Anvers-Insel. Hier betreten wir zum ersten Mal den Boden der antarktischen Halbinsel, bisher sind wir nur auf vorgelagerten Inseln an Land gegangen. Sonnenstrahlen bahnen sich ihren Weg durch die Wolken und werfen gleißendes Licht auf die makellose Landschaft mit ihren Schneebergen und strahlenden Gletschern. Wir steigen auf einen kleinen Berg, genießen den Rundblick und fahren in einer Schneerinne jubelnd auf dem Hintern sitzend ab. Ein letzter Blick auf eine Kolonie blauäugiger Kormorane, und wir müssen zurück zum Schiff.

Zu Ehren der großen französischen Gruppe an Bord werden am Abend des Aschermittwochs französische Gerichte serviert. Die Tische sind mit der Trikolore dekoriert. Eine Pariserin singt Chansons im Stil von Edith Piaf. Unter anderem wird Lobster »bis zum Eiweißschock« serviert.

Am nächsten Tag ankert die »Tarasova« vor der Deception-Insel, die zu den Südlichen Shetlandinseln gehört, ein beliebter Anlaufpunkt für Kreuzfahrtschiffe. Die Insel besteht aus dem Rand eines riesigen Vulkankraters. Der ursprünglich geplante Landgang bei Baily Head auf der Außenseite der Insel muss wegen der stürmischen See entfallen. Wir fahren aber mit unseren Zodiacs dicht am Ufer entlang und beobachten dort an steilen eisfreien Felsen sowie auf weiten Geröllfeldern Hunderttausende von Kehlstreifpinguinen, die ihren Jungen das Schwimmen beibringen.

Dazwischen liegen träge Pelzrobben mit ihren Jungtieren. Sie ernähren sich eigentlich vom Krill, greifen aber auch manchmal – sozusagen zur Befriedigung des Spieltriebes – Pinguine an. Ein verletzter, bedauernswerter kleiner Kerl ist lebender Beweis dieser Attacken. Beim näheren Hinsehen entpuppt sich ein Teil der Felsen als Eis, das bei einer Vulkaneruption von dunkelgrauer Vulkanasche bedeckt wurde.

Wieder an Bord, schippern wir entlang des Kraterrandes. In der Wand klafft ein riesiges Loch, das »Neptuns Fenster« genannt wird. Die Einfahrt in den Krater ist nur 200 m breit und mit heimtückischen unterirdischen Felsformationen versehen. So hat unser Kapitän bei dem nicht unerheblichen Wellengang ganz schön zu tun, um das Schiff sicher durch »Neptuns Rachen« zu navigieren. Kurz hinter der Einfahrt wird der Anker geworfen, und mit den Zodiacs geht es zur Whalers Bay. An dieser Stelle wurde um die Jahrhundertwende eine britische Robbenschlägerkolonie errichtet, die in den 20er Jahren zur Walfangstation ausgebaut wurde. Nach dem Weltkrieg installierten die Engländer hier eine Wissenschaftsstation, die nach dem Vulkanausbruch Mitte der 60er Jahre aufgegeben wurde. Der hinterlassene Wohlstandsschrott löst inmitten des Naturparadieses ein deprimierendes Gefühl aus. Verrostete riesige Benzintanks, eine zusammengebrochene Ölkocherei mit meterhohen Blechbehältern, ein verrotteter Hangar mit einem abgewrackten Flugzeug künden davon, wie gleichgültig dem wissenschaftlichen Personal die Umwelt war. Zwischen diesen hässlichen Hinterlassenschaften räkeln sich behäbige Pelzrobben. Ich steige zu »Neptuns Fenster« hinauf. Dort oben beobachtet mich ein einsamer Kehlstreifpinguin, als ich versuche, auf das offene Meer hinauszuspähen. Ab und zu reißt der Wind den dichten Nebel auf, und ich blicke auf eine unwirkliche Felslandschaft, die sich vor der Küstenlinie auftürmt.

Während wir mittagessen, schippert unser Kahn weiter zur Lagune von Penduhum Cove. Hier wartet die Touristenattraktion schlechthin auf uns. Aus der vulkanischen Lagune entspringt eine heiße Quelle, wir tauchen am Rande, da, wo ein Bächlein mit heißem Quellwasser aus der vulkanischen Lagune läuft, ein wie in einen Whirlpool. Das Schwimmen in der Lagune selbst ist verboten, da dort wissenschaftliche Arbeiten vorgenommen werden. Das heiße Wasser verteilt sich rasch im eiskalten Meerwasser, so dass wir beim Eintauchen darauf achten müssen, nicht zu weit aus dem Bereich des warmen Zuflusses zu kommen.

Bei klarer Sicht und ruhiger See navigiert der Kapitän die »Tarasova« sicher durch »Neptuns Rachen« in Richtung Livingston Island, auch im südlichen Teil der South Shetlands gelegen. Hier bietet sich uns der Blick auf zerklüftete Felslandschaft, die nahezu eisfrei ist. Es zeigt sich zum Teil recht dichter Bewuchs mit Moosen und Flechten. Eine Talmulde wirkt aus der Entfernung fast wie eine Almwiese. Wieder gehen wir an Land. Unter eine größere Kehlstreifpinguin-Kolonie haben sich drei Makkaronipinguine mit lustigen goldenen Haarschöpfen gemischt. Eine mächtige Seeelefantenkuh liegt am äußersten Rand eines steilen 15 Meter hohen Felsabbruchs zum Meer. Als das sonst sehr aufmerksame Expeditionsteam einen Moment nicht aufpasst, kommt dem Koloss der mitreisende Fotograf eines Magazins so nahe, dass er sich vor Schreck aus atemberaubender Höhe auf den darunter liegenden Strand stürzt. Wie das Tier den Sprung überstanden hat, werden wir nie erfahren. Das rücksichtslose Verhalten des Pressemanns hinterlässt einen üblen Nachgeschmack. Den Protagonisten sehe ich übrigens heutzutage immer wieder im Fernsehen als selbsternannten Luftfahrtexperten – und jedes Mal denke ich: Du hast einen Seeelefanten auf dem Gewissen, Freund.

Bei einem Felsen finden wir Versteinerungen, unter anderem Blätter eines Urahnen der südamerikanischen Araucaria-Bäume. So können auch wir uns überzeugen, dass zur Jurassiczeit, also vor rund 150 Millionen Jahren, im riesigen Gondwana-Kontinent Südamerika und die Antarktis zusammen mit Afrika und Australien eine riesige Landmasse bildeten. Es dunkelt bereits, als wir vorbei an einem mit Flaum befiederten Sturmvogelbaby und sich in einer Mulde suhlenden mächtigen Seeelefanten zurück zum letzten Zodiac wandern.

Am Abend sitzen wir noch lange mit den beiden Köchen zusammen. Sie wissen viel von langen Globetrotter-Touren zu Wasser und zu Land zu berichten, und wir werden nicht müde, ihren Erzählungen zu lauschen.

Es hat die ganze Nacht geschneit. Als wir aber am Morgen vor King George Island ankern, zeigt sich die Insel mit den sanften Hügeln schneeweiß in der Sonne gleißend unter einem azurblauen Himmel. Hier liegen drei Forschungsstationen, die ganzjährig besetzt sind, relativ dicht beieinander. »Teniente Marsh«, die chilenische Station, wird von Chile als die südlichste Ortschaft des Staates betrachtet und hat 51 Einwohner. Hier gibt es sogar ein kleines Hotel. Im »Estrell« kommen betuchte Touristen unter, die von hier aus Exkursionen unternehmen. Um 11.30 Uhr landet die Hercules der chilenischen Luftwaffe, die den Nachschub sichert und auch Reisende mitnimmt. Ein russischer LKW bietet mir und einigen aus unserer Reisegruppe eine Mitfahrgelegenheit zur chinesischen Station »Große Mauer«. Dieses wissenschaftliche Zentrum macht einen vorbildlichen Eindruck. In der Poststation gibt es Gedenkmünzen zu kaufen, ein Arsenal verschiedener Stempel verführt zu einer wahren Stempelwut. Auf einmal ist jeder von uns ein kleiner Postbeamter. Wie die meisten anderen auch, lege ich den Rückweg zu Fuß zurück und genieße die frische Luft und die wärmenden Strahlen der Sonne unter arktischem blauem Himmel. Die russische Station »Bellinghausen« macht einen ärmlichen Eindruck. Der diensttuende Meteorologe erzählt uns, dass er sich für drei Jahre verpflichtet hat. Mit 100 Dollar monatlich verdient er das Doppelte von dem, was er zu Hause bekommen würde. Kein Wunder, dass er Rudi für 5 Dollar freudestrahlend ein Satelliten-Foto des 110 Kilometer langen Eisbergs verkauft, der sich vor wenigen Tagen vom Kontinent gelöst hat und im Ross-Meer treibt. Auf der Holztreppe vor dem Eingang sitzt ein älterer Wissenschaftler mit langem weißem Bart. Er spielt auf seinem roten Knopfakkordeon schwermütige russische Melodien. Unendlich weit von der Steppenlandschaft am Don erklingt das alte Lied vom Kosakenhelden Stenka Rasin. Gänsehaut pur.

Als wir mit den Booten zum Schiff zurückfahren, ahnen wir nicht, dass dies der letzte Landgang in der Antarktis gewesen sein wird. Eigentlich ist noch eine Landung in Yankee Harbor, auf Greenwich Island oder auf Half Moon Island geplant.

Zurück an Bord schauen wir uns erst einmal den Maschinenraum an. Rudi, mein Kumpel, Kabinenmitbewohner und passionierter Segler, hat mit dem Mechaniker, einem freundlichen grauhaarigen Murmansker in den Fünfzigern, schon längst Freundschaft geschlossen. So kann unsere kleine Gruppe die riesigen Maschinen, Notstromaggregate und Sicherungsanlagen besichtigen. »Schmiermaxe« kann weder Deutsch noch Englisch, versteht es aber prächtig, mittels Zeichensprache Zweck und Funktion der technischen Einrichtungen zu erläutern. Später kommt ihm der Maschineningenieur auf Englisch zu Hilfe. Beide genießen es offensichtlich, dass es Leute gibt, die sich für ihre Arbeit im Schiffsbauch interessieren. Die Maschinen machen auf uns übrigens einen äußerst gepflegten Eindruck.

Von der Brücke aus beobachten wir, wie unser Schiff sich durch mächtige Wellenberge kämpft. Unter blauem Himmel ziehen sonnenüberflutete glitzernde Inseln und bizarre Eisberge an uns vorüber. Eine Landung in Yankee Harbour kommt wegen der aufgewühlten See nicht in Betracht. So nimmt unser Kapitän Kurs auf Livingstone Island. Als wir vor der Half-Moon-Bucht einlaufen, erwartet uns eine gigantische gleißende Gletscherwelt. Wegen der straffen Brise entscheiden Kapitän und Expeditionsleiter schweren Herzens, dass auch hier ein Landgang aus Sicherheitsgründen nicht möglich ist. So nehmen wir von der Reling aus die letzten Eindrücke einer unvergesslichen Eislandschaft in uns auf. Die langen Strahlen der Abendsonne setzen die Gletscherwelt in besonders eindrucksvolles Licht. Eine braune Raubmöwe begleitet uns noch lange, als wir aus der Bucht auslaufen. Zum Abschied von der Antarktis ist im Besprechungsraum ein Cocktail angerichtet. Als wir nach dem Abendessen an Deck gehen, leuchtet uns das »Kreuz des Südens« besonders hell.

Die erneute Durchfahrt der Drake-Passage liegt vor uns, eine Horrorvorstellung. Eigenartigerweise erscheint es mir dann aber so, als sei der Wellengang nicht ganz so arg wie auf der Herreise, obwohl das Schiff auch jetzt wieder ganz schön in den Wellen schaukelt, die aus drei verschiedenen Richtungen heranrollen. Monika hält einen gut präsentierten Vortrag über die politischen Hintergründe des Falklandkrieges. Interessanterweise spielt auch bei diesem Konflikt Erdöl eine Rolle, da in dieser Region die größten Ölvorräte der Erde vermutet werden. Auch die Antarktis selbst als Teil des ehemaligen Godwana-Kontinents steckt voller Bodenschätze. Es ist sehr fraglich, ob sich die Idee vom Welt-Naturschutzpark noch lange aufrechterhalten lassen wird, langfristig werden sicherlich wirtschaftliche Interessen überwiegen.

Die Tage der Durchquerung der Drake-Passage verbringen wir mit Vorträgen, Filmvorführungen und sporadischen Barbesuchen. Auch ein gemeinsames Singen von Seemannsliedern wird anberaumt, unsere Stimmgewalt hält sich allerdings in Grenzen. Ab und zu kommt das Schiff mächtig in Bewegung, und ich rutsche in meiner Koje einmal von unten nach oben, dann wieder von einer Seite auf die andere. Aber die Zeiten der Seekrankheit sind vorüber, obwohl sich die Wellen manchmal bis zu acht Meter hoch auftürmen. Nun bin ich sozusagen seefest – und das ganz ohne Pillen.

Am Sonntag taucht im abendlichen Sonnenlicht das legendäre Kap Hoorn vor uns auf. Der Kapitän fährt zu unserer Freude bis auf eine Meile an die Südspitze Amerikas heran. Wir sind in Gedanken bei den ersten Weltumseglern.

Dann biegt die »Tarasova« in die ruhigen Gewässer des Beagle-Kanals ab. So können wir in Ruhe den Empfang des Kapitäns zu Cocktail und Dinner genießen. Noch einmal treffen wir uns in unserer kleinen Welt: der russische Kapitän, die Mannschaft aus Russland, der Ukraine, aus Weißrussland und aus Usbekistan, die Amerikaner und Kanadier sowie der Chilene vom Expeditionsteam, die Passagiere aus aller Welt, von den Vereinigten Staaten über Japan und Israel bis Frankreich, Belgien und Deutschland. Auch menschlich war diese Reise ein wunderschönes Erlebnis. Der Abschiedsbarbesuch fällt so intensiv aus, dass sogar der Naturbursche, unser Koch Helmut, in die Knie geht. Er wird am nächsten Tag in Richtung Bolivien aufbrechen. Sein Kollege Josef hat schon wieder einen Auftrag: Mit einem kleinen Schiff geht es für ihn weiter durch antarktische Gewässer und dann hinüber nach England. Die Crew wird in knapp zweimonatiger eintöniger Seefahrt zurück in den Heimathafen Murmansk am nördlichen Eismeer tuckern, langsam und ohne Landgänge.

Wenige Jahre später bin ich in Murmansk und frage nach der »Alla Tarasova«. Man erklärt mir, das Schiff sei mittlerweile verkauft worden und firmiere unter einem anderen Namen. Im Frühjahr 2013 entdecke ich in einer Zeitung das Bild eines Geisterschiffes, das führerlos im Atlantik treibt, die einzigen Passagiere sind Ratten. Der Kahn sieht aus wie die gute alte »Alla Tarasova«. In der Tat ist es ihr Schwesterschiff, die »Lyubov Orlova«. Die »Tarasova« ist im Jahre 2010 unter dem Namen »Clipper Adventurer« in den Gewässern vor Nordkanada auf Grund gelaufen, Besatzung und Passagiere konnten unversehrt geborgen werden. Inzwischen hat man sie wieder seetüchtig gemacht. Ihr Name ist nun »Sea Adventurer«.

Richtung Arktis
Färöer, Island und Grönland, 2009

Das dänische Städtchen Hanstholm hockt auf einer riesigen Düne über dem Hafen. Das Seemannsheim, in dem ich ein Einzelzimmer bezogen habe, liegt direkt gegenüber der Fährabfahrt. Bunker erinnern noch heute daran, dass hier einst die mächtigste Befestigungsanlage von Hitlers Atlantikwall gebaut wurde. Um den Bunker einer gigantischen 38-cm-Kanone hat man ein kleines Museum errichtet, das Geschütz hatte eine Reichweite von 55 Kilometern.

Am nächsten Morgen beobachte ich vom Leuchtturm aus, wie das riesige Fährschiff »Norroena« in den Hafen einläuft. Das 164 Meter lange Schiff fasst 1500 Passagiere, 120 Besatzungsmitglieder und 800 Autos. Wenige Stunden später suche ich mir auf dem Schiff meine Koje in einer sogenannten Couchette, einer geräumigen Innenkabine mit mehreren dreistöckigen Betten. An Bord ist die Hölle los, denn viele Bewohner der Färöer nutzen die Schifffahrt für einen Wochenendausflug, um an Bord zu feiern und zu trinken. Die Sonne scheint, als wir auslaufen. An Deck scharen sich Passagiere um einen Akkordeonspieler, singen und tanzen.

Nach 30 Stunden Fahrtzeit sollte das Schiff eigentlich in Tórshavn auf den Färöern einlaufen. Starker Wellengang verhindert die Einfahrt nach Eystaravág, den Fähr- und Handelshafen der Stadt. So schippert die »Norroena« zum ruhigeren Fischerhafen von Vestaravág. Als ich von Bord gehe, begrüßt mich nasskalte Dunkelheit, es nieselt, und der Himmel ist bedeckt. Der Morgen graut, als ich endlich in dem geräumigen Mehrbettzimmer liege, das ich zum Glück nur mit einem etwas schrulligen Engländer teilen muss.

Als ich aus meinem Lager krieche, scheint in diesem rauen Land die Sonne. Das Hostel liegt erhaben über der Stadt, und ich freue mich über den Blick auf die Hafenstadt Tórshavn. Beim Frühstück im benachbarten Hotel komme ich mit Ines und Oliver, einem Münchener Ehepaar mit ihrem 13 Monate alten Söhnchen Felix, ins Gespräch. Sie haben ihr Wohnmobil auf dem Fährschiff mitgenommen. Oliver hat einen »Spleen«: Er möchte in allen Ländern der Welt den höchsten Berg besteigen.

Spontan laden die beiden mich ein, mit ihnen den mit 850 Metern höchsten Berg der Färöer zu besteigen. Immer wieder kommt heftiger böiger Wind auf, einmalige Ausblicke auf grüne Landschaft entschädigen allemal. Von der Höhe blicken wir auf eine baumlose Landschaft und bizarre Felsformationen über glitzernden Meeresarmen, Wasserfälle stürzen in die Tiefe. Nach dem bescheidenen Gipfelrausch steigen wir zum Meer hinunter und besuchen eines der niedlichen Fischerdörfer mit den bunten Holzhäusern. Felix hatte es bei der Tour am gemütlichsten, nämlich in der Kraxe auf Papas Rücken. Gegen 20 Uhr sind wir zurück und lassen den Tag beim gemeinsamen Pastakochen Revue passieren.

Die Färöer liegen im Nordatlantik, ungefähr auf halber Strecke zwischen Norwegen und Island. Sie bestehen aus 18 Inseln und werden gerade mal von knapp 50 000 Menschen bewohnt. Die ersten Siedler kamen um 800 n. Chr. von Norwegen herüber, die heutige Bevölkerung stammt also mehrheitlich von den Normannen ab. Die Menschen sprechen Alt-Norwegisch, die Sprache der Wikinger. In meinen Ohren klingen die Laute weich und angenehm, natürlich verstehe ich kein Wort. Das Atoll war über Jahrhunderte dänische Kolonie, ist nun aber so gut wie unabhängig. Es werden sogar eigene Geldscheine gedruckt. Nur Außen- und Verteidigungspolitik ist Sache der dänischen Regierung, allerdings haben die Färöer ein Mitspracherecht in diesen Angelegenheiten. Folgerichtig gehören die Inseln auch nicht zur EU. 97 Prozent des Inlandsproduktes werden durch Fischerei erwirtschaftet. Dazu gehört bedauerlicherweise auch der Walfang.

Tórshavn ist die Landeshauptstadt der Färöer-Inseln und hat um die 19 000 Einwohner, hier lebt nahezu die Hälfte der Gesamtbevölkerung. Das Städtchen liegt weit verstreut in einer weiten Hügellandschaft über dem Meer.

Die verbleibenden Tage nutze ich, um den Ort und die nähere Umgebung zu erkunden. Der Ortskern liegt direkt am Naturhafen, mit den vielen braunen Holzhäuschen mit bunten Fensterrahmen und grasbewachsenen Dächern wirkt er malerisch. Im Hafen herrscht reger Betrieb. Irgendwann liegt ein großes Kreuzfahrschiff vor Anker, im Nu wird der Ort förmlich von Reisenden überschwemmt.

Zum gleichen Zeitpunkt als die deutsche Wehrmacht Norwegen und Dänemark okkupierte, landeten die Briten auf den Inseln. So kann ich am Stadtrand noch deren schwere

Schiffsgeschütze in Augenschein nehmen. Nach einer ausgedehnten Wanderung verpasse ich im Bus die richtige Haltestelle und komme unversehens in den Genuss einer größeren Sightseeing-Tour, denn der Bus klappert das gesamte Stadtgebiet ab. Das Hostel auf der Höhe immer in Sichtweite, kämpfe ich immer wieder gegen Einzäunungen an, bis ich schließlich einen Durchgang finde. Von der alten Festungsanlage mit dem Leuchtturm beobachte ich das Auslaufen des Kreuzfahrers.

Von Tórshavn aus geht es am nächsten Morgen mit dem Fährschiff weiter. Nach angenehmer knapp siebzehnstündiger Fahrt durch den Nordatlantik erreichen wir am Morgen des 27. August Ostisland. Die Schweizerin Ester, eine lustige Rucksacktouristin mit zotteligen Rastalocken, wird natürlich gleich nach der Ankunft im isländischen Seydisfjordur vom Zoll in Empfang genommen. Gemeinsam mit Bill, meinem Zimmernachbar in Tórshavn, lassen wir uns in dem dem Fähranleger gegenüberliegenden Café nieder und genießen einen wirklich guten Kaffee.

Es klart etwas auf, und ich marschiere zu einem Wasserfall, lasse mir von einem netten Führer das kleine Technikmuseum erklären. In dem ehemaligen Telegrafenamt gibt es viel über Telegrafentechnik, Überseekabel und Kommunikationswege zu hören und zu sehen. Im kleinen Bus zum Flughafen bin ich der einzige Fahrgast.

Die Überquerung der Insel von Ost nach West dauert eine knappe Stunde, und in Reykjavik scheint die Sonne. Der Inlandsflughafen liegt am Stadtrand.

Auch Island wurde ursprünglich von Norwegern besiedelt, die vor einem blutrünstigen Normannenherrscher geflohen waren. Dazu gibt es zwei Storys. Die Färöer sagen, sie waren die mutigeren: Auch sie wären auf der Flucht gewesen, aber nicht ganz so weit abgehauen. Die Islandvariante hört sich so an: Die Norweger, die auf den Färöern geblieben sind, wären ganz einfach wegen Seekrankheit nicht weitergefahren. Sei es ,wie es wolle, auch die Isländer sprechen eine Wikinger-Sprache!

Der Flug nach Südgrönland in den Ort Narsarsuaq dauert zwei Stunden, der Blick aus dem Fenster auf Berge und Gletscherwelt ist umwerfend. Beim Landen geht ein starker Wind, Böen schütteln den Flieger durch. Mit einem Zubringerbus geht es zur Jugendherberge, wo ich mein Gepäck abstelle. Trotz des sturmartigen Nordwindes breche ich gleich zum winzigen Hafen vor einer Lagune auf, in der etliche kleine Eisberge dümpeln. Später stolpere ich auf der Suche nach einem Lebensmittelladen durch das 180-Seelen-Dorf mit den Fertigbauhütten und erstehe in einer Wellblechhütte eine Dose rote Bohnen für das »Dinner«. War der Weg zum Hafen mit Rückenwind locker zu bewältigen, muss ich mich zurück mächtig anstrengen, um dem Gegenwind zu trotzen. In der Jugendherberge ist inzwischen die Hölle los. Der gesamte Aufenthaltsraum ist voller laut parlierender Spanier. Plötzlich kommt mir diese Sprache gar nicht mehr sonderlich elegant vor. Zum Abendessen mache ich mir die Bohnen in einem Topf warm. In einem großen Kessel köchelt ein spanischer Eintopf, als kleines »Schmerzensgeld« füge ich meinen Bohnen einige Schöpfer davon hinzu. Gut, dass ich Ohropax dabeihabe, denn einer meiner drei Schlafgenossen holzt den gesamten restlichen Wald von Grönland während dieser Nacht ab.

Der Flug (am nächsten Morgen) in die Landeshauptstadt Nuuk ist überwältigend und toppt das Erlebnis vom Vortag noch um einiges. Die viermotorige Dash-7-Maschine fliegt entlang der Gletscherkante, und bei strahlendem, von wenigen Wolken unterbrochenem Sonnenschein habe ich einen unvergesslichen Blick auf den Inlandgletscher und die vielen kleinen blauen Seen, die sich in den Gebirgstälern stauen. Immer wieder schieben sich riesige Gletscherströme wie Zungen in die Täler – ein unbeschreiblicher Anblick!

Nach meiner Ankunft bleibt mir nichts anderes übrig, als mit einem schmerzhaft teuren Taxi in die Stadt zu fahren. Zum Glück liegt meine Unterkunft zentral. Der Plattenbau wirkt von außen relativ hässlich. Wie per Mail vereinbart, hole ich den Schlüssel unter dem Fußabstreifer hervor und stehe zu meinem Erstaunen in einer geschmackvoll eingerichteten, geräumigen Wohnung, die ich für mich alleine habe. Die Vermieter sind auf Urlaub in Dänemark.

Über mir wölbt sich strahlend blauer Himmel. Nuuk mit seinen 16 200 Einwohnern liegt malerisch an einem Meeresarm. Die meisten Häuser sind Plattenbauten, man könnte auch in Hoyerswerda sein, wäre da nicht die atemberaubende Gebirgslandschaft vor dem blauen Fjord. Zwischen die hässlichen Hochhäuser ducken sich bunte Holzhäuschen.

Grönland ist mit seinen 2,4 Millionen qkm fünfmal größer als Deutschland und damit die größte Insel der Erde. Hier leben nur 56 000 Menschen, die meisten von ihnen sind Inuit. Die nannte man früher einfach Eskimos, abgeleitet vom französischen Esquimaux, was übersetzt so viel wie »Rohe Fleischfresser« bedeutet. Inuit heißt in der Einheimischensprache einfach Mensch. Die Ureinwohner sind in mehreren Einwanderungswellen von Sibirien und Alaska hierhergekommen. Vor 1000 Jahren besiedelten die Nordmänner unter Erik dem Roten Grönland und kamen sogar bis nach Amerika. 350 Jahre später verschwanden sie so geheimnisvoll, wie sie gekommen waren. Die dänische Kolonisierung begann im 18. Jahrhundert. Durch Zivilisationskrankheiten wurde die endogene Bevölkerung auf 8000 Menschen dezimiert. Im Jahre 1979 erhielt Grönland die eingeschränkte Autonomie und wurde schließlich in Jahr meiner Reise von

Königin Margarethe II. von Dänemark in die relative Unabhängigkeit entlassen.

Dank der Fürsorge der dänischen Regierung in den letzten Jahrzehnten hat sich die Inuit-Bevölkerung wieder auf 50 000 erhöht, die Menschen leben in relativem Wohlstand, und die Kinder genießen eine gute Schulbildung. Es gibt so gut wie keine Analphabeten, und die Arbeitslosenrate ist relativ niedrig. So bleiben mir die traurigen Bilder betrunkener Inuit im Großen und Ganzen erspart, wie ich sie aus Anchorage und anderen Städten Alaskas kenne. Die Ureinwohner Sibiriens, Kanadas, Alaskas und Grönlands haben sich mittlerweile zu einer lockeren politischen Gemeinschaft zusammengeschlossen, die auch bei der UN akkreditiert ist.

Nur die Seehundjäger sind auf der Strecke geblieben. Das hängt damit zusammen, dass Europäer und Amerikaner Seehundfell generell ächten, ohne daran zu denken, dass die Grönländer sehr human jagen und dass ihre Jagd überhaupt nichts mit der Schlächterei der sogenannten Heuler, also der Jungtiere, in Kanada zu tun hat. So ist die Einnahmequelle von 2800 Jägern, nämlich der Fellhandel, total zusammengebrochen.

Am nächsten Tag ist das Wetter nicht mehr so großartig, erst nachmittags kommt die Sonne ein bisschen durch. Ich spaziere im Ort herum, bewundere den riesigen Briefkasten vom Weihnachtsmann, in dem die Post von Kindern aus aller Herren Länder steckt. Vor Weihnachten wird Brief für Brief vom Weihnachtsmann persönlich beantwortet. Im Museum erfährt der Besucher viel über das Leben der Inuit und über die Geschichte des Landes. Unheimlich sind 500 Jahre alte Mumien, die erst vor einigen Jahren entdeckt wurden. Ein kleines Kind sieht aus, als wäre es gerade erst verstorben.

Mir bleibt nichts anderes übrig, als für meine Weiterreise wieder eines der sündteuren Taxis zum Flughafen zu nehmen. Der Flug mit Zwischenstopp in Kangerlussuaq ist einfach berauschend, unter mir liegt die gleißende Kante des Inlandeises.

In Ilulissat gibt es wieder keine öffentlichen Verkehrsmittel, und zähneknirschend fahre ich mit dem Taxi zur Jugendherberge. Für das Geld, das ich inzwischen für Taxis ausgegeben habe, könnte ich mir gefühlt einen Kleinwagen kaufen. Der Herbergsvater ist Uli, ein grimmig dreinblickender Thüringer mit einem Herz aus Gold, der mir auf Anhieb einen Sonderpreis für meine Einmannbude macht. Voller Tatendrang ziehe ich gleich los und werfe von einer Landzunge den ersten Blick auf die Diskobucht mit den dahintreibenden Eisbergen, ein Gänsehauterlebnis. Nach einer kleinen Wanderung komme ich am Spätnachmittag zur Aussichtsplattform des vornehmen Arctic-Hotels mit seinen igluähnlichen Aluminiumhäuschen und erlebe den Sonnenuntergang hinter dem glitzernden, ruhigen nördlichen Eismeer mit den treibenden Eisbergen. Niemand stört die arktische Ruhe, Eis kann unheimlich schön sein.

Nachts werde ich von dem Geheul der Schlittenhunde geweckt. Ilulissat hat 5000 Einwohner und 2500 Schlittenhunde, die sich im Sommer natürlich langweilen, weil sie nichts zu tun haben. Übrigens bin ich froh, dass sie angekettet sind, die Tiere sind nämlich alles andere als Schoßhündchen.

Nach dem selbstzubereiteten Frühstück wandere ich einsam hinaus zum Eisfjord. Ein umwerfendes Erlebnis. Ich komme ganz nahe an die riesigen Eisberge heran. Der Fjord selbst ist 40 km lang und 7 km breit. 600 km landeinwärts liegt die Abbruchkante am Inlandgletscher, und »allmählich« schiebt sich ein Eisberg nach dem anderen Richtung Meer. Vor wenigen Jahren legten die Eismassen lediglich 22 Meter am Tag zurück. Bedingt durch die Aufheizung der Atmosphäre sind es nun täglich etwa 34 Meter. Hier beginnen die Eisberge ihre Reise und schmelzen endgültig irgendwo vor New York oder sonst wo im Atlantik. Auch der »Titanic« ist so ein Ungetüm zum Verhängnis geworden. Dieses Naturerbe der Menschheit ist der produktivste Gletscher auf der nördlichen Hemisphäre. Da sitzt du als kleines Menschlein und kriegst das Maul vor lauter Staunen nicht mehr zu. Der einzige Mensch, dem ich auf meiner Wanderung begegne, ist Bernd aus Karlsruhe, der zwei Wochen mit 32 kg Gepäck auf dem Rücken durch die Wildnis gestreift ist. Für mich Weichei ein Wahnsinniger. Ein kurzer Händedruck, und er zieht weiter, kerzengerade, als hätte er nur einen Tagesrucksack auf dem Buckel.

Am Spätnachmittag erklimme ich einen Aussichtsberg, ich kann mich an dieser phantastischen Eiswelt ganz einfach nicht sattsehen.

Am nächsten Tag schippere ich mit dem Schiff »Smilla«, gesteuert von einem deutschen Kapitän, durch die Eiswelt. Mit im Boot sind vier Dänen mit zwei Kleinkindern und eine Taiwanesin, die sehr gut Englisch spricht. Zunächst halten wir in dem Örtchen Rodbay, das aus einigen bunten Holzhäuschen besteht. Dort hat eine Familie aus Thüringen ein Restaurant, das Lokal ist mir aus einer Fernsehsendung über Grönland bekannt. Kisten werden an Bord geschleppt, das Mittagessen für unsere Tour. Vorbei an riesigen Eisbergen sucht sich das kleine Boot den Weg in Richtung Eqi-Gletscher, insgesamt ist eine Entfernung von etwa 60 Kilometern zurückzulegen. Mit unserem Boot war ein Jahr zuvor auch unsere Kanzlerin unterwegs. Vor der riesigen Gletscherzunge hat sich ein sogenanntes Schelf gebildet, ein Verbund von Eisschollen, Packeis und Eisbergen. Hier muss unser Skipper die Fahrrinnen suchen. Etwa 400 Meter vor der um die 100 Meter hohen Gletscherwand wird der Anker geworfen, und in der absoluten Stille unter stahlblauem Himmel lassen wir die Eiswelt auf uns wirken. Nur ab und zu ist ein explosionsartiges Geräusch zu hören, wenn wieder ein Eisblock aus der Wand bricht und donnernd in das Meer stürzt.

Zwischendurch wird das Mittagessen serviert, Fisch und Meeresfrüchte vom Feinsten. Es gibt auch ein Gläschen Wein dazu, sogar aus der Pfalz, den halbtrockenen Kerner. Um aus dem Schelf herauszukommen, brauchen wir für die kurze Strecke zweieinhalb Stunden, es mutet wie eine Irrfahrt an, ein Lob dem Kapitän. Gegen Abend laufen wir im Heimathafen ein. Zum Dinner koche ich mir in der Küche der Herberge Pasta und spaziere nochmals hinunter zur Diskobucht, die Nordmeersommertage sind lang. Die untergehende Sonne überzieht Meer und Gletscherwelt mit einem Schimmer aus Gold.

Am nächsten Morgen steige ich ein bisschen im hügeligen Ilulissat herum. Zwei süße Schlittenhund-Welpen laufen schwanzwedelnd ein Stück mit mir. Fisch trocknet in der Sonne.

Der Nachmittag bringt erneut einen Höhepunkt. In einer motorisierten Barke gleite ich zwischen den Eisbergen am Ausgang des Eisfjordes hindurch wie zwischen weißen Riesen. Schade, dass ich keinen Whiskey dabeihabe, denn von einem der Eisberge wird 100 000 Jahre altes Eis abgeschabt, da wäre ein Single Malt On The Rocks schon etwas Besonderes. Voller Neid blicke ich auf meine Mitreisenden, die sich ihren Drink schmecken lassen, nach einem Schluck zu fragen bin ich zu stolz.

Spätnachmittags mache ich mich zu Fuß nochmals auf eine lange Tour, schaue vom Festland aus auf die bizarre Eislandschaft. Am Horizont geht die Sonne unter und verwandelt das Meer in einen glitzernden goldenen Spiegel. Es ist ein eigenartiges Gefühl, auf dem erdgeschichtlich ältesten

Gestein unseres Planeten zu stehen und auf diese einzigartige Landschaft zu blicken. Zwischen den Felsen tollen in unmittelbarer Nähe zwei junge Polarfüchse herum. Unfassbar, dass Grönland einst am Äquator lag, im Laufe der Jahrmillionen nach Norden gedriftet ist und hier sogar Dinosaurier gelebt haben.

Am nächsten Morgen ist die Jugendherberge nahezu leer. Nach dem Frühstück mache ich mich nochmals auf den Weg durch das ehemalige Jakobshaven, jetzt Ilulissat, und komme am schönen Hotel »Icefjord« vorbei, das direkt an der Diskobucht liegt. Schulkinder laufen für irgendeine Meisterschaft. Etliche von ihnen sind ziemlich übergewichtig und schleppen sich mühsam vorwärts. Sportlich scheinen die wenigsten Jugendlichen sonderlich fit und verweilen deshalb mal ganz gerne bei den süßen kleinen Hundebabys.

Schließlich schnüre ich mein »Ränzlein«, das ganz schön schwer ist. Den Schlafsack lasse ich da, die Leicht-Luftmatratze ist bereits auf dem Fährschiff geblieben. Die letzten Jahre meines Reiselebens will ich nun doch komfortabler gestalten und mehr gemeinsam mit Renate unterwegs sein.

Uli, der »Herbergsvater«, ein echter Gschaftlhuber, bringt mich mit dem Bus der Reiseagentur »World of Greenland« zum Flughafen. Er ist ein netter und gutmütiger Bursche. Irgendwie erinnert er mich an einen thüringischen Verschnitt vom »Herz-und-eine-Seele«-Ekel Alfred.

Im Flieger nach Kangerlussuaq, einer Turboprop Dash 7, sitzen lediglich fünf Passagiere, und ich kann mich wieder mal nicht sattsehen an dem Blick auf den Fjord mit den glitzernden Eisbergen. Schon nach 40 Minuten landen wir im westgrönländischen Kangerlussuaq. Der Ort vor einigen runden kahlen Bergen wirkt wie ein amerikanisches Militärcamp – und das war er in der Tat einmal. Das größte grönländische Flugfeld wurde bis 1992 von den USA als »Sonderström Air Base« genutzt. Grönland wurde während des Zweiten Weltkriegs als Abwehrstellung gegen Nazi-Deutschland ausgebaut und bekam während des Kalten Krieges eine ganz neue Bedeutung. Nach 1989 wurden die militärischen Einrichtungen weitgehend aufgegeben. Neben einigen Radarstellungen blieb die »Thule-Airbase« hoch im Norden erhalten. Dort verlor ein amerikanischer B-52-Bomber Ende der Sechziger vier Atomsprengköpfe, einer davon blieb bis heute unauffindbar. Diese Airbase spielt in der Raketenabwehrstrategie von Cowboy Bush im Krieg gegen die Achse des Bösen, also Iran und Nordkorea, eine wichtige Rolle. Die beiden Länder sind unendlich weit entfernt. Sibirien aber ist nahe – und das gehört ja zu Russland. Es ist zu hoffen, meine ich während dieser Reise, dass Obama diese Relikte eines neuen Kalten Krieges möglichst schnell in den Mülleimer der Geschichte schmeißt.

Allerdings werfen im Jahre 2016 die augenscheinlichen Pläne Putins von einem neuen großrussischen Reich auch gewisse Fragen auf. War G.W. Bush während seiner Präsidentschaft vielleicht doch ein Visionär?

Am nächsten Morgen geht es mit einem allradgetriebenen Mercedes-Kasten-LKW zur Moschus-Ochsen-Safari. Der Fahrer-Guide gibt sich alle Mühe, fündig zu werden, bleibt aber ziemlich erfolglos. Schließlich baut er auf einem Stativ ein Fernrohr auf, und wir können in etwa 2 Kilometer Entfernung drei der Büffel durch das Glas betrachten. Zwischen 1962 und 1965 wurden 27 Kälber dieser mächtigen Rinderrasse in dieser Gegend ausgesetzt. Sie haben es mittlerweile zu einer stattlichen Nachkommenschaft von 3000 Tieren gebracht. Im Gegensatz zu den Landschaften, die ich bisher auf Grönland kennengelernt habe, wo der karge Fels nur von Moosen und Flechten bedeckt ist, findet man hier, begünstigt durch die Lage in einem weiten windgeschützten Tal, auch widerstandsfähige Büsche, Blümchen, Beerengewächse, ich sichte sogar zwei junge Nadelbäume.

Mittags mache ich mich auf den Weg in Richtung des Zuckerhutes, natürlich nicht den von Rio, und wandere mutterseelenallein durch unberührte Tundra. Dabei passiere ich den nördlichsten Golfplatz auf unserem Planeten, der hat sogar 18 Löcher zu bieten. Beim Abendessen komme ich mit etlichen der Dänen, die auf einen Kurzurlaub herübergekommen sind, ins Gespräch und treffe auf nette, aufmerksame Menschen, die sich sogar bemühen, Deutsch mit mir zu sprechen. Selbst sie stöhnen über das hohe Preisniveau, obwohl ihre Heimat alles andere als ein Billigland ist.

Als ich am Sonntagmorgen um fünf Uhr, daheim in München ist es neun, Renate ein paar telefonische Grüße vom Münzfernsprecher übermitteln will und auf dem engen Gang mit Unterhose und T-Shirt stehe, laufen etliche ältere dänische Touris im Rahmen der senilen Bettflucht an mir vorbei. An diesem Tag steht eine Tour zum Inlandeis auf dem Programm. Die kleine Reisegesellschaft passiert im Allradfahrzeug den Zuckerhut, und wir kommen schließlich in eine wüstenähnliche Gegend an einem mäandernden ausgetrockneten Flussbett. Dort liegt das Wrack einer abgestürzten amerikanischen Militärmaschine. Am 8. November 1968 waren sieben Flugzeuge vom Typ 33a im Anflug auf die Airbase, konnten aber wegen eines heftigen Schneesturms nicht landen. Während es vier Maschinen gerade noch gelang, heil auf den Boden zu kommen, ging den anderen drei der Sprit aus und sie krachten rund um den Flugplatz in die Landschaft. Die Piloten konnten sich mit dem Schleudersitz retten.

Die Gegend mit ihren Flechten, Moosen, aber auch wetterfesten Blumen und Beerensträuchern, geduckt an die karge Erdkrume, färbt sich herbstlich gelb. Wir halten an einem blauen, sieben Kilometer langen fjordartigen See, am

Horizont zeigt sich die ausgedehnte Fläche des ewigen Eises, der wir uns allmählich nähern. 80 Prozent der Fläche Grönlands werden von diesem gigantischen Gletschergebiet bedeckt, bis zu 3000 Meter tief ist die Eisschicht. Der Gletscher bewegt sich im Schneckentempo vorwärts und schiebt dabei eine enorme Schutt- und Geröll-Anhäufung vor sich her. Nun kann ich mir vorstellen, wie die Moränenlandschaft im Dachauer Hinterland vor 10 000 Jahren ausgesehen haben mag.

Über einen gewaltigen Moränenhügel steigen wir hinauf ins »ewige« Eis. Eiskristalle knirschen unter schweren Bergstiefeln. Es ist ein erhabenes Erlebnis, auf dem gewaltigen Eisfeld mit seinen Schneebergen und Kristallwänden zu stehen. Nun, was heißt hier ewiges Eis? Falls sich die Erderwärmung in der derzeitigen Rasanz fortsetzt, wird nach pessimistischen Schätzungen in 100 Jahren die gesamte Eisfläche der nördlichen Hemisphäre abgeschmolzen und der Meeresspiegel um sieben Meter gestiegen sein.

Schweren Herzens trennen wir uns von dieser würdevollen Landschaft. Auf dem Rückweg hält der Guide an einem Wasserfall. In Kaskaden ergießt sich das Gletscherwasser in das breite Flusstal. Eine Inuitfamilie stärkt sich bei einem Picknick und winkt uns freundlich zu.

Im Restaurant Roklubben am malerischen Ferguson-See hat der Manager vom »Old Camp« ein delikates Buffet organisieren lassen. Als Nicht-Gruppenreisender werde ich vom Personal als eine Art Aussätziger behandelt und mutterseelenallein an einem abseitigen Tisch platziert. Einige von meinen neuen dänischen Bekannten holen mich aber an ihren Tisch und es wird ein geselliger Abend. Mit Rentier, Moschusochs, Wal, getrocknetem Heilbutt und vielen anderen Meeresspezialitäten wird alles aufgetischt, was die Arktis zu bieten hat. Die Weine und das dänische Bier sind mir zu teuer, so labe ich mich am von jahrtausendealten Eiswürfeln gekühlten Gletscherwasser.

Der letzte Tag auf Grönland beginnt um neun Uhr mit dem Bustransfer zum Flughafen. Dort erfahre ich, dass die Maschine statt um 11:25 Uhr erst gegen 17 Uhr starten soll. Zubringerflüge haben Wetterprobleme. Tatsächlich hebt die Maschine auch um diese Zeit ab, und ich bin am darauffolgenden Tag um ein Uhr morgens am Flughafen von Kopenhagen. Das Gepäck kommt um zwei Uhr vom Band, eine Viertelstunde nach der Abfahrt des letzten Zuges in die Stadt. So versuche ich mich mit der fahrerlosen U-Bahn in die Stadt durchzuschlagen, lande in Nöreport, ungefähr zwei Kilometer von meinem Ziel, sehe, dass von dort in 10 Minuten eine S-Bahn zum Hauptbahnhof geht, und überwinde mit meinem schweren Gepäck eine Hindernisrunde über Treppen und nicht funktionierende Rolltreppen zum richtigen Gleis. Am Hauptbahnhof sitze ich dann endgültig in der Falle, weil ich keinen Ausgang finde. Das gesamte riesige Gebäude scheint verrammelt und abgesperrt. Irgendwann treffe ich in dem menschenleeren riesigen Bahnhof Gleisarbeiter, die mir den einzigen nächtlichen Ausgang weisen. Fluchend überwinde ich die restlichen gefühlten Kilometer Treppen und liege schließlich gegen 4:30 Uhr im gebuchten Hotel im Bett.

Den wunderschönen Sonnentag in Kopenhagen verbringe ich nach den Anstrengungen der Nacht ziemlich passiv und bin froh, als ich nach dem abendlichen Heimflug nach München endlich wieder Renate in die Arme schließen darf.

TEIL IX

EUROPA

Mit siebzehn Jahren war Bayern für mich der Nabel der Welt. Ich kannte aus der Passauer Zeit die GIs, die in der Nähe meines Elternhauses stationiert waren und uns Kindern »Chevingum« mit Pfefferminzgeschmack in die Hand drückten. Ich kannte auch den Franzosen Jacques, der nach der Kriegsgefangenschaft irgendwie in Bayern hängen geblieben war und nicht mehr fortwollte. Da gab es Sergej, den ehemaligen Leutnant der Wlassow-Armee, der nicht mehr in seine russische Heimat zurückkonnte. Sie gehörten für mich in meine Welt wie der Buchhalter Warmus in der Firma oder der Studienrat Ruf in der Berufsschule. Sie waren eben da, Teil der Umgebung, in der ich zu Hause war. Die Welt da draußen war die meiner Bücher, die meiner kleinen Fluchten in die nähere Umgebung und die der Sommerurlaube mit meinen Eltern in den österreichischen Alpen.

Meine Weltsicht änderte sich von einem Tag auf den anderen, als Vater mit mir nach Italien reiste. Als wir mit dem Rad über den Brenner fuhren, verpufften meine »Gewissheiten« und machten brennender Neugier Platz. Plötzlich waren wir beide Fremde – und das Leben um uns herum war abenteuerlich und neu: die Menschen. Der melodische Klang der Sprache, die ich nicht verstand. Die gestenreiche Art zu reden. Die Landschaft. Alles faszinierte mich. Merkwürdigerweise erschien mir auch mein Vater plötzlich anders. Er war nicht mehr der strenge, wortkarge Mann, der aus dem Krieg nach Haus gekommen war. Vielmehr war er ein Freund, abenteuerlustig und entspannt. Es war wie eine kleine Offenbarung: Mein Zeitalter des Reisens war endgültig angebrochen.

Brenner
Italien, 19. Juli 1959

Die österreichische Grenzkontrolle liegt hinter uns. Mein Vater und ich sind mit unseren Rädern in Richtung Italien unterwegs. Die erste Begegnung mit unseren südlichen Nachbarn ist nicht gerade von Euphorie getragen. Der mürrische Grenzbeamte schaut in unsere Personalausweise, winkt uns barsch weiter. Soldaten mit Schnellfeuergewehren stehen am Bahnhof neben der Straße. Wir sind in Italien, genauer gesagt in Südtirol. Nun beginnt die Talfahrt. Elegant schlängeln wir uns zwischen den Autos durch, die immer wieder vor Bahnschranken im Stau stehen. Zum Mittagessen kehren wir in einem Albergo ein und wundern uns, dass alle Beilagen zum Schnitzel extra berechnet werden, das Bier aus einem winzigen Fläschchen schmeckt grauenvoll, dafür ist ein 1000-Lire-Schein so groß wie eine Zeitung. Hinter den finsteren Gebäuden der Ortschaft Franzensfeste öffnet sich das Tal des Eisack, und wir blicken in eine weite Landschaft mit Weinbergen. Am späten Nachmittag radeln wir in das Städtchen Klausen und finden bei einem Bauern einen Schlafplatz im Heustadl. Wir trinken ein Glas vom rassigen Weißwein, dessen Trauben an den Hängen wachsen, belegen Brot mit Käse und steigen gestärkt hinauf zum erhaben über dem Tal thronenden Kloster Säben. Im Licht der untergehenden Sonne brechen wir auf, und als wir wieder im Städtchen ankommen, ist es Nacht. Als wir es vor einigen Stunden verlassen haben, wirkte es wie ausgestorben, nun hat es die Bewohner aus ihren Stuben getrieben und sie bevölkern gestikulierend und tratschend die Straßen. Sprechen die Leute auch den tirolerischen deutschen Dialekt, wird mir Teenager schnell klar, dass ich in einer anderen Welt bin, hier beginnt der Süden Europas. Wir beschließen den Tag in einer Weinstube mit einer Flasche Weißwein. Meine Weinerfahrungen beschränken sich auf das eine oder andere Glas »Himmlisches Moseltröpfchen« oder etwas in dieser Richtung, und es ist das erste Mal in meinem Leben, dass ich trockenen Wein trinke. »Sakrament«, denke ich mir, »der ist aber sauer.« Die Zeiten werden sich ändern, und Jahre später werde ich nur noch trockene Weine genießen.

Am nächsten Morgen wollen wir hinauf in die Dolomiten und beschließen, die Bahn als Aufstiegshilfe zu nehmen. Zu unserer Verwunderung spricht keiner der Eisenbahner Deutsch, und es gelingt uns erst nach einigen Anläufen zu erklären, dass wir unsere Fahrräder in die Schmalspurbahn verladen möchten. Meinem Vater sind dabei seine Lateinkenntnisse durchaus hilfreich. Die kleine Dampflok setzt sich in Bewegung, zieht die spielzeuggleichen Wägelchen hinter sich her. Über diese Schmalspurbahn gibt es böse Gerüchte, so soll sie manchmal mitten am Berg stundenlang stehen, um abzukühlen. Wir merken davon nichts, beharrlich zuckelt das Züglein bergwärts. Am Fenster prangt ein kleines Hinweisschild: »Blumenpflücken während der Fahrt verboten«. Nach jeder Kurve zeigt sich uns ein neues Bild. Allmählich verschwinden die Weinberge unter uns, und vor uns tun sich die Gipfel der Dolomiten auf, der Langkofel zeigt sich von verschiedenen Seiten. In Wolkenstein ist die zweistündige Fahrt zu Ende, als wir aussteigen, ist es kühl geworden.

Ein Jahr später wird die Strecke stillgelegt.

1000 Meter Höhenunterschied liegen hinter uns, aber wir müssen noch weit hinauf. In sanften Steigungen geht es bergwärts, und irgendwann stehen wir am Sellajoch und staunen über den Blick auf die Dolomitengipfel, einige ragen wie gigantische Drachenzähne in den Himmel. In sausender Fahrt geht es abwärts, ein Gefühl ungeahnter Freiheit: Bewegung kann so schön sein.

Ich bin geraume Zeit vor meinem Vater im Tal, setze mich an einen Brunnen und warte. Der Tag neigt sich dem Ende zu, rot färben sich die Dolomitenfelsen. Wir haben noch einen großen Anstieg hinauf zum Pordoijoch zu bewältigen, das Trentino und damit »das wirkliche Italien« liegt noch vor uns. In dieses Land werden mich noch viele Reisen führen, und irgendwann werde ich lernen zu verstehen, wie unterschiedlich und dennoch wesensgleich die Menschen dort ticken – und ich werde das Land mit seinen Bewohnern lieben.

Bei den Zyklopen
Sizilien, 1991

Vor der sizilianischen Ortschaft Aci Trezza peitschen die Wellen gegen die Zyklopenfelsen. Hier war es Odysseus laut Homer gelungen, dem Riesen Polyphem mit einem brennenden Holzpfahl das einzige Auge auszustechen und mit einigen Gefährten aus dem Höhlengefängnis zu fliehen. Der rasende Zyklop bewarf die Flüchtigen mit riesigen Felsbrocken, und die ragen nun schwarz und drohend vor der Küste aus dem tobenden Meer.

Der kleine Fischerort liegt verlassen da, der peitschende

Regen hat die Bewohner in ihre Häuser vertrieben. Dem Verkäufer im Tabakladen sind die Fahrkarten für den Bus ausgegangen, so nimmt uns der Fahrer einfach so mit hinüber nach Acireale. Als Renate und ich in der ansehnlichen Stadt aussteigen, zeigt sich tatsächlich die Sonne. Wir versorgen uns mit Salami, Käse und Panini und halten Ausschau nach einem Ort, wo wir Brotzeit machen können. Es trifft sich gut, dass sich der Besitzer vom Blumenstand vor der Kirche San Sebastiano zur Siesta zurückgezogen hat, denn es beginnt wieder zu nieseln. So stellen wir uns unter die Überdachung des verlassenen Standes und beißen in die von uns belegten Semmeln.

In einiger Entfernung stoppt am Straßenrand ein Polizeiauto. Der Stadtpolizist kurbelt die Seitenscheibe herunter und macht mit der Hand diese typische, für uns oft so missverständliche Handbewegung. Wenn wir jemanden heranwinken, halten wir bei ausgestrecktem Unterarm die zum Körper gewandte Handfläche nach oben und bewegen die angewinkelte Hand mit den Fingern nach innen, wiederholen diese Bewegung gegebenenfalls mehrmals. Der Süditaliener macht das anders, der hält die Hand vom Körper weg, Handfläche nach unten und klappt die Finger abwechselnd nach innen. Wir Nordlichter könnten diese Handbewegung so interpretieren, dass wir gehen sollen. Mir ist inzwischen die Bedeutung klar, wir sollen zu ihm kommen. Eigentlich haben wir keine Lust, wenn der Typ was will, kann er sich ja zu uns bewegen. Als das seltsame Heranwinken nicht aufhört, beschließe ich der Aufforderung doch nachzukommen, mit der Obrigkeit legt man sich besser nicht an. Ich trete also fragend an den Uniformierten heran, und dieser greift unter den Sitz – wird er jetzt seine Pistole ziehen? Weit gefehlt. Der Mann hat eine riesige Orange in der Hand, hält sie mir hin und greift nach einer weiteren.

Ich bin sprachlos, stammle »Grazie« und ziehe mich beschämt zu Renate zurück. Erst viel später wird uns bewusst, was es mit dieser Geste auf sich hatte. Wir schreiben das Jahr 1991, und jeden Tag kommen albanische Bootsflüchtlinge im apulischen Otranto an. Der gute Mann hat uns in unserem ziemlich gschlamperten Outfit für mittellose Albaner gehalten. Eine einfache Geste der Gastfreundschaft, an die ich heute immer wieder denken muss.

Jedes Jahr aufs Neue
Südtirol

Ein Jahr ist kein vollkommenes, wenn Renate und ich nicht mindestens einmal, und wenn auch nur für einige Tage, in Südtirol sind. Das Land mit seiner einzigartigen Kombination aus Weinbergen und Hochgebirge, Tiroler Tradition und italienischem Flair hat etwas ganz Besonderes. Wir wechseln von Jahr zu Jahr unsere Standorte, kommen aber auch gern in den einen oder anderen Ort zurück. Die Gegend ist sehr gut mit öffentlichen Bussen zu bereisen, und auf bestimmten Strecken treffen wir immer wieder auf dieselben Originale, den Alten mit dem gegerbten Gesicht, die Greisin mit dem schwarzen Kopftuch. Auf der Fahrt von Prissian an den westlichen Hängen über dem Etschtal hinunter nach Meran fällt uns des Öfteren eine junge Frau mit roten Stoppellocken auf, die einen leicht einfältigen Eindruck auf uns macht. Eines Morgens sitzt sie direkt hinter uns im Bus, und wir hören, wie sie sich mit ihrer Nachbarin unterhält, immer wieder gibt sie die Worte »Dann bin i gflogn« von sich. Neugierig spitze ich die Ohren, kann ich doch nicht glauben, dass dieses Mädel eine Vielfliegerin sein soll. Schließlich erschließt sich des Rätsels Lösung. Seit längerer Zeit versucht sie den Führerschein zu machen und fällt regelmäßig bei der Prüfung durch.

Der Heilige Berg
Griechenland, 1988

Vierzehn Münchner Polizisten verlassen an einem Morgen im Mai mit einem rostigen Motorschiff den kleinen griechischen Hafen von Ouranopolis. Schorsch, unseren Busfahrer, haben wir kurzerhand zum Polizeiobermeister ernannt. Mit Hilfe des Polizeichefs von Nordgriechenland ist es mir gelungen, die Genehmigung zu erhalten, mit so vielen Männern den Heiligen Berg zu besuchen. Vorschrift ist eigentlich, dass pro Tag nur zehn Nichtgriechen Athos besuchen dürfen. Aber bekanntlich bestätigen Ausnahmen die Regel.

Die Mönchsrepublik ist eine strikte Männerdomäne. Die einzige Frau, deren Anwesenheit auf der Insel gestattet ist, ist die Gottesmutter. Selbst die Haustiere müssen Männchen sein. Bei den Vögeln, Echsen und sonstigen freilebenden Tieren wird widerwillig ein Auge zugedrückt. Es gibt Dutzende von Geschichten, wie wissbegierige Frauen versucht haben, in Männerkleidung das Unmögliche zu testen, vergeblich, sie wurden alle entdeckt und unter Schmähungen zurück auf das Festland geschickt.

Auf Athos sind diverse orthodoxe Religionsrichtungen vertreten. Unser erstes Ziel ist Panteleimonos, das Kloster der Russen, eine mächtige Anlage direkt an einer Meeresbucht. Schon von weitem sehen wir das massige Bauwerk mit seinen Zwiebeltürmen, die an die Hauben der Münchner Frauenkirche erinnern. Das gewaltige Hauptgebäude liegt in der Mitte eines riesigen Baukomplexes. Am Anleger begrüßt uns der Vorsteher und führt uns in die Anlage. Er trägt einen schwarzen Umhang, über dem Gesicht mit dem weißen Vollbart sitzt der runde krempenlose Hut, von dem ein Tuch über Nacken und Schultern fällt. Er erzählt uns mit müder Stimme, dass die Brüder die ganze Nacht gebetet haben, es sei mal wieder eine der göttlich mystischen Nächte gewesen. So nehmen wir die Morgenmahlzeit alleine im Speisesaal, dem Refektorium, ein. An den Wänden hängen Ikonen von märchenhafter Vollkommenheit. Zum einfachen, aber köstlich zubereiteten Heilbutt gibt es Oliven, Knoblauchzehen, Schafskäse und einen hervorragenden Wein. Nach dem Frühstück bittet uns der Abt in seinen Wohnbereich und bereitet uns türkischen Kaffee zu, der aber seit der Invasion von Atatürks Erben in Nordzypern »griechischer Kaffee« heißt. Dazu werden Ouzo und Lukumia (Fruchtgeleekugeln) gereicht. Schließlich führt er uns noch in die Kirche im vierten Stock. Als wir diese betreten, sind wir von dem reichen Goldschmuck für einen Augenblick wie geblendet.

Wir werden freundlich verabschiedet und erreichen nach kurzer Fahrt den Hafen Daphni, wo uns ein hier stationierter Polizeibeamter, sozusagen griechischer Statthalter, die Aufenthaltsgenehmigung überreicht. Von dort steigen wir steil zum Kloster Simon Petra hinauf. Wir sind vom Anblick der Anlage, die wie ein Schwalbennest an einer Felswand klebt und an ein tibetisches Kloster erinnert, auf Anhieb gefesselt. Pater Ambrosius, der perfekt Deutsch spricht, erzählt uns viel über die Überwindung der Leidenschaft durch das Gebet und über unvorstellbare Wunder. Er kam einst als ungelernter Arbeiter nach Deutschland, hat dort in Abendkursen das Abitur nachgeholt und später Medizin studiert. Eine enttäuschte Liebe führte ihn schließlich in die Entsagung des Klosterlebens. Von ihm erfahren wir, dass die Mönche nicht arbeiten. Für die Feldarbeit, Bautätigkeiten und sonstige körperliche Tätigkeiten kommen Griechen vom Festland herüber. Die ausschließliche Aufgabe der Ordensbrüder ist zu beten. »So lange die Mönche auf Athos beten, geht die Welt nicht zugrunde«, meint er. Im Brustton der Überzeugung erläutert uns der studierte Mediziner, dass jedes Jahr am 22. Juli, dem Namenstag von Maria Magdalena, die Hand der Schutzheiligen des Klosters aus der schützenden Umhüllung geholt wird – und sich anfühlt wie die einer Lebenden und wunderbar duftet. Maria Magdalena ist vor nahezu 2000 Jahren gestorben.

Durch blühende Macchia-Landschaft, begleitet vom Geträller der Singvögel, wandern wir weiter zum Kloster Grigoriou. Wir werden von Bruder G. Kapsansis empfangen, sozusagen der PR-Manager des Klosters. Er unterhält sich in fließendem Englisch mit uns. Die einfach eingerichteten Gästezimmer liegen außerhalb der eigentlichen Klosteranlage. Das Nachtmahl nehmen wir im Kreis der Mönche ein. Während des Essens liest ein Mönch aus der Heiligen Schrift. Das Essen ist wieder einfach, aber sehr schmackhaft – und ich lasse mir Zeit, genieße den dazu gereichten köstlichen Wein. Das ist ein Fehler. Denn urplötzlich steht der Abt auf, bekreuzigt sich – und das Essen ist beendet. Hungrig stehe ich vom Tisch auf.

Vom Garten aus sehen wir die Sonne im Meer versinken. Allmählich versuchen wir, uns unserer inneren Einkehr zuzuwenden. Ob es allen gelingt, werde ich nie erfahren. Aber ich habe das Gefühl, dass mich in dieser Nacht etwas wie innerer Frieden umgibt.

Am frühen Morgen bekommen wir noch ein wenig von den Gebeten mit, welche vor vielen Stunden begonnen haben. Beim Kaffee führen wir hochinteressante Gespräche mit anderen Pilgern – zwei davon stammen aus Deutschland.

Alle sind streng orthodoxe Christen – und ich erfahre, dass die Katholiken nur halbe Christen sind, weil sie sich vom ursprünglichen geraden Weg entfernt haben. Aber sie ehren wenigstens die Sakramente und glauben immerhin an die Mutter Gottes und deren unbefleckte Empfängnis. Die Protestanten aber sind in den Augen unserer Gesprächspartner ganz einfach Ungläubige. Ich hüte mich zu fragen, was mich als Agnostiker erwartet, wenn ich einst von dieser Welt scheide.

Unsere Barkasse erwartet uns bereits, und es geht zurück nach Daphni. Von hier fährt der »Linienbus«, ein klappriges uraltes Allradgefährt, nach Karyes, die Inselhauptstadt. Wir werden vom Protos, dem obersten Kirchenführer der Mönchsrepublik, persönlich begrüßt. Er will viel von der »Welt da draußen« wissen. Unmissverständlich bekomme ich von einem älteren Mönch einen Stoß mit dem Fuß, als ich zu lässig die Beine übereinanderschlage. Der Protaton ist die Kirche des obersten Würdenträgers. In dem Allerheiligsten bewundern wir die herrlichen Wandmalereien der byzantinischen und mazedonischen Schule. Als wir wieder auf der Straße sind, kommt ein etwas heruntergekommener Typ auf uns zu. Sein Bart ist ungepflegt, das Haar fällt ihm strähnig bis auf die Schultern, und sein Gewand hat schon bessere Tage gesehen. Er wendet sich in perfektem Deutsch an uns. Der Mann ist Vorsteher einer Skite, einer kleinen Mönchsgemeinschaft, und lädt uns in seine Ordensgemeinschaft ein. Auf der Insel gibt es nicht nur Klöster, sondern auch solche Kollektive und Einsiedeleien. Unser Mönch stellt sich als von Holzapfel vor, seine Vorfahren wurden einst aus Deutschland von Katharina der Großen nach Russland geholt. Bedauernd müssen wir die Einladung ablehnen, der Marsch dorthin würde unseren Zeitplan sprengen.

Wir steigen wieder in den Bus, und es geht nach Iviron,

hier ist der Sage nach Maria an Land gegangen. Wir bewundern eine ungeheuer reich gestaltete goldumrandete Madonna mit dem Kind. Der Sage nach ist die Ikone auf wundersame Weise vor tausend Jahren von Konstantinopel hierher geschwommen und hat im Laufe der Jahrhunderte dreimal selbständig ihren Platz gewechselt, als man sie umhängen wollte. Wir bewundern noch weitere Kunstschätze von unvorstellbarem Wert und schauen in die Bibliothek mit über 2000 Handschriften. Nochmals nehmen wir gemeinsam mit den Mönchen das Mittagsmahl ein. Dieses Mal spute ich mich, ich will nicht wieder hungrig vom Tisch aufstehen.

Schließlich bringt uns der Bus zurück nach Daphni. Delphine begleiten unser Boot hinaus aus der Bucht. Aus einem kleinen Boot winkt ein Mönch. Es ist der Protos auf dem Weg zum Festland und weiter nach Konstantinopel. Vielleicht wird er dem Patriarchen vom Besuch der seltsamen deutschen Polizisten erzählen – wer weiß?

Viele Jahre später werde ich von mafiösen Machenschaften von Mönchen auf dem Heiligen Berg erfahren, bei denen es um Schwarzgeld in mehrstelliger Millionenhöhe geht. Die Brüder sind also offensichtlich auch nur ganz normale Menschen und der eine oder andere von ihnen offenbar nicht davor gefeit, einer besonders hässlichen Eigenschaft, nämlich der Gier, zu erliegen.

Gipsy-Caravan
Irland, 1976

Meine Tochter Jutta ist elf Jahre alt. Unsere junge Familie fährt mit dem R4 über Paris und mit der Fähre in die Republik Irland. Dort mieten wir uns einen »Horsedrawn Caravan«, einen Planwagen, der von einem Pferd gezogen wird. Wir haben vor, so wie die Tinker durch das Land zu ziehen. Im Jahre 1976 nennt man diese Menschen noch »irische Zigeuner«, heute werden sie respektvoller als »nicht sesshafte ethnische Minderheit aus Irland« bezeichnet. Diese »Traveller«, heutzutage leben in den angelsächsischen Ländern noch etwa 50 000, waren ursprünglich Kesselflicker und verdienten sich so als Nomaden ihr Geld. Ich habe im Reiseteil der »Süddeutschen Zeitung« über diese ganz besondere Art von Urlaub gelesen. Genau das Richtige für unser Großstadtkind, einmal eine völlig andere Art des Reisens kennenzulernen, dachten meine Frau und ich.

Wir übernehmen also in dem Städtchen Clonakilty im Herzen von West Cork ganz im Süden der Republik Irland unser Gefährt, einen Planwagen, der genügend Platz zum Schlafen und eine einfache Kochmöglichkeit bietet. Unter einigen Pferden dürfen wir uns eines aussuchen. Jutta inspiziert die Stuten und Wallache und entscheidet sich für die zottelige Monice. Mit Hilfe eines rothaarigen Iren mit der typischen Schiebermütze auf dem Kopf legen wir »unserer« gedrungenen, gutmütig erscheinenden Mähre das Geschirr an, bekommen eine kurze Einweisung und schließlich eine Karte in die Hand gedrückt, in der Bauernhöfe eingezeichnet sind, wo wir übernachten können. Dann ziehen wir Stadtmenschen los. Manchmal sitze ich auf dem Kutschbock, ab und zu laufe ich neben der Stute her und führe sie am Zaumzeug. Es funktioniert recht gut, und Frau und Tochter schauen aus dem Wagen fast bewundernd auf mich. Wir zotteln durch die grüne irische Landschaft, halten mal bei einem Bauern und bitten um Wasser für das Tier. Am späten Nachmittag fahren wir mit unserem kleinen Gespann auf einen Rasenplatz bei einem Bauernhof, dort stehen bereits einige Planwagen. Wir schirren Monice ab und führen sie auf die Koppel. Dort wiehert sie befreit, galoppiert eine Runde und wälzt sich auf der Wiese, sie wirkt richtig glücklich.

Am nächsten Morgen wird es ein kleines Abenteuer für alle von uns, unsere Pferde einzufangen, sie scheinen überhaupt keine Lust zu haben, wieder schuften zu müssen. Der Bauer hilft uns, indem er die Tiere mit einem großen Kübel Hafer lockt. Jeder der Gäste hat schließlich sein Ross, nur wir nicht. Die Monice hat überhaupt keinen Bock, sich einfangen zu lassen. Es wird noch eine längere Verfolgungsjagd, bis der Landmann schließlich das Lasso zu Hilfe nimmt und uns unsere Stute übergibt. Mit dem Anschirren kommen wir gut zurecht. Jutta sitzt stolz auf dem Rücken des Pferdes, posiert für eine Aufnahme, und irgendwann ziehen wir los.

Heute zeigt sich Monice ungewöhnlich widerspenstig und ich muss sie führen, häufig fest an der Kandare halten. Als wir durch ein Dorf kommen, gebärdet sie sich wie wild und ich ziehe augenscheinlich zu fest am Zaumzeug. Das Biest steigt schließlich, tritt mir mit einem Hufeisen so kräftig gegen das Schienbein, dass sich später ein mächtiger blauer Fleck zeigen wird, und schmeißt die Karre um. Ich leine sie los, binde sie an einen Baum, und gemeinsam stellen wir den Planwagen, der zum Glück nicht sonderlich schwer ist, wieder auf. Mit großer Anstrengung bringe ich unser Zugpferd wieder an die Deichsel, und wir ziehen wie geschlagene Krieger weiter.

Am nächsten Morgen bekommen wir ein anderes Pferd, nämlich den angeblich äußerst braven Wallach »Spider« zugewiesen – der Name will so gar nicht zu seinem stoischen Temperament passen. So erleben wir noch wunderschöne Tage als Nomaden, ziehen an alten Burg- und Kirchenruinen vorbei, freuen uns über blühende Fuchsien und Rhododendren am Wegesrand. Die Abende sitzen wir mit den anderen

»Tinkern« am Lagerfeuer, braten Würstel, trinken »Poteen«, den selbstgebrannten »Moonshiner«, wie die Iren den bei Mondschein schwarzgebrannten Schnaps nennen, ein scheußliches Gesöff. Der Schwede Björn spielt auf der Gitarre. Wir fühlen uns als eine verschworene Gemeinschaft. Jutta hat ihre helle Freude mit den Tieren auf den Bauernhöfen, wo wir jeden Tag aufs Neue unser Quartier aufschlagen. An einem Abend tauchen wir gemeinsam in einem Pub auf. Dort findet ein »Come together« statt, eine typisch irische Veranstaltung, bei der Leute aus dem Publikum singen und musizieren. Plötzlich steht der Wirt vor mir und meint, ich solle auch mal etwas beitragen. Widerstrebend lasse ich mich auf die kleine Bühne zerren, bin ich doch völlig unmusikalisch und ein grottenschlechter Sänger. Das Guinness zeigt aber Wirkung, und ich fange an, Karl Valentins Aufzähllied »Drunt in der greana Au steht a Birnbam schee blau …« zu grölen. Offenbar mit Erfolg, bekomme ich doch »Standing Ovations«, und die Zeche brauche ich auch nicht zu zahlen.

Irgendwann naht die Zeit des Abschiednehmens, und wir trotten zur Ausganposition in Clonakilty. Je näher wir den Stallungen kommen, desto unruhiger wirkt der brave Spider. Ich fühle, dass er richtig Angst hat. Ich spanne ihn vom Wagen und versuche ihn rückwärts in die ihm zugewiesene Box zu dirigieren. Er zeigt sich gar nicht so willig wie die Tage vorher, schnaubt und widersetzt sich. Plötzlich reißt mir ein grobschlächtiger Kerl die Zügel aus den Händen und prügelt mit einer Peitsche rücksichtslos auf das Pferd ein. Nun weiß ich, warum der arme Spider so panisch auf die Heimkehr reagiert hat. Ich baue mich in Boxerstellung vor dem Kerl auf, wir fixieren einander, bis er genug hat und die Augen senkt, die gegen mich erhobene Peitsche gleichmütig auf den Boden fallen lässt und sich rückwärtsgehend aus dem Staub macht. Unserem braven Spider wird mein Einsatz wenig geholfen haben.

Begegnung mit dem Boandlkramer
München, 2006

Es ist ein lauschiger Juniabend kurz vor Mitternacht, und Renate und ich radeln die Herzogstraße in München-Schwabing entlang. Die Ampel zur Belgradstraße zeigt Rot, und wir bleiben am Straßenrand stehen. Als es grün wird, treten wir in die Pedale. Und in diesem Augenblick schwebt eine Schwadron Schutzengel herbei. Wie in einem Tunnel rast ein Kleinwagen zwischen uns hindurch. Ein Wahnsinniger ist in vollem Tempo bei Rot über die Kreuzung gefahren. Meine Frau steht zitternd am Straßenrand, dahinter ein junger Mann, dem ebenfalls die nackte Angst in die Glieder gefahren ist. Die Bedienung aus dem indischen Ecklokal eilt aus der Tür, nimmt meine Frau tröstend in den Arm. Eine Frau aus dem ersten Stock schaut herunter und ruft, der Fahrer sei geblitzt worden.

Das beruhigt für den Augenblick. Später, als ich mir bei der Verkehrsüberwachung das Foto anschaue, stellt sich heraus, dass die Aufnahme so unglücklich gelungen ist, dass der Rückspiegel die obere Gesichtspartie des Mannes am Steuer überdeckt. Es sind nur sein Kinn und die Hände am Lenkrad zu erkennen. Neben ihm sitzt eine blonde Frau mit weit aufgerissenen Augen. Auf dem Bild ist zu erkennen, dass das Fahrzeug um Millimeter an Renates Vorderrad vorbeirast, auf der anderen Seite stehe ich mit meinem Rad, den Schrecken in den Augen. Die geschätzte Geschwindigkeit liegt bei 70 km/h.

Wäre einer von uns nur leicht touchiert worden, hätte es einen grauenhaften Unfall gegeben. Es ist uns heute noch ein Rätsel, warum Renate nicht hinter mir hergefahren ist, sondern wie durch ein Wunder abrupt gebremst und den Lenker herumgerissen hat, ich hingegen mit Macht in die Pedale getreten habe. Nur Schutzengel, an die wir beide nicht recht glauben, können es gewesen sein, die wohl gemeint haben, wir stünden noch nicht auf der Liste vom bayerischen Tod, dem Boandlkramer.

Der Täter ist nie ermittelt worden. Wir aber feiern jedes Jahr am 10. Juli unseren zweiten Geburtstag. Werde ich nach den gefährlichsten Situationen auf meinen Reisen gefragt, erzähle ich diese Geschichte, dem Tod näher bin ich weder in Somalia, im Irak noch in Afghanistan gewesen.

Die Begegnung mit dem Boandlkramer liegt zehn Jahre zurück. Mein Bart ist weiß geworden, aber meine Reiselust, die wilde Freude, aufzubrechen und die Welt zu sehen, hat kein bisschen nachgelassen.

»Die Schönheit der Blumen vom Rücken eines Pferdes aus betrachten« sagt ein chinesisches Sprichwort. So bin ich mein ganzes Leben unterwegs gewesen, habe alle Länder dieser Welt gesehen – aber es waren immer nur flüchtige Momente, ein kurzer Blick, und weiter ging die Reise.

Auch wenn Renate und ich jetzt nicht mehr die Jüngsten sind, wollen wir weiterreisen – frei nach dem Motto: »Der Weg ist das Ziel.«

Dank

Als Siebzehnjähriger habe ich begonnen, meine Reisen zu dokumentieren. Diese Notizen waren die Grundlage für eine Zusammenfassung der spannendsten Erlebnisse, an die ich mich in den ersten Pensionsjahren gewagt habe. Das Vorhaben erschloss sich mir als wahre Sisyphos-Arbeit. Wie sollte ich ein Leben voller Reisen in ein Buch packen? Ich beschloss, mich an eine detaillierte Sichtung zu machen, legte eine Stichwortsammlung an und begann vor sieben Jahren, mein Vorhaben endgültig in die Tat umzusetzen. 2014 hatte ich mein Reiseleben dann in einer sehr langen Rohfassung verpackt. Nun kamen Glück und Zufall ins Spiel. In meinem Münchner Stammlokal lernte ich einen Journalisten kennen, der sich für mein Reiseleben interessierte und darüber in der »Frankfurter Allgemeinen Sonntagszeitung« einen Artikel schrieb, der auch auf »Spiegel-Online« veröffentlicht wurde. Durch diese Veröffentlichung wurde der Ullstein Verlag auf mich aufmerksam, und so lag eines Tages der Vertrag im Briefkasten. Deshalb will und muss ich mich zunächst bei Fabian bedanken, der inzwischen ein guter Freund von mir ist, dass er mit seinem Artikel den Stein ins Rollen gebracht hat. Mein besonderer Dank gilt Marieke und Alice, die mich als Lektorinnen hochmotiviert begleitet und mir dabei geholfen haben, das immer noch viel zu lange Manuskript in die jetzige Form zu gießen, und viele Gestaltungsideen einbrachten. Bedanken möchte ich mich auch bei meinen Reisegefährten, die mich unterwegs begleitet und es mit mir ausgehalten haben. Auch den vielen Reisenden gilt mein Dank, die auf meinen Gruppentouren dabei waren und es ertragen mussten, in Kaschemmen zu essen, in öffentliche Verkehrsmittel gesetzt und im Morgengrauen zur Stadtbesichtigung getrieben zu werden. So kam ich nicht umsonst zu dem stets mit einem Augenzwinkern verbundenen Beinamen »Touristenschinder«. Danke, Jutta und Andreas, dass ihr meine zahlreichen Fassungen immer wieder gelesen und kommentiert habt, mir den Mut gegeben habt, mich durchzubeißen und weiter zu schreiben. Mein ganz besonderer Dank aber gilt meiner Frau, die mir der beste Reisekumpel war und ist, die mich trotz Sorgen immer wieder hinausziehen ließ in die gefährlichsten Ecken dieser Welt und großes Vertrauen in mich setzte, dass ich immer wieder heil zu ihr zurückkehren würde. Ohne deine Unterstützung, Renate, wäre dieses Buch nie entstanden. Ich liebe dich.

Fabian Sixtus Körner

Journeyman

1 Mann, 5 Kontinente
und jede Menge Jobs

Mit zahlreichen Fotos.
QR-Codes mit Fotos und Videos
im Buch.
Taschenbuch.
Auch als E-Book erhältlich.
www.ullstein-taschenbuch.de

Ohne Geld um die Welt

Wie kommt man einmal um die Welt, mit nur 255 Euro auf dem Konto? Fabian Sixtus Körner schnappt sich seinen Rucksack und macht sich auf ins Ungewisse. Sein Plan: alle Kontinente dieser Erde bereisen – und überall für Kost und Logis arbeiten. Er legt Tausende von Kilometern in Fliegern, Zügen, Bussen, löchrigen Booten und Rikshas zurück und arbeitet dabei mal als Grafiker, mal als Architekt oder Fotograf. Zwei Jahre und zwei Monate, über sechzig Orte, querweltein.

Sebastian Canaves

Off The Path

Eine Reiseanleitung zum Glücklichsein

Mit farbigen Abbildungen.
Taschenbuch.
Auch als E-Book erhältlich.
www.ullstein-buchverlage.de

Anders reisen, mehr erleben!

Reiseblogger Sebastian Canaves gibt in diesem Buch Tipps und Ratschläge für alle, die eine Reise fernab der bekannten Pfade erleben wollen: Wie plant man einen abenteuerlichen Individualurlaub? Was kostet eine Weltreise, und wie finanziert man sie? Wie funktioniert Work & Travel? Was gehört in den Rucksack und was ist verzichtbar? Welche Länder lohnen sich besonders?

In lockerem Ton und mit vielen persönlichen Erlebnissen gibt der Autor Einblick in seinen Erfahrungsschatz als (Welt-)Reisender und verrät in mehr als einhundert Tipps, wie man seinen Reisetraum leben kann.